城市轨道交通职业教育系列教材——城轨供电技术
CHENGSHI GUIDAO JIAOTONG ZHIYE JIAOYU XILIE JIAOCAI
CHENGGUI GONGDIAN JISHU

城市轨道交通供电规程与规则

主　编 ○ 刘让雄
副主编 ○ 刘建华

西南交通大学出版社
·成　都·

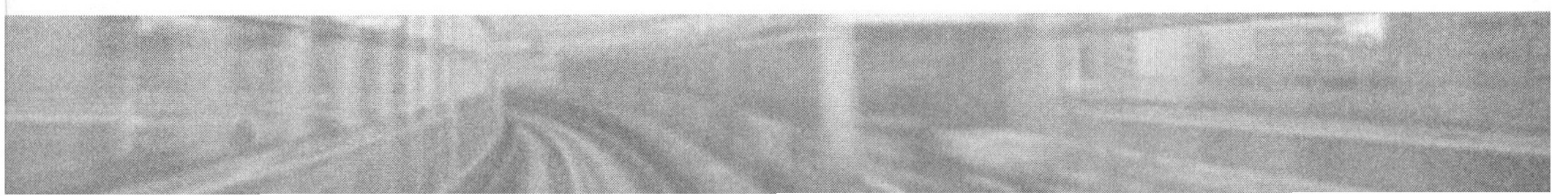

内容简介

本书为城市轨道交通职业教育系列教材之城轨供电技术专业教材之一。全书共分七章，以职业安全素养培养为主线，按照什么是安全、如何保证安全、如何做好事故应急救援，以及如何开展质量、环境与职业健康安全管理这一顺序来编写，涵盖了安全管理基础知识、供电规程体系、安全生产法律法规、地铁设计规范、高压供用电安全工作规则、城市轨道交通应急管理，以及质量、环境与职业健康安全管理体系等内容。

本书为高等职业教育城轨供电技术专业教学用书，也可作为相应的职业安全培训教材使用，同时还可供从事城轨交通供电运行与管理的相关人员参考。

图书在版编目（CIP）数据

城市轨道交通供电规程与规则 / 刘让雄主编. —成都：西南交通大学出版社，2018.8（2024.1 重印）
城市轨道交通职业教育系列教材. 城轨供电技术
ISBN 978-7-5643-6355-0

Ⅰ. ①城… Ⅱ. ①刘… Ⅲ. ①城市铁路－供电系统－技术操作规程－高等职业教育－教材 Ⅳ. ①U239.5-65

中国版本图书馆 CIP 数据核字（2018）第 189968 号

城市轨道交通职业教育系列教材——城轨供电技术

城市轨道交通供电规程与规则

主编 刘让雄

责任编辑	李 伟
封面设计	何东琳设计工作室
出版发行	西南交通大学出版社 （四川省成都市二环路北一段 111 号 西南交通大学创新大厦 21 楼）
营销部电话	028-87600564 028-87600533
邮政编码	610031
网址	http://www.xnjdcbs.com
印刷	成都中永印务有限责任公司
成品尺寸	185 mm × 260 mm
印张	18.75
字数	468 千
版次	2018 年 8 月第 1 版
印次	2024 年 1 月第 3 次
书号	ISBN 978-7-5643-6355-0
定价	45.00 元

课件咨询电话：028-87600533
图书如有印装质量问题 本社负责退换

出版说明

城市轨道交通凭借快捷、准时、舒适、运量大、能耗低、污染小、占地少等优点，日益成为城市现代化建设进程中重要的公益性基础设施项目。城市轨道交通涉及面广、综合性很强，其发展状况已被当成一个城市综合实力和现代化程度的重要评判指标。由此，城市轨道交通建设正在我国兴起一个新的浪潮，社会对城市轨道交通专业人才的需求巨大，给城市轨道交通类专业的职业教育发展带来了良好契机。

西南交通大学出版社与国内诸多交通院校一直保持友好往来，并整合他们在轨道交通领域的尖端科技优势和人才集成优势，致力于为国家轨道交通教育事业做出贡献，形成了以“轨道交通”为核心的出版特色，在教育界、学界都拥有良好的口碑和较高的品牌知名度。

本套丛书从满足快速增长的城市轨道交通专业实用型人才培养需求出发，从校企结合教学直接面向岗位需求这一特点出发，精心组织国内相关专业优秀教育工作者或优秀教育工作高校，分“运营管理”“工程技术”“车辆”“控制”“供电技术”五大类，系统地为读者呈现城市轨道交通教育课程全景。在编写时，力求体现如下特点：

◎ 适用性

理论知识够用即可，在讲述专业知识的基础上，突出实际操作技能的训练，注重岗位关键能力的培养。

◎ 专业性

图书的顶层设计从国家高职高专专业目录规范出发，内容编排紧密结合岗位应用实际，体现专业性和主流设备前沿特征，体现教学实际需求。同时，在编写或修改时，尽可能地让一线用人单位参与进来，根据生产现场实际提出建议。

◎ 生动性

在架构设计和版式设计上，力求简洁生动，图文并茂；努力体现二维码技术等移动互联网时代元素在图书中的应用，尽可能把生产实际和研究成果，用立体生动的形式予以表达，便于读者理解掌握。

这套书可作为高等职业院校、中等职业学校城市轨道交通相关专业的教学用书，也可作为城市轨道交通企业新职工的培训教材。有关教材的课件资料等，可以联系我社使用。

联系电话：028-87600533

邮箱：swjtucbsfx@163.com

西南交通大学出版社

二〇一八年七月

前　言

生产安全是企业的生命线，安全生产是企业发展永恒的主题，也是企业员工幸福的基础。城市轨道交通作为城市中重要的基础设施，承担着“城市交通主动脉”的功能，是公共安全的重要场所。确保城市轨道交通运营安全不仅关系到人民生命与财产安全，而且关系到一个城市功能的正常发挥，因而是每一位城市轨道交通企业员工的首要职责。安全又是一项复杂的系统工程，既需要全过程控制，更需要全员自觉参与。高等职业学校的毕业生作为轨道交通行业的新生后备力量，在学校学习期间就应培养良好的职业安全素养，这既是企业的内在需求，也是人才培养的重要内容。本书是基于高等职业学校开设城市轨道交通安全教育课程的教学需要，为系统培养学生的安全知识与安全素养而编写的。

本书以职业安全素养培养为主线，遵循职业教育特点与人的认知规律，按照什么是安全、如何保证安全、如何应急救援，以及如何开展质量、环境与职业健康安全管理这一顺序来组织编排相关内容。全书共分为七章。其中：

第一章，安全管理基础。本章介绍安全、事故、危险源、风险评价、风险控制等有关安全的重要概念、安全生产的特点与规律、安全文化与安全管理等相关知识，培养学生学会识别生产中什么是安全状态、什么是不安全状态，为学习理解安全生产相关的法律法规及行业企业的各项规章标准等奠定基础。

第二章，城市轨道交通供电规程体系。本章从法律法规、行业标准与企业标准三个层次介绍规程体系的构成及相互间的关系，培养学生掌握各层次规程标准的作用与相互之间的联系，树立“规程是一个完整体系”的意识。

第三章，安全生产法律法规。本章重点介绍安全生产法、刑法、消防法、城市轨道交通管理条例、生产安全事故报告和调查处理条例，使学生掌握法律法规对安全生产的要求，深入理解违章可以构成犯罪的内涵，牢固树立安全生产的法律意识与责任意识。

第四章，地铁设计规范。本章重点介绍运营、车辆、土建、通风、空调、供暖、供电、监控系统、门禁、运营控制中心、站台门、车辆基地等相关的技术标准，方便城轨供电专业学生全面了解地铁系统的相关标准，增强整体安全防控能力。

第五章，高压供用电安全工作规则。本章主要选编了各城市地铁公司高压供用电安全工作规则中基础性的、较有共性的内容，分别从接触网运行检修、高压供变电运行检修、高压供电区域相关作业及安全工器具使用 4 个部分介绍了相关的安全规定。通过相应案例介绍与分析，帮助学生深入了解相关安全规定的制定背景与原理，理解安全生产中什么可为、什么不可为，掌握应该怎样做，培养自觉遵章守规的良好习惯，杜绝个人的不安全行为。

第六章，城市轨道交通应急管理。事故可以减少，但无法完全避免。本章主要介绍如何提前做好应急救援准备，一旦事故发生，就能有序应对以最大限度地减少事故的伤亡与损失，这是安全系统工程的另一个重要方面，以培养学生的应急救援能力与意识，这也是职业安全素养的重要内容。

第七章，质量、环境与职业健康安全管理体系。本章介绍与企业管理标准密切相关的质量、环境与职业健康安全管理三个推荐性国家标准，学习全过程控制、全员参与、PDCA 循环管理与持续改进等国际广泛认可的安全生产管理思想与方法，培养安全生产科学管理的意识。

在本书编写过程中，编者充分参考了广州市地下铁道总公司编写的《城市轨道交通运营安全》等城市轨道交通岗位技能培训教材，结合城市轨道交通行业企业的调研与分析，确定本书主要立足于系统培养高职学生掌握应有的安全管理知识，认识安全生产规律，理解各项规程制定的原理，牢固树立“安全第一，预防为主”的思想，养成遵章守规的良好习惯，自觉规范个人的安全行为。学生具备了良好的职业安全素养与良好的行为习惯，毕业后就能快速适应企业严格的安全管理。因此，全书只选取了行业企业的部分安全规程，增加了本专业规程之外的法律法规与安全管理等内容，而将企业各个岗位更细致的各项安全规定等留给企业的安全教育来完成，实现学校职业安全教育与企业安全教育的有机衔接。

本书概念较多，教师授课时可结合讲授内容，有针对性地补充一些专业图片和案例素材等，使学生易于理解。每章后的综合练习为本章的教学重点，带“*”号的内容则可作为选学内容。

本书由广州铁路职业技术学院刘让雄担任主编，深圳市地铁集团有限公司刘建华担任副主编。其中，第二章与第六章由刘建华编写，其余各章由刘让雄负责编写并统稿。在本书编写过程中，编者得到了广州铁路职业技术学院铁道供电技术专业团队王亚妮、谭慧铭、赵华军、王吉峰、杨琦、黄鉴标、陈健鑫、何发武等老师的大力支持，他们对本书的编写提出了很多宝贵意见；同时，深圳市地铁集团有限公司朱新平、曾纯昌提供了技术咨询；另外，广州铁路职业技术学院 2015 级学生夏镇丰、梁蕴茹加工整理了部分资料；对此一并深表感谢。

本书编写过程中的主要参考文献，附在书末。在此，对这些文献的作者或单位表示衷心的感谢！

由于编写人员水平有限，书中难免存在遗漏与不妥之处，敬请广大读者与同行批评指正。

编　者

2018 年 4 月

目　录

第一章　安全管理基础

【教学目标】

知识目标

1. 理解安全、事故（隐患）、危险（源）等安全基本概念；
2. 掌握两类危险源的相互关系及分类方法；
3. 熟悉风险评价与风险控制策略；
4. 了解造成事故的主要影响因素；
5. 了解安全生产管理理论、现状、体系及特点；
6. 了解安全文化的概念、作用与建设内容；
7. 了解企业安全管理与现场安全管理的主要内容；
8. 熟悉常用劳动防护用品及其使用要求。

素质与能力目标

1. 树立系统的安全观；
2. 能对工作环境开展危险识别与风险评价；
3. 具备开展班组安全管理的基本素养。

安全是一个非常广泛的概念，除了生产安全外，还包括国家安全、政治安全、金融安全、公共安全和社会治安等。这些方面的安全与生产安全性质不同，管理的制度、方法、手段也有很大不同。本书所述的安全均指生产安全。

安全是人类生存与发展最基本的需求，没有安全一切都无从谈及，安全也是一个企业发展永恒的追求。同时，安全又是一项复杂的系统工程，想要有效地减少人的不安全行为与物的不安全状态，有效地控制环境的不安全因素，减少事故隐患，实现安全有序可控目标，就需要依据相应的法律、法规与各类安全技术规章，不断完善与持续改进安全生产管理的各项措施。了解与掌握安全生产的有关概念及安全管理的相关知识，是学好规章、用好规章的重要基础，也是开展安全教育的重要内容。

第一节　安全基础知识

一、安全基本概念

1. 安　全

安全是指免除了不可接受的损害风险的状态。

"不可接受的损害风险"，应用于生产安全领域主要包括三个层面的含义：一是国家层面，以法律法规的形式明确了不可接受的损害风险，代表了广大人民对安全的共同要求，体现了国家意志，具有最广泛的适应性，如《中华人民共和国安全生产法》（以下简称《安全生产法》）、《铁路运输安全保护条例》等法律法规就是从国家层面对安全生产提出的要求，各行各业均必须遵守这些规定，满足这些要求；二是企业层面，以企业的方针、目标及企业组织所规定的各项要求明确企业不可接受的损害风险；三是个体层面，体现的是人们普遍不可接受的损害风险程度。

安全又是一个相对的概念，世上没有绝对安全的事物，任何事物都包含有不安全因素，具有一定的危险性。当这种危险性所造成的损害超出了法规、组织或人们普遍可以接受的程度时，就是不安全的。对这些不安全的因素，需要采取相应的安全控制措施，将其可能产生的损害降低至可以接受的程度，也就是免除了"不可接受的损害风险的状态"，使之处于一种相对安全的状态。

生产过程中的安全常指不发生工伤事故、职业病、设备或财产损失等。

2. 安全生产

安全生产是指在符合物质条件和工作秩序下进行的生产过程中，防止发生人身伤亡和财产损失等生产事故，消除或控制危险、有害因素，保障人身安全与健康，使设备和设施免受损坏、环境免遭破坏的总称。

3. 安全生产管理

安全生产管理就是针对人们在生产过程中的安全问题，通过决策、计划、组织和控制等活动，实现生产过程中人与机器设备、物料、环境的和谐，达到安全生产的目标。

安全生产管理的目标：减少和控制危害，减少和控制事故，尽量避免生产过程中由于事故所造成的人身伤害、财产损失、环境污染及其他损失。安全生产管理包括安全生产法制管理、行政管理、监督检查、工艺技术管理、设备设施管理、作业环境和条件管理等。

安全生产管理的基本对象是企业的员工，同时还涉及企业中的设备设施、物料、环境、财务、信息等各个方面。安全生产管理的内容包括安全生产管理机构的设置与运作、安全生产责任制、安全生产管理制度、安全生产策划、安全培训教育、安全生产档案等。

4. 事　故

事故是指在生产活动过程中，由于人们受到科学知识和技术力量的限制，或者由于认识上的局限，当前还不能防止，或能防止但未能有效控制而发生的违背人们意愿的事件。

“违背人们意愿的事件”可以指迫使正常运行的系统暂时或较长时地中断运行，也可以指造成人员伤亡、职业病、财产损失、设备损坏、环境破坏或其他损失的意外事件。事故具有以下基本属性：

（1）事故具有危害性。据相关文献资料显示，在世界范围内每年有 400 余万人死于各种意外事故，其中有 200 万人死于工伤和职业病，近百万人死于交通事故。意外事故如同“无形的战争”，成为除自然死亡以外威胁人类生产、生活的第一杀手。

（2）事故具有因果性。事故的发生都是有原因的，这些原因就是潜伏的危险因素，有的已经认识，有的尚未认识，有的可以预防，有的还无能为力。事故的因果性表明事故的原因是多层次的，有的原因与事故直接有关，有的则为间接联系。事故一般不是某个单一的原因造成的，而往往是诸多不利因素相互作用发生系列连锁反应的结果。

（3）事故具有随机性。导致事故发生的原因非常复杂，往往是由许多偶然因素造成的，因而事故具有随机性。事故发生的时间、空间和严重程度在发生前往往是不确定的。但是，这种随机性又蕴藏着必然性，必然性是通过偶然事件表现出来的。

根据事故造成的人员伤亡或直接经济损失的严重程度，事故一般分为特别重大事故、重大事故、较大事故和一般事故四级。

5. 事故隐患

事故隐患是指组织或个人违反安全生产法律、法规、规章、标准、规程和安全生产管理制度的规定，通常表现为人的不安全行为、物的不安全状态与管理缺陷等。综合事故性质分类和行业分类：考虑事故起因，可将事故隐患归纳为 21 类，即火灾、爆炸、中毒和窒息、水害、坍塌、滑坡、泄漏、腐蚀、触电、坠落、机械伤害、煤与瓦斯突出、公路设施伤害、公路车辆伤害、铁路设施伤害、铁路车辆伤害、水上运输伤害、港口码头伤害、空中运输伤害、航空港伤害和其他类隐患。

隐患一旦在外部条件下被触发，就可能导致事故，造成人员伤亡、设备损坏、财产损失或环境破坏等，所以为“患”；同时又因为它具有很强的隐蔽性，易被忽视，难以被发现，隐患作为一种潜在的危险，其造成的后果具有很大的不确定性和难以预测性。因此，对待事故隐患要坚持“隐患险于明火，防范胜于救灾”的原则，高度重视对各类隐患的排查，及时消除隐患。

6. 危　险

危险是指可能导致伤害的潜在根源（GB/T 16856.1—2008、ISO14121-1：2007）与可能导致事故的状态（GJB/Z99—97）。危险事件出现的概率和严重程度的综合，就是危险的表征，称为风险。所有的风险都是由危险导致的，危险是风险的前提。一般用风险度来表示危险的程度。在安全生产管理中，风险度用生产系统中事故发生的可能性与严重性的结合来表示，即

$$R = f(F, C)$$

式中 R——风险；

F——发生事故的可能性；

C——发生事故的严重性。

危险与安全是相对的概念，按照系统安全工程的观点，无论安全还是危险，都是相对的，安全性与危险性互为补数。

7. 危险源

危险源是指产生和释放有害物质及能量的设备、设施及场所等，它是危险物质及其载体类的实体。危险源决定了发生事故的严重程度，通常称为第一类危险源。它们具有的能量越多，发生事故的后果可能越严重。同样，它们包含的有害物质越多，发生事故的危险性也就越大。

8. 危险因素

危险因素是指使人造成伤亡，对物造成突发性损坏，或影响人的身体健康，导致疾病，对物造成慢性损坏的因素，是诱发能量物质及其载体造成事故的致因，通常称为第二类危险源。危险因素包括人的不安全行为、物的故障、环境因素和管理因素四个方面。危险因素往往是一些围绕危险源而随机发生的现象，它们出现得越频繁，发生事故的可能性就越大。

二、危险识别

危险识别是指识别危险源的存在并确定其特性的过程，是加强安全管理的最基本活动。预防事故要从危险的认识和分析入手，才能有的放矢。对系统进行危险识别和分析，就是对系统的危险源和危险因素进行识别和分析，也就是对系统的能量物质及其载体（即第一类危险源，指设备、设施和场所等），如何在各种危险因素（即第二类危险源，指物的不安全状态、人的不安全行为、恶劣的环境和不善的管理）诱发下导致事故的过程进行识别和分析。它们之间的关系如图 1-1 所示。

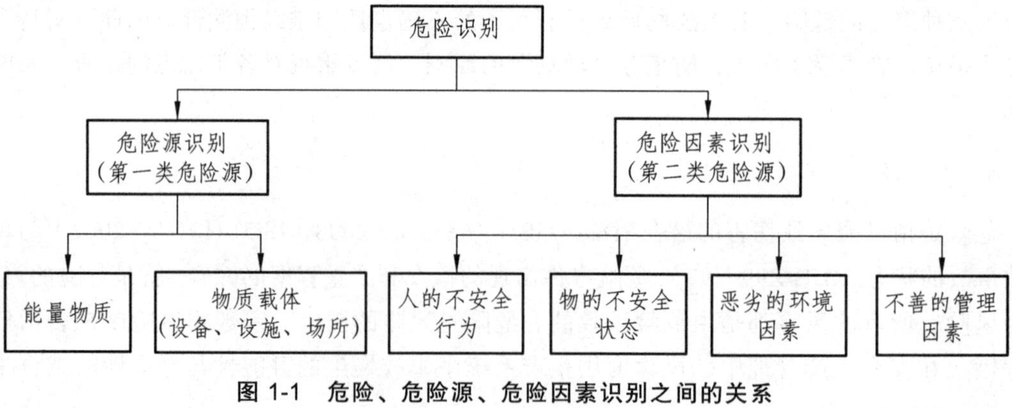

图 1-1 危险、危险源、危险因素识别之间的关系

（一）危险源的类别

为便于危险的识别、评价与控制，通常将危险源分为两大类。

1. 第一类危险源

将存在于系统中、可能发生意外释放的能量物质及其载体称为第一类危险源，也称为第一类危险。一般来说，能量具有做功的本领，但能量又是无形的，只有在其做功时才能显露出来。因此，在实际工作中往往将产生能量的物质或其载体作为第一类危险源来处理，如行驶的车辆、带电的导体等。常见的危险源有：

（1）提供能量的设备和设施，即能量源，如变电所、供热锅炉等。

（2）能量载体，即拥有能量的人或物，如运行中的车辆、机械的运动部件、带电的导体等。

（3）使人体或物体具有较高势能的设备、设施和场所，如起重机、提升设备、高差较大的场所等。

（4）一旦失控可能产生巨大能量的设备、设施和场所，如具有强烈放热反应的化工装置、充满爆炸性气体的空间等。

（5）一旦失控可能发生能量蓄积或突然释放的设备、设施和场所，如各种压力容器、受压设备、容易发生静电蓄积的装置等。

（6）各种危险物质，除了干扰人体与外界能量交换的有害物质以外，也包括具有化学能的有害物质，如各种有毒、易燃和易爆的物质等。

（7）生产、加工和储存危险物质的设备、设施和场所，这些物质可能起火、爆炸或泄漏，如炸药的生产加工和储存设施、石油化工的生产装置等。

（8）人体一旦与之接触，则会导致人体能量意外释放的物体，如物体的棱角、工件的毛刺、锋利的刃边等，一旦运动的人体与之接触，则会造成人体动能意外释放而遭受伤害。

由此可见，第一类危险（危险源）都是实体，大多指物质、设备、设施和场所等。它们具有的能量越多，发生事故的后果可能越严重；它们包含的有害物质越多，其危险性越大。

2. 第二类危险源

第一类危险源是指系统中的危险物质、设备、设施和场所，如果这类危险源的状态保持在安全限度以内，即危险物质（易燃品、易爆品和有毒物等）的状态（如温度、压力和毒性等）保持在临界值（燃点、引爆点和规定的毒性等）以内；设备、设施具有很高的可靠性；操作人员的行为正确，没有误操作等。也就是说，不具有诱发事故的危险因素，则第一类危险源一般不会导致事故。可见，危险源导致事故除了有第一类危险源以外，还必须具有使危险物质及其能量受到约束、限制的措施失效或破坏的因素（简称危险因素），称之为第二类危险源，也称之为第二类危险。第二类危险源通常包括人、物、环境和管理四个方面，主要危险因素如表 1-1 所示。

表 1-1 导致事故的主要危险因素

大类	中类	小类	细类
人的因素	心理、生理性危险因素	负荷超限	体力负荷超限、听力负荷超限、视力负荷超限、其他负荷超限
		健康状况异常	
		从事禁忌作业	
		心理异常	情绪异常、冒险心理、过度紧张、其他心理异常
		辨识功能缺陷	感知推迟、辨识错误、其他辨识功能缺陷
		其他心理、生理性危险因素	
	行为性危险因素	指挥错误	指挥失误、违章指挥、其他指挥错误
		操作错误	误操作、违章作业、其他操作错误
		监护失误	
		其他行为性危险因素	
物的因素	物理性危险因素	设备、设施、工具、附件缺陷	强度不够，刚度不够，稳定性差，密封不良，应力集中，外形缺陷，外露运动件，操作器缺陷，制动器缺陷，控制器缺陷，其他设备、设施、工具、附件缺陷
		防护缺陷	无防护，防护装置、设施缺陷，防护不当，支撑不当，防护距离不够，其他防护缺陷
		电伤害	带电部位裸露，漏电、雷击、静电、电火花、其他电伤害
		噪声	机械性噪声、电磁性噪声、流体动力性噪声、其他噪声
		振动危害	机械性振动、电磁性振动、流体动力性振动、其他振动危害
		电磁辐射	电离辐射：X 射线、γ射线、α粒子、β粒子、质子、中子、高能电子束等；非电离辐射：紫外线、激光、射频辐射、超高压电场等
		运动物伤害	抛射物，飞溅物，坠落物，反弹物，土、岩滑动，料堆（垛）滑动，气流卷动，冲击地压，其他运动物伤害
		明火	
		高温物质	高温气体、高温液体、高温固体、其他高温物质
		低温物质	低温气体、低温液体、低温固体、其他低温物质
		信号缺陷	无信号设施、信号选用不当、信号位置不当、信号不清、信号显示不准、其他信号缺陷
		标志缺陷	无标志、标志不清晰、标志不规范、标志选用不当、标志位置缺陷、其他标志缺陷
		作业环境不良	基础下沉、安全过道缺陷、有害光照、通风不良、缺氧、空气质量不良、给排水不良、气温过高、气温过低、自然灾害等
		粉尘与气溶胶	不包括爆炸性、有毒性粉尘与气溶胶
		有害光照	
		其他物理性危险因素	

续表

大类	中　类	小　类	细　类
物的因素	化学性危险因素	易燃易爆性物质	易燃易爆性气体、易燃易爆性液体、易燃易爆性固体、易燃易爆性粉尘与气溶胶等
		自燃性物质	
		有毒品	有毒气体、有毒液体、有毒固体、有毒粉尘与气溶胶等
		腐蚀品	腐蚀性气体、腐蚀性液体、腐蚀性固体等
		其他化学性危险因素	
	生物性危险因素	致病微生物	细菌、病毒、真菌、其他致病微生物
		传染病媒介物	
		致害动物	
		致害植物	
		其他生物性危险因素	
环境因素	室内作业场所环境不良	室内地面湿滑	
		室内作业场所狭窄	
		室内作业场所杂乱	
		室内地面不平	
		室内梯架缺陷	
		地面、墙和天花板上的开口缺陷	
		存在有害物内部通道和地面区域	
		房屋基础下沉	
		室内安全通道缺陷	
		房屋安全出口缺陷	
		采光照明不良	
		作业场所空气不良	
		室内温度、湿度、气压不适	
		室内给、排水不良	
		室内涌水	
		室内物料储存方法不安全	
		其他室内作业场所环境不良	
	室外作业场地环境不良	恶劣气候与环境	
		作业场地和交通设施湿滑	
		作业场地狭窄	
		作业场地杂乱	
		作业场地不平	
		航道狭窄，有暗礁和险滩	
		脚手架、阶梯和活动梯架缺陷	
		地面开口缺陷	

续表

大类	中类	小类	细类
环境因素	室外作业场地环境不良	存在有害物的交通和作业场地	
		建筑物和其他结构缺陷	
		门和围栏缺陷	
		作业场地基础下沉	
		作业场地安全通道缺陷	
		作业场地安全出口缺陷	
		作业场地光照不良	
		作业场地空气不良	
		作业场地温度、湿度、气压不适	
		作业场地涌水	
		植物伤害	
		其他作业场地环境不良	
	地下（含水下）作业环境不良	隧道/矿井顶面缺陷	
		隧道/矿井正面或侧壁缺陷	
		隧道/矿井地面缺陷	
		地下作业面有害气体超限	
		地下作业面通风不良	
		水下作业供氧不当	
		支护结构缺陷	
		非正常地下火	
		非正常地下水	
		其他地下作业环境不良	
	其他作业环境不良	强迫体位	
		综合性作业环境不良	
		其他作业环境不良	
管理因素	组织机构不健全		
	责任制度未落实		
	管理规章制度不完善	建设项目“三同时”制度未落实	
		操作规程不规范	
		事故应急预案及响应缺陷	
		培训制度不完善	
		其他管理规章制度不健全	
	投入不足		
	管理不完善		
	其他管理因素缺陷		

（1）人为因素。人为因素常用术语“人的不安全行为”描述，是指人的行为偏离了预定的标准。人的不安全行为可能直接破坏对第一类危险（即危险源）的控制，导致能量或危险物质的意外释放。例如，合错了开关，使正在检修的线路带电；误开阀门，使有毒气体泄放等。人的不安全行为也可能造成物的故障，进而导致事故。例如，超载起吊重物，造成钢丝绳断裂，发生重物坠落事故。

（2）物的因素。物的因素可以概括为物的故障，是指物的性能低下，不能实现预定的功能。物的不安全状态可以看成是一种故障状态，它可能直接使约束、限制能量或危险物质的措施失效而发生事故。例如，电线绝缘损坏发生漏电、管路破裂使其中有害物质泄漏等。有时，一种物质的故障可能导致另一种物质的意外释放。例如，压力容器的泄压装置故障，使容器内的介质压力升高，最终导致容器破裂。物的故障有时也会诱发人的不安全行为；人的不安全行为有时也会造成物的故障。

（3）环境因素。环境因素主要是指系统运行的自然环境与工作环境，包括环境温度、压力、湿度、照明、粉尘、通风换气、噪声、振动等物理环境。不良的物理环境会引起物的故障或人的不安全行为。例如，潮湿的环境会加速金属腐蚀，从而降低结构或容器的强度；工作场所的强烈噪声会影响人的情绪，分散人的注意力，从而引发人的不安全行为。

（4）管理因素。显然，管理因素也是导致事故的重要因素，企业管理制度、人际关系或社会、企业环境等管理因素都可能影响人的不安全行为和物的不安全状态。管理因素包括安全的组织机构、管理的规章制度、安全资源的投入、安全文化的建设等。

3. 两类危险源的关系

为简便起见，我们称第一类危险源为“危险源”，称第二类危险源为“危险因素”。两类危险源关系紧密，一起事故是两类危险源共同作用的结果。危险源的存在是事故发生的前提，没有危险源就没有事故发生的对象，就谈不上能量的意外释放，也就无所谓事故。另一方面，如果没有第二类危险源，即没有危险因素的出现来诱发第一类危险源能量的意外释放，也不会导致事故的发生。因此，汉姆（W. Hammer）将第二类危险源称为可能造成人员伤害的条件。可以说，第二类危险源（危险因素）的出现是第一类危险源（危险源）导致事故的必要条件。在事故发生、发展的过程中，两类危险源相互依存、相辅相成。第一类危险源在发生事故时释放出能量，是导致人员伤害的能量主体，决定事故后果的严重程度；第二类危险源出现的难易，决定了事故发生可能性的大小。两类危险源共同决定危险的风险程度。图 1-2 表示出两类危险源导致事故的过程。表 1-2 为第一类危险源和第二类危险（危险因素）共同导致的不同事故类型。

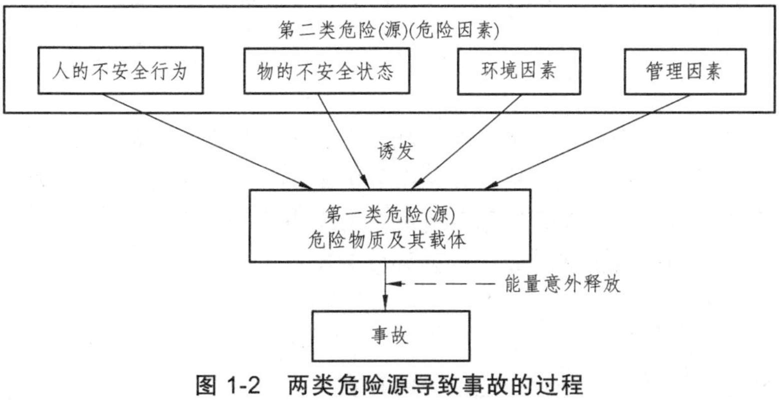

图 1-2 两类危险源导致事故的过程

表 1-2 伤害事故类型与两类危险源

事故类型	第一类危险源（危险源：危险物质及其载体）	第二类危险源（危险因素）
物体打击	产生物体坠落、抛射、破裂或分散的设备、设施和场所	设备缺陷、抛射、飞溅、坠落、反弹、土岩滑动、料堆滑动、气流卷动、冲击地压等运动，以及人为操作失误和相关管理因素
车辆伤害	运动的车辆、使车辆移动的牵引设备和坡道	车辆缺陷、人员违章、人为操作失误和相关管理因素
机械伤害	机械运动部件、人体和机械的驱动装置	机械缺陷、挤伤、抽伤、划伤、绞伤、压伤、崩伤、人的不安全行为及管理因素
起重伤害	起重、提升设备和被吊起的重物	起重与提升设备缺陷、被吊起的重物超重、人的不安全行为及管理因素
触电	电源装置、带电体、高跨步电压区域	设备缺陷、环境因素、人的不安全行为及管理因素
淹溺	江、河、湖、海、池塘、洪水、储水容器	堤坝决口、容器损坏、环境、人的不安全行为及管理因素
灼烫	热源设备、加热设备、炉、灶、发热体、高温物质和高温物体	设备缺陷、电弧、焊接和喷灯灼伤、人的不安全行为及管理因素
火灾	可燃物、火焰、烟气	设备或作业发生明火、环境因素、人的不安全行为及管理因素
高处坠落	高差大的场所、人员升降装置、人体	设备缺陷、登高、高处移动、踏空、高处保护失效、人的不安全行为及管理因素
坍塌	边坡土（岩）体、料堆、料仓、建筑物、构筑物	设施缺陷、地震、泥石流、边坡塌陷、采空区沉降、人的不安全行为及管理因素
放炮、火药爆炸	炸药	明火、环境因素、人的不安全行为及管理因素
瓦斯爆炸	可燃气体、可燃粉尘	明火、环境因素、人的不安全行为及管理因素
锅炉爆炸	蒸汽、锅炉	设备缺陷、压力过高、人的不安全行为及管理因素
压力容器爆炸	压力容器、包容介质	容器缺陷、压力过高、人的不安全行为及管理因素
中毒窒息	有毒物质及其产生、储存、蓄积装置、容器和场所	装置、容器、场所缺陷、环境、人的不安全行为及管理因素

（二）危险识别

随着系统安全工程的兴起，逐渐采用系统安全分析方法进行危险识别，即从安全的角度进行系统分析，通过揭示系统中可能导致系统故障或事故的各种危险源和危险因素来辨识系统中的危险。系统越复杂，越需要利用系统安全分析方法辨识危险。

进行危险（源）的识别，通常要注意做好以下两点：

1. 应关注的三种状态

（1）常规状态。正常生产过程中危险源的存在方式。

（2）非常规状态。非常规状态可以分成以下三种情况：

① 异于常规、周期性的或临时性的作业、活动。

② 偶尔出现、频率不固定，但可预计出现的状态。

③ 由于外部原因（如天气）导致的非常规状态，如启动、关闭、试车、停车、清洗、维修、保养等。

（3）潜在的紧急情况。

① 往往不可预见其后果的情况。

② 后果是灾难性的，不可控制的情况，如火灾、爆炸、严重的泄漏、碰撞及事故。

2. 识别危险（源）的步骤

（1）识别准备。

① 确定分工。

② 收集识别范围内的资料。

③ 列出识别范围内的活动或流程涉及的所有方面。

（2）分类识别危险源。从厂址、厂区平面布局、建（构）筑物、生产工艺过程、生产设备、装置、作业环境及管理措施六个方面进行分类识别。

（3）划分识别单元。识别单元是分类识别危险源的细化，可以按照工艺、设备、物料、过程来细化；同类的过程或设备可以划为一类识别对象；识别对象不宜过粗或过细。

（4）危险源的识别。先找出可能的事故伤害方式，再找出其原因。

（5）填写危险源登记表。

（三）城市轨道交通危险源的识别

城市轨道交通危险源识别涉及员工的健康与安全、行车安全、设备安全、消防安全、乘客及相关方安全、财产损失和列车延误等范畴。

1. 危险源识别范围

危险源识别范围包括城市轨道交通覆盖范围内工作区域及其他相关范围内的生产经营活动、人员、设施等。根据城市轨道交通管理及其他活动情况，危险源识别范围可分成以下类别：

（1）按地点划分：轨道交通沿线各车站、车辆段、OCC（控制中心）大楼、办公楼等。

（2）按活动划分：常规活动、非常规活动、潜在的紧急情况。各活动所包含的主要内容见表 1-3。

2. 划分危险源识别对象

在各部门列出识别范围内的活动或流程所涉及的所有方面后，选用合适的设备分析法、工艺流程分析法或其他划分方法，根据事故类型划分危害事件，并根据以下过程划分危险源识别对象：

（1）对车辆设备大修的活动，可按照其工艺流程分析法划分识别对象。

表 1-3 城市轨道交通管理各项活动的主要内容

活动类别	主要内容
常规活动	运营服务活动：依据运营时刻表组织列车运营、客运服务过程
	设备设施的设计、安装、调试、验收、接管、使用过程
	公共活动：相关部门均有的活动，包含办公，电梯、叉车、消防设施、空调、空压机、抽风机使用，化学物品搬运储存、废弃等
	间接活动：为运营服务活动提供支持的活动，主要包括物资部仓库管理、检验、物料采购以及物料的使用管理、食堂管理等
非常规活动	设备设施维护保养、消防及行车疏散演习、因公外出、合同方在总部的活动（如工程施工、维修、清洁等）
潜在的紧急情况	如行车、火灾、爆炸、化学物品泄漏、中毒、台风、雷击、碰撞等事故事件（潜在的紧急情况的危险辨识需考虑紧急情况发生时和发生后进行抢险救援过程中存在的危险）

（2）对设备维护及保养的活动，可按照设备分析法，依据划分的设备作为危险源识别对象，并结合活动实施过程划分。

（3）使用设备时可根据具体操作过程。

（4）根据采购、存放、检测设备的过程。

（5）根据行车组织、客运组织过程。

（6）针对每一危险源辨识对象，参考危险源事故类型表，识别可能存在的事故/事件，并登记在表 1-4 所示的危险源辨识及风险评价登记表中“危害事件”栏以及“事故类型”栏内。

表 1-4 危险源识别与风险评价登记表

序号	部门/地点	活动	设备/设施/物料	危害事故/事件	事故类型	危险源	危险源类别	风险评价				控制措施	备注
								风险发生的可能性	事故后果的严重性	风险值	风险级别		

3. 城市轨道交通供电系统主要危险源

对城市轨道交通供电系统危险源进行识别，并对其风险进行逐一评估，确定其主要危险源，如表 1-5 所示。

表 1-5 城市轨道交通供电系统主要危险源一览表

序号	主要危险事件	危险因素分析
1	作业车冒进、冲突、脱轨	（1）作业车超速运行； （2）作业车司机违章操作； （3）制动机使用不当； （4）监控装置数据错误

续表

序号	主要危险事件	危险因素分析
2	调车冲挤脱轨	（1）调车违章作业不能及时发现与防范； （2）调车监控文件分析不到位； （3）调车出站作业监控显示失控； （4）司机违章； （5）司机精神不好，精力不集中，中断瞭望
3	因触电伤害造成作业人员群死群伤	（1）误送电； （2）机车带电进入停电区； （3）作业人员误进入有电设备范围； （4）安全绝缘距离不够； （5）感应电伤害； （6）穿越电流伤害
4	列车伤害	（1）作业人员身体侵入行车限界； （2）作业人员所持机具材料侵入行车限界； （3）作业车平台向未封锁线路旋转
5	高空坠落	（1）高空作业不系安全带； （2）抛掷传递工具、零部件； （3）安全带系在未受力件上或受力件存在隐患等
6	设备失修	（1）超过检修周期未检修； （2）未超过检修周期但检修不到位； （3）牵引供电设备周围设施侵入安全距离
7	工具材料状态不良	（1）工具材料存在隐患，机械强度减弱未能及时发现； （2）绝缘强度超过检测周期未检测等
8	员工状态不良	（1）员工业务不熟； （2）员工身体不适； （3）员工违章蛮干等

三、风险评价与控制

1. 风险评价

风险评价是评价危险源和危险因素导致事故、造成人员伤亡或财产损失的危险程度，主要包括导致事故的可能性和事故后果严重程度两个方面。

在系统中，危险的存在是绝对的，任何工业生产系统中都存在许多危险源。受实际人力、物力等方面因素的限制，不可能彻底消除或完全控制危险源，只能集中有限的人力、物力消除或控制危险性较大的危险源。当危险源的危险性很小，可以被忽略时，不必采取控制措施。在风险评价的基础上，按其危险性的大小将危险源排序，为确定采取控制措施的优先次序提供依据。

风险评价主要是对危险源进行评价，主要评价以下几个方面：

（1）能量或危险物质的量。危险源具有的能量越高，一旦发生事故其后果也越严重；反之，危险源拥有的能量越低，对人或物的危害越小，危险源处于低能量状态时比较安全。同样，危险源具有的危险物质越多，干扰人的功能越严重，其危险性也越大。因此，危险源导致事故的后果严重程度，主要取决于事故时意外释放的能量或危险物质的多少，它们是风险评价中最重要的指标。

（2）能量或危险物质意外释放的强度。能量或危险物质意外释放的强度是指事故发生时单位时间内释放的能量。在意外释放的能量或危险物质总量相同的情况下，释放强度越大，则能量或危险物质对人员或物体的作用越强烈，造成的后果也越严重。

（3）能量的种类和危险物质的危险性质。不同种类的能量造成人员伤害、财物破坏的机理不同，其后果的严重程度也很不一样。危险物质的危险性主要取决于自身的物理、化学性质。燃烧爆炸性物质的物理、化学性质决定其导致火灾、爆炸事故的难易程度及事故后果的严重程度；工业毒物的危险性主要取决于自身的毒性大小，在引起急性中毒的场合，常用半数致死剂量评价其自身的毒性。

（4）能量或危险物质的影响范围。事故发生时意外释放的能量或危险物质的影响范围越大，遭受其作用的人或物越多，则事故造成的损失越大。

评价危险源危险性的主要方法除上述提及的系统安全分析以外，还有风险评价方法。系统安全分析技术通过详细的分析，计算意外释放的能量、危险物质造成的人员伤害和财物损失，定量地评价危险源的危险性。系统安全分析中的定量方法需要较多的数据、准确度较高的数学模型，计算比较复杂，一般仅用于危险性特别大的重大危险源的危险性评价。而风险评价方法是将系统划分为不同风险等级进行比较的一种方法，它简单易行，因而得到了广泛应用。风险评价是一种相对的评价方法，通过比较危险源的危险性，人为地划分出一些风险等级来区分不同危险源的危险性，为采取危险源控制措施或进行更详细的危险性评价提供依据。

2. 划分风险等级

根据风险评价的结果，可将危险源划分为5个风险等级：1级风险为不可容许风险；2级风险为重大风险；3级风险为中度危险；4级风险为一般风险；5级风险为可忽略风险。1级风险为最高等级风险，一般说来，风险等级越高，危险性越大。

3. 风险控制措施

根据风险等级的不同，采取相应的风险控制措施，完全控制危险源或降低风险，如表1-6所示。对于潜在的紧急风险情况，应制定应急准备和响应控制程序，按程序进行管理。

表1-6 风险控制策略表

风险等级	风险控制要求
1级 （不可容许风险）	只有当风险已降低时，才能开始或继续工作。如果无限的资源投入也不能降低风险，就必须禁止工作
2级（重大风险）	直至风险降低后才能开始工作。为降低风险有时必须配给大量资源。当风险涉及正在进行中的工作时，就应采取应急措施
3级（中度风险）	应努力降低风险，但应仔细测定并限定预防成本，并应在规定时间期限内实施降低风险措施。在中度风险与严重伤害后果相关的场合，必须进行进一步的评价，以更准确地确定伤害的可能性，并确定是否需要改进控制措施
4级（一般风险）	不需要另外的控制措施，应考虑投资效果更佳的解决方案或不增加额外成本的改进措施，需要监测来确保控制措施得以维持
5级（可忽略风险）	不需采取措施且不必保留文件记录

风险控制一般应从以下几方面加强控制：

（1）防止人为失误的能力。必须能够防止在装配、安装、检修或操作过程中发生可能导致严重后果的人为失误，如单向阀门不能装反、三线电源插头不能插错等。

（2）对失误后果的控制能力。一旦人失误可能引起事故时，应能控制相关部件或元件的运行，以及与其他部件或元件的相互作用。例如，在按 A 钮启动之前，如按 B 钮就可能引起事故，则应实行联锁，使之先按 B 钮也没有危险。

（3）防止故障传递的能力。应防止一个部件或元件的故障引起其他部件或元件的故障，从而避免事故。例如，电动机电路短路时保险丝熔断，防止烧毁电动机。

（4）控制失误或故障导致事故的难易。如果发生一次失误或故障，就会直接导致事故，这样的设计、设备或工艺过程是不安全的。应保证至少有两次相互独立的失误或故障，或一次失误与一次故障同时发生才能引起事故。对于那些一旦发生事故将带来严重后果的设备、工艺，必须保证同时发生两次以上的失误或故障才能引起事故。

（5）承受能量释放的能力。运行过程中偶尔可能产生高于正常水平的能量释放，相关的部件或元件应能承受这种高能量释放。例如，通常在压力罐上装有减压阀，可以把罐内压力降低到安全压力，但如果减压阀故障，则超过正常值的压力将强加于管路。为使管路能承受高压，必须增加管路的强度，或在管路上增设减压阀。

（6）防止能量蓄积的能力。能量蓄积的结果将导致意外的能量释放，因此应有防止能量蓄积的措施，如安全阀、破裂膜、可熔（断、滑动）连接等。

采取了危险源控制措施后的风险评价，可以查明危险源控制措施的效果是否达到了预定要求。如果采取了控制措施后危险性仍然很高，则需要进一步研究对策，采取更有效的措施降低危险性。城市轨道交通系统的复杂性带来运营风险的多变性。因此，运营风险管理必须要常抓不懈，不断进行自我纠正，为广大职工和乘客提供良好的安全运营大环境。

*四、造成事故的影响因素

造成事故的因素是多方面的，根据轨道交通系统的具体运营情况，这些影响因素会造成不同严重程度的事故后果。因此，这些影响因素都有可能成为事故的致因。事故影响因素造成事故的模型如图 1-3 所示。

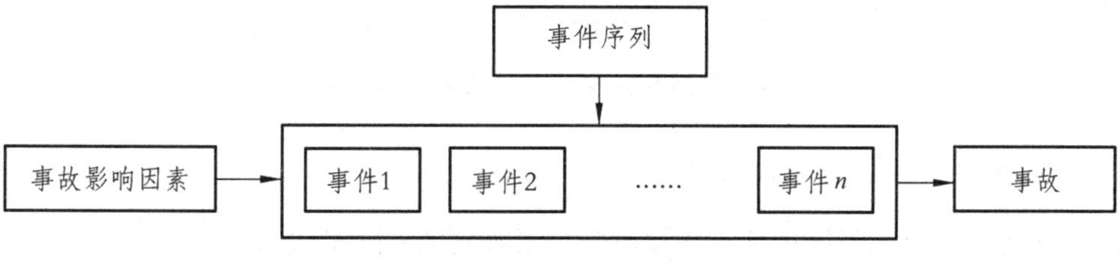

图 1-3　事故影响因素造成事故的模型

（一）RAMS 影响因素

RAMS 管理是指在系统全寿命周期内针对可靠性（Reliability）、可用性（Availability）、可维修性（Maintainability）和安全性（Safety）四种系统固有的特性进行的管理，国内亦通常称之为系统保证管理。RAMS 管理是从欧洲引入的标准，内容包含 EN50126 等 3 个欧标。RAMS 是系统工程技术之一，也是世界轨道交通行业普遍采用的关键技术，应用 RAMS 工程，可使轨道交通的可靠性、维修性和安全性等指标得到显著的提高。

可靠性（Reliability）是指产品在规定的条件下运行时，在规定的时间内保持规定功能的能力，表征产品故障的频繁程度和危害程度，可靠性设计和分析的主要任务是降低故障发生的概率和降低故障的影响；可用性（Availability）是产品在任意一个随机时刻处于可用状态的能力，常用可用时间占总时间的比值来描述；可维修性（Maintainability）是产品在规定的条件下和规定的时间内，按规定的程序方法进行维修时，保持或恢复到其规定状态的能力，表征产品预防故障和修复故障的能力，表达产品维修的难易程度（可修、能修和易修等）；安全性（Safety）是指产品不发生系统危险事件的能力，涉及在各种环境条件和工作条件下，在运营、维护和维修过程中发生的所有危险。

RAMS 的影响因素往往就是导致系统发生事故的原因。轨道交通系统 RAMS 的影响因素主要分 3 个方面：一是轨道交通系统寿命周期的任一阶段，由于系统内部原因引起的故障，即系统自身条件因素；二是在轨道交通系统运用中产生的故障，即运用条件因素；三是轨道交通系统在维修活动中产生的故障，即维修条件因素。这些影响因素相互关联、互相作用。RAMS 系统工程的实质在于研究产品故障（事故）的发生和发展规律；在故障（事故）发生以后的修理和保障；以及如何预防故障（事故）的发生，减少和消除故障（事故）。要想获得一个可靠、安全的轨道交通系统，就要在整个系统的寿命周期中，采用适当的调控手段对影响系统 RAMS 的各个因素进行鉴定，对其影响进行评估，对其原因进行控制，以便优化整个系统的性能。

影响轨道交通系统 RAMS 的因素与其他工业系统一样，是普遍存在的，图 1-4 表示轨道交通系统 RAMS 影响因素的一个因果图例，图 1-5 表示这些因素之间的相互作用。

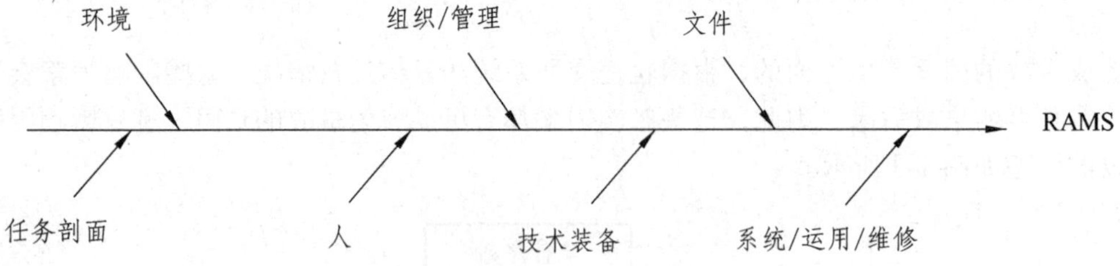

图 1-4　轨道交通系统 RAMS 影响因果图

（二）系统内部故障影响因素

由图 1-5 可以看出，系统内部干扰故障分为系统故障和随机故障。

1. 系统故障影响因素

系统故障的定义：系统/子系统/技术装备的技术要求、设计、结构、安装、运用或维修中的固有故障（EN 50129—2003）。系统故障影响因素主要是人为的差错，如对产品技术要求的错误、在产品设计中的不足、生产中的各种缺陷、软件的错误、各种文件的缺乏、各级人员所犯的各种错误等。

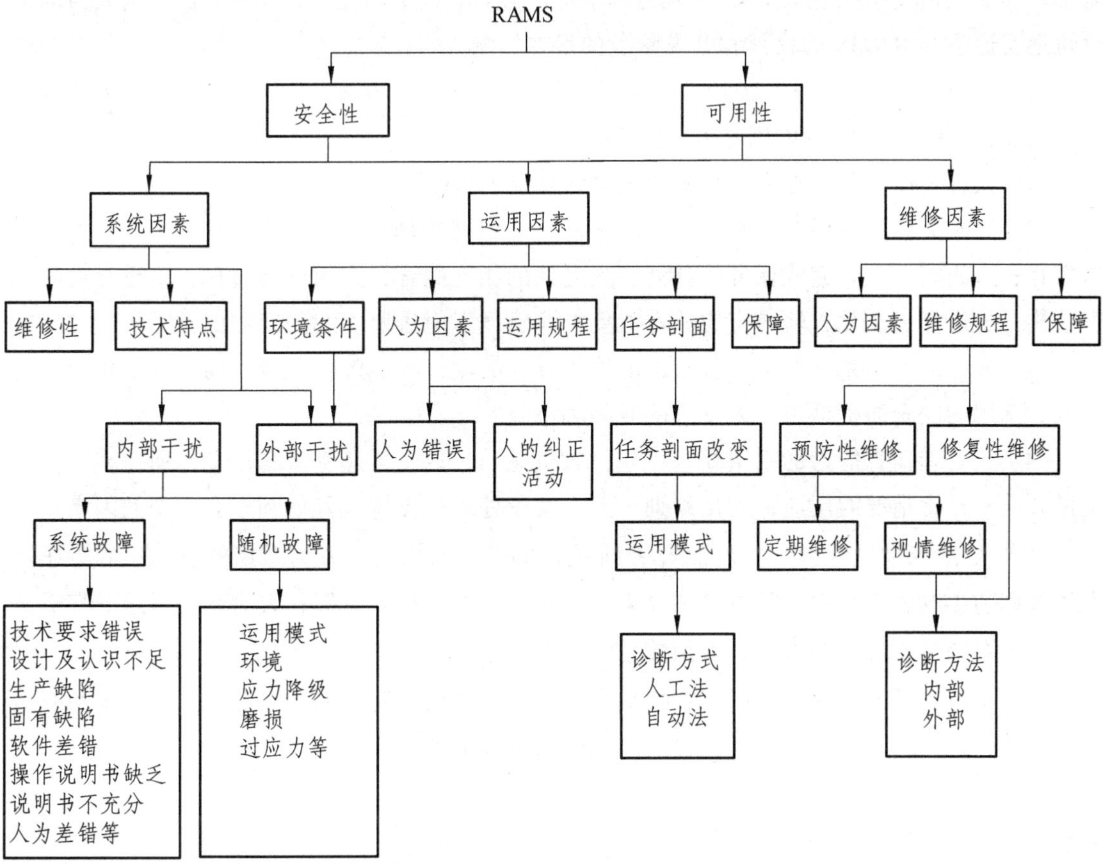

图 1-5　影响 RAMS 各因素间的相互关系

2. 随机故障影响因素

随机故障的定义：不可预料的故障（EN 50129—2003）。随机故障主要是指系统硬件（如电气、电子、可编程电子系统硬件）发生的不可预料的故障。随机故障的影响因素主要有：运营模式的改变、环境的变化、应力的过高或过低、磨损加剧等，它所引起的故障模式是多种多样的。

（三）人为影响因素

从图 1-5 中还可看出，在系统因素、运用因素和维修因素中都存在人为因素的影响。城轨交通的运用人群，包括旅客、操作人员以及负责向其他有关行业提供服务的人员（如平交道口向行人和汽车司机提供服务的人员），每个人都能以不同的方式对发生的情况做出反应。显然，人为因素对系统 RAMS 的潜在影响是很大的。因此，在整个轨道交通系统的寿命周期中，要想获得较好的 RAMS 要比许多其他系统更需要对人为因素做出严格的控制。

需要说明的是，人为因素在系统的寿命周期中是普遍存在的，对 RAMS 有着特殊的影响。人们具有对轨道交通系统 RAMS 起积极作用的能力。为达到此目标，在整个寿命周期期间，需要对影响轨道交通系统 RAMS 的人为因素加以分析、鉴别和控制，这个分析包括人为因素对轨道交通系统 RAMS 的设计和开发阶段的潜在影响。

将国际标准 IEC 62278—2002（国家标准 GB/T 21562—2008）中人为因素对轨道交通系统 RAMS 所特有的主要影响因素罗列如下。

（1）人机功能分配：在人与机器之间系统功能的分配。

（2）对人员行为的影响：人/系统接口；环境，包括物理环境和人类工程学要求；人的工作方式；人的能力；人完成任务的计划；人之间的相互配合；人的反馈过程；轨道交通的组织结构；轨道交通文化；轨道交通特有的要求；新技术引进所引起的问题。

（3）人为能力的系统要求：包括人的能力；人的动机与愿望；减轻人的行为变化引起的影响；运用的安全防护措施；人反应的时间和空间。

（4）人处理信息能力的系统要求：包括人机通信；信息传递密度；信息传递速率；信息质量；人对异常情况的反应；人员培训；人员决策处理的支持；其他利于人应变的因素。

（5）人/系统接口的影响：包括人/系统接口的设计与操作；人为差错的影响；故意违反人类规则的影响；系统中人的参与和介入；人对系统的监控和掌握；人对系统风险的察觉能力；人对系统关键部分的参与；人预测系统出现问题的能力。

（6）设计和开发中的人为因素：包括人的能力；在设计时人的独立性；人在鉴定和确认中的参与；人与自动化技术装备的接口；预防系统故障的程序。

（四）环境影响因素

轨道交通系统 RAMS 与工作条件和环境因素有很大的关系。各种轨道交通系统在不同的地域行驶，经常会遇到特殊的气候环境。在严寒地区行驶的列车，常受到低温和冰雪的袭击，使轨道交通系统起动性能和制动性能恶化；机车冷却液、润滑油和燃油有冻结的危险；极低的温度常使非金属甚至某些金属零件脆化失效；另外，还影响采暖除霜装置的性能，并使维修工作发生困难。在高原地区行驶的列车，由于长大坡道、较低的气压、较强的太阳辐射，会使机车功率下降，冷却液沸腾，供油系统气阻，动力性能下降，人体机能变差，同样增加维修困难。当列车在湿热地区行驶时，主要的环境影响因素是高温、高湿、高辐射、雨水、盐雾和霉菌等，造成轨道交通系统金属零件腐蚀，非金属零件老化、变质、发霉，电机绝缘下降，环火、短路、接地等电气故障不断发生，列车冷却系统效果不佳等。因此，为了检验环境因素对轨道交通系统的影响，必须进行环境试验，将产品暴露在自然或人为的环境中，对它们在实际储存、运输和运用条件下的性能做出鉴定与评价。

1. 环境因素

对产品有明显影响的环境因素分为自然环境因素和诱导环境因素（见表 1-7）。

表 1-7 环境影响因素一览表

自然环境因素	诱导环境因素
风、风暴、闪电	加速度
云、雾	激光、电磁
雨	闪电、静电
雪、霜、冰、雹	爆炸
高原、低气压	结冰
高压	电磁辐射
高温	核辐射
低温	冲击
高湿度、霉菌	空气动力造成的高温
盐雾	空气动力造成的低温
尘埃、沙尘	紊流
磁、电磁辐射、地磁	雾化尾迹
宇宙及太阳辐射	机械振动
空气污染	声学、噪声
重力	

2. 环境影响因素

环境因素通过不同的途径影响产品的 RAMS，表 1-8 列出了典型环境因素对产品及材料的主要影响。

表 1-8 环境影响因素主要影响一览表

典型环境因素	主要影响	引起的典型故障
高温	热老化 -氧化 -结构变化 -化学反应 软化、熔化和升华 黏度降低和蒸发 体膨胀	绝缘失效；电气特性改变 结构故障 失去润滑性 结构故障；机械应力增加；活动零件磨损增加
低温	黏度增加和凝固 结冰 脆化 体收缩	失去润滑性 电气特性改变 丧失机械强度；裂纹、破裂 结构故障；活动零件磨损增加
相对湿度高	吸潮湿 化学反应 -腐蚀 -电解	容器破裂、膨胀；外形破裂；丧失抗电能力 丧失机械强度；妨碍功能；损害电气特性；增加绝缘体的导电性
相对湿度低	干燥 -脆化 -形成粒面	丧失机械强度；结构毁坏；电气特性改变；“集尘”
高压	压缩	结构破坏；密封穿透；妨碍功能

续表

典型环境因素	主要影响	引起的典型故障
低压	膨胀 漏气 降低空气介电强度	容器破裂；爆炸性膨胀 电气特性改变；丧失机械强度 绝缘破坏，产生电弧；电晕放电，形成臭氧
太阳辐射	光化和生物化学反应 -脆化	表面损坏 电气特性改变；材料褪色；臭氧形成
沙尘	磨损 阻塞	磨损增加 妨碍功能；电气特性改变
盐雾	化学反应 -腐蚀 电解	磨损增加；丧失机械强度，电气特性改变；妨碍功能 表面损坏；结构强度降低；导电性增加
风	力的作用 材料沉积 耗热（低速） 加热（高速）	结构毁坏；妨碍功能；丧失机械强度 机械妨碍和阻塞；磨损加快 加速低温影响 加速高温影响
雨	物理应力 吸水和浸渍 侵蚀 腐蚀	结构毁坏 机械妨碍和阻塞；磨损加快 加速低温影响 加速化学反应
温度冲击	机械应力	结构毁坏或强度降低；密封损坏
高速粒子（核辐射）	发热 蜕变和离子化	热老化；氧化 化学、物理和电气特性改变；产生气体和次级粒子
失重	机械应力 无对流冷却	中断与重力有关的功能 加剧了高温作用
臭氧	化学反应 -龟裂、裂缝 -脆化 -形成粒状 降低空气介电强度	加速氧化；电气特性改变；丧失机械强度；妨碍功能 绝缘破坏和产生电弧
爆炸性减压	严重机械应力	破裂和裂纹；机械毁坏
游离气体	化学反应 -污染 降低介电强度	物理和电气特性改变 绝缘破坏和产生电弧
加速度	机械应力	机械毁坏
振动	机械应力 疲劳	丧失机械强度；影响功能；增加磨损 结构毁坏
磁场	引起磁化	妨碍功能，电气特性改变；感应发热

3. 运用中的环境影响因素分析

各种环境因素对产品投入使用以后的各个阶段（储存、运输、使用和维修等）都有影响。一种是产品功能、任务方面的影响，如列车在雾中行驶，能见度降低影响任务完成；另一种是机械损伤和外形改变，如腐蚀、碎裂、破碎、熔化等，应对产品在投入运用以后的环境因素进行分析，列出各个阶段环境因素产生的一些影响。

4. 环境影响因素综合作用

环境因素的综合作用对轨道交通系统 RAMS 的有害影响要比单一的环境因素更大，这种组合环境的总体影响比每一环境因素单独作用而累积的总影响更具有破坏性。这种同时作用的环境因素包括列车运行时所遭遇的诸如温度、湿度、高度、冲击和振动等因素的综合。对这些因素应该按照产品寿命终止顺序进行验收检查。

（五）规章制度的影响

规章制度对轨道交通系统 RAMS 的影响是明显的。各种相关的轨道交通法规、规程、规范和规则对轨道交通系统设计、制造以及运用、维修做出了严格的规定，以确保轨道交通系统满足轨道交通运输的要求。未能达到规章制度规定的要求，或者规章制度本身存在缺陷，都将构成事故隐患。

（六）综合保障的影响

“综合保障”在国外又称为“综合后勤保障（ILS）”或“后勤工程”，是研究装备研制过程中，如何处理与保障有关的问题，其目的是在获得装备的同时，获得与其匹配的保障资源，建立保障系统，及时形成运输能力。综合保障是在装备设计中综合规划所需的保障问题，在装备部署使用的同时，以最低费用提供与装备相互匹配的保障资源，建立保障系统，满足运输任务要求所进行的一系列技术和管理活动。

由上述定义可知，综合保障工程所进行的基本活动是一系列的综合协调和权衡优化工作，其中包括装备 RAMS 与保障系统的协调，因此综合保障与装备的 RAMS 是密切相关的，综合保障工作的好坏直接影响装备运用中的 RAMS。过去，在轨道交通系统（轨道列车）设计中不重视保障问题，而现代技术装备系统在主装备设计时要进行保障性分析，同时开展保障系统设计［见图 1-6（b）］，改变过去在装备投入运用后再进行保障系统设计的传统设计习惯［见图 1-6（a）］。

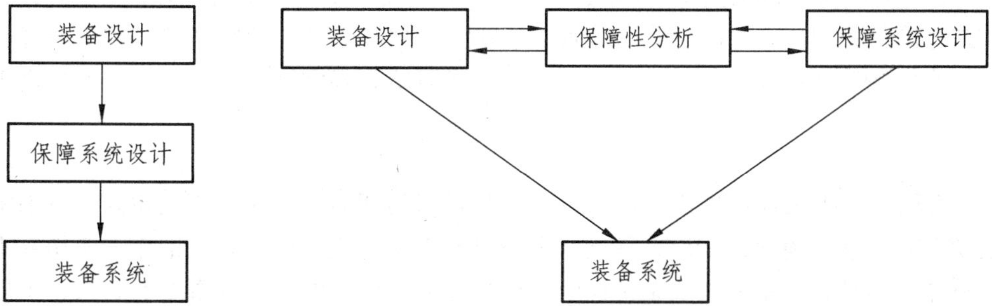

（a）传统序贯分析法　　（b）现代综合权衡法

图 1-6　两种保障性设计方法

（七）轨道交通特有的影响因素

将国际标准 IEC 62278—2002（国家标准 GB/T 21562—2008）中对轨道交通系统 RAMS 所特有的影响因素罗列如下。在分析某一项目时并非一定包罗所有的影响因素，而应该根据实际的运用范围和目的选用。

（1）系统运营。系统必须执行的任务及完成任务的条件；在运营环境中，旅客、货物、人员和系统共同存在的情况；对系统寿命的要求，包括系统寿命期望值、服务密度和寿命周期费用。

（2）环境。物理环境；处于环境中高度集成的轨道交通系统；在轨道交通环境中，整个系统测试的有限时机。

（3）应用条件。既有基础设施和系统对新系统的约束；在寿命周期工作期内，轨道交通系统维修服务的需求。

（4）运营条件。轨道旁的安装条件；轨道旁的维修条件；在试运行和运营过程中，已有系统与新系统的配套集成。

（5）故障类别。在复杂、分散轨道交通系统中故障的影响。

第二节　安全生产管理概述

一、现代安全生产管理理论

1. 安全生产管理发展历史

安全生产管理随着安全科学技术和管理科学的发展而发展，系统安全工程原理和方法的出现，使安全生产管理的内容、方法、原理都有了很大的拓展。

现代安全生产管理的理论、方法、模式是 20 世纪 50 年代进入我国的。在六七十年代，我国开始吸收并研究事故致因理论、事故预防理论和现代安全生产管理思想。八九十年代，开始研究企业安全生产风险评价、危险源辨识和监控，一些企业管理者开始尝试安全生产风险管理。20 世纪末，我国几乎与世界工业化国家同步研究并推行了职业健康安全管理体系。进入 21 世纪以来，我国有些学者提出了系统化的企业安全生产风险管理理论，认为企业安全生产管理是风险管理，管理的内容包含危险源辨识、风险评价、危险预警与监测管理、事故预防与风险控制管理及应急管理等。该理论将现代风险管理完全融入安全生产管理之中。

2. 事故致因理论

（1）海因里希因果连锁理论。1931 年，美国的海因里希在《工业事故预防》一书中论述了事故发生的因果连锁理论，后人称之为海因里希因果连锁理论。该理论把工业伤害事故的发生过程描述为具有一定因果关系事件的连锁，即人员伤亡的发生是事故的结果，事故的发生原因是人的不安全行为或物的不安全状态，人的不安全行为或物的不安全状态是由于人的缺点造成的，人的缺点是由于不良环境或先天的遗传因素造成的。

海因里希将事故因果连锁过程概括为 5 个因素：遗传及社会环境、人的缺点、人的不安全行为或物的不安全状态、事故、伤害。这种事故因果连锁关系具有多米诺骨牌效应。企业安全工作的中心就是防止人的不安全行为，消除机械的或物质的不安全状态，中断事故连锁的进程，从而避免事故的发生。

（2）能量意外释放理论。1961 年，吉布森提出事故是一种不正常的或不希望的能量释放，各种形式的能量是构成伤害的直接原因。因此，应该通过控制能量或控制作为能量波及人体的媒介——能量载体来预防伤害事故。1966 年，哈登完善了能量意外释放理论，认为在一定条件下，某种形式的能量能否产生造成人员伤亡事故的伤害取决于能量的大小、接触能量时间的长短和频率以及能量的集中程度。根据该理论，可以利用各种屏蔽来防止意外的能量转移，从而防止事故的发生。

（3）系统安全理论。系统安全理论认为，研究事故原因需运用系统论、控制论和信息论的方法，探索人-机-环境之间的相互作用、反馈和调整，辨识事故将要发生时系统的状态特性，特别是与人的感觉、记忆、理解和行为响应等有关的过程特性，从而分清事故的主次原因，使事故预防更为有效。该理论包括许多区别于传统安全理论的创新：

① 在事故致因理论方面，改变了人们只注重操作人员的不安全行为，而忽略硬件故障在事故致因理论中所起作用的传统观念，开始考虑如何通过改善物的系统可靠性来提高复杂系统的安全性，从而避免事故。

② 没有任何一种事物是绝对安全的，任何事物都潜伏着危险因素。

③ 不可能根除一切危险源，但可以减少现有危险源的危险性。

④ 由于人的认识能力有限，有时不能完全认识危险源及其风险。即使认识了现有的危险源，随着生产技术的发展，新技术、新工艺、新材料和新能源的出现，又会产生新的危险源。

3. 事故预防与控制的基本原则

事故预防与控制主要应从安全技术、安全教育和安全管理等方面入手，采取相应对策。安全技术对策着重解决物的不安全状态问题，安全教育对策和安全管理对策主要着眼于人的不安全行为问题。安全教育对策主要是使人知道哪里存在危险源，如何导致事故，事故的可能性和严重程度如何，对于可能的危险应该怎么做；安全管理措施则是要求必须怎么做。

二、职业健康安全管理体系

职业健康安全管理体系是 20 世纪 80 年代兴起的现代安全生产管理模式，它与 ISO 9000、ISO 14000 等标准化管理体系一样被称为后工业化时代的管理方法。

国际社会对职业健康安全管理体系普遍关注，一些发达国家率先开展了实施职业健康安全管理体系的活动。2001 年 12 月，原国家经贸委根据我国实际情况颁布了《职业健康安全管理体系指导意见》和《职业健康安全管理体系审核规范》。国家质量监督检验检疫总局根据我国开展职业健康安全管理体系工作的具体情况，颁布了国家标准《职业健康安全管理体系要求》（GB/T 28001—2011），并实施职业健康安全管理体系第三方认证制度。第三方认证就是依据审核准则，由获得认可资格的认证机构，对受审核方的职业健康安全管理体系实施认证及认证评定，确认受审核方的职业健康安全管理体系的符合性，并颁发认证证书与标志，证书和标志将向外部相关方证明该组织的职业健康安全管理体系符合职业健康安全管理体系规范的要求。

职业健康安全管理体系是一套系统化、程序化且具有高度自我约束、自我完善机制的科学管理体系。实施职业健康安全管理体系，不仅可以强化企业的安全管理，完善企业安全生产的自我约束机制和激励机制，达到保护职工安全与健康的目的，也有利于增强企业的凝聚力和竞争力。国家颁布实施《职业健康安全管理体系要求》，进一步规范与促进了各行各业职业健康安全管理工作的有序开展。

三、我国安全生产管理现状

1. 我国的安全生产方针

我国安全生产工作的基本方针为“安全第一，预防为主”。

“安全第一”，就是在生产经营活动中，在处理保证安全与生产经营活动的关系上，要始终把安全放在首要位置，优先考虑从业人员和其他人员的人身安全，实行“安全优先”的原则。在确保安全的前提下，努力实现生产的其他目标。

“预防为主”，就是按照系统化、科学化的管理思想，按照事故发生的规律和特点，千方百计预防事故的发生，做到防患于未然，将事故消灭在萌芽状态。虽然人类在生产活动中还不可能完全杜绝事故的发生，但只要思想重视，预防措施得当，事故是可以减少的。

2. 安全生产法律法规体系建设

加强安全生产法制建设，依法加强安全管理，是安全生产领域贯彻落实“依法治国”基本方略，建立依法、科学、长效的安全生产管理体制机制，是推动实现安全生产长治久安的必然要求。维护安全生产秩序除了要采用经济手段和必要的行政手段外，更重要的是要依靠法律的手段。在新形势下，我国大大加快了有关安全生产的立法步伐，中央和地方各有关部门陆续颁布实施了一系列与安全生产有关的法律、法规、部门规章、地方性法规、地方行政规章和其他规范性文件，经过多年来的持续努力，基本建立了以《安全生产法》为主体，由国家相关法律法规和标准规程、部门规章、规范性文件等所构成的安全生产法律法规体系，安全生产各方面工作大致上都可以做到有法可依，有章可循，有力地促进了安全生产管理工作的规范化、制度化和科学化。

目前，全国人民代表大会及其常务委员会、国务院和相关主管部门已经颁布实施并仍然有效的有关安全生产主要法律法规有 130 多部。其中，包括全国人大及其常委会制定的《中华人民共和国安全生产法》《中华人民共和国劳动合同法》《中华人民共和国突发事件应对法》《中华人民共和国职业病防治法》《中华人民共和国海上交通安全法》《中华人民共和国道路交通安全法》《中华人民共和国消防法》《中华人民共和国铁路法》《中华人民共和国民航法》《中华人民共和国电力法》《中华人民共和国建筑法》等 20 多部法律；国务院制定的《国务院关于特大安全生产事故行政责任追究的规定》《安全生产许可证条例》《生产安全事故报告和调查处理条例》《危险化学品安全管理条例》《中华人民共和国道路交通安全法实施条例》《建设工程安全生产管理条例》等 20 多部行政法规；国家安全生产监督管理总局、国家煤矿安全监察局、交通运输部等部门和机构制定的《安全生产违法行为行政处罚办法》《安全生产监督罚款管理暂行办法》《安全生产领域违法违纪行为政纪处分暂行规定》《危险化学品登记管理办法》等 80 多部部门规章，各地人大和相关政府部门也陆续出台了不少地方性法规和地方政府规章。到目前为止，各省（区、市）都基本上制定出台了安全生产条例。

需要指出的是，中华人民共和国成立后，我国安全生产标准化工作发展迅速，据不完全统计，国家及各行业颁布了涉及安全的国家标准上千项，各类行业标准几千项。我国安全生产方面的国家标准或者行业标准，均属于法定安全生产标准，或者说属于强制性安全生产标准，《安全生产法》有关条款明确要求生产经营单位必须执行安全生产国家标准或者行业标准，通过法律的规定赋予了国家标准和行业标准强制执行的效力。

此外，我国许多安全生产立法直接将一些重要的安全生产标准规定在法律法规中，使之上升为安全生产法律法规中的条款。因此，我国安全生产国家标准和行业标准，虽然和安全生产立法不无区别，但在一定意义上说，也可以被视为我国安全生产法律法规体系的一个重要组成部分。

近年来，随着我国经济社会的快速发展，我国已经进入事故易发的工业经济中级发展阶段，安全事故频发，已有的安全生产立法与我国安全生产形势的迫切需要产生了一定的差距，与一些发达国家相比，在立法的某些环节显得落后，亟待加强立法，进一步健全完善我国安全生产法律法规体系，将安全生产工作全面纳入法治轨道，促进安全生产形势的持续稳定好转。

3. 安全生产监督管理

我国目前实行的是国家监察、地方监管、企业负责的安全工作体制。在国家与行政管理部门之间，实行的是综合监管和行业监管；在中央政府与地方政府之间，实行的是国家监察与地方监管；在政府与企业之间，实行的是政府监管与企业管理。

在国务院领导下，国务院安全生产委员会负责全面统筹协调安全生产工作；国家安全生产监督管理总局对全国安全生产实施综合监管，并负责煤矿安全监察和非煤矿山、危险化学品、烟花爆竹等行业领域的安全生产监督管理工作；工业和信息化部、公安部、住房和城乡建设部、农业部、交通运输部、中国民航局、电监会和国资委等部门，分别负责本系统、本领域的安全工作；国家质检总局负责锅炉压力容器等四类特种设备的安全监督检查；卫生部负责职业病诊治工作；人力资源和社会保障部负责工伤保险管理、未成年工以及女工的劳动保护。

2010 年，国务院颁布了《国务院关于进一步加强企业安全生产工作的通知》，其中要求强化安全生产监管部门对安全生产的综合监管，对重大安全隐患治理实行逐级挂牌督办、公告制度，重大隐患治理由省级安全生产监管部门或行业主管部门挂牌督办，国家相关部门加强督促检查；强化企业安全生产属地管理；强化项目安全设施核准审批，加强建设项目的日常安全监管，严格落实审批、监管的责任；严格落实建设、设计、施工、监理、监管等各方安全责任；充分发挥工会、共青团、妇联组织的作用，依法维护和落实企业职工对安全生产的参与权与监督权，鼓励职工监督举报各类安全隐患，接受人民群众的公开监督等。

四、轨道交通供电安全生产特点

（一）安全生产的一般特点

安全生产随着生产的产生而产生，随着生产的发展而发展。“安全为了生产，生产必须安全。”安全生产的一般特点主要表现在：

（1）安全的系统性。安全涉及技术系统的各个方面，包括人员、设备、环境等因素，而这些因素又涉及经济、社会、科技、教育和管理许多方面，尤其对于铁路运输这样的开放系统，安全既受内部因素的制约，又受外部环境的干扰，一旦安全状况恶化，出现事故，不仅可能造成系统内部的损害，而且可能造成系统外部环境的损害，因此研究和解决安全问题应从系统出发，运用系统工程方法，进行综合治理，克服管理中的“头痛医头，脚痛医脚”的做法。

（2）安全的相对性。凡是人类从事的生产活动，都有安全问题，所不同的只是发生事故的可能性有大有小，危害程度有轻有重而已。安全只是相对的，系统发生事故的可能性始终存在，要从这个意义上，树立“预防事故、防患未然”的思想。

（3）安全的依附性。由于安全不能脱离具体的生产过程而独立存在，而另一方面，安全又是生产的基础和保障，正常有序的生产与系统的安全运行和管理是不可分割的。

（4）安全的间接效益性。要保证生产安全必须在人员、设备、环境和管理方面有相应适时的安全投入，但安全投入所产生的经济效益和社会效益都是间接的、无形的，难以定量计算。因此，安全投入容易被忽视。事实上，安全的效益除了减少事故的直接和间接经济损失外，更重要的是在提高人员素质、改进设备性能、改善环境质量和加强生产管理等方面所创造的积极的经济效益和社会效益。

（5）安全的长期性。人们对安全的认识在时间上往往是滞后的，难以预先认识到系统存在和面临的各种危险和隐患，而且即使认识到了，有时也会由于技术条件所限而无法控制，随着技术进步和社会发展，旧的安全问题解决了，新的安全问题又会产生，抓安全需要长期不懈、始终如一地努力才行。

（6）安全的艰巨性。由于高技术总是伴随着高风险，随着现代科学技术的发展和系统复杂化程度的增加，事故后果越加严重，越不允许通过事故重演来深化对安全的认识。此外，事故是一种小概率的随机偶发事件，仅仅利用事故资料不可能及时地多层次对系统的危险性进行分析。可见，安全工作的任务相当艰巨。

（二）轨道交通供电安全生产的特点

轨道交通系统是由机车、车辆、车务、工务、电务、供电等多个系统组成的一个大联动机，供电系统作为其中的一个重要子系统，除具有上述一般特点外，同时还具有以下一些特点：

（1）移动供电事故概率高。轨道交通的产品是实现旅客与货物的快速位移，确保不间断供电与运输的畅通是供电系统安全运行的最基本要求。轨道交通供电系统与一般供电系统最大的区别是其负荷是高速移动的。移动供电是其与众不同的特点，也是实现安全运行的难点，一系列的安全问题都是因为接触网与列车受电弓的高速滑行接触运动而引起的。

（2）接口众多，管理难度大。轨道交通系统是一个大联动机，内部接口众多，联系密切，相互影响，衔接不好就可能影响供电系统的安全运行。牵引供电系统不仅要做到自身状态良好，同时还要与机车、车辆、车务、工务、电务等多工种联合作业、多部门紧密协作，涉及设备数量庞大、种类繁多，是复杂的人机动态系统，确保系统的安全运行，在很大程度上依赖于管理的有效性。

（3）线状分布环境影响多。轨道交通点多分散，呈线状布置，多数设备（如接触网设备）没有备用，易受外部自然环境的影响；社会环境，如治安环境、社会风气及社会政治经济状况等，也易对供电系统安全运行构成影响，而且难以预测和控制。

（4）"三高"环境安全风险大。生产环境具有"三高"（作业人员作业时将置身于高空、高电压和高速行车的环境中）特点，作业人员安全风险高，管理难度大。

（5）标准化作业要求严。轨道交通具有"高（度集中）、大（联动机）、半（军事化）"特点，是一个法律法规与行业规程规范较多的行业。安全运行与管理需要遵守一系列的规章并严格执行标准化作业等。

（6）事故后果往往很严重。轨道交通作为国民经济或城市交通的主动脉，其安全运行关系到国家和人民生命财产的安全，对国民经济和人们日常生活影响甚大。同时，列车承载旅客量大，一旦发生事故将可能导致严重的人身伤亡，后果十分严重。因此，供电系统作为轨道交通安全畅通的重要保证，其安全运行将更加受到人们的关注。

第三节　安全文化

文化是一种无形的力量，影响着人的思维方法和行为方式。相对于提高设备设施安全标准和强制性安全制度规程来讲，安全文化建设是事故预防的一种"软"力量，是一种人性化管理手段。

一、安全文化的概念

安全文化伴随人类生存发展而产生和发展，是人类文化的重要组成部分，其内涵深刻，外延广泛。安全文化的概念起源于20世纪80年代的国际核工业领域，由核安全文化、航空航天安全文化逐渐拓宽并发展到全民安全文化。

1. 文化的概念

文化是指一个国家或民族的历史、地理、风土人情、传统习俗、生活方式、文学艺术、行为规范、思维方式、价值观念等。根据文化的结构和范畴，文化可有广义文化和狭义文化之分。广义文化指的是人类在社会历史发展过程中所创造的物质财富和精神财富的总和，它包括物质文化、制度文化和心理文化三个方面。物质文化是指人类创造的种种物质文明，包括交通工具、服饰、日常用品等，是一种可见的显性文化。制度文化和心理文化分别指生活制度、家庭制度、社会制度以及思维方式、宗教信仰、审美情趣等，它们属于不可见的隐性文化，包括文学、哲学、政治等方面的内容。狭义文化是指人们普遍的社会习惯，如衣食住行、风俗习惯、生活方式与行为规范等。

2. 安全文化的概念

《企业安全文化建设导则》（AQ/T 9004—2008）对“企业安全文化”的定义为：“被企业组织的员工群体所共享的安全价值观、态度、道德和行为规范的统一体。”一个企业的安全文化是企业在长期安全生产和经营活动中逐步培育形成的、具有本企业特点、为全体员工认可遵循并不断创新的观念、行为、环境、物态条件的总和。企业安全文化包括保护员工在从事生产经营活动中的身心安全与健康，既包括无损、无害、不伤、不亡的物质条件和作业环境，也包括员工对安全的意识、信念、价值观、经营思想、道德规范、企业安全激励进取精神等安全的精神因素。

3. 安全文化的层次

广义安全文化的构成要素具有层次性，由表及里表现为：

（1）安全物质文化——器物层。安全物质文化是为了保证人们的安全生活和安全生产而以物质形态存在的条件、环境和设施的总和，或者说是能够满足人们安全需求的各种物质要素或物质财富的总称。它们是安全文化的物质载体，居于安全文化的表层或最外层。安全物质文化是安全文化的根本保障和基础。

（2）安全行为文化——行为层。安全行为文化是在安全精神文化和安全制度文化指导下，人们借助一定的安全物质文化，在生活和生产过程中的安全行为表现，居于安全文化的中间层。安全行为文化既是安全精神文化和安全制度文化的反映，同时又反作用于安全精神文化和安全制度文化。

（3）安全制度文化——制度层。安全文化中一切制度化的法规、法令、标准、社会组织形式，是安全文化中重要的、带有强制性的组成部分。安全制度文化是协调生产关系、规范组织和个体行为的各项法规和制度，居于安全物质文化和安全精神文化之间，是安全文化的中间层次，发挥着协调、保障、制约和促进的作用。

（4）安全精神文化——精神层。安全精神文化居于安全文化的内层，是指为全体成员所共同遵守、用于指导和支配人们安全行为的以价值为核心的意识观念的总称。作为安全文化的软件和核心，安全精神文化对安全制度文化、安全行为文化和安全物质文化起着主导和决定性的作用。

以上四个层次构成了安全文化的整体结构，它们相互联系、相互影响、相互渗透、相互制约。其中，安全物质文化是基础，安全精神文化是核心和精髓，而安全行为文化和安全制度文化则是安全精神文化通向安全物质文化的桥梁和纽带。

4. 安全文化的特点

（1）安全文化是硬、软两种文化的结合。安全物质条件是安全文化的硬件，安全精神因素是安全文化的软件。安全文化的发展过程就是硬、软两种文化相互影响、相互制约而又融会贯通的过程。

（2）安全文化是强制性与非强制性的结合。管理制度、行为准则是强制性要求，必须遵守；而人们的意识、情感和主观能动性又可以通过精神力量去暗示、启发和领悟，进而成为人们的自觉或自发行为。

（3）安全文化是普遍性和特殊性的结合。安全文化追求的安全价值观念体现了普遍的安全文化特征，而每个领域、每个时期、每个行业的个性特点，使得安全文化又呈现出多姿多彩的独特特征。安全文化共性与个性的结合构成了整个社会和谐统一的安全文化机制。

5. 安全文化的特征

（1）人本性特征。安全文化所要解决的问题是生产、生活领域人们从事一切活动的安全和健康问题，突出了从事一切活动的人们的身心安全和健康，体现了尊重人权、关爱生命、珍惜人生、以人为本的思想。

（2）群体性特征。安全文化是组织内的共同文化，是全体成员所认同的安全理念、安全目标、安全行为规范等，或者说，是全体成员达成的安全共识。安全的保障有赖于组织中全体成员而非某部分人员的积极参与。

（3）继承性特征。任何时代、任何地域的安全文化，都是经过传播、继承、优化、融合、发展而成的，都具有历史继承性，能体现人们长期生活和生产的方式和痕迹。

（4）时代性特征。任何安全文化的内容都不是固定不变的，而是随着社会的进步、经济的发展和人们需求的变化而不断地增添新的内容，表现出强烈的时代性特征，反映了人们的最新安全需求。

（5）系统性特征。安全文化以辩证的观点系统地分析安全问题，把安全事故的发生和出现看成是由自然和人为多种因素发生作用所致，所以，安全事故的预防和安全问题的解决不仅仅依赖于科学的安全设施、设备、环境和方法，更取决于人们的态度和行为。

二、安全文化的作用

安全文化最基本的内涵就是人的安全意识，是存在于人们头脑中，支配人们行为是否安全的思想，是安全生产的根本。建设安全生产领域的安全文化，前提是要加强安全宣传教育工作，普及安全常识，强化全社会的安全意识，强化公民的自我保护意识。安全要真正做到警钟长鸣，居安思危，言危思进，常抓不懈。

（一）安全文化在安全生产工作中的重要性

2005年，国家安全生产监督总局成立之初，就多次强调要努力将安全生产“五要素”落实到位，以此建立安全生产的长效机制。所谓“五要素”，一是安全文化，即加强安全文化建设，强化全民安全意识，提高全民安全素质；二是安全法治，即健全安全法制，依法规范全社会的安全行为，使安全生产工作进入规范化和制度化轨道；三是安全责任，即强化安全责任，建立严格的安全生产责任制和问责制，使安全法律法规具体化；四是安全科技，即推进安全科技进步，实施“科技兴安”战略，解决影响安全生产的重大科技问题；五是安全投入，即加大安全投入，建立国家、地方和企业共同投入的机制。可以说，“五要素”基本抓住了当前我国在政府层面的安全工作和企业层面的安全生产工作的要害和重点。

安全生产“五要素”既相对独立，同时又是一个有机统一的整体，相辅相成甚至互为条件。而把安全文化放在“五要素”之首，更是把握住了建立安全生产长效机制的核心问题。安全文化是灵魂和统帅，是安全生产工作基础中的基础，是安全生产工作的精神指向，其他的各要素都应该在安全文化的指导下展开。安全文化又是其他各个要素的目的和结晶，只有在其他要素健全成熟的前提下，才能培育出深入人心的“以人为本”的安全文化。

安全文化不但指职工安全知识的提高，更是指人们对待安全科学技术的态度；不但指企业安全管理活动产生的成果，还包括造成那种管理方式的原因和所体现出来的安全行为准则；不但指有序的安全生产环境，更是指产生这种环境的感情基础；不但指企业领导做出的安全决策，更是指这种决策折射出的领导者信仰的安全哲学；不但指事故及损失率的下降值，更是指对待这种下降的心理态势。总之，企业安全文化是渗透在安全管理一切活动中的灵魂。

（二）安全文化的功能和作用

1. 安全文化的功能

（1）凝聚功能。安全文化是大家的共识，体现着一种强烈的整体意识。具体表现为：全体成员在安全的观念、目标和行为准则等方面保持一致，有利于形成强烈的心理认同力量，表现出强大的凝聚力和向心力。

（2）导向功能。安全文化具有巨大的感召力，通过教育培训和安全氛围的烘托，通过潜移默化的作用，使员工的注意力逐步转向企业所提倡、崇尚的方向，接受共同的价值观念，从而将个人的目标引导到企业目标上来。

（3）激励功能。企业安全文化能通过发挥人的积极性、主动性、创造性，使员工从内心产生一种高昂的、奋发进取的情绪。作为自然人，每个人都有力量，有基本思维能力；作为社会人，每个人又都有精神需要，蕴含着巨大的精神力量。在未获得激励时，人发挥的只是物质力量，获得激励后，人的精神力量就得到开发，激励越大，所开发的精神力量就越大。

（4）约束功能。企业安全文化对企业每个员工的思想和行为具有约束和规范作用，这种作用与传统的管理理论所强调的制度约束不同，它虽也有成文的硬制度约束，但更强调不成文的软约束。它通过文化的作用使信念在职工心理深层形成一种定势，构造出一种响应机制，只要有诱导信号发生，即可得到积极响应，并迅速转化为预期行为。这种约束机制能够有效地缓解员工自治心理与被治现实形成的冲突，削弱由其引起的心理抵抗力，从而产生更强大、深刻、持久的约束效果。

（5）协调功能。安全文化的形成，使人们对安全有了共识，有共同的价值观、态度和信念，不仅便于互相间的沟通，也便于团结协作。而且，安全文化也能成为协调矛盾的尺度和准则。

2. 倡导安全文化的目的及作用

倡导安全文化的目的是在现有的技术和管理条件下，使人类生活、工作得更加安全和健康。而安全和健康的实现离不开人们对安全健康的珍惜与重视，并使自己的一举一动符合安全健康的行为规范要求。在安全生产的实践中，人们发现，对于预防事故的发生，仅有安全技术手段和安全管理手段是不够的。不安全行为是事故发生的重要原因，大量不安全行为的结果必然发生事故。安全文化手段的运用，正是为了弥补安全管理手段不能彻底改变人的不安全行为的先天不足。

安全文化的作用是通过对人的观念、道德、伦理、态度、情感等深层次的人文因素的强化，利用领导、教育、宣传、奖惩、创建群体氛围等手段，不断提高人的安全素质，改进其安全意识和行为，从而使人们从被动地服从安全管理制度，转变成自觉主动地按安全要求采取行动，即从“要我遵章守法”转变成“我要遵章守法”。

三、安全文化的建设

1. 安全文化建设的观点

进行安全文化建设活动，需要正确的态度和观点予以指导，才能沿着正确的方向前进。现代社会需要的安全文化基本观点如下：

（1）“安全第一”的哲学观。“安全第一”是一个相对的、辩证的概念，它是在人类活动的方式上（或生产技术的层次上），相对于其他方式或手段而言，并在与之发生矛盾时，必须遵循的原则。建立起辩证的“安全第一”哲学观，才能处理好安全与生产、安全与效益的关系，才能做好企业的安全工作。

（2）重视生命的情感观。安全维系人的生命安全与健康，反之，事故对人类安全的毁灭，则意味着生存、康乐、幸福、美好的毁灭。由此，充分认识人的生命与健康的价值，强化“善待生命、珍惜健康”的人之常情是每一个人应建立的情感观，以人为本、尊重与爱护职工是企业法人代表或雇主应有的情感观。

（3）安全效益的经济观。实现安全生产，保护职工的安全与健康，不仅是企业的工作责任和义务，而且是保障生产顺利进行、企业效益得以实现的基本条件。“安全是效益”，安全不仅能“减损”，而且能“增值”，这是简单而朴素的安全经济观。

（4）预防为主的科学观。要高效、高质地实现企业的安全生产，必须走“预防为主”之路，必须采用“超前管理”“预期型管理”的方法，这是生产实践证实的科学真理。

（5）人机系统观。保障安全生产要通过有效的事故预防来实现。安全系统的要素是：人——人的安全素质，物——设备与环境的安全可靠性，能量——生产过程的控制，信息——充分可靠的安全信息流。

2. 安全文化建设的内容

与安全文化的构成要素相对应，企业安全文化建设的内容包括以下方面：

（1）建立稳定可靠、规范的安全物质文化。安全物质文化需要依靠技术进步和技术改造来不断提高本质安全化程度，它主要包括三方面内容：

① 作业环境安全。生产场所中有不同程度的噪声、高温、尘毒和辐射等有害因素，它们直接影响作业人员的身心健康和生命安全，应将其控制在规定的标准范围内，创造舒适、安全的工作条件，使环境条件符合人的心理和生理要求。

② 工艺过程安全。工艺过程主要指对生产操作、质量等方面的控制过程。工艺过程安全应做到操作者了解物料的性质，正确控制好温度、压力和质量等参数。

③ 设备控制过程安全。通过对生产设备和安全防护设施的管理来实现设备控制过程安全。在具体实践中应做到：从设备的设计、制造等方面全面考虑其防护能力、可靠性和稳定性；对设备要正确使用、精心养护和科学检修；开发应用并推广安全新技术、新产品和新设施。

（2）建立符合安全伦理道德、遵章守纪的安全行为文化。安全行为文化的建设包括以下两方面内容：

① 多渠道、多手段地让员工在掌握安全知识的基础上，熟练掌握各种安全操作技能。

② 严格执行安全操作规程。

（3）建立健全完善的、切实可行的安全制度文化。安全制度文化指的是与物态、心态、行为安全文化相适应的组织机构和规章制度的建立、实施及控制管理的总和，主要包括：

① 建立健全完善的、切实可行的企业安全管理机制，主要指建立起切实执行企业职责，各方面各层次责任落实，横向到边、纵向到底，高效运作的企业安全管理网络；建立起切实履行群众监督职责，奖惩严明，上下结合，对各层次进行有效监督的企业劳动保护监督体系。

② 建立完善的企业安全管理规章制度和奖惩制度，使其规范化、科学化、适用化并严格执行。

（4）建立“安全第一、预防为主”的安全精神文化。

① 首先应通过多种形式的宣传教育提高员工的保护意识，包括应急安全保护意识、间接安全保护意识和超前的安全保护意识，并进行生产作业安全知识、生活安全知识等的教育培训。

② 进行安全伦理道德教育，为他人和集体的安全考虑，自觉约束自己的行为，承担起应尽的责任和义务。这种教育不仅要面对普通员工，更应集中于各级管理人员和技术人员。

3. 企业安全文化建设的方式

企业安全文化建设的根本内涵是将企业安全理念和安全价值观表现在决策者和管理者的态度和行动中，落实在企业的管理制度中，将安全管理融入企业的整个管理实践中，将安全法规、制度落实在决策者、管理者和员工的行为方式中，将安全标准落实在生产的工艺、技术和过程中，由此形成一种良好的安全生产氛围。通过安全文化的建设，影响企业各级管理人员和员工的安全生产自觉性，以文化的力量保障企业安全生产和经济发展。企业安全文化的建设可通过如下方式进行：

（1）班组及职工的安全文化建设。运用传统有效的安全文化建设手段：三级教育（厂、车间与班组三级）、特殊教育、日常教育、全员教育、持证上岗、班前安全活动、标准化岗位和班组建设、技能演练等。推行现代安全建设手段：“三群（群策、群力、群观）”对策、班组建小家活动、事故判定技术、危险预知活动、风险抵押制、“仿真”演习等，进行班组和职工的安全建设。

（2）管理层及决策者的安全文化建设。运用传统有效的安全文化建设手段：全面安全管理责任制、“五同时”与“三同步”监督制、定期检查制、有效的行政管理手段、常规的经济手段等。推行现代的安全文化建设手段：“三同步原则”“三负责制”、意识及管理素质教育、目标管理法、无隐患管理法、系统科学管理、人机环境设计、系统安全评价、应急预案对策、事故保险对策、三因（人、物、环境）安全检查等。

（3）生产现场的安全文化建设。运用传统的安全文化建设手段：安全标语（旗）、安全标志（禁止标志、警告标志、指令标志）、事故警示牌等。推行现代的安全文化建设手段：技术及工艺的本质安全化、现场“三标”建设、“二防”管理（尘、毒、烟）、“四查”工程（岗位、班组、车间、厂区）、“三点”控制（事故多发点、危险点、危害点）等。

（4）企业人文环境的安全文化建设。运用传统的安全文化建设手段：安全宣传墙报、安全生产周（日、月）、安全竞赛活动、安全演讲比赛、事故报告会等。推行现代的安全文化建设手段：安全文艺（晚会、电影、电视）活动、安全文化月（周、日）、事故祭日、安全贺年（个人）活动、安全宣传的“三个一”工程（一场晚会、一副新标语、一块墙报）、青年职工的“六个一”工程（查一个事故隐患、提一条安全建议、创一条安全警语、讲一件事故教训、当一周安全监督员、献一笔安全经费）等。

4. 城市轨道交通企业的安全文化建设

安全文化是普遍性和特殊性的结合。安全文化共性与个性的结合构成了整个社会和谐统一的安全文化机制。城市轨道交通企业的安全文化建设有以下几个特点：

（1）安全文化应作为城市轨道交通企业的核心文化来建设。城市轨道交通企业的安全文化建设有一般企业安全文化建设的共性，同时也有作为运输行业安全文化建设的特性。城市轨道交通系统的根本任务就是把旅客安全准时地运送到目的地。城市轨道交通系统运营的作用、性质和特点，决定了轨道运输必须把安全生产摆在各项工作的首要位置。因此，城市轨道交通企业安全文化建设是企业文化建设的首要工作。

（2）城市轨道交通企业安全文化建设应树立大安全的观念。城市轨道交通运营系统是由轨道交通设备设施、行车组织、员工、乘客和周边环境等众多因素组成的一个庞大联动机，运营过程中的各个环节和因素均会对运营安全产生影响，因此，城市轨道交通企业应树立大安全的观念，将行车安全管理推进到运营安全管理的层面，建立起包括行车安全、设备安全、治安安全、消防安全、员工职业卫生与安全、乘客人身与财产安全、防恐反恐安全等方面在内的大安全概念，扩充地铁运营安全管理的内涵。

（3）城市轨道交通企业安全文化建设应树立“以人为本”的观念。城市轨道交通作为大众化交通工具，其服务的主体和对象主要是人，确保运输对象——人的安全，是城市轨道交通企业最基本、最重要的要求。以“以人为本、尊重人的生命、促进企业发展”为内涵的安全文化在运营安全管理中发挥着重要的作用。首先，具有规范人的安全行为的作用，使人能意识到安全的含义、安全的责任和应有的道德，从而自觉地规范自己的行为，避免不安全行为。其次，具有组织及协调安全管理机制的作用，使运营组织内部的各部门、各人员都为实现安全运营而协调一致运作。再次，具有使生产进入安全高效的良性循环的作用。实践证明，城市轨道交通运营安全不但要有可靠的安全生产设备，而且必须有高水平的管理和高素质的职工。高水平的安全素质必须靠企业的安全文化来进行培育。

（4）城市轨道交通企业安全文化建设应树立“全员、全社会安全管理”的观念。城市轨道交通运营安全直接关系到乘客的人身安全和财产安全，与广大人民群众的切身利益息息相关。要实现城市轨道交通运营安全有序，在加强员工安全教育的基础上，必须对广大乘客进行宣传教育，如定期开展“地铁安全咨询日”和“地铁开放日”等活动，向市民派发地铁安全知识小册子，充分发挥地铁车站和列车等宣传阵地的作用，通过新闻媒体等进行广泛的安全宣传教育，大力营造“关爱生命、关注安全”的氛围，在广大乘客当中普及安全知识和基本安全技能，提高全民的安全防范意识。

事实证明，将地铁运营安全管理中的“全员”概念延伸为“全民、全社会”，建设“安全型社会”，对地铁的运营安全起到了重要的作用。安全文化不但发挥了保证地铁运营安全的作用，而且影响了市民的道德行为。如提倡搭乘扶梯靠右站立，不但大大降低了在扶梯上发生客伤的危险性，而且形成了一种良好的互敬互让、与人方便的社会公德，从而在实践中推进了社会文化的建设。

第四节　企业安全管理

国家安全生产监督管理总局发布了《企业安全生产标准化基本规范》（AQ/T 9006—2010，以下简称《基本规范》)，自2010年6月1日起实施。《基本规范》采用了国际通用的策划、实施、检查、改进的动态循环现代安全管理模式，对企业安全生产工作的组织机构、安全投入、安全管理制度、隐患排查和治理、重大危险源监控、绩效评定和持续改进等方面的内容做了具体规定，进一步明确了企业安全生产工作干什么和怎么干的问题，能够更好地引导企业落实安全生产主体责任，建立安全生产长效机制。

一、安全生产责任制

1. 安全生产责任制的定义

安全生产责任制是按照“安全第一，预防为主”的安全生产方针和“管生产必须管安全”的原则，将各级负责人员、各职能部门及其工作人员和各岗位生产人员在安全生产方面应做的事情和应负的责任加以明确规定的一种制度。安全生产责任制是企业岗位责任制和经济责任制的重要组成部分，是企业各项安全生产规章制度的核心，同时也是企业最基本的安全管理制度。

2. 建立安全生产责任制的目的

建立安全生产责任制的目的，一方面是增强企业各级负责人员、各职能部门及其工作人员和各岗位生产人员对安全生产的责任感；另一方面是明确企业各级负责人员、各职能部门及其工作人员和各岗位生产人员在安全生产中应履行的职责，以充分调动各部门和各级人员在安全生产方面的积极性和主观能动性，确保安全生产。

3. 建立安全生产责任制的要求

建立一个完善的安全生产责任制的总体要求是：横向到边、纵向到底，并由企业的主要负责人组织建立。具体要求如下：

（1）必须符合国家安全生产法律法规和方针、政策的要求；

（2）与企业管理体制协调一致；

（3）要根据本单位、部门、班组、岗位的实际情况制订，既明确、具体，又具有可操作性，防止形式主义；

（4）有专门的人员与机构制订和落实，并应适时修订；

（5）应有配套的监督检查等制度，以保证安全生产责任制得到真正落实。

4. 安全生产责任制的主要内容

安全生产责任制的内容主要包括两个方面：一是纵向方面，即从上到下所有人员的安全生产职责；二是横向方面，即各职能部门（包括党、政、工、团）的安全生产职责。

企业在建立安全生产责任制时，在纵向方面至少应包括下列几类人员：

（1）企业的主要负责人。企业的主要负责人是本单位安全生产的第一责任人，对安全生产工作全面负责。《安全生产法》第十八条规定其职责如下：

① 建立、健全本单位安全生产责任制；

② 组织制订本单位安全生产规章和操作规程；

③ 组织制订并实施本单位安全生产教育和培训计划；

④ 保证本单位安全生产投入的有效实施；

⑤ 督促、检查本单位的安全生产工作，及时消除生产安全事故隐患；

⑥ 组织制订并实施本单位的生产安全事故应急救援预案；

⑦ 及时、如实报告生产安全事故。

应根据上述七个方面，并结合本单位的实际情况对主要负责人的职责做出具体规定。

（2）生产经营单位其他负责人。企业其他负责人的职责是协助主要负责人搞好安全生产工作。不同的负责人分管的工作不同，应根据其具体分管工作，对其在安全生产方面应承担的具体职责做出规定。

（3）生产经营单位各职能部门负责人及其工作人员。各职能部门的安全生产职责需根据各部门职责分工做出具体规定。各职能部门负责人的职责是按照本部门的安全生产职责，组织有关人员做好本部门安全生产责任制的落实,并对本部门职责范围内的安全生产工作负责，各职能部门的工作人员则是在本人职责范围内做好有关安全生产工作，并对自己职责范围内的安全生产工作负责。

（4）班组长。班组是搞好生产经营单位安全生产工作的关键环节。班组长全面负责本班组的安全生产工作，是安全生产法律、法规和规章制度的直接执行者。班组长的主要职责是贯彻执行本单位对安全生产的规定和要求，督促本班组的人员遵守有关安全生产制度和安全操作规程，切实做到不违章指挥，不违章作业，遵守作业纪律。

（5）岗位工人。岗位工人对本岗位的安全生产负直接责任。岗位工人的主要职责是接受安全生产教育和培训，遵守有关安全生产规章和安全操作规程，遵守劳动纪律，不违章作业。特种作业人员必须接受专门的培训，经考核合格取得操作资格证书后方可上岗作业。

二、企业安全生产管理的组织保障

企业的安全生产管理必须有组织上的保障，否则安全生产管理工作就无从谈起。安全生产管理的组织保障主要包括两个方面：一是安全生产管理机构的保障；二是安全生产管理人员的保障。

安全生产管理机构是指企业中专门负责安全生产监督管理的内设机构。安全生产管理人员是指在企业从事安全生产管理工作的专职或兼职人员。在企业专门从事安全生产管理工作的人员是专职安全生产管理人员，在企业既承担其他工作职责，同时又承担安全生产管理职责的人员则为兼职安全生产管理人员。

《安全生产法》第二十一条明确规定："矿山、金属冶炼、建筑施工、道路运输单位和危险物品的生产、经营、储存单位，应当设置安全生产管理机构或者配备专职安全生产管理人员。前款规定以外的其他生产经营单位，从业人员超过一百人的，应当设置安全生产管理机构或者配备专职安全生产管理人员；从业人员在一百人以下的，应当配备专职或者兼职的安全生产管理人员。"

《安全生产法》第二十二条规定了生产经营单位的安全生产管理机构以及安全生产管理人员应履行下列职责：

（1）组织或者参与拟订本单位安全生产规章制度、操作规程和生产安全事故应急救援预案；

（2）组织或者参与本单位安全生产教育和培训，如实记录安全生产教育和培训情况；

（3）督促落实本单位重大危险源的安全管理措施；

（4）组织或者参与本单位应急救援演练；

（5）检查本单位的安全生产状况，及时排查生产安全事故隐患，提出改进安全生产管理的建议；

（6）制止和纠正违章指挥、强令冒险作业、违反操作规程的行为；

（7）督促落实本单位安全生产整改措施。

三、生产投入与安全技术措施计划

（一）对安全生产投入的基本要求

企业必须安排适当的资金，用于改善安全设施，进行安全教育培训，更新安全技术装备、器材及其他安全生产设备设施，以保证生产经营单位达到法律、法规、标准规定的安全生产条件，并对由于安全生产必需的资金投入不足而导致的事故后果承担责任。

对于安全生产投入资金，一般来说，股份制企业、合资企业由董事会予以保证；个体工商户等个体经济组织由投资人予以保证。上述保证人承担由于安全生产所必需的资金投入不足而导致事故后果的法律责任。

安全生产投入主要用于以下方面：

（1）建设安全和卫生技术措施工程，如防火防爆工程、通风除尘工程等；

（2）增设和更新安全设备、器材等，以及这些安全设备、器材的日常维护；

（3）重大安全生产课题的研究；

（4）按照国家标准为职工配备劳动保护用品和设施；

（5）职工的安全生产教育和培训；

（6）其他有关预防事故发生的安全技术措施费用，如用于制订及落实生产事故应急救援预案等。

（二）编制安全技术措施计划的基本原则

1. 安全技术措施计划与安全技术措施

（1）安全技术措施计划。安全技术措施计划是企业生产财务计划的一个组成部分，是改善企业生产条件、有效防止事故和职业病的重要保证措施。在《安全生产法》《安全技术措施计划项目总名称表》《关于安排落实劳动保护措施经费的通知》等法律法规和文件中均对编制安全技术措施计划提出了明确的要求。为保证安全资金的有效投入，企业应编制安全技术措施计划。

（2）安全技术措施。安全技术措施是指运用工程技术手段消除物的不安全因素，实现生产工艺和机械设备等生产条件安全的措施。安全技术措施是安全技术措施计划的核心。

安全技术措施按照导致事故原因的不同可分为防止事故发生的安全技术措施和减少事故损失的安全技术措施。其中，防止事故发生的安全技术措施有：消除危险源、限制能量或危险物质、隔离、故障-安全设计、减少故障和失误；减少事故损失的安全技术措施有：隔离、设置薄弱环节、个体防护、避难与救援。此外，安全监控系统作为防止事故发生和减少事故损失的安全技术措施，是发现系统故障和异常的重要手段。

2. 编制安全技术措施计划应遵循的原则

（1）必要性和可行性原则；
（2）自力更生与勤俭节约的原则；
（3）轻重缓急与统筹安排的原则；
（4）领导和群众相结合的原则。

3. 安全技术措施计划的基本内容

（1）措施应用单位或工作场所；
（2）措施名称；
（3）措施的目的和内容；
（4）经费预算及来源；
（5）负责施工的单位或负责人；
（6）开工日期和竣工日期；
（7）措施的预期效果及检查验收。

4. 安全技术措施计划的编制方法

（1）确定措施计划编制时间；
（2）布置措施计划编制工作；
（3）确定措施计划的项目和内容；
（4）编制措施计划；
（5）审批措施计划；
（6）下达措施计划。

四、安全生产教育培训

（一）安全生产教育的对象和内容

1. 对企业主要负责人的教育培训

（1）基本要求。企业主要负责人必须按照国家有关规定进行安全生产培训，经培训单位考核合格并取得安全培训合格证后方可任职。所有单位主要负责人应进行安全生产再培训。

（2）安全生产教育培训的主要内容。

① 国家安全生产方针、政策和有关安全生产的法律法规及标准；

② 安全生产管理基本知识、安全生产技术、安全生产专业知识；

③ 重大危险源管理、重大生产安全事故防范、应急管理和救援组织及事故调查处理的有关规定；

④ 职业危害及其预防措施；

⑤ 国内外安全生产管理的先进经验；

⑥ 典型生产安全事故和应急救援案例分析；

⑦ 其他需要培训的内容。

（3）安全生产再培训的主要内容。

① 有关安全生产的法律法规、规章、规程、标准和政策；

② 安全生产的新技术、新知识；

③ 安全生产管理经验。

（4）培训时间。建筑施工单位主要负责人安全资格培训时间不得少于 48 学时，每年再培训时间不得少于 16 学时。其他单位主要负责人安全生产管理培训时间不得少于 32 学时，每年再培训时间不得少于 12 学时。

2. 对安全生产管理人员的教育培训

（1）基本要求。建筑施工单位的安全生产管理人员必须经安全生产监督管理部门或法律法规规定的有关主管部门考核合格并取得安全资格证书后方可任职。其他单位安全生产管理人员必须按照国家有关规定进行安全生产培训，经培训单位考核合格并取得安全培训合格证后方可任职。所有单位安全生产管理人员每年应进行安全生产再培训。

（2）安全生产教育培训的主要内容。

① 国家安全生产方针、政策和有关安全生产的法律法规及标准；

② 安全生产管理、安全生产技术、职业卫生等知识；

③ 伤亡事故统计报告及职业危害的调查处理方法；

④ 应急管理、应急预案编制及应急处置的内容和要求；

⑤ 国内外的先进安全生产管理经验；

⑥ 典型生产安全事故和应急救援案例分析；

⑦ 其他需要培训的内容。

（3）安全生产再培训的主要内容。

① 有关安全生产的法律法规、规程和政策；

② 安全生产的新技术、新知识；

③ 安全生产管理经验；

④ 典型生产安全事故案例。

（4）培训时间。危险物品生产、经营、储存单位及矿山、烟花爆竹生产单位、建筑施工单位的安全管理人员安全资格培训时间不得少于 48 学时，每年再培训时间不得少于 16 学时。其他企业的安全生产管理人员安全生产管理培训时间不得少于 32 学时，每年再培训时间不得少于 12 学时。

3. 特种作业人员的教育培训

（1）对特种作业人员的培训、考核和取证要求。特种作业人员上岗前必须进行专门的安全技术和操作技能的培训与考核，并经考核合格，取得《特种作业人员操作证》后方可上岗。特种作业人员的培训实行全国统一培训大纲、统一考核标准、统一证件制度。《特种作业人员操作证》由国家统一印制，地、市级以上行政主管部门负责签发，全国通用。特种作业人员安全技术考核包括安全技术理论考试与实际操作技能考核两部分，以实际操作技能考核为主。

（2）特种作业人员重新考核和证件的复审要求。离开特种作业岗位达 6 个月以上的特种作业人员，应当重新进行实际操作技能考核，经确认合格后方可上岗作业。取得《特种作业人员操作证》者，每两年进行一次复审。连续从事本工种十年以上的，经用人单位进行知识更新教育后，每四年复审一次。复审的内容包括健康检查、违章记录检查、安全新知识和事故案例教育、本工种安全知识考试。未按期复审或复审不合格者，其操作证自行失效。

4. 对企业其他从业人员的教育培训

（1）对企业其他从业人员。生产经营单位其他从业人员是指除主要负责人和安全生产管理人员以外，该单位从事生产经营活动的所有人员，包括其他负责人、管理人员、技术人员和各岗位的工人，以及临时聘用的人员。

（2）对新从业人员。对新从业人员应进行厂级、车间级、班组级三级安全生产教育培训。厂级安全教育培训的内容主要是：本单位安全生产情况及安全生产基本知识；本单位安全生产规章制度和劳动纪律；从业人员的安全生产权利和义务；有关事故案例。

车间级安全生产教育培训的内容主要是：本车间安全生产状况和规章制度；工作环境及危险因素；所从事工种可能遭受的职业伤害和伤亡事故，所从事工种的安全职责、操作技能及强制性标准；自救、互救、急救方法，疏散和现场紧急情况的处理；安全设备设施、工人防护用品的使用和维护；预防事故和职业危害的措施以及应注意的安全事项；有关事故案例；其他需要培训的内容。

班组级安全生产教育培训的内容主要是：岗位安全操作规程；岗位之间工作衔接配合的安全与职业卫生事项；有关事故案例；其他需要培训的内容。

新从业人员安全生产教育培训时间不得少于 24 学时，每年接受再培训的时间不得少于 20 学时。

（3）对调整工作岗位或离岗一年以上重新上岗的从业人员。从业人员调整岗位或离岗一年以上重新上岗时，应进行相应的车间级和班组级安全生产教育培训。脱离原岗位半年以上重新上岗时，须重新接受班组级安全教育培训。

企业实施新工艺、新技术或使用新设备、新材料时，应对从业人员进行有针对性的安全生产教育培训。

（4）经常性的安全培训。企业要确立终身教育的观念和全员培训的目标，对在岗的从业人员应进行经常性的安全生产教育培训。其主要内容是：安全生产新知识、新技术；安全生产法律法规；作业场所和工作岗位存在的危险因素、防范措施；有关事故案例等。

（二）安全生产教育的形式和方法

安全生产教育的形式有：三级安全教育、特种作业人员安全教育训练、经常性的安全教育等。经常性的安全教育形式有：每天的班前班后会上说明安全注意事项，举办安全活动日、安全生产月、各类安全生产业务培训班，召开安全生产会议、事故现场分析会，张贴安全生产招贴画、宣传标语及标志，开展安全竞赛、安全考试、安全演讲等。

安全生产教育的方法有：课堂讲授法、实操演练法、案例研讨法、读书指导法、宣传娱乐法等。

五、安全生产检查

1. 安全生产检查的定义

安全生产检查是指对生产过程及安全管理中可能存在的隐患、有害与危险因素、缺陷等进行查证，以确定隐患或有害与危险因素、缺陷的存在状态，以及它们转化为事故的条件，以便制定整改措施，消除隐患和危险因素，确保生产的安全。

2. 安全生产检查的内容

安全生产检查的内容包括软件系统和硬件系统。软件系统检查是查思想、查意识、查制度、查管理、查事故处理、查隐患、查整改等。硬件系统检查包括查生产设备、查辅助设施、查安全设施、查作业环境等。

3. 安全生产检查的方式

安全生产检查的方式主要有以下几种：

（1）经常性安全检查。经常性安全检查是采取个别的、日常的巡视方式来实现的。在生产（施工）过程中进行经常性的预防检查能及时发现隐患，及时整改，保证生产的正常进行。经常性安全检查的形式一般有巡回检查、岗位检查、日查等。

（2）定期安全检查。定期安全检查是企业或主管部门定期组织的全面安全检查，如季节性检查、季度检查、半年或年度检查等。这种检查声势浩大，不仅能查出并解决一些隐患问题，而且在客观上还能起到“敲警钟”的作用。

（3）专业性安全检查。专业性安全检查是企业根据安全生产的需要，组织专业人员用仪器和其他检测手段，有计划、有重点地对某项专业工作进行的安全检查。通过检查，可以了解某专业方面的设备可靠程度、维护管理状况、岗位人员的安全技术素质等情况，如锅炉及压力容器安全检查、电气安全检查、起重机安全检查等。

（4）群众性安全检查。群众性安全检查是指发动群众普遍进行的安全检查。如组织职代会代表进行安全检查，检查出的问题以职代会的名义提交行政领导解决，这是群众性安全检查的一种形式。

4. 安全生产检查的方法

（1）常规检查。常规检查是常见的一种检查方法。通常是由安全管理人员作为检查工作的主体，到作业场所的现场，通过感官或辅以一定的简单工具、仪器等，对作业人员的行为、作业场所的环境条件、生产设备设施等进行的定性检查。检查人员通过这一手段，能及时发现现场存在的安全隐患并采取措施消除，纠正施工人员的不安全行为。

常规检查完全依赖检查人员的经验和能力，检查的结果受检查人员个人素质的影响，因此，对检查人员个人素质的要求较高。

（2）安全检查表（SCL）法。安全检查表法是事先把系统加以剖析，列出各层次的不安全因素，确定检查项目，并把检查项目按系统的组成顺序编制成表，以便进行检查或评审。

这种表叫作安全检查表。安全检查表是进行安全检查，监督各项安全规章制度的实施，发现和查明各种危险及隐患，及时发现并制止违章行为的一种有力工具。安全检查表应列举需查明的所有可能会导致事故的不安全因素，注明检查时间、检查者、直接负责人等，以便分清责任。编制安全检查表的主要依据是：有关标准、规程、规范及规定；国内外事故案例及本单位在安全生产管理中的经验；通过系统分析确定的危险部位及防范措施；新知识、新技术、新法规和新标准。

（3）仪器检查法。机器、设备内部的缺陷以及作业环境条件的真实信息或定量数据，只能通过仪器检查法来进行定量化的检查与测量，发现安全隐患，从而为后续整改提供信息。检查不同对象所用的仪器和手段也不同。

5. 安全生产检查的工作程序

安全生产检查一般包括安全检查准备、实施安全检查、通过分析做出判断、及时做出决定进行处理和整改落实五个步骤。

六、建设项目“三同时”

1.“三同时”的定义

建设项目“三同时”是指生产性基本建设项目中的劳动安全卫生设施，必须与主体工程同时设计、同时施工、同时投入生产和使用，以确保建设项目竣工投产后，符合国家规定的劳动安全卫生标准，保障劳动者在生产过程中的安全与健康。

我国境内的新建、改建、扩建的基本建设项目、技术改造项目和引进的建设项目，包括在我国境内建设的中外合资、中外合作和外商独资的建设项目，都必须按建设项目“三同时”的要求执行。

建设项目“三同时”是企业安全生产的重要保障措施，是一种事前保障措施。

2. 主要内容

实施建设项目“三同时”制度，要求与建设项目配套的劳动安全卫生设施，从项目的可行性研究、设计、施工、试生产、竣工验收到投产使用均应与主体同步进行。

（1）可行性研究。建设单位或可行性研究承担单位在进行可行性研究时，应同时进行劳动安全卫生论证，并将其作为专门章节编入建设项目可行性研究报告中，将劳动安全卫生设施所需资金纳入投资计划。在建设项目可行性研究阶段，应按有关要求实施建设项目劳动卫生预评价。

对符合下列情况之一的，由建设单位自主选择并委托本建设项目设计单位以外的有劳动安全卫生预评价资格的机构进行劳动安全卫生预评价：

① 中型或限额以上的建设项目；

② 危险性生产类别为甲类的建设项目；

③ 爆炸危险场所等级为特别危险场所和高度危险场所的建设项目；

④ 大量生产或使用Ⅰ级、Ⅱ级危害程度的职业性接触毒物的建设项目；

⑤ 大量生产或使用石棉粉料或含有10%以上游离二氧化硅的建设项目；

⑥ 安全生产监督管理机构确认的其他危险、危害因素大的建设项目。

建设项目劳动安全卫生预评价工作应在建设项目初步设计会审前完成。预评价机构在完成预评价工作并形成预评价报告后，由建设单位将预评价报告交由具备评审资质的单位进行评审后，将预评价报告和评审意见按相关规定一并报相应级别的安全生产监督管理部门审批。

（2）初步设计。设计单位在编制初步设计文件时，应严格遵守我国有关劳动安全卫生的法律、法规和标准，并依据安全生产监督管理机构批复的劳动安全卫生预评价报告中提出的措施建议，同时编制劳动安全卫生专篇，完善初步设计。

（3）施工。施工单位在进行主体工程施工时，应同时严格按照设计的施工图样和要求，对劳动安全卫生设施进行施工，并对劳动安全卫生设施的工程质量负责。

（4）试生产。建设单位在试生产和设备调试阶段，应同时对劳动安全卫生设施进行试生产和设备调试，并对其效果做出评价。

建设单位在试生产之前，应制定出完整的劳动安全卫生方面的规章制度及事故预防和应急处理预案，并按有关法律要求，对相关人员进行安全卫生教育培训和取证。

建设单位在试生产运行正常后、竣工验收之前，应自主选择、委托安全生产监督管理部门认可的机构进行劳动条件检测、危害程度分级和有关设备的安全卫生检测、检验，并将试运行中劳动安全卫生设备的运行情况、措施的效果、检测检验的数据、存在的问题及采取的措施写入建设项目劳动安全卫生验收专题报告。

凡符合需要进行预评价条件的建设项目，还需根据国家有关安全验收评价的法规要求，由建设单位委托具有资质的机构进行安全验收评价，形成安全验收评价报告，并由建设单位将评价报告交由具备评审资质的机构进行评审和出具评审意见。

（5）竣工验收。建设单位在竣工验收之前，应将建设项目劳动安全卫生验收专题报告或验收评价报告及评审意见按相关规定报送相应级别的安全生产监督管理部门审批。

安全生产监督管理机构根据建设部门报送并审批的建设项目劳动安全卫生验收专题报告

或验收评价报告及评审意见，进行预验收或专项审查验收，提出劳动安全卫生方面的改进意见，直至建设单位按照预验收或专项审查验收改进意见如期整改后，再进行正式竣工验收。

建设项目劳动安全卫生设施和技术措施经安全生产监督管理部门竣工验收通过后，建设项目应及时办理《建设项目劳动安全卫生验收审批表》。

（6）投产使用。建设项目正式投产使用后，建设单位必须同时将劳动安全卫生设施投产使用。不得擅自将劳动安全卫生设施闲置不用或拆除，必须进行日常维护和保养，确保其效果。

第五节 现场安全管理

一、现场安全管理概述

现场安全管理是指企业按照国家有关安全生产法规和本单位的安全生产规章制度，以直接消除生产过程中出现的人的不安全行为和物的不安全状态为目的的一种最直接的、具有终结性的安全管理活动，是企业安全管理活动的“细胞”，是其他高层次管理活动得以实施的保证。现场安全管理水平是企业安全管理水平的重要标志，主要内容有：

1. 加强对人的管理，控制违章违纪行为

伤亡事故一般是由人的不安全行为和物的不安全状态所致。在人机系统中，人起着主导作用，物的不安全状态与操作者的操作紧密联系。人的行为受其生理、心理、环境和素质等因素的影响，易产生违章、违纪行为，导致因不安全行为和物的不安全状态而发生事故。因此，必须严格强化现场管理，控制违章、违纪，防止事故发生。

2. 加强对设备（工具）及作业环境的管理，控制物的不安全状态

物的不安全状态主要是以能量的形式对外泄放，作用于人体或被人体吸收，消耗人体能量，致使人体生理机能部分损伤或全部损伤。现场物的不安全状态一般有以下几种形式：

（1）安全设施、安全装置的缺陷；

（2）物体的放置或工作场所的缺陷；

（3）劳动防护用品的缺陷；

（4）生产设备（工具）没有处于完好的技术状态。

因此，必须加强对设备（工具）的管理，及时发现、消除上述物的不安全状态，以保证安全生产。

二、行为管理

人的不安全行为是造成事故的直接原因之一。人的不安全行为就是不符合安全生产客观规律，有可能导致伤亡事故和财产损失的行为。人的不安全行为可以分为有意的不安全行为

和无意的不安全行为两类。有意的不安全行为是指有目的、有意图、明知故犯的不安全行为，是故意的违章行为。无意的不安全行为是无意识的或非故意的不安全行为，是不存在需要和目的的不安全行为。

人有自由意志，容易受环境的干扰和影响，生理、心理状态不稳定，其安全可靠性就比较差，往往会由于一些偶然因素而产生事先难以预料和防止的错误行为。人的不安全行为的概率是不可能为零的。为控制人的不安全行为，可采取如下对策：

（1）对员工进行职业适应性检查；

（2）合理选拔和调配人员；

（3）制定安全操作规程，明确哪些是不安全行为，禁止员工以不安全行为操作；

（4）制定安全操作标准，推行标准化作业；

（5）做好安全生产的教育工作，使员工增强安全意识，提高遵章守纪的自觉性，提高安全操作技能的水平；

（6）实行确认制；

（7）切实加强现场安全操作检查，及时发现、制止和纠正违章作业；

（8）竞赛评比，奖优罚劣。

现场安全管理的行为管理，就是要求生产作业的现场管理人员和专（兼）职安全管理人员认真履行安全生产的职责，使用安全检查表对生产岗位操作人员的操作行为进行检查，及时发现、制止、纠正违章行为并给予批评教育，依章处罚。

三、生产设备及安全设施管理

加强生产设备及安全设施的管理，对消除或控制物的不安全状态十分重要。要使生产设备安全可靠地运行，使安全设施有效地运行，就必须认真做好生产设备及安全设施的管理、使用、保养、维修等技术管理工作，使其处于完好的技术状态。设备管理工作主要由生产经营单位的设备管理部门负责。设备及安全设施现场安全管理，就是要严格按照安全检查制度的规定，使用安全检查表进行日常安全检查，以及时发现生产设备、安全设施出现的故障和使用过程中遭受的破坏，及时予以修复，确保在用的生产设备、安全设施保持完好的技术状态。

四、作业过程管理

作业过程指以一定方式组织起来的人群，在一定的作业环境内，使用设备和各种工具，采用一定的方法对原材料和半成品进行加工、制造，完成产品的生产、运输与储存的所有环节。

大部分的职工伤亡事故都是在作业过程中发生的。因此，分析和认识作业过程中的不安全因素并采取对策加以消除和控制，对于实现安全生产至关重要。作业过程是以人为主体进行的，实现作业过程安全化应主要着眼于消除人的不安全行为，为此而采取的对策和措施应该包括：合理安排劳动和休息时间、调节单调性作业、确定适当的工作节奏、实行标准化作业、实行确认制。

1. 合理安排劳动和休息时间

（1）工作时间制度。我国法定实行 8 h 工作制。为了保证 8 h 工作制的实施，必须严格限制加班加点。企业由于生产需要，经与工会和劳动者协商之后可以延长工作时间，但一般每日加点不得超过 1 h。因特殊原因需加点的，在保障劳动者身体健康的条件下，加点不得超过 3 h，且每月累计加班加点不得超过 36 h。禁止安排未成年工、怀孕 7 个月以上的女工、哺乳未满 1 周岁婴儿的女工加班加点。

有下列情形之一的，加班加点不受有关法规限制：发生自然灾害、事故或者其他原因的；威胁劳动者生命安全健康和财产安全，需要紧急处理的；生产设备、交通运输线路、公共设施发生故障，影响生产和公众利益，必须及时抢修的；法律、行政法规规定的其他情形。

（2）工间休息。在工间适当安排一定的休息，能缓解疲劳，避免因疲劳引发事故。根据我国的实际情况，以每半天各安排一次 15 ~ 20 min 的工间休息为好。

2. 调节单调性作业

单调的工作使人感到枯燥乏味，容易产生心理疲劳，使生理疲劳提前到来。单调重复的工作在熟练以后，可以大大减少对意识控制的要求，容易导致工人在工作时精神涣散、漫不经心。如果所从事的是危险较大的作业，就有可能发生事故。完全消除单调是困难的，但可以减轻其影响。改善单调的措施有：

（1）充实操作内容。简单地重复一两个动作是枯燥的，而轮流进行不少于 5 ~ 6 个动作就能大大提高工作的兴趣。按此原则，在进行操作设计时，应力求把一些简单的操作适当合并，使每个工人都能从事多种多样的工作。

（2）建立中间目标。没有目标、没完没了的单调工作格外使人感到疲劳和沮丧，而把工作分解成许多阶段，每个阶段都设置一个工作目标，就能改善这种状况。

（3）定期轮换工作，创造新鲜感。

（4）实行色彩和音乐的调节。

3. 确定适当的工作节奏

工作节奏过快，会增加劳动的强度并使工人感到紧张，导致疲劳加剧并诱发操作失误，造成事故；工作节奏过慢，会使工人因等待而烦躁不安，注意力分散，反应速度降低，对安全也是不利的。

确定适当的工作节奏应该兼顾提高工作效率和减轻工人劳动强度两方面的要求。

4. 实行标准化作业

在总结实践经验和科学分析的基础上，对作业方法加以优化优选，制定作业标准，并按照作业标准开展标准化作业。

标准化作业的作业标准是安全生产规章制度的具体化：作业标准不但规定了不准干什么，更明确规定了具体的操作程序和方法，这些方法都是安全行为。实行标准化作业可以让工人的操作形成习惯，避免不安全行为和违章行为。

5. 实行确认制

（1）确认制的应用范围。凡是可能发生误操作，而误操作又可能造成严重后果的，都应制定并实施可靠的确认制。如开动、关停机器和固定设备，驾驶车辆，危险作业，多人作业中的指挥联络，送电与停电作业，检修后的开机，重要防护用品的使用及曾经发生过误操作事故的作业等。

（2）按作业程序制定确认制。

① 作业准备的确认。作业人员在接班后应对设备、作业环境状态进行检查，采用安全检查表进行检查，确认安全、正常后才允许开始操作。

② 作业方法的确认。即对照工艺规程或标准化作业的标准，确认采用的作业方式无误后才允许开始作业。

③ 设备运行确认。设备开动后，应对设备的运行情况进行检查，确认正常后才允许继续运行。

④ 关闭设备的确认。按作业标准或操作规程的规定进行检查，确认符合规定后才允许关闭设备。

⑤ 多人作业的确认。如多人协同作业，则在开始作业前，按照工艺规程或作业方案的规定，对参加作业的人员、人员的作业位置、作业方法、指挥联络方式和作业中出现异常情况时的对策等进行确认，确认无误后才允许开始作业。

五、作业环境管理

作业环境即生产现场的空间和生产设施所构成的人机环境。在作业环境中，有各种机器、设备、原材料、半成品和产品等，还有机械设备产生的噪声和振动，泄漏的有害气体、蒸气、粉尘和热量等。在这样的人机环境里，管理有缺陷或不符合安全规范、标准要求，都有可能给操作者带来危害。

作业环境管理包括下列内容：

1. 作业空间的合理设计

作业空间的合理设计就是按照人的操作要求，对机器、设备、工具合理进行空间布置，以及在机器、设备上合理地安排操纵器、指示器和零部件的位置。

作业空间设计的基本原则是按照为操作者创造舒适、安全的作业条件的要求，合理地设计、布置机器、设备和工具。

2. 作业场所的清理、整顿

作业场所的清理、整顿是保证作业场所清洁、整齐，实现文明生产，保证作业高效安全的重要条件。

清理即把需要的和不需要的物品区分开，并且清除不需要的物品。生产过程中产生的垃圾和边角料应及时清除。除了为参加生产因条件所限不得不带进作业场所的少量生活、学习用品外，其他的个人用品都不允许带进生产作业场所。

整顿就是把需要的东西以适当的方式放在该放的地方以便于使用。

（1）化学危险物品（包括易燃、易爆物品，压缩气体，毒品，副食品等）要按有关安全法规规定存放、保管；

（2）安全通道上在任何时候都不能放置物品；

（3）对安全通道和堆放物品的场所要划出明显的界限或架设围栏，堆放物品的场所应悬挂标牌，写明放置物品的名称和要求。

清理、整顿等均已纳入企业“6S”管理的重要内容。如图 1-7 与图 1-8 所示，为接触网工区作业工具的摆放。

图 1-7　接触网检测工具规范摆放

图 1-8　接触网受力工具规范摆放

3. 合适的照明、通风、温度、湿度

（1）合适的照明的目的在于创造一个良好的光环境。良好的照明能提高人的视觉灵敏度，使人容易看清物体，减缓视力疲劳。明亮、整洁的作业环境还可以使人在工作时心情舒畅，精力集中，情绪高昂。所有这些都有助于减少事故的发生。

良好的光环境主要体现在两个方面，即适当的照度和良好的光的质量。

① 照度要求。照度反映了光的量的要求。照度过大或过小都会加速人的视觉疲劳。照度不足往往可能成为安全事故的诱因。适当的照度应使人既能清楚地看清外界情况，又不容易产生视觉疲劳。

② 光的质量要求。光的质量要求主要是均匀、稳定，光色效果得当，有适当的亮度对比和亮度分配，不产生眩光。均匀主要是指照度均匀和在视野内的亮度均匀。稳定则指光源不产生频闪，照度应保持标准值，不产生波动。光色效果是指照明的光色与设备的色彩一致，照明光源的显色性应该保证设备和物品在受到照射时显示本色而不失真。

物体与背景的亮度对比（或颜色对比）对视觉灵敏度的影响很大，对比越大，辨别物体越清楚，反之则困难。好的光照应该保证有适当的对比度。

良好的照明还应有适当的亮度分配。一方面要保证操作面和周围环境的亮度大致相等，或使周围的亮度稍低一些；另一方面应保证物体不产生对比度过强的阴影。

眩光即刺眼和耀眼的强烈光线。眩光产生的原因是物体表面过于光亮、亮度对比过大或直接强光照射。眩光可使人视力下降，造成不适的视觉条件，容易引发事故。

作业环境采光照明的具体要求和实际应用可参照《工业企业采光设计标准》和《工业企业照明设计标准》。

（2）合适的温度、湿度和通风的目的在于创造一个良好的热环境。温度、湿度和通风情况三者相互联系、相互影响，构成了作业场所的热环境。其中，环境温度即环境中的空气温度，起主导作用。人体主观感觉到的温度不仅与环境温度有关，还受到环境湿度和通风情况的影响。在环境温度、湿度和气流速度的综合作用下，人的主观感觉温度称为有效温度。人感觉舒适的有效温度范围大体为 20 ~ 28 °C。人在这个温度范围内心情愉快、精力集中、不易疲劳，能安全而高效地工作。

改善高温环境的措施如下：

① 减少热源的热作用。首先应考虑改革工艺，实现机械化、自动化，消除或减轻体力劳动，以减少工人与热源的接触，这是本质安全措施。其次是疏散热源，如将热源移至室外，将加工完的灼热工件尽快运出车间。再次是隔离热源，割断热源的热辐射是有效的降温措施。

② 通风散热。采用自然通风和机械通风，安装空调设备。

③ 局部降温冷却。安装风扇或喷雾风扇，以及用冰块降温等。

有关改善高温环境的具体要求可参照《工业企业设计卫生标准》。

4. 安全信号装置、安全标志的完善

安全信号装置和安全标志是警告装置，它是在不能消除、控制危险的情况下，提醒人们避开危险的装置。虽然安全信号装置和安全标志是一种消极被动的、防御性的措施，但对于防止伤亡事故、实现安全生产仍然有十分重要的作用。

安全信号装置分声、光信号装置（如警铃、信号灯等）和各种显示设备（运行参数的仪器、仪表，如温度计、压力计、液位计等）。

安全标志即用简明醒目的颜色（安全色）、几何图形符号并辅以必要的文字说明，以提醒、警告人们防止危险，注意安全。

企业应按国家安全法规的要求并结合生产的实际情况设置安全信号装置和安全标志。作业环境的现场安全管理就是要在具备了国家安全生产法规要求的作业环境条件后，通过编制安全检查表，按安全检查制度的规定，进行严格的检查、检测，以及时发现不符合国家安全生产法规和本单位安全管理规章制度要求的隐患并及时整改，使作业环境持续保持符合安全生产要求的状态。

六、危险作业的现场管理

1. 危险作业的概念

危险作业即容易造成严重伤害事故和财产损失的作业，主要是指临时性作业、非生产性作业和劳动条件恶劣的作业，如清扫作业场所，立体交叉作业，易燃易爆场所动火，重大设备的拆迁、吊运、安装、带电作业等。

2. 危险作业的基本特点

危险作业的基本特点是临时性、不固定性和危险性，具体表现在：

（1）作业时间、地点不固定；

（2）临时组织作业人员，彼此不熟悉，难以配合默契；

（3）作业程序不固定、不熟悉，甚至是完全生疏的；

（4）使用的设备、工具不固定，甚至不适合，缺乏安全保障；

（5）一般都比较复杂、困难，技术要求高，危险性大。

危险作业的这些特点决定了它比固定地点的重复性作业有更多的潜在危险，如不认真对待，极容易发生事故，且事故的后果往往比较严重。

3. 危险作业的确定

为对危险作业实行安全控制，生产经营单位应根据危险作业的特点结合本单位的具体情况，划分危险作业的范围，确定本单位常见的危险作业。

由于危险作业的时间、地点、条件、规模等变化差异较大，要想预先规定所有危险作业的危险等级是困难的。但应该就本单位开展得较多，规模、条件相对较为固定的危险作业做出危险性评价。

危险作业的等级一般可定为两级，分别由厂级和车间级两级进行控制。危险作业等级的评定可按照危险性评价的方法并结合实践经验进行。

4. 危险作业的控制管理

（1）提出申请。需要进行危险作业的部门应向上级提出申请，说明要求作业的理由及作业时间、地点和内容。由厂级控制的危险作业由厂主管领导审批，由车间级控制的危险作业由车间领导审批。

（2）危险辨识和风险评价。接受申请的领导应组织有关部门的有关人员和专职安全管理人员，对作业的全过程进行危险辨识和风险评价。

（3）制定控制危险的措施。针对危险辨识找出的不安全因素，制定相应的消除、控制措施。

（4）审批。如落实上述措施后可确保消除、控制这些不安全因素，则可批准作业。

（5）下达作业任务。下达、布置进行危险作业的任务时，应同时布置须采取的消除、控制不安全因素的措施，并明确批准作业的时间、地点、参加的人员、作业的分工及指定作业的负责人。

（6）作业前的准备。由作业负责人和作业单位安全管理人员负责对参加作业的全部人员进行培训，使他们熟悉作业安全措施及要求，掌握作业的操作技能，经考试合格后才能进行作业。作业前必须经过检查，确认已落实了应采取的消除、控制不安全因素的各项措施后方可进行作业。

（7）监督检查。审批单位应派出安全管理人员到作业现场进行监督检查。监督检查应使用安全检查表进行。一旦发现有违反安全措施的情况，应立即制止、纠正，甚至停止作业。

危险作业的现场安全管理的重点是确保上述第六点和第七点的落实。

七、交叉作业的现场管理

1. 交叉作业的定义

交叉作业是指两个以上的生产经营单位（或部门）在同一区域内进行生产经营活动，可能危及对方安全生产的施工作业行为。

2. 交叉作业的现场安全管理

（1）交叉作业的作业单位应在作业前派出本单位的安全管理人员共同研究，进行危险辨识，找出交叉作业全过程存在的各方可能危及他方安全的因素，制定消除这些因素的措施，签订安全生产管理协议，以明确各方的安全生产管理职责和应采取的安全措施，并指定专人进行安全检查与协调。

（2）交叉作业的单位必须制定交叉作业的安全管理办法，对于危险性大、影响人身安全的交叉作业，必须制定专项安全方案；开展交叉作业的安全技术交底，确保作业人员清楚作业场所和岗位存在的危险因素、了解作业规程和作业标准、掌握异常情况的应急措施。必须严格按照技术方案、安全技术规程进行施工作业，加强安全检查，落实各项安全防护措施，切实保护人员安全和设备安全。

① 在城市轨道交通运营正线、辅助线路、车厂、车站、主变电所、控制中心进行交叉作业，必须严格按照城市轨道交通企业制定的有关行车设备维修施工管理等的规定，落实施工安全防护措施。

② 在运营正线、辅助线路、车厂等进行列车、工程车调试、试验的交叉作业，必须严格按照城市轨道交通企业有关行车设备维修施工管理等的规定，落实调试、试验安全防护措施。

③ 在城市轨道交通建设期间，轨行区（指铺设了轨道可供轨道车辆行驶的区域）与轨道车的运行是重点的交叉作业，必须严格按照城市轨道交通企业制定的有关轨道交通建设工程车运输管理等的规定，落实工程车运行、施工的安全防护措施。

3. 交叉作业的安全检查与监察

（1）交叉作业的安全检查必须坚持作业前安全检查、作业中安全监护、作业后安全清理，主要内容包括作业前的安全培训、作业规程与标准、作业安全要点与异常情况的对策、设备工具的完好、监护人员的配备、安全标志的使用、作业中的指挥联络方式、作业场所的清理整顿等。检查发现的问题和隐患必须立即进行整改，落实防护措施之后方能作业。

（2）交叉作业的安全检查必须坚持作业人员自我检查、负责人检查、安全管理人员检查，检查发现的问题和隐患必须立即进行整改，落实防护措施之后方能作业。

（3）交叉作业的主体单位（部门）负有检查其他作业单位（部门）安全情况的责任，其他作业单位（部门）必须积极支持、配合主体单位（部门）的安全检查，落实每次交叉作业的安全检查。施工监理单位负有检查作业单位（部门）交叉作业安全情况的责任，对于危险性大、影响人身安全的交叉作业，监理必须实行旁站监理。城市轨道交通企业对本单位管辖内的交叉作业，必须定期或不定期地进行安全检查或抽查；安全监察部门应定期或不定期地进行安全监察。

八、现场安全管理的基本方法

风险是客观存在的，无法消除，事故也无法完全避免，但是却可以通过完善管理，减少甚至消除人的不安全行为与物的不安全状态等危险因素，有效降低安全风险，减少事故发生。加强现场安全管理，是实现安全有序可控目标的关键。

现场安全管理的基本方法如图 1-9 所示。

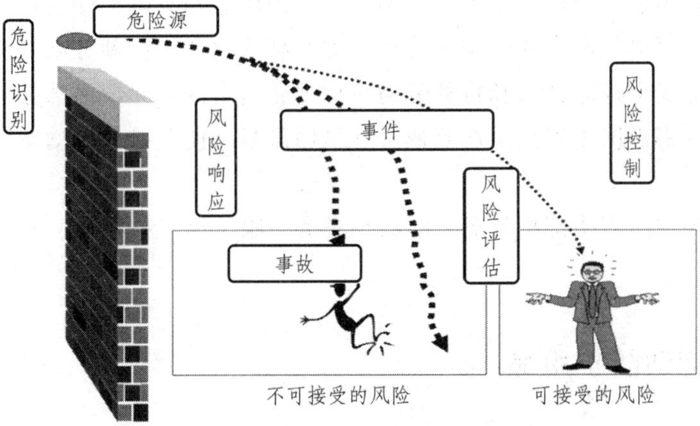

图 1-9　现场安全管理的基本方法

其主要过程包括：

（1）危险源识别。危险源识别是建立安全管理体系的重要基础，实现有效的安全管理，首先必须充分识别活动过程中的所有危险源。

（2）风险响应与风险评估。对触发危险源导致事件发生的过程（即风险响应）进行分析，对各危险源触发事件的后果进行逐一评估：一是评估风险大小或严重程度；二是与安全要求相比，判定是否可接受，并确定风险等级。

（3）根据风险等级的不同，分别制定相应的控制措施，如表 1-6 所示。根据不同的控制措施实施相应的安全控制与管理。

第六节　常用劳动防护用品及其使用

劳动者在生产劳动过程中由于作业条件或其他突发原因，会受到尘、毒、噪声、辐射、电击、灼烧、淹溺、冻伤、腐蚀、打击、坠落、刺激、绞碾等危害，或导致损伤，或导致急性中毒、职业病，严重的甚至危及生命。尽管采取了必要的工艺改革和安装防护装置，但仍会有一些不安全因素无法用技术和设备排除。此时，应使用劳动防护用品保护人身安全与健康。

《安全生产法》第四十二条规定，“生产经营单位必须为从业人员提供符合国家标准或者行业标准的劳动防护用品，并监督、教育从业人员按照使用规则佩戴、使用。”

一、劳动防护用品定义及作用

劳动防护用品指由生产经营单位为从业人员配备的，使其在劳动过程中免遭或者减轻事故伤害及职业危害的个人防护装备。

劳动防护用品分为特种劳动防护用品和一般劳动防护用品。特种劳动防护用品目录由国家安全生产监督管理总局确定并公布；未列入目录的劳动防护用品为一般劳动防护用品。

特种劳动防护用品安全标志是确认特种劳动防护用品安全防护性能符合国家标准、行业标准，准许生产经营单位配发和使用该劳动防护用品的凭证。特种劳动防护用品安全标志由特种劳动防护用品安全标志证书和特种劳动防护用品安全标志标识两部分组成。特种劳动防护用品安全标志证书由国家安全生产监督管理总局监制，加盖特种劳动防护用品安全标志管理中心印章。

特种劳动防护用品有头部护具类、呼吸护具类、眼（面）护具类、防护服类、防护鞋类和防坠落护具类。

二、常用劳动防护用品

企业应当按照《个体防护装备选用规范》(GB/T 11651—2008）和国家颁布的劳动防护用品配备标准以及有关规定，为从业人员配备劳动防护用品。为从业人员提供的劳动防护用品，必须符合国家标准或者行业标准，不得超过使用期限。

各单位不得采购和使用无安全标志的特种劳动防护用品；购买的特种劳动防护用品须经本单位的安全生产技术部门或者管理人员检查验收。

1. 头部防护用品

头部防护用品是为防御头部不受外来物体打击和其他因素危害而配备的劳动防护装备。根据防护功能要求，头部防护用品主要有一般防护帽、防尘帽、防寒帽、安全帽、防静电帽、防高温帽、防电磁辐射帽、防昆虫帽九类产品。在工伤、交通死亡事故中，因头部受伤致死的比例最高，使用安全帽能够避免或减轻上述伤害。

2. 呼吸器官防护用品

呼吸器官防护用品是为防御有害气体、蒸气、粉尘、烟、雾从呼吸道吸入，直接向使用者供氧或清洁空气，保证尘、毒污染或缺氧环境中作业人员正常呼吸的防护用品。

呼吸器官防护用品主要有防尘口罩和防毒口罩。

3. 眼（面）部防护用品

眼（面）部防护用品是为预防烟雾、尘粒、金属火花和飞屑、热辐射、电磁辐射、激光、化学飞溅等伤害眼睛或面部的防护用品。根据防护功能，眼（面）部防护用品大致可分为防尘类、防水类、防冲击类、防高温类、防电磁辐射类、防射线类、防化学飞溅类、防风沙类、防强光类九类。

4. 听觉器官防护用品

听觉器官防护用品是能够防止过量的声能侵入外耳道，使人耳避免噪声的过度刺激，减少听力损失，预防由噪声对人身引起不良影响的个体防护用品。听觉器官防护用品主要有耳塞、耳罩和防噪声头盔三类。

5. 手部防护用品

手部防护用品是具有保护手和手臂的功能，供作业者劳动时戴用的劳动防护手套。手部防护用品按照防护功能分为一般防护手套、防水手套、防寒手套、防毒手套、防静电手套、防高温手套、防 X 射线手套、防酸碱手套、防油手套、防振手套、防切割手套、绝缘手套等。

6. 足部防护用品

足部防护用品是防止生产过程中有害物质和能量损伤劳动者足部的防护用品。足部防护用品按照防护功能分为防尘鞋、防水鞋、防寒鞋、防冲击鞋、防静电鞋、防高温鞋、防酸碱鞋、防油鞋、防烫脚鞋、防滑鞋、防穿刺鞋、电绝缘鞋、防振鞋十三类。

7. 躯干防护用品

躯干防护用品是通常所讲的防护服。根据防护功能，防护服分为一般防护服、防水服、防寒服、防砸背心、防毒服、阻燃服、防静电服、防高温服、防电磁辐射服、耐酸碱服、防油服、水上救生衣、防昆虫服、防风沙服十四类。

8. 防坠落用品

防坠落用品是防止人体从高处坠落，通过绳带，将高处作业者的身体系接于固定物体上，或在作业场所的边沿下放张网，以防不慎坠落。这类用品主要有安全带和安全网。

9. 护肤用品

护肤用品用于防止皮肤免受化学、物理等因素的危害。按照防护功能，护肤用品分为防毒类、防腐蚀类、防射线类、防油漆类及其他类。

三、劳动防护用品管理

各单位根据安全生产、防止职业性伤害的需要，按照不同工种、不同劳动条件，为员工免费提供符合国家标准或者行业标准规定的劳动防护用品，并监督、教育、指导员工在作业时正确佩戴、使用劳动防护用品。各单位在新员工上岗前，应为新员工配置劳动防护用品，员工应按照劳动防护用品的使用规则和防护要求，正确使用劳动防护用品。未按规定佩戴和使用劳动防护用品的，不得上岗作业。

劳动防护用品的选定应遵循“安全、实用、经济、美观”的原则，质量必须满足国家相关规定要求。各单位应制定劳动防护用品的管理制度及发放标准，建立健全劳动防护用品的购买、验收、保管、发放、更换、报废等管理制度，监控劳动防护用品的质量。

各单位应教育员工，使员工做到“三会”：会检查劳动防护用品的可靠性；会正确使用劳动防护用品；会正确维护保养劳动防护用品。员工不得使用作废的劳动防护用品；禁止在易燃、易爆、烧灼及有静电发生的作业场所，使用化纤劳动防护用品。特种劳动防护用品（特别是安全带、安全帽、绝缘/防毒用品）在使用前要仔细进行外观检查。若发现疑点，应暂停使用并及时报告，部门负责人应及时调剂以保障生产。

综合练习

一、选择题

1. 下列选项中，（　　）属于第一类危险源。

A. 高电压　　B. 指挥错误

C. 操作失误　　D. 心理异常

2. 下列选项中，（　　）属于第二类危险源。

A. 供热锅炉　　B. 易燃易爆品

C. 运动中的车辆　　D. 负荷超限

3. 1 级风险为（　　）。

A. 不可容许风险　　B. 重大风险

C. 中度危险　　D. 一般风险

4. 2 级风险为（　　）。

A. 不可容许风险　　B. 重大风险

C. 中度危险　　D. 一般风险

5. 安全生产教育的形式主要有（　　）。

A. 三级安全教育

B. 特种作业人员安全教育训练

C. 经常性的安全教育

6. 经常性的安全培训内容主要有（　　）。

A. 安全生产新技术　　B. 安全生产法律法规

C. 作业场所安全防范措施　　D. 有关事故案例

7. 安全生产教育的方法有（　　）。

A. 课堂讲授法　　B. 实操演练法

C. 案例研讨法　　D. 宣传娱乐法

8. 安全生产检查的方式主要有（　　）。

A. 经常性安全检查　　B. 定期安全检查

C. 专业性安全检查　　D. 群众性安全检查

9. 把需要的和不需要的物品区分开，并且清除不需要的物品，称为作业场所的（　　）。

A. 清理　　B. 整顿

10. 把需要的东西以适当的方式放在该放的地方以便于使用，称为作业场所的（　　）。

A. 清理　　B. 整顿

11. 危险作业的基本特点是（　　）。

A. 临时性　　B. 不固定性　　C. 危险性

12. 下列选项中，（　　）用品属于头部防护用品。

A. 防护帽　　B. 防毒口罩

C. 绝缘手套　　D. 防静电服

13. 下列选项中，（　　）用品属于听觉器官防护用品。

A. 安全帽　　B. 防噪声头盔

C. 绝缘鞋　　D. 耳罩

二、填空题

1. 对待事故隐患要坚持______________________的原则，高度重视对各类隐患的排查。

2. 危险因素包括__________、__________、___________和管理因素四个方面。

3. 将存在于系统中、可能发生意外释放的能量物质及其载体称为___________。

4. 风险评价主要包括评价危险源和危险因素导致事故的________和事故后果________。

5. RAMS 管理是指在系统全寿命周期内针对________、可用性、可维修性和________四种系统固有的特性进行的管理。

6. 可靠性设计和分析的主要任务是降低__________概率和降低________影响。

7. 安全技术着重解决__________________________问题，安全教育和安全管理主要着眼于________________________问题。

8. 安全教育对策主要是使人知道对于可能的危险_______________；安全管理措施则是要求______________________。

9. 我国安全生产工作的基本方针为：_____________________。

10. 安全文化最基本的内涵就是______________，是安全生产的根本。

11. 城市轨道交通企业安全文化建设应树立大安全的观念、___________________的观念、__________________的观念。

12. 特种作业人员上岗前必须进行专门的安全技术和操作技能的培训与考核，并经考核合格，取得______________________后方可上岗。

13. 对新从业人员应进行______、______、________三级安全生产教育培训。

14. 建设项目“三同时”是指生产性基本建设项目中的劳动安全卫生设施必须与主体工程同时__________、同时____________、同时______________。

15. 企业安全管理活动的“细胞”是指___________________。

16. 实行标准化作业可以让工人的操作形成___________，避免不安全行为和违章行为。

三、判断题

1. 只要安全措施控制得力，生产事故是完全可以避免的。（　　）

2. 意外事故已成为除自然死亡以外威胁人类生产、生活的第一杀手。（　　）

3. 不具有诱发事故的危险因素时，第一类危险源一般不会导致事故。（　　）

4. 安全性是指产品在规定的条件下运行时，在规定的时间内保持规定功能的能力。(　　)

5. 可维修性是表征产品预防故障和修复故障的能力。(　　)

6. 城市轨道交通企业安全文化建设中将“全员”概念延伸为“全民、全社会”。(　　)

7. 企业安全生产教育的对象主要是生产一线的员工。(　　)

8. 安全通道上在任何时候都不能放置物品。(　　)

9. 堆放物品的场所应悬挂标牌，写明放置物品的名称和要求。(　　)

10. 交叉作业是指两个以上的生产经营单位(或部门)在不同区域内进行生产经营活动。(　　)

11. 劳动防护用品指由生产经营单位为从业人员配备的，使其在劳动过程中免遭或者减轻事故伤害及职业危害的个人防护装备。(　　)

12. 不得采购和使用无安全标志的特种劳动防护用品。(　　)

四、简答题

1. 事故具有哪些基本属性?

2. 人的因素中有哪些是行为性危险因素?

3. 室内作业场所环境中，主要存在哪些危险因素?

4. 室外作业场地环境中，主要存在哪些危险因素?

5. 简述危险、危险源与危险因素三者间的关系。

6. 哪些危险因素可能导致作业人员触电群死群伤?

7. 风险评价有哪些主要内容?

8. 轨道交通供电安全生产具有哪些特点?

9. 简述广义安全文化四个层次及相互关系。

10. 简述安全生产“五要素”的相互关系。

11. 安全文化如何实现从“要我遵章守法”转变成“我要遵章守法”?

12. 岗位工人有哪些安全职责?

13. 新从业人员主要应进行哪些安全教育培训?

14. 安全生产检查的方式主要有哪几种?

15. 建设项目“三同时”的内容是什么?为什么要做此规定?

16. 有意的不安全行为与无意的不安全行为的主要区别是什么?如何克服无意的不安全行为?

17. 作业场所的清理与整顿主要包括哪些内容?

18. 危险作业有哪些基本特点?

19. 有哪些常用的劳动防护用品类型?

20. 劳动防护用品管理，要求员工做到哪“三会”?员工使用防护用品时需注意些什么?

五、综合讨论题

1. 谈谈你对“不可接受的损害风险”的理解。

2. 某接触网“V 形天窗”作业如图 1-10 所示，图中作业环境存在哪些主要危险源?你认为最大的危险是什么?

图 1-10　电气化铁路接触网“V 形天窗”作业现场

3. 谈谈规章对减少人的不安全行为的作用。

第二章　城市轨道交通供电规程体系

【教学目标】

知识目标

1. 理解城市轨道交通供电系统的产品与产品质量特性；
2. 掌握城市轨道交通供电规程体系的构成及关系；
3. 了解法律法规类别、分级与作用；
4. 了解城市轨道交通供电行业相关规章；
5. 理解企业标准体系与三个国家推荐性标准间的关系；
6. 熟悉企业规章制度的作用。

素质与能力目标

1. 树立规程体系的整体观念；
2. 能区分法律法规、行业标准与企业标准的作用及联系；
3. 增强遵章守规意识。

系统是指由相互联系、相互作用的若干组成部分构成的有机整体，系统的各要素之间、要素与整体之间，以及整体与环境之间，存在着一定的有机联系，从而在系统的内部和外部形成一定的结构和秩序，实现系统的整体功能。城市轨道交通供电系统（以下简称“城轨供电系统”）作为城市轨道交通系统中的一个子系统，不仅要保证子系统内部各要素之间的协调有序运转，也要保证本子系统与其他子系统之间的有序衔接；不仅要保证供电设备本身的安全可靠运行，也要保证人员与环境的安全；不仅需要有宏观层面的政策规定与要求，也需要有微观层面的技术操作指导等，因此，任何一个系统的规程，都必然是由一系列的规程所组成的规程体系。本章从规程体系的整体构成展开，介绍城市轨道交通供电相关的规程，掌握城轨供电系统规程体系的整体构成。

第一节　城市轨道交通供电规程体系概述

一、城市轨道交通供电系统产品

城市轨道交通系统的产品是实现旅客的位移，其实质就是一种服务，即为顾客提供满足其需求的运输服务，该产品的主要质量特性是安全、正点、舒适、便捷。城轨供电系统作为城市轨道交通系统的一个重要子系统，其产品是为城市轨道交通列车及系统内所有其他用电设施提供安全合格的电能，如图 2-1 所示。其产品的主要质量特性是安全、不间断与优质（满足电能质量要求）地供电。

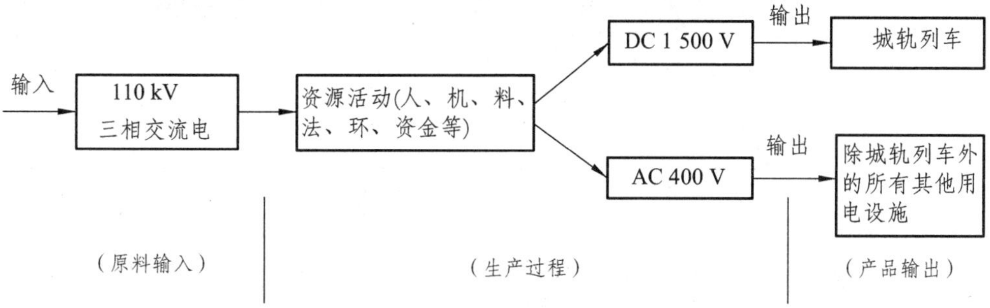

图 2-1　城市轨道交通供电系统产品生产过程示意图

城轨供电系统的运行首先必须保证自身设备的安全，同时也不危及周围其他设备的安全及人身安全，这是供电系统安全运行的提前；其次是要保证供电不间断，供电中断就会导致列车失去电能而中断行车，其他用电设施因为失电而无法正常工作，这将导致整个城市轨道交通系统（“城市交通的主动脉”）陷入瘫痪，严重影响城市的正常功能与人们的正常出行；再次是实现优质供电，主要体现在充分保证正常工作电压水平、机车良好取流、电能损耗与弓网故障率低、对电网的污染小等。

城轨供电系统与城市轨道交通系统的其他子系统之间存在大量的接口关系，需要密切协调配合。城轨供电系统置身于复杂的系统环境中，影响其安全可靠运行的因素众多，不仅需要明确本系统设备的系列标准，也需要制定确保其安全运行环境的相应规章；不仅需要制定设备的安全技术标准，也需要对人的行为规范做出明确规定，以便各个不同的单位、各个不同的部门、各个不同的专业以及各级人员均有章可循。

二、城市轨道交通供电规程体系

规程，简单说就是“规则 + 流程”。规则是工作的要求、规定、标准和制度等，流程则为实现特定目标而采取的一系列前后相继的行动组合，也即多个活动组成的工作程序。本书所讲的规程体系泛指相关的规程、规范、标准以及规章等。

城市轨道交通具有高度集中、大联动机和半军事化的“高、大、半”特点，各个系统与各个环节之间联系紧密，协同配合。为确保旅客运输安全正点、方便快捷、快速高效，必须加强集中统一指挥，为此，必须制定科学的规程体系。城轨供电系统作为城市轨道交通大系统中的一个子系统，同样需有一套科学、完整的规程体系，单个的规程都无法满足安全生产的要求，需要从国家、行业与企业各个不同的层面制定系列规程，建立一个完整的规程体系是确保城轨供电系统安全有序运行的重要基石。

城市轨道交通供电规程体系则是指为保证城市轨道交通供电运行安全而制定的系列规章及标准等。本书将城市轨道交通供电安全相关的法律法规也纳入本规程体系，形成更为广义的供电规程体系，如图 2-2 所示。

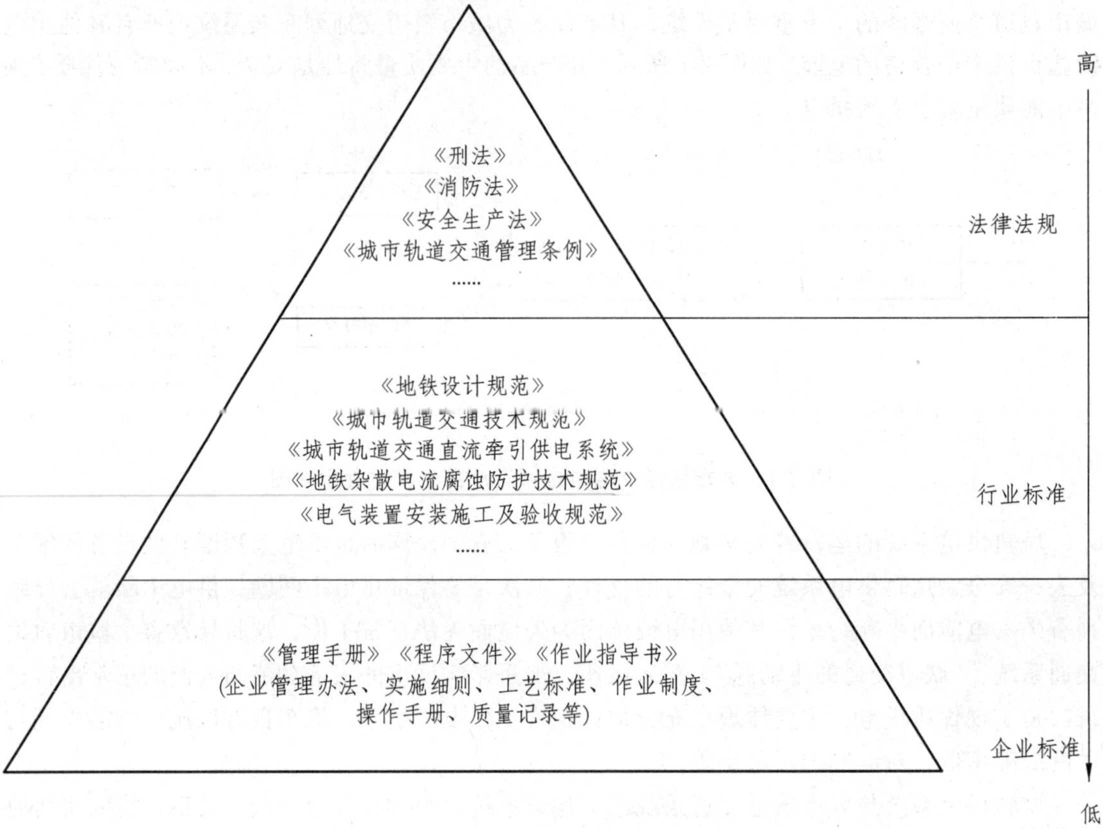

图 2-2　城市轨道交通供电系统规程体系图

在图 2-2 中，将城轨供电系统规程体系分为三个层次。效力从高至低分别为法律法规、行业标准和企业标准。

1. 法律法规

法律法规在城轨供电系统规程体系中处于第一层次，具有最高效力。法律法规具有效力高、覆盖面广、通用性强等特点，是指导制定行业标准的重要依据。行业标准不能与相应的法律法规相抵触、相违背。作为城轨供电系统，主要有《中华人民共和国安全生产法》(简称《安全生产法》)、《中华人民共和国刑法》(简称《刑法》)、《中华人民共和国消防法》(简称《消防法》)和《城市轨道交通管理条例》等法律法规的相关条款与之有关。

2. 行业标准

行业标准在城轨供电系统规程体系中处于第二层次，主要表现形式有规范、规程、规则等，具有鲜明的行业特点，是行业企业制定相应技术管理办法和工艺流程等的依据与标准，是供电从业人员应该重点掌握的。随着供电系统技术的不断发展与行业管理的不断改进，城轨供电系统运营管理规程体系也总是在不断更新，不断丰富与完善。

3. 企业标准

企业标准在城轨供电系统规程体系中处于第三层次。企业标准，即企业内的标准按其内在联系形成的科学的有机整体，是以技术标准为主体、包括管理标准和工作标准在内的标准体系。通常企业标准体系与《质量管理体系要求》（GB/T 19001—2016/ISO9001：2015）、《职业健康安全管理体系要求》（GB/T 28001—2011/OHSAS18001：2007）和《环境管理体系要求及使用指南》（GB/T 24001—2016/ISO14001：2015）这三个国家推荐性标准体系间具有紧密融合的关系。

企业技术标准是企业组织生产和经营管理的技术依据，每位员工需要结合各自岗位认真学习掌握，而管理标准与工作标准则是技术标准实施的重要保证。

第二节　法律法规

法律法规，指中华人民共和国现行有效的法律、行政法规、司法解释、地方法规、地方规章、部门规章及其他规范性文件，以及对这些法律法规的不时修改和补充。其中，法律有广义、狭义两种理解。广义的法律泛指一切规范性文件；狭义的法律仅指全国人大及其常委会制定的规范性文件。当与法规相提并论时，法律通常是指狭义上的法律。法规则主要指行政法规、地方性法规、民族自治法规及经济特区法规等。

一、法律法规类别

我国的法律体系中大体包括以下几种法律法规：法律、法律解释、行政法规、地方性法规、自治条例、单行条例和规章等。

1. 法　律

我国最高权力机关全国人民代表大会和全国人民代表大会常务委员会行使国家立法权，立法通过后，由国家主席签署主席令予以公布。因而，法律的级别是最高的。

法律一般都称为××××法，如宪法、刑法、消防法、安全生产法等。

2. 法律解释

法律解释是对法律中某些条文或文字的解释或限定。这些解释将涉及法律的适用问题。法律解释权属于全国人民代表大会常务委员会，其做出的法律解释同法律具有同等效力。

还有一种司法解释，即由最高人民法院或最高人民检察院做出的解释，用于指导各基层法院的司法工作。

3. 行政法规

行政法规是由国务院制定的，通过后由国务院总理签署国务院令公布。这些法规也具有全国通用性，是对法律的补充，在成熟的情况下会被补充进法律，其地位仅次于法律。

法规多称为条例，也可以是全国性法律的实施细则，如治安处罚条例、专利代理条例等。

4. 地方性法规、自治条例和单行条例

其制定者是各省、自治区、直辖市的人民代表大会及其常务委员会，相当于是各地方的最高权力机构。

地方性法规大部分称作条例，有的为法律在地方的实施细则，部分为具有法规属性的文件，如决议、决定等。地方法规的开头多具有地方名字，如《广州市城市轨道交通管理条例》等。

5. 规　章

规章是各级领导机关及其职能部门、社会团体、企事业单位，为实施管理，规范工作、活动和有关人员行为，在其职权范围内制定并发布实施的、具有行政约束力和道德行为准则的规范性文书的总称。规章从属于某一法律和法规，规章的制定应当符合宪法、法律、行政法规和其他上位法的规定，具有行政和道德约束力，违反规章就是违规行为，要受到相应的行政、纪律处罚或道德谴责。

规章按其性质、内容，可分为行政规章、组织规章、业务规章和一般规章。

（1）行政规章。按作者及其权限，可分两类：一类为国务院部门规章，是由国务院所属各部、各委员会制定、发布的规章；另一类为地方政府规章，是由省（自治区、直辖市）、省和自治区政府所在市和经国务院批准的较大的市的人民政府制定的规章。行政规章常用规定、办法、细则等文种。

（2）组织规章。组织规章是指对一个组织或团体的性质、宗旨、任务、组织原则、成员及其权利义务、机构及职权、活动及纪律等做出系统规定的规章。组织规章的常用文种是章程。

（3）业务规章。业务规章是指对专项业务的性质、内容、范围及其运作规范等做出系统规定的规章。业务规章的常用文种为章程。

（4）一般规章。一般规章是各级各类机关、团体、企事业单位，为实施管理、规范工作和活动，在其职权内制发的规章。一般规章的常用文种有规定、办法、准则、细则、制度、规程、守则、规则等。图 2-2 中所示的行业标准属于一般规章，在第三节中再述。

二、法律法规分级

在整个法律体系中，宪法具有最高的法律效力，一切法律、行政法规、地方性法规、自治条例和单行条例、规章都不得同宪法相抵触。法律的效力高于行政法规、地方性法规、规章。行政法规的效力高于地方性法规、规章。地方性法规的效力高于本级和下级地方政府规章。省、自治区人民政府制定的规章的效力高于本行政区域内市人民政府制定的规章等。

三、法律法规作用

1. 明示作用

法律法规的明示作用主要是以法律条文的形式明确告知人们，什么是可以做的，什么是不可以做的，哪些行为是合法的，哪些行为是非法的，违法者将要受到怎样的制裁等。这一作用主要是通过立法和普法工作来实现的。法律所具有的明示作用是实现知法和守法的基本前提。

2. 预防作用

法律法规的预防作用，主要是通过法律法规的明示作用和执法的效力以及对违法行为进行惩治力度的大小来实现的。法律的明示作用可以使人们知晓法律而明辨是非，即在人们的日常行为中，什么是可以做的，什么是绝对禁止的，触犯了法律应受到的法律制裁是什么，等等。这样人们在日常的具体活动中，根据法律的规定来自觉地调节和控制自己的思想和行为，从而达到有效避免违法和犯罪现象发生的目的。严格及时有效的执法也可以警示人们不要违法，违法必受罚，受罚不可变通也。这样可以在每一个人的心里建立起一道行为底线或行为“红线”，有效做到有令必行、有禁必止。

3. 校正作用

校正作用也称为法律法规的规范作用。这一作用主要是通过法律的强制执行力来机械地校正社会行为中所出现的一些偏离了法律轨道的不法行为，使之回归到正常的法律轨道。如法律对一些触犯了法律的违法犯罪分子所进行的强制性的法律改造，使之违法行为得到强制性的校正。

4. 具有扭转社会风气、净化人们的心灵、净化社会环境的社会性效益

理顺、改善和稳定人们之间的社会关系，提高整个社会运行的效率和文明程度。一个真正的法制社会是一个高度有序、高度稳定、高度效率、高度文明的社会。这也是法制的最终目的和最根本性的作用。

第三节 行业标准

本节所讲的行业标准特指城市轨道交通行业标准，在城轨供电系统规程体系中处于第二层次。根据服务范围不同，轨道交通一般分成国家铁路系统、城际轨道交通和城市轨道交通三大类。轨道交通普遍具有运量大、速度快、安全舒适、准点率高、全天候、运费低和节能环保等优点，成为陆上主要交通方式。

《城市公共交通常用名词术语》（GB/T 5655—2004）中，将城市轨道交通定义为“通常以电能为动力，采取轮轨运转方式的快速大运量公共交通的总称”。城市轨道交通主要有地铁、轻轨、单轨系统（跨座式轨道系统和悬挂式轨道系统）、磁浮轨道系统、有轨电车和旅客自动捷运系统等多种形式。轨道交通行业标准大多由国务院各部、委员会、住房和城乡建设部、交通运输部和具有行政管理职能的直属机构等制定，仅在本部门的权限范围内有效。如住房和城乡建设部与国家质量监督检验检疫总局联合制定的《城市轨道交通技术规范》《地铁设计规范》等。除此之外，与城市轨道交通供电专业直接相关的标准还有《城市轨道交通直

流牵引供电系统》《地铁杂散电流腐蚀防护技术规范》等。

由于城市轨道交通行业发展相对较晚，有些安全类规章如《地铁接触网安全工作规则》《地铁变电所安全工作规则》等尚未形成统一的行业标准，目前由各个地铁公司参照国家铁路系统相应的安全规程，结合各自的设备实际制定并实施。下面重点介绍已形成行业统一标准的几种主要技术性规范。

一、《城市轨道交通技术规范》(GB 50490—2009)

本规范由住房和城乡建设部组织编写与批准发布，于2009年10月实施，是以功能和性能要求为基础的全文强制标准，条款以城市轨道交通安全为主线，统筹考虑了卫生、环境保护、资源节约和维护社会公众利益等方面的技术要求，本规范并未对城市轨道交通的建设和运营提出全面、具体的要求。本规范共分8章，包括总则、术语、基本规定、运营、车辆、限界、土建工程和机电设备。

本规范所指的城市轨道交通与运营设备分别包括以下内容。

1. 城市轨道交通

城市轨道交通是指以电能为动力，采用专用导向系统运行的城市公共客运交通系统，包括地铁系统、轻轨系统、单轨系统、有轨电车、市域快速轨道交通系统、自动导向轨道系统和磁浮系统。

2. 运营设备（机电设备）

运营设备（机电设备）是指服务于城市轨道交通运营的机电设备，主要包括车辆系统，供电系统，通信系统，信号系统，通风、空调与采暖系统，给水、排水与消防系统，火灾自动报警系统，环境与设备监控系统，自动售检票系统，自动扶梯、电梯，站台屏蔽门等设备。

本规范标准主要限于对城市轨道交通建设（指新建、改建和扩建城市轨道交通工程项目的规划、前期研究、勘察设计、施工安装、调试和验收，包括车辆和运营设备的制造、采购）和运营（指为实现安全有效运送乘客而有组织开展的一切活动的总称，包括运行管理、客运服务和维修）中的安全、卫生、环境保护、资源节约和社会公共利益等方面的技术要求，以及实施本规范的要求和措施等。因此，该规范也是制定和修订《地铁设计规范》相关标准的重要依据。

二、《地铁设计规范》(GB 50157—2013)

为使地铁工程设计达到安全可靠、功能合理、经济适用、节能环保、技术先进，住房和城乡建设部组织对原国家标准《地铁设计规范》(GB 50157—2003）进行了修订，于2013年8月发布了《地铁设计规范》(GB 50157—2013)，2014年3月实施。修订后的该规范共分29章和5个附录。主要内容包括总则、术语、运营组织、车辆、限界、线路、轨道、路基、车站建筑、高架结构、地下结构、工程防水、通风空调与供暖、给水与排水、供电、通信、信号、自动售检票系统、火灾自动报警系统、综合监控、环境与设备监控系统、乘客信息系统、门禁、运营控制中心、站内客运设备、站台门、车辆基地、防灾和环境保护等。其中，车辆、综合监控、乘客信息系统、门禁、站内客运设备、站台门 6 章与 5 个附录均为修订后新增内容。本规范涵盖了地铁系统各个方面的主要技术标准与要求，是城轨供电专业学生全面了解地铁系统相关技术要求的重要规章。本书将在第四章进行重点介绍。

三、《城市轨道交通直流牵引供电系统》（GB/T 10411—2005）

本标准是以《地铁直流牵引供电系统》（GB/T 10411—1998）为基准，由国家质量监督检验检疫总局于 2005 年组织修订后发布实施，标准共分 9 章，包括范围、规范性引用文件、术语和定义、供电方式、牵引变电所、电缆、接触网、牵引供电保护装置和电力调度，同时包括 3 个附录，附录 A（直流断路器主要技术要求）、附录 B（整流器主要技术要求）和附录 C（牵引整流变压器主要技术要求）。

本标准规定了城市轨道交通直流牵引供电系统中供电方式、牵引变电所、电缆、接触网、牵引供电保护装置及电力调度的主要性能指标和设备运行指标等。本标准适用于城市轨道交通直流牵引供电系统，不适用于城市有轨电车供电系统。

本标准是《地铁设计规范》相关标准要求在直流牵引供电系统中的进一步细化，是城轨供电专业需要系统学习掌握的，但通常结合接触网、牵引变电所与供电系统等相应的专业课程学习，因此，本书不做详细介绍。

第四节　企业标准

企业标准体系的定义为：“企业内的标准按其内在联系形成的科学的有机整体。”企业标准体系的组成是以技术标准为主体，包括管理标准和工作标准在内的标准体系。企业在制定自身的标准体系时，除应符合国家有关标准化法律、法规及强制性标准的要求，符合国家、行业有关的技术基础标准外，还应充分融合《质量管理体系要求》（GB/T 19001—2016/ISO9001：2015）、《职业健康安全管理体系要求》（GB/T 28001—2011/OHSAS18001：2007）和《环境管理体系要求及使用指南》（GB/T 24001—2016/ISO14001：2015）三个标准体系要求（以下简称“三个体系”）的相关要求，建成一个完整的企业标准体系。

一、企业技术标准体系

企业标准体系的主体是企业技术标准体系，它是企业组织生产技术和经营管理的技术依据。《企业标准体系技术标准体系》（GB/T 15497—2003）中指出：“企业技术标准体系以与质量有关的技术标准为主，包括能源、安全、职业健康、环境、信息等技术标准；有关质量的技术标准内容和要求应满足质量管理体系要求（GB/T 19001）对技术性文件内容的要求；有关职业健康安全与环境管理的技术标准内容和要求应满足 GB/T 28001 和 GB/T 24001 对技术性文件内容的要求。”

企业要建立质量体系，必须首先建立技术标准，以满足顾客对产品质量的要求。这些技术标准在质量体系中就是以产品为中心建立的技术文件。技术标准体系覆盖了“三个体系”技术要素，技术标准体系与“三个体系”在技术内容上呈包容性。企业建立“三个体系”不仅是对技术规范的补充，而且技术标准可作为“三个体系”的技术文件。

城市轨道交通供电岗位主要常用的技术标准有：

（1）《接触网检修工艺标准》；

（2）《变配电设备检修工艺标准》；

（3）《电气设备交接和预防性试验标准》；

（4）《变压器运行规程》；

（5）《整流机组运行规程》；

（6）《电力电缆运行规程》；

（7）《蓄电池运行规程》；

（8）《行车组织规则》；

（9）《供电系统电压和无功调整规定》。

二、企业管理标准体系

管理标准体系是企业标准体系中的重要组成部分，它保证技术标准体系的实施。《企业标准体系管理标准和工作标准体系》（GB/T 15498—2003）采用的层次结构中，第一层是管理基础标准，第二层包括经营，设计、开发与创新，采购，生产，质量管理，设备与基础设施，测量、检验和试验，包装、搬运、储存，安装与交付，服务，能源，安全，职业健康，环境，信息，体系评价，标准化等管理标准。在这些管理标准中既包括了质量体系要素的全部，也包括了环境和职业健康安全管理体系等要素。管理标准体系能较好地满足企业建立“三个体系”的要求，“三个体系”建立程序文件等也充实了管理标准内容。

城市轨道交通供电岗位主要常用的管理标准有：

（1）《文件、资料控制程序》；

（2）《物资与设备采购控制程序》；

（3）《产品标识和可追溯性控制程序》；

（4）《测量、检验和试验设备控制程序》；

（5）《检验、验收和试验控制程序》；

（6）《供电系统事故管理规则》；

（7）《突发事件应急处理办法》；

（8）《事故抢险组织程序》；

（9）《应急信息报告程序》；

（10）《接触网运行管理制度》；

（11）《变电所运行管理制度》；

（12）《行车设备施工管理规定》。

三、企业工作标准体系

工作标准体系也是企业标准体系中的重要组成部分，建立企业工作标准体系，以确保技术标准体系和管理标准体系的实施。工作标准分为决策层工作标准、管理层工作标准、操作人员工作标准。决策层工作标准分为最高决策者工作标准和决策层人员工作标准；管理层工作标准分为管理人员通用工作标准和管理人员岗位工作标准（包括中层管理人员工作标准和一般管理人员工作标准）;操作人员工作标准分为操作人员通用工作标准和操作人员岗位工作标准（包括特殊过程操作人员工作标准和一般操作人员岗位工作标准）。

工作标准是企业职工工作质量的基本依据，也是“三个体系” 运行的基础，可作为“三个体系”的支撑性标准文件。通过建立和健全企业工作标准体系，规范人的行为，优化岗位操作程序，提高工作质量，以保证“三个体系”运行良好。

城市轨道交通供电岗位的主要工作标准有：

（1）《地铁接触网安全工作规则》；

（2）《地铁变电所安全工作规则》；

（3）《电气安全规则》；

（4）《接触网作业质量标准》；

（5）《变电所作业质量标准》；

（6）《电气试验作业标准》；

（7）供电岗位相关的作业指导书等。

四、企业标准体系与“三个体系”的关系

技术标准体系、管理标准体系和工作标准体系的内容与“三个体系”的内容呈包容关系。技术标准体系的技术标准可以直接作为“三个体系”的技术文件。工作标准体系的工作标准可以作为“三个体系”的支撑性标准文件。企业管理标准体系中与“三个体系”要素内容完全重叠的管理标准，应严格按 GB/T 19001、GB/T 24001、GB/T 28001 要求的内容、程序去制定，编制格式按 GB/T 1.1—2000《标准化工作导则第 1 部分：标准的结构和编写规则》要求。这样编制的标准可以直接进入“三个体系”，作为“三个体系”的支撑性标准文件。企业标准体系与“三个体系”的不同点与相同点如下：

1. 不同点

（1）体系的含义不同。

企业标准体系包含的是技术标准、管理标准和工作标准，而“三个体系” 包含的是组织结构、策划活动、职责、惯例、程序、过程和资源。

（2）适用对象不同。

企业标准体系适用的对象是企业内部。质量管理体系适用的对象是关心产品质量的组织（组织本身和顾客）；环境管理体系针对产品生产、活动和服务的环境影响，涉及的对象有社会、员工、社区居民、顾客、保险机构、股东、相关团体等；职业健康安全管理体系针对的是影响工作场所内员工、临时工作人员、合作方人员、访问者和其他人员健康和安全的

条件和因素，而非产品和服务安全。所以，“三个体系”适用的对象既对企业内部，又对企业外部。

（3）管理范围不同。

企业标准体系是企业其他管理体系的基础，它几乎覆盖企业的方方面面。企业标准体系管理的范围是企业内部的技术事项、管理事项、工作事项。它涉及企业生产经营活动的全部领域，覆盖了企业的所有环节，渗透到各项管理事项。

“三个体系”分别是为了质量管理、环境管理和职业健康安全管理的目的，为了实现质量、环境和职业健康安全方针和目标而建立的，“三个体系”覆盖的是与质量、环境、职业健康安全有关的技术、管理、工作等方面，其覆盖的内容均属于企业标准体系所覆盖的内容。它们的管理范围主要限于质量、环境、职业健康安全有关的各个环节，与标准体系相比，范围要窄一些。

2. 相同点

（1）体系的运行模式和方法相同。

均遵循 PDCA 循环管理模式，通过体系的建立、运行和改进，对组织内的活动、过程及其要素进行控制和优化，实现方针和承诺，达到预期的目标。

（2）最终目的相同。

建立企业标准体系的目的是通过技术标准、管理标准、工作标准的制定、修订、实施的活动，使企业管理系统中的人、财、物和产、供、销达到最佳秩序，从而获得最佳效果，使企业获得最佳效益。

建立质量管理体系的目的是提高组织对产品质量管理的能力，通过对体系持续改进及预防不合格来满足顾客要求；建立环境管理体系的目的是通过体系的运行和持续改进，规范组织的环境管理，改善环境绩效，满足社会要求；建立职业健康安全管理体系的目的是通过危险源辨识、风险评价、风险控制实现事故控制，通过体系的不断持续改进，降低职业健康安全风险，取得良好职业健康安全绩效。

虽然建立每个体系都有不同的目的，但它们最终目的的实质一致，都是通过体系的标准化运行和持续改进，使企业内部、产品质量、环境、职业健康安全管理方面达到最佳秩序，取得最佳绩效，使企业获得最佳效益。

企业的发展，离不开标准化，建立“三个体系”，也是标准化活动。企业应结合自身的特点，建立结构合理，配套完善、满足企业发展需要的管理体系，将“三个体系”的管理手册、程序文件、作业指导书、技术性规范文件等分别划分到技术标准体系、管理标准体系和工作标准体系中去，完善企业标准体系，满足企业标准化管理工作的需要。“三个体系”内容丰富，详见本书第七章。

五、企业规章制度

1. 企业规章制度概述

企业规章制度是体现企业与劳动者在共同劳动工作中所必须遵守的劳动行为规范的总

和。《劳动合同法》第四条规定："用人单位应当依法建立和完善劳动规章制度，保障劳动者享有劳动权利、履行劳动义务。"依法制定规章制度是企业内部的"立法"，是企业规范运行，有序经营，提高管理效率，增强企业实力的重要方式；是建立现代企业制度的需要，是规范指引企业部门工作与职工行为的需要，也是完善"劳动合同制"，解决劳动争议不可缺少的有力手段，对充分调动发挥企业员工的积极性和创造性，切实维护企业利益和保障员工的合法权益具有重要意义。

企业规章制度涉及面很广，包括企业经营管理制度，组织机构管理制度，办公总务管理制度，财务管理制度，人事管理制度，员工培训制度，员工福利管理制度，生产管理制度，设备管理制度，质量管理制度，采购管理制度，仓储管理制度，销售管理制度，工程管理制度，信息管理制度，安全生产管理制度，应急预案，企业产品、技术、信息保密制度等方方面面。

2. 企业规章制度的主要作用

通常企业规章制度具有以下作用：

（1）依法制定的规章制度可以保障企业合法有序地运作，将纠纷降低到最低限度。

（2）好的企业规章制度可以保障企业的运作有序化、规范化，降低企业的经营运作成本。

（3）规章制度可以防止管理的任意性，保护职工的合法权益；对职工来讲，服从规章制度，比服从主管任意性的指挥更易于接受，制定和实施合理的规章制度能满足职工公平感的需要。

（4）好的规章制度通过合理地设置权利、义务、责任，使职工能预测到自己的行为和努力的后果，激励员工为企业的目标和使命努力奋斗。

（5）好的规章制度能为企业节约大量的人力和物力，为企业的正常运行提供保障。

《劳动合同法》第三十八条规定，"用人单位有下列情形之一的，劳动者可以解除劳动合同：……（四）用人单位的规章制度违反法律、法规的规定，损害劳动者权益的……"；《劳动合同法》第三十九条规定，"劳动者有下列情形之一的，用人单位可以解除劳动合同：……（二）严重违反用人单位的规章制度的……"。这些法律规定，如果企业规章制度违反法律、法规的规定，损害劳动者的权益，劳动者可以解除劳动合同（此种情况下，用人单位需要给劳动者经济补偿）；如果规章制度合法有效，劳动者违反的，用人单位也可以依据规章制度的规定，合法地解除与劳动者的劳动合同（此种情况下，用人单位无须支付经济补偿金）。因此，制定与遵守企业规章制度都是非常严肃的，企业与员工都须认真对待。

3. 城市轨道交通运行管理相关制度

为保证城市轨道交通系统的正常运行，需要制定一系列的规章制度。如供电设备检修时必须认真做到"三懂三会""三不动""三不离""三预想"和"三级检查制度"等安全措施，分析与处理事故时要求做到"三清"与"四不放过"，其要点如下：

"三懂三会"是指懂设备结构、会使用；懂设备性能、会维修；懂设备原理、会排除故障。

"三不动"是指未联系登记好不动；对设备性能、状态不清楚不动；未经授权的人员对正在使用中的设备不动。

“三不离”是指检查完未复查试验好不离；发现故障未排除不离；发现异状、异味、异声未查明原因不离。

“三预想”是指工作前，预想联系、登记、检修设备、预防措施是否妥当；工作中，预想有无漏检、漏修和只检不修造成妨害的可能；工作后，预想是否检修都彻底，复查试验、加封加锁、消点手续是否完备。

“三级检查制度”是部门每半年对管内主要设备检查一次；工班每季对管辖内的主要设备检查一次；SCADA 专业人员每月对管辖内的主要设备检查一次。

“三清”是指了解事故要时间清、地点清、原因清。

“四不放过”是指事故原因未查清不放过；责任人员未处理不放过；整改措施未落实不放过；有关人员未受到教育不放过。

综合练习

一、填空题

1. 城市轨道交通系统的产品是实现旅客的______，主要质量特性是______、______、舒适、便捷。

2. “城轨供电系统”产品的主要质量特性是实现________、________与优质供电。

3. 我国法律体系中主要的几种法律法规形式有：法律、_________、________、地方性法规、自治条例、______________等。

4. 法律解释权属于全国人民代表大会常务委员会，其做出的法律解释同法律具有______________。

5. 行政法规是由________制定的，通过后由国务院总理签署国务院令公布。

6. 城市轨道交通行业规章属于____________。

7. _______、________、__________是城市轨道交通的主要形式。

8. 工作标准分为决策层工作标准、__________________、__________________。

9. 健全企业工作标准体系，以规范人的行为，优化岗位操作程序，是提高企业职工___________________的重要保障。

10. “三懂三会”是指懂设备结构、_________；懂设备性能、_________；懂设备原理、_________。

11. “三不动”是指___________________；__________________；未经授权的人员对正在使用中的设备不动。

12. “四不放过”是指________________________；________________________；整改措施未落实不放过；有关人员未受到教育不放过。

二、简答题

1. 简述城市轨道交通系统的产品与产品质量特性。

2. 简述城轨供电系统的生产流程。

3. 城轨供电安全规程体系有哪三个层次？

4. 法律法规具有哪些作用？

5. 城市轨道交通运营设备主要包括哪些？
6. 简述《城市轨道交通技术规范》（GB 50490—2009）的适用范围。
7. 简述《城市轨道交通直流牵引供电系统》（GB/T 10411—2005）的主要内容。
8. 企业规章制度有哪些作用？

三、综合题

1. 企业标准体系与“三个体系”的关系。
2. 为什么制定与遵守企业规章制度都是非常严肃的？

第三章 安全生产法律法规

【教学目标】

知识目标

1. 了解安全生产法规与安全生产法律体系的概念；
2. 熟悉《安全生产法》的立法宗旨，理解安全生产方针；
3. 熟悉从业人员的安全生产权利义务与法律责任；
4. 了解《刑法》有关犯罪的概念及安全生产犯罪的类型；
5. 理解“违章可以构成犯罪”的法律内涵；
6. 了解《消防法》有关火灾预防、救援及相关责任等；
7. 了解事故报告的内容，熟悉事故调查的主要原则；
8. 掌握城市轨道交通控制保护区的概念及相关要求。

素质与能力目标

1. 学会从法律层面理解安全生产的各项规定；
2. 具有较强的安全生产法律意识与责任意识；
3. 自觉遵章守规。

生产安全是人命关天的大事。随着社会经济与生产技术的快速发展，亟待加强安全生产的各项工作，而其中最具有基础性、长远性和根本性意义的措施，就是不断加强安全生产法制建设，通过完善相关制度，使安全生产工作有章可循、有规可依。加强安全生产相关法律法规的学习，了解法律法规对安全生产的各项规定，熟悉法律法规对相关主体的安全生产权利义务与责任的规定，理解“违章可以构成犯罪”的内涵，增强安全生产的法律意识与责任意识。

第一节 概 述

一、安全生产法规的发展

安全生产关系到人民群众生命财产安全、国民经济持续快速健康发展和社会稳定大局，我国党和政府十分重视安全生产工作，早在中华人民共和国成立初期，国务院就颁布实施了“三大规程”和“五项规定”。“三大规程”就是《工厂安全生产卫生规程》《建筑安装工程安全技术规程》和《工人职员伤亡事故报告规程》，“五项规定”就是国务院1963年颁布的《关于加强企业生产中安全工作的若干规定》中明确的落实安全生产责任制、落实安全技术措施计划、加强安全生产教育、加强安全生产的定期检查、严肃伤亡事故的调查和处理等规定。

改革开放以来，我国加快了安全生产法律法规体系的建设。目前，全国人大及其常委会、国务院和相关主管部门已经颁布实施并仍然有效的有关安全生产主要法律法规有130多部，包括《安全生产法》《海上交通安全法》《道路交通安全法》《消防法》《铁路法》《电力法》《建筑法》《突发事件应对法》《职业病防治法》《危险化学品安全管理条例》《建设工程安全生产管理条例》等法律法规。2002年6月29日通过并颁布的《安全生产法》，以法律的形式对安全生产工作的宗旨、方针和政策做了进一步的规范，填补了我国安全生产立法的空白，使安全生产工作沿着法制化、规范化的轨道发展。2005年2月，国家安全生产监督管理局升格为国家安全生产监督管理总局，2006年初，成立了国家安全生产应急救援指挥中心，安全生产监管监察体制基本建立，安全生产法制建设不断加快，安全生产责任体系不断健全。我国的安全生产法规建设步入了新时期。

二、安全生产法规的概念

安全生产法规是指国家机关为加强安全生产监督管理，落实安全生产技术措施，保护人民群众生命和财产的安全，防止和减少安全生产事故，促进经济发展，按照一定的法律程序制定并颁布实施的法律规范。

安全生产法规的主要任务，是调整在生产经营活动中相关组织之间及其与从业人员之间在安全生产方面权利和义务的关系，保护有关人员的人身和财产安全。

安全生产法规具有国家强制性。一切生产经营单位、行政机关、社会团体和从业人员以及相关方都必须严格遵守，认真执行。对违反安全生产法规的行为，造成重大后果的，要追究法律责任，并根据情节轻重分别给予行政处分、经济处罚，直至追究刑事责任。

三、安全生产法律体系

安全生产法律体系是指我国全部现行的、不同的法律规范形成有机联系的统一整体。根据法律地位和效力不同，安全生产法律体系分为法律、法规、规章和法定安全生产标准。

法律是安全生产法律体系中的上位法，居于整个体系的最高层级，其法律地位和效力高于行政法规、地方法规、部门规章、地方政府规章等下位法。我国现行有关安全生产的专门法律主要有《安全生产法》《消防法》《道路交通安全法》《海上交通安全法》《矿山安全法》等；与安全生产相关的法律主要有《劳动法》《职业病防治法》《铁路法》《公路法》《民用航空法》《港口法》《建筑法》《煤炭法》《电力法》等。

法规分为行政法规和地方性法规。安全生产行政法规的法律地位和效力低于有关安全生产法律，高于地方性安全生产法规、部门规章等。地方性安全生产法规的法律地位和法律效力低于有关安全生产的法律、行政法规，高于地方政府安全生产规章。经济特区和民族自治地方安全生产法规的法律地位和效力与地方性安全生产法规相同。

这里所指的规章是指国务院相关部门规章和地方政府规章。部门规章是国务院有关部门依照安全生产法律、行政法规的授权制定发布的，部门安全生产规章的法律地位和效力低于法律与行政法规，高于地方政府规章。地方政府规章是最低层级的安全生产立法，其法律地位和效力低于其他上位法，不得与上位法相抵触。

虽然我国没有技术法规的正式用语，也未将其纳入法律体系的范畴，但许多安全生产立法却将安全生产标准作为生产经营单位必须执行的技术规范而载入法律，安全生产标准法律化是我国安全生产立法的重要趋势。法定安全生产标准主要是指强制性安全生产标准，分为国家标准和行业标准，对生产经营单位具有同样的约束力。

第二节　安全生产法

《安全生产法》自 2002 年 11 月 1 日起正式施行，2014 年进行了修订。《安全生产法》是我国第一部全面规范安全生产的专门法律，是我国安全生产法律体系的主体法，它的颁布实施是我国安全生产法制建设的重要里程碑。

《安全生产法》明确了安全生产工作的理念、方针和机制；生产经营单位在安全生产方面的义务的原则性规定；生产经营单位的主要负责人对本单位安全生产工作的总体责任；生产经营单位的从业人员在安全生产方面的权利与义务的概括性规定；工会对安全生产工作的监督；各级人民政府在安全生产工作中的职责；安全生产工作监督管理体制；有关安全生产的国家标准、行业标准的制定与执行；安全生产法律法规和知识的宣传；对安全生产技术、管理服务机构的基本要求；生产安全事故责任追究制度；安全生产科学技术的研究与推广；对安全生产先进单位和个人的奖励等内容。

一、法律地位和立法宗旨

《安全生产法》是我国第一部安全生产的基本法律，在我国安全生产法律体系中具有最高的法律地位和法律效力，是各类生产经营单位及其从业人员实现安全生产所必须遵守的行为规范，是各级人民政府和各有关部门进行安全监督管理和行政执法的法律依据，是制裁各种安全生产违法犯罪行为的法律武器。

立法宗旨就是立法的目的，就是法律所要解决的主要和基本问题。《安全生产法》第一条明确规定了其立法宗旨，即“为了加强安全生产工作，防止和减少生产安全事故，保障人民群众生命和财产安全，促进经济社会持续健康发展，制定本法”。本条明确了四个层次的立法目的，即：

（1）不断加强安全生产法制建设，使安全生产工作有章可循、有规可依，更加全面、系统地规范安全生产工作是本次立法的最直接目的。

（2）防止和减少生产安全事故，是制定安全生产法的基本目的。从制度、体制、机制方面设计出防止和减少生产安全事故特别是重特大事故的措施和办法，使事故发生率和造成的伤亡人数不断下降。既表明了制度建设努力追求的目标，又体现了实事求是的科学态度。

（3）保障人民群众生命和财产安全是制定《安全生产法》最根本的目的，要使这部法律的制度设计始终以保障人民生命和财产安全为核心，筑牢安全生产防线，创新安全管理模式，落实企业主体责任，成为保障人民群众生命和财产安全的法制利器。这也是以人为本理念的本质要求。

（4）“促进经济社会持续健康发展”，体现了科学发展观和安全发展理念的必然要求。安全生产不仅是经济问题，更是社会问题。安全生产是经济社会持续健康发展的前提，是促进经济社会转型升级的重要抓手。这就要求我们把安全生产与经济社会发展各项工作同步规划、同步部署、同步推进，实现安全与速度、质量、效益相统一，安全生产与经济社会发展相协调。

二、适用范围

《安全生产法》是一部对所有生产经营单位的安全生产均普遍适用的基本法律。《安全生产法》第二条对适用范围做了规定，明确：“在中华人民共和国领域内从事生产经营活动的单位（以下统称生产经营单位）的安全生产，适用本法；有关法律、行政法规对消防安全和道路交通安全、铁路交通安全、水上交通安全、民用航空安全以及核与辐射安全另有规定的，适用其规定。”

本条主要包括了以下两层含义：

1. 本法适用于生产经营单位的安全生产

本法只调整生产经营单位的安全生产，其他方面的安全如政治安全、公共安全和社会治安不在本法的调整范围内。所谓“生产经营单位”，是指从事商品生产、销售以及提供服务的法人和其他经济组织，不论其所有制性质、企业组织形式和经营规模大小，只要从事生产经营活动的，都应遵守本法的规定。

2. 对特定领域安全管理的法律适用做出灵活处理

对于消防、道路交通、铁路交通、水上交通、民用航空以及核与辐射等领域的安全，既有一般生产经营单位安全生产的共性，又有明显的特点和差异性。例如，消防安全涉及社会各类单位和个人，不限于生产经营单位，火灾预防和扑救与一般生产安全事故的预防和救援也有明显不同；道路交通安全、铁路交通安全、水上交通安全、民用航空安全都属于流动过程中的安全，其中既涉及生产经营单位，又涉及其他单位和个人。《安全生产法》规定的相关制度和措施，不能完全适应这些行业和领域的实际情况和特点。同时，这些领域的安全管理都有专门的法律、行政法规，如《消防法》《海上交通安全法》《民用航空法》《道路交通安全法》《铁路法》等。这些法律、行政法规对相关领域的安全管理做出了比较全面具体的规定，该条明确了对这些领域，相关的法律法规优先适用。相关法律、行政法规没有做出特别规定的，仍然适用《安全生产法》，特别是安全生产责任制、安全生产教育和培训、隐患排查治理等具有共性的制度措施。

三、基本规定

1. 安全生产工作方针

所谓“方针”，是指导一个领域、一个方面各项工作的总的原则，这个领域、这个方面的各项具体制度、措施，都必须体现、符合这个方针的要求。

《安全生产法》第三条规定：“安全生产工作应当以人为本，坚持安全发展，坚持安全第一、预防为主、综合治理的方针，强化和落实生产经营单位的主体责任，建立生产经营单位负责、职工参与、政府监管、行业自律和社会监督的机制。”

“以人为本”，就是以最广大人民的根本利益为本。安全生产工作事关人民群众的生命和财产安全这一最根本利益，强调安全生产工作坚持以人为本，这是安全生产工作的核心理念。这一理念首先要求安全生产工作始终要把人的因素放在首位，把保障人民群众生命和财产安全作为根本出发点和落脚点，一切有关安全生产的方针政策、法律制度等必须紧紧围绕并服从服务于这一根本要求。

“安全第一”，安全是人类生存发展最基本的需求和价值目标，没有安全一切都无从谈起。安全第一，就是要坚持人民群众的生命财产安全特别是生命安全高于一切，在处理保证安全与发展生产关系的问题上，始终把安全放在首位，实行“安全优先”的原则，坚决做到生产必须安全、不安全不生产，把安全生产作为一条不可逾越的“红线”。

“预防为主”，就是针对安全生产“隐患险于明火，防范胜于救灾”的特点，强调安全生产管理必须未雨绸缪，居安思危，要谋事在先，尊重科学、尊重规律，采取有效的事前控制措施，防患于未然，将事故消灭在萌芽状态，从源头上防范和遏制事故的发生。

“综合治理”，安全生产是一项系统工程，需要多方面统筹协调、齐抓共管、综合施策、标本兼治，运用法律、经济、行政、技术、管理等手段，从发展规划、安全投入、科技进步、经济政策、教育培训、激励约束、监管体制、责任追究等多方面入手，建立安全生产长效机制，充分调动全社会力量，群防群治，才能达到预期目标。

2. 生产经营单位安全生产责任制度

安全生产是各个生产经营单位生产、经营和建设的第一生命。如何保证安全生产任务的落实，各个部门、各个环节均应建立健全安全生产责任制，谁生产、谁经营、谁建设，谁负责任。《安全生产法》第四条明确规定：“生产经营单位必须遵守本法和其他有关安全生产的法律、法规，加强安全生产管理，建立、健全安全生产责任制和安全生产规章制度，改善安全生产条件，推进安全生产标准化建设，提高安全生产水平，确保安全生产。”该条规定主要是依法确定了生产经营单位是安全生产的主体，必须依法加强安全生产管理等。

安全生产责任制是明确本单位各岗位的安全生产责任及其配置、分解和监督落实的制度体系，是保障本单位安全生产的核心制度。只有建立、健全安全生产责任制，才能做到明确责任、各负其责；才能更好地互相监督、层层落实责任，真正使安全生产有人管、有人负责。安全生产规章制度是生产经营单位根据有关法律、法规、规章，结合本单位实际情况和特点制定的有关安全生产管理的规范和制度，是本单位安全生产管理最直接的依据。生产经营单位要加强安全生产管理，就必须建立、健全安全生产责任制和安全生产规章制度。

安全生产条件是指保证生产经营活动安全所需要的各种必要条件，包括设施、设备、场所、环境、技术等方面。没有基本的安全生产条件，不可能保障安全生产。生产经营单位不仅要持续具备必要的安全生产条件，而且要根据实际需要和自身能力加大投入，采取措施不断改善安全生产条件，提高本单位安全生产的保障水平。

安全生产标准化是指通过建立安全生产责任制，制定安全管理制度和操作规程，排查治理隐患和监控重大危险源，建立预防机制，规范生产行为，使各个生产环节符合有关安全生产法律法规和标准规范的要求，人、机、物、环处于良好的生产状态，并持续改进。这是一项加强安全生产工作的长远性、基础性和根本性工作，是提高生产经营单位安全水平的一项系统工程，是建立安全生产长效机制的重要途径。通过作业标准化，进一步规范从业人员的安全行为，有利于杜绝违章指挥和违章作业现象，对危险有害因素进行系统地识别、评估，制定相应的防范措施，使隐患排查工作制度化、规范化和常态化，可以有效预防控制风险隐患、降低事故发生的概率。

在《安全生产法》的第二章，具体规定了生产经营单位的安全生产保障的责任，主要包括从事生产经营活动应当具备的安全生产条件、安全生产资金投入、安全生产管理机构和安全生产管理人员的配置、生产经营单位主要负责人和安全生产管理人员安全资格、从业人员安全生产培训、特种作业人员范围和要求、建设项目安全设施“三同时”、安全警示标志、安全技术装备管理、特种设备检测检验、生产安全工艺设备管理、危险物品管理、重大危险源管理、生产设施场所安全距离和紧急疏散、爆破吊装等作业现场安全管理、劳动防护用品规定、交叉作业的安全管理、工伤保险的规定等。

3. 生产经营单位主要负责人的安全责任

生产经营单位主要负责人是生产经营活动和安全生产工作中的决策者和指挥者，是生产经营单位的最高领导者和管理者，对于落实安全生产责任制，加强安全管理，确保生产安全至关重要。只有明确生产经营单位主要负责人在安全生产中的地位和责任，才能真正促使生产经营单位重视并抓好安全生产工作，防止和减少事故的发生。

《安全生产法》第五条规定：“生产经营单位的主要负责人对本单位的安全生产工作全面负责。”一般情况下，生产经营单位的主要负责人就是其法定代表人，如公司制企业的董事长、执行董事或者经理，非公司制企业的厂长、经理等。对合伙企业、个人独资企业、个体工商户等，其投资人或者负责执行生产经营业务活动的人就是主要负责人。“全面负责”包含了三层含义：对本单位安全生产工作的各个方面、各个环节都要负责，而不是仅仅负责某些方面或者部分环节，不能“选择性负责”；对本单位安全生产工作全程负责；对本单位安全生产工作负最终责任。

《安全生产法》第十八条进一步明确了生产经营单位的主要负责人对本单位安全生产工作应负的具体责任，规定了七个方面的职责：一是建立、健全本单位安全生产责任制；二是组织制定本单位安全生产规章制度和操作规程；三是组织制定并实施本单位安全生产教育和培训计划；四是保证本单位安全生产投入的有效实施；五是督促、检查本单位的安全生产工作，及时消除生产安全事故隐患；六是组织制定并实施本单位的生产安全事故应急救援预案；七是及时、如实报告生产安全事故。

4. 工会在安全生产工作中的地位和权利

工会是代表从业人员对生产经营单位的安全生产进行监督、维护从业人员合法权益的群众性组织，是协助生产经营单位加强安全管理的助手，是政府监督管理的重要补充。《安全生产法》第七条规定："生产经营单位的工会依法组织职工参加本单位安全生产工作的民主管理和民主监督，维护职工在安全生产方面的合法权益。生产经营单位制定或者修改有关安全生产的规章制度，应当听取工会的意见。"

工会监督的途径和方式包括向制定有关安全生产法律法规和规章的国家机关提出意见；在县级以上人民政府制订国民经济和社会发展规划时，就其中涉及安全生产等事关职工切身利益的事项提出意见；县级以上人民政府及其有关部门研究制定安全生产等涉及职工切身利益的政策、措施时，工会有权参与并发表意见；作为事故调查组成员单位，参与生产安全事故的调查处理等。

《安全生产法》在第五十七条明确了工会参加安全管理和监督的权利："工会有权对建设项目的安全设施与主体工程同时设计、同时施工、同时投入生产和使用进行监督，提出意见。工会对生产经营单位违反安全生产法律、法规，侵犯从业人员合法权益的行为，有权要求纠正；发现生产经营单位违章指挥、强令冒险作业或者发现事故隐患时，有权提出解决的建议，生产经营单位应当及时研究答复；发现危及从业人员生命安全的情况时，有权向生产经营单位建议组织从业人员撤离危险场所，生产经营单位必须立即做出处理。工会有权依法参加事故调查，向有关部门提出处理意见，并要求追究有关人员的责任。"

5. 安全生产标准

安全生产标准是法律规范的重要补充，《安全生产法》第十条规定："国务院有关部门应当按照保障安全生产的要求，依法及时制定有关的国家标准或者行业标准，并根据科技进步和经济发展适时修订。生产经营单位必须执行依法制定的保障安全生产的国家标准和行业标准。"

这条规定有两层含义：一是国务院有关部门应当及时制定、修订有关安全生产的国家标准和行业标准。国家标准，是国务院标准化行政主管部门或者其他有关主管部门对需要在全国范围内统一技术要求而制定的技术规范；行业标准是由国务院有关主管部门对没有国家标准而又需要在全国某个行业范围内统一技术要求而制定的技术规范。随着科技的不断进步和社会经济的不断发展，保障安全的技术要求会不断提高，国家标准和行业标准也要随着科技的进步和经济的发展不断进行修订和完善。二是生产经营单位应当认真执行法定的保障安全生产的国家标准和行业标准，特别是保障人体健康、人身和财产安全的强制性标准，以保证生产和经营活动的安全、有序。

6. 安全生产宣传教育

安全生产事关人民群众生命和财产安全，要实现《安全生产法》保护人民群众生命和财产安全的立法宗旨，做好安全生产工作，就必须依靠和发动广大职工群众乃至全民积极主动、自觉自愿地参与，从而提升全民的安全意识，弘扬安全文化，树立以人为本的理念。《安全生产法》第十一条规定："各级人民政府及其有关部门应当采取多种形式，加强对有关安全生产的法律、法规和安全生产知识的宣传，增强全社会的安全生产意识。”第七十四条规定：“新闻、出版、广播、电影、电视等单位有进行安全生产宣传教育的义务，有对违反安全生产法律、法规的行为进行舆论监督的权利。”

安全生产意识，是人们关于安全生产的知识、观念和认识以及心理的总和，包括对有关安全生产的法律、法规的了解和对有关安全生产知识的掌握。安全生产不仅是生产经营单位及其职工的事情，而且是关系全社会的重大问题。保障安全生产，仅仅提高职工的安全生产意识远远不够，必须增强包括职工在内的全社会的安全生产意识，因此需要采取多种形式的安全宣传教育，深入开展安全文化建设，使安全发展理念深入人心，在全社会营造人人关注安全、关爱生命的社会氛围。

7. 安全生产科技进步和奖励

实现安全生产，必须依靠科技进步，先进的安全生产科学技术对提高安全生产水平具有不可替代的重要作用。只有重视和鼓励安全生产科学技术的研究，推广先进的安全生产技术，才能不断改善安全生产条件，不断装备先进可靠的安全设备设施，加强预防生产安全事故和消除事故隐患的手段和能力，实现科技兴安、科技保安。《安全生产法》第十五条规定：“国家鼓励和支持安全生产科学技术研究和安全生产先进技术的推广应用，提高安全生产水平。”第十六条、第七十三条，明确了在改善安全生产条件、防止生产安全事故、参加抢险救护等方面做出显著成绩的个人或单位，国家给予重点奖励。

安全生产就是人类认识自然、改造自然的过程。安全生产同样离不开科学技术的支持，保障安全生产，不仅要靠建立、健全有关管理制度，加强监督管理，提高人们的安全生产意识，最大限度地做好“人防”，也要靠加强安全生产科学技术研究和安全生产先进技术的推广应用，把安全生产工作建立在先进的科学技术基础上，通过先进的技术和设备，全力做好“技防”和“物防”。这对于提高安全生产水平，具有十分重要的意义。

四、从业人员的权利和义务

生产经营单位的从业人员是各项安全生产经营活动最直接的劳动者，既是安全生产保护的对象，又是实现安全生产的基本要素，是各项法定安全生产的权利享有者和义务承担者。《安全生产法》第六条规定：“生产经营单位的从业人员有依法获得安全生产保障的权利，并应当依法履行安全生产方面的义务。”《安全生产法》第三章对从业人员的安全生产权利义务做了全面、明确的规定，并且设定了严格的法律责任，为保障从业人员的合法权益提供了法律依据。

1. 从业人员的权利

《安全生产法》规定了各类从业人员必须享有的、有关安全生产和人身安全的最重要、最基本的权利。这些基本安全生产权利，可以概括为以下五项：

（1）获得安全保障、工伤保险和民事赔偿的权利。《安全生产法》明确赋予了从业人员享有工伤保险和获得伤亡赔偿的权利，同时规定了生产经营单位的相关义务。《安全生产法》第四十九条规定："生产经营单位与从业人员订立的劳动合同，应当载明有关保障从业人员劳动安全、防止职业危害的事项，以及依法为从业人员办理工伤社会保险的事项。生产经营单位不得以任何形式与从业人员订立协议，免除或者减轻其对从业人员因生产安全事故伤亡依法应当承担的责任。"第五十三条规定："因生产安全事故受到损害的从业人员，除依法享有工伤社会保险外，依照有关民事法律尚有获得赔偿权利的，有权向本单位提出赔偿要求。"第四十八条规定："生产经营单位必须依法参加工伤社会保险，为从业人员缴纳保险费。"

（2）得知危险因素、防范措施和事故应急措施的权利。《安全生产法》规定，生产经营单位从业人员有权了解其作业场所和工作岗位存在的危险因素和事故应急措施。第五十条规定："生产经营单位的从业人员有权了解其作业场所和工作岗位存在的危险因素、防范措施及事故应急措施，有权对本单位的安全生产工作提出建议。"

（3）对本单位安全生产的批评、检举和控告的权利。从业人员对生产经营单位的安全生产情况尤其是安全管理中的问题和事故隐患最了解、最熟悉，只有依靠他们并且赋予必要的安全生产监督权和自我保护权，才能做到预防为主，防患于未然。《安全生产法》第五十一条规定："从业人员有权对本单位安全生产工作中存在的问题提出批评、检举、控告；有权拒绝违章指挥和强令冒险作业。生产经营单位不得因从业人员对本单位安全生产工作提出批评、检举、控告或者拒绝违章指挥、强令冒险作业而降低其工资、福利等待遇或者解除与其订立的劳动合同。"

（4）拒绝违章指挥和强令冒险作业的权利。《安全生产法》赋予了从业人员拒绝违章指挥和强令冒险作业的权利，不仅是为了保护从业人员的人身安全，也是为了警示生产经营单位负责人和管理人员必须照章指挥，保证安全，不得因从业人员拒绝违章指挥和强令冒险作业而对其进行打击报复。

（5）紧急情况下的停止作业和紧急撤离的权利。由于生产场所存在不可避免的自然和人为的危险因素，这些因素将会或者可能会对从业人员造成人身伤害，《安全生产法》赋予了从业人员停止作业和紧急撤离的权利。第五十二条规定："从业人员发现直接危及人身安全的紧急情况时，有权停止作业或者在采取可能的应急措施后撤离作业场所。生产经营单位不得因从业人员在前款紧急情况下停止作业或者采取紧急撤离措施而降低其工资、福利等待遇或者解除与其订立的劳动合同。"

从业人员在行使"紧急情况下停止作业和紧急撤离"的这项权利时，必须明确：一是危及从业人员人身安全的紧急情况必须有确实可靠的直接根据，个人猜测或错误判断而实际并不属于危及人身安全的除外，不得滥用该项权利。二是紧急情况必须直接危及人身安全，间接危及人身安全的不应撤离，而应采取有效的措施。三是出现危及人身安全的紧急情况时，首先是停止作业，然后要采取可能的应急措施；采取措施没效的，再撤离作业场所。四是该项权利不适用于某些从事特殊职业的从业人员，如飞行员、船舶驾驶人员、车辆驾驶人员等，根据法律、国际公约和职业惯例，在发生危及人身安全的紧急情况下，他们不能或不能先行撤离作业场所或岗位。

2. 从业人员的安全生产义务

从业人员依法享有权利，同时也必须承担相应的义务。从业人员的安全生产义务主要有以下四项：

（1）遵章守规、服从管理。《安全生产法》第五十四条规定：“从业人员在作业过程中，应当严格遵守本单位的安全生产规章制度和操作规程，服从管理，正确佩戴和使用劳动防护用品。”根据《安全生产法》等法律法规的规定，生产经营单位必须制定本单位安全生产的规章制度和操作规程，从业人员必须严格依照这些规章制度和操作规程进行作业。安全生产规章制度和操作规程是从业人员从事生产经营、确保安全的具体规范和依据，遵守规章制度和操作规程，实际上就是依法进行安全生产。

生产经营单位的负责人和管理人员有权依照规章制度和操作规程进行安全管理，监督检查从业人员遵章守规的情况。从业人员不服从管理，违反安全生产规章制度和操作规程的，由生产经营单位给予批评教育，依照有关规章制度给予处分；造成重大事故、构成犯罪的，依法追究刑事责任。

（2）正确佩戴和使用劳动防护用品。生产经营单位提供必要的、安全的劳动防护用品，从业人员应正确佩戴和使用劳动防护用品，这是避免或者减轻作业和事故中的人身伤害的条件，是从业人员人身安全的保障。因此，正确佩戴和使用劳动防护用品是从业人员必须履行的法定义务，这也是保障从业人员人身安全和生产经营单位安全生产的需要。

（3）接受安全培训，掌握安全生产技能。从业人员的安全生产意识和安全技能的高低，直接关系到生产经营活动的安全可靠性。必须对新招聘、转岗的从业人员进行专门的安全生产教育和业务培训，必须对从业人员定期进行安全生产培训。为了明确从业人员接受培训、提高安全素质的法定义务，《安全生产法》第五十五条规定：“从业人员应当接受安全生产教育和培训，掌握本职工作所需的安全生产知识，提高安全生产技能，增强事故预防和应急处理能力。”

（4）发现事故隐患或其他不安全因素及时报告。发现事故隐患并及时报告是贯彻预防为主的方针，加强事前防范的重要措施。从业人员是事故隐患和不安全因素的第一当事人，发现事故隐患和不安全因素后没有及时报告，将会延误采取措施进行紧急处理的时机，错失避免事故的发生和降低事故损失的机会。为此，《安全生产法》第五十六条规定：“从业人员发现事故隐患或者其他不安全因素，应当立即向现场安全生产管理人员或者本单位负责人报告；接到报告的人员应当及时予以处理。”

《安全生产法》第一次明确规定了从业人员安全生产的法定义务和责任，具有重要的意义：第一，安全生产是从业人员最基本的义务和责任，从业人员必须具有高度的法律意识。第二，安全生产是从业人员的天职，安全生产义务是所有从业人员必须遵守的行为规范。从业人员必须尽职尽责，严格照章办事，不得违章违规。第三，从业人员如不履行法定义务，必须承担相应的法律责任。第四，安全生产义务的设定，为事故处理及责任追究提供明确的法律依据。

五、生产安全事故责任追究

《安全生产法》第十四条规定：“国家实行生产安全事故责任追究制度，依照本法和有关法律、法规的规定，追究生产安全事故责任人员的法律责任。”《安全生产法》规定要实行责任追究的，是指发生人为责任事故，对负有责任的单位或者人员进行责任追究。生产安全事故责任者所承担的法律责任的主要形式包括行政责任和刑事责任。

依法严肃追究生产安全事故有关责任人员的法律责任，对于惩罚和教育责任者本人，促使有关人员提高责任心，认真吸取事故教训，保证有关安全生产的法律、法规得到遵守是必要的。但追究责任的前提是有责任事故。责任事故则是由于违反有关安全生产的法律法规、国家标准或行业标准和规章制度、操作规程所导致的事故。

法律责任，是指违反法律规定的行为依法应当承担的法律后果。违法者承担法律责任，主要表现为受到法律制裁这一结果，没有制裁便不能有效地规范人们的行为，法律责任也就会成为一纸空文。法律责任是由国家强制力保证实施的，这种国家强制力来自国家的行政权力和司法权力，通过对违法者实施强制制裁，才能够使行为人放弃实施某种违法行为，达到预防和制止违法行为的目的。

刑事责任，是指具有刑事责任能力的人实施了刑事法律规范所禁止的行为（即犯罪行为）所必须承担的刑事法律后果。表现为司法机关对违法行为人因违法造成严重后果、触犯刑律、构成犯罪而给予的法律制裁（包括对犯罪者人身的制裁和对犯罪者财产的制裁）。这种刑事制裁主要包括管制、拘役、有期徒刑、无期徒刑、死刑五种主刑和罚金、剥夺政治权利、没收财产三种附加刑。刑事责任是一种最严厉的法律责任。

行政责任，是指由国家行政机关认定的、行为人因违反行政法律规范所应当承担的法律后果，是国家行政机关依靠国家行政权力保证实施的一种行政制裁。行政责任主要有行政处分和行政处罚两大类。行政处分，是指国家机关、企事业单位、社会团体等根据法律或者内部规章制度的规定，按照隶属关系，对其所属的工作人员犯轻微违法失职行为尚不够刑事处分的或者违反内部纪律的一种制裁。行政处分的对象只能是自然人，行政处分只能由其所属的单位给予，其种类主要有：警告、记过、记大过、降级、降职、撤职、开除留用察看和开除八种形式。行政处罚，是指行政执法部门根据法律、法规和规章的规定，对违反国家行政法律规范、尚不构成犯罪或者已构成犯罪尚不够刑事处罚的自然人、法人或者其他组织，实施的一种行政制裁。行政处罚主要分为批评、训诫、警告、通报、罚款、没收违法所得、没收非法财物、责令停产停业、吊销许可证或营业执照、取消从业资格、行政拘留等。

六、应急救援与调查处理

生产安全事故具有突发性、紧迫性的特点，事故现场情况复杂，如果事先没有做好应急准备，难以在短时间内组织有效的抢救，防止事故的扩大和减少人员伤亡及财产损失。因此，《安全生产法》第七十七条规定：“县级以上地方各级人民政府应当组织有关部门制定本行政区域内生产安全事故应急救援预案，建立应急救援体系。”同时规定“生产经营单位应当制定本单位生产安全事故应急救援预案，与所在地县级以上地方人民政府组织制定的生产安全事故应急救援预案相衔接，并定期组织演练”。第七十九条规定：“危险物品的生产、经营、储存单位以及矿山、金属冶炼、城市轨道交通运营、建筑施工单位应当建立应急救援组织；生产经营规模较小的，可以不建立应急救援组织，但应当指定兼职的应急救援人员。危险物品的生产、经营、储存、运输单位以及矿山、金属冶炼、城市轨道交通运营、建筑施工单位应当配备必要的应急救援器材、设备和物资，并进行经常性维护、保养，保证正常运转。”2014年修订后的《安全生产法》对城市轨道交通运营单位建立应急救援组织等提出了明确要求。

《安全生产法》第八十三条规定："事故调查处理应当按照科学严谨、依法依规、实事求是、注重实效的原则，及时、准确地查清事故原因，查明事故性质和责任，总结事故教训，提出整改措施，并对事故责任者提出处理意见。事故调查报告应当依法及时向社会公布。事故调查和处理的具体办法由国务院制定。事故发生单位应当及时全面落实整改措施，负有安全生产监督管理职责的部门应当加强监督检查。"《安全生产法》明确了事故调查应遵循的原则、方法、目的及要求。

第三节　刑　法

《刑法》是规定犯罪、刑事责任和刑罚的法律，具体来说，也就是规定哪些行为是犯罪和应该负刑事责任，并给犯罪嫌疑人刑罚处罚的法律。严重的安全生产违法行为构成犯罪的，《刑法》规定了相应的刑事责任。

一、有关犯罪的基本概念

1. 犯　罪

《刑法》第十三条规定："一切危害国家主权、领土完整和安全，分裂国家、颠覆人民民主专政的政权和推翻社会主义制度，破坏社会秩序和经济秩序，侵犯国有财产或者劳动群众集体所有的财产，侵犯公民私人所有的财产，侵犯公民的人身权利、民主权利和其他权利，以及其他危害社会的行为，依照法律应当受刑罚处罚的，都是犯罪，但是情节显著轻微危害不大的，不认为是犯罪。"

犯罪不是自古就有的永恒存在现象，而是属于一定历史范畴的社会现象。不同社会制度的国家，对于什么是犯罪，往往有着截然不同的概念。本条规定的犯罪定义，是由我们国家的性质决定的。根据本条的规定，犯罪是必须同时具备以下特征的行为：（1）具有社会危害性；（2）具有刑事违法性，即犯罪行为应当是刑法中禁止的行为；（3）具有应受刑罚惩罚性，即犯罪是依照刑法规定应当受到刑罚处罚的行为。

2. 故意犯罪

《刑法》第十四条规定："明知自己的行为会发生危害社会的结果，并且希望或者放任这种结果发生，因而构成犯罪的，是故意犯罪。故意犯罪，应当负刑事责任。"

根据本条规定，故意犯罪必须同时具备以下两个特征：一是行为人对自己的行为会发生危害社会的结果，必须是明知的。这种明知既包括对必然发生危害结果的明知，也包括对可能发生危害结果的明知。二是行为人的心理必须处于希望或者放任的状态。

根据我国刑法理论，"故意"分为"直接故意"和"间接故意"。"直接故意"是指行为人明知自己的行为必然或者可能会发生危害社会的结果，而且希望这种结果的发生；"间接故意"是指行为人明知自己的行为可能会发生危害社会的结果，而采取漠不关心、听之任之的放任态度。

3. 过失犯罪

《刑法》第十五条规定："应当预见自己的行为可能发生危害社会的结果，因为疏忽大意而没有预见，或者已经预见而轻信能够避免，以致发生这种结果的，是过失犯罪。过失犯罪，法律有规定的才负刑事责任。"

根据本款的规定，过失犯罪分为两大类：第一类是疏忽大意的过失犯罪，即行为人应当预见自己的行为可能发生危害社会的结果，因为疏忽大意而没有预见，以致发生了这种危害社会的结果，构成犯罪的；第二类是过于自信的过失犯罪，即行为人已经预见到自己的行为可能发生危害社会的结果而轻信能够避免，以致发生了这种危害社会的结果而构成犯罪。

4. 不可抗力和意外事件

《刑法》第十六条规定："行为在客观上虽然造成了损害结果，但是不是出于故意或者过失，而是由于不能抗拒或者不能预见的原因所引起的，不是犯罪。"

根据刑法理论，本条款所规定的这种情况称为"意外事件"，即是由于不以行为人主观意志为转移，行为人无法预料的原因而发生的意外事故。这种意外事件包含了两种情况：一种是由于不可抗拒的原因而发生了损害结果；另一种情况是由于不能预见的原因造成了损害结果。

所谓"不可抗拒"，是指不以行为人的意志为转移，行为人无法阻挡或控制损害结果的发生。"不能预见"是指根据行为人的主观情况和发生损害结果当时的客观情况，行为人不具有能够预见的条件和能力，损害结果的发生完全出乎行为人的意料之外。

5. 紧急避险

《刑法》第二十一条规定："为了使国家、公共利益、本人或者他人的人身、财产和其他权利免受正在发生的危险，不得已采取的紧急避险行为，造成损害的，不负刑事责任。紧急避险超过必要限度造成不应有的损害的，应当负刑事责任，但是应当减轻或者免除处罚。第一款中关于避免本人危险的规定，不适用于职务上、业务上负有特定责任的人。"

根据本款的规定，采取紧急避险行为应当符合以下条件：

（1）避险的目的是使国家、公共利益、本人或者他人的人身、财产和其他权利免受危险。

（2）"危险"正在发生，使上述合法权益受到威胁。对尚未发生的危险、已经结束的危险，以及假想的危险或者推测的危险，都不能采取紧急避险行为。

（3）紧急避险行为是为了使更多更大的合法权益免受正在发生的危险，而不得已采取的损害另一种合法权益的行为，因此，紧急避险所造成的损害必须小于避免的损害。

本款规定的"超过必要限度"是指紧急避险行为超过了使受到正在发生的危险威胁的合法权益免遭损害所必需的强度而造成了不应有的损害。这里规定的"超过必要限度"和"造成不应有的损害"是一致的。

根据本款规定，为了避免本人危险而采取紧急避险行为，不适用职务上、业务上负有特定责任的人。所谓"职务上、业务上负有特定责任"，是指担任的职务或者从事的业务要求其对一定的危险负有排除的职责，同一定危险做斗争是其职业义务。如负有追捕持枪罪犯的公安人员，不能为了自己免受枪击而逃离现场；民航驾驶员不能因飞机发生故障有坠机危险，而不顾乘客的安危自己跳伞逃生等。为了避免个人遭受危险，不履行职业义务，而牺牲国家、公共利益或者他人利益的行为，是放弃职守的行为，造成危害后果，构成犯罪的，应当依法追究其刑事责任。

6. 犯罪预备

《刑法》第二十二条规定："为了犯罪，准备工具、制造条件的，是犯罪预备。对于预备犯，可以比照既遂犯从轻、减轻处罚或者免除处罚。"

根据本款的规定，犯罪预备具有两个主要特征：一是行为人主观上具有犯罪的故意，体现了预备犯的主观恶性，形成了对预备犯追究刑事责任的主观依据；二是犯罪预备是为实行犯罪准备工具、制造条件的行为。"准备"包括收集、购买、制造，以及非法获取等活动。"制造条件"是指除准备犯罪工具和其他物品以外的其他为顺利进行犯罪活动，达到犯罪目的而创造条件的行为。

7. 犯罪未遂

《刑法》第二十三条规定："已经着手实行犯罪，由于犯罪分子意志以外的原因而未得逞的，是犯罪未遂。对于未遂犯，可以比照既遂犯从轻或者减轻处罚。"

根据本款的规定，犯罪未遂应当同时具有以下特征：

（1）犯罪分子已经着手实行犯罪。这是同犯罪预备相区别的主要标志。

（2）犯罪未得逞，即犯罪分子没有实现本法规定的具体犯罪构成的客观要件。这是犯罪未遂与犯罪既遂相区别的主要标志。

（3）犯罪未得逞是由于犯罪分子意志以外的原因。这是犯罪未遂与犯罪中止相区别的主要标志。

8. 犯罪中止

《刑法》第二十四条规定："在犯罪过程中，自动放弃犯罪或者自动有效地防止犯罪结果发生的，是犯罪中止。对于中止犯，没有造成损害的，应当免除处罚；造成损害的，应当减轻处罚。"

根据本款的规定，犯罪中止应当同时具备以下特征：犯罪中止发生在犯罪过程中；犯罪中止必须是犯罪分子自动放弃犯罪或者自动有效地防止犯罪结果的发生。

9. 刑罚的种类

刑罚分为主刑和附加刑。《刑法》第三十三条规定了主刑的种类有：管制、拘役、有期徒刑、无期徒刑和死刑。

第三十四条规定的附加刑的种类有：罚金、剥夺政治权利和没收财产。

其中，管制是指对犯罪分子不实行关押，但限制其一定自由，由公安机关依靠群众监督执行的刑罚方法；拘役是指对犯罪分子短期剥夺人身自由，实行就近关押改造的刑罚方法，适用罪行较轻的犯罪分子；有期徒刑是指对犯罪分子剥夺一定时期人身自由，并实行强制劳动改造的刑罚方法。

10. 破坏交通工具罪

《刑法》第一百一十六条规定“破坏交通工具罪”是指：“破坏火车、汽车、电车、船只、航空器，足以使火车、汽车、电车、船只、航空器发生倾覆、毁坏危险，尚未造成严重后果的行为。犯本罪处三年以上十年以下有期徒刑。”

火车、汽车、电车、船只、航空器这些交通工具不仅是要耗费大量的资金生产或购置，更重要的是这几种交通工具承担着大量的客运、货运任务，对它们进行破坏并足以使其发生倾覆、毁坏时，将会造成旅客的重大伤亡和财产的重大损失，对社会公共安全具有极大的危险性和危害性。故构成犯罪。

11 破坏交通设施罪

《刑法》第一百一十七条规定“破坏交通设施罪”是指：“破坏轨道、桥梁、隧道、公路、机场、航道、灯塔、标志或者进行其他破坏活动，足以使火车、汽车、电车、船只、航空器发生倾覆、毁坏危险，尚未造成严重后果的行为。犯本罪处三年以上十年以下有期徒刑。”

12. 破坏电力设备罪、破坏易燃易爆设备罪

《刑法》第一百一十八条规定“破坏电力设备罪、破坏易燃易爆设备罪”是指：“破坏电力、燃气或者其他易燃易爆设备，危害公共安全，尚未造成严重后果的行为。犯本罪处三年以上十年以下有期徒刑。”

本款中的“电力”设备，是指用来发电和供电的公用设备，如发电厂、供电站、高压输电线路等；“燃气”设备，是指生产、储存、输送各种燃气的设备，如煤气管道、煤气罐、天然气管道等；“其他易燃易爆设备”，是指除燃气设备以外的生产、储存和输送易燃易爆物品的设备，如石油管道、汽车加油站、火药及易燃易爆的化学物品的生产、储存、运输设备等。

二、《刑法》有关安全生产的条款

1. 铁路运营安全事故罪

铁路运营安全事故罪是指铁路职工违反规章制度，致使发生铁路运营安全事故，造成严重后果的行为。

《刑法》第一百三十二条规定：“铁路职工违反规章制度，致使发生铁路运营安全事故，造成严重后果的，处三年以下有期徒刑或者拘役；造成特别严重后果的，处三年以上七年以下有期徒刑。”

根据本条规定，构成本罪必须符合以下条件：（1）构成本罪的主体必须是“铁路职工”。所谓“铁路职工”，是指从事铁路管理、运输、维修等工作的人员，既包括工人，也包括管理人员。（2）行为人的行为违反了关于铁路运营安全方面的规章制度，致使发生铁路运营安全事故。这里所说的“违反规章制度”，是指违反了有关主管部门制定、颁布的保证铁路运输安全的各种规章和制度，包括交通法规、技术操作规程、运输管理工作制度等，如违反操作规程冒险作业，不按时发出火车进出站信号、值班时睡觉等。“铁路运营安全事故”，是指铁路在运输过程中发生的火车倾覆、出轨、撞车等造成人员伤亡、机车毁坏以及致使公私财产遭

受重大损失的严重事件。（3）由于行为人的行为，造成了严重后果。这里所说的“造成严重后果的”，是指造成人员伤亡和公私财产遭受重大损失等结果。

2. 交通肇事罪

交通肇事罪是指违反交通运输管理法规，因而发生重大事故，致人重伤、死亡或者使公共财产遭到重大损失的行为。

《刑法》第一百三十三条规定：“违反交通运输管理法规，因而发生重大事故，致人重伤、死亡或者使公私财产遭受重大损失的，处三年以下有期徒刑或者拘役；交通运输肇事后逃逸或者有其他特别恶劣情节的，处三年以上七年以下有期徒刑；因逃逸致人死亡的，处七年以上有期徒刑。”

根据本条规定，构成本罪的必须符合以下条件：（1）犯罪主体为一般主体，任何人只要从事对机动车船驾驶的，均可成为本罪的主体。（2）行为人主观上是出于过失。（3）行为人必须实施了违反交通运输法规的行为。这里所说的“违反交通运输法规”，是指违反国家有关交通运输管理方面的法律、法规以及国家有关部门制定的各种规定，如《道路交通管理条例》《机动车辆安全技术检测站管理办法》《高速公路交通管理暂行规则》《铁路道口通行规定》以及其他有关海运、船运等方面的法律、法规。（4）行为人的行为必须造成了重大事故，即致人重伤、死亡或者使公私财产遭受重大损失的，才能构成本罪。

3. 重大责任事故罪

重大责任事故罪是指在生产、作业中违反有关安全管理的规定，或是强令他人违章冒险作业，因而发生重大伤亡事故或者造成其他严重后果的行为。

《刑法》第一百三十四条规定：“工厂、矿山、林场、建筑企业或者其他企业、事业单位的职工，由于不服管理、违反规章制度，或者强令工人违章冒险作业，因而发生重大伤亡事故或者造成其他严重后果的，处三年以下有期徒刑或者拘役；情节特别恶劣的，处三年以上七年以下有期徒刑。”

根据本条的规定，构成本罪必须同时具备以下条件：（1）构成本罪的主体是特殊主体，即工厂、矿山、林场、建筑企业或者其他企业、事业单位的职工。“职工”，主要是指直接从事生产等工作的人员和管理人员。（2）行为人主观上是过失。这种过失主要表现在对待危害后果发生的主观意愿上，并不希望或者放任其发生。（3）行为人的犯罪行为主要表现为由于不服从管理，违反规章制度，或者是强令工人违章冒险作业。（4）行为人的行为导致发生了重大伤亡事故或者造成其他严重后果。“造成其他严重后果”是指除重大伤亡事故以外的其他重大事故，包括重大财产损失等。

4. 重大劳动安全事故罪

重大劳动安全事故罪是指安全生产设施或者安全生产条件不符合国家规定，因而发生重大伤亡事故或者造成其他严重后果的行为。

《刑法》第一百三十五条规定：“工厂、矿山、林场、建筑企业或者其他企业、事业单位的劳动安全设施不符合国家规定，经有关部门或者单位职工提出后，对事故隐患仍不采取措施，因而发生重大伤亡事故或者造成其他严重后果的，对直接责任人员，处三年以下有期徒刑或者拘役；情节特别恶劣的，处三年以上七年以下有期徒刑。”

根据本条规定，构成本罪的，必须符合以下条件：

（1）构成本罪的主体是单位。

（2）这些单位的劳动安全设施，不符合国家规定。“劳动安全设施”是指用于保护劳动者人身安全的各种设施、设备，如防护网、隔离栏等。“不符合国家规定”是指用人单位提供的劳动安全设施没有达到国家规定的标准。

（3）经有关部门或者职工提出后，对事故隐患仍不采取措施。“对事故隐患仍不采取措施”是指在知悉存在有发生事故的危险情况，仍然不采取积极有效的预防措施，主观方面表现为过失。

（4）必须是发生了重大伤亡事故或者造成其他严重后果。这是本罪与非罪的界限。所谓“其他严重后果”，主要是指使国家财产、人民群众利益遭受重大损失等情况。

5. 危险品肇事罪

危险品肇事罪是指违反爆炸性、易燃性、放射性、毒害性、腐蚀性物品的管理规定，在生产、储存、运输、使用中发生重大事故，造成严重后果的行为。

《刑法》第一百三十六条规定：“违反爆炸性、易燃性、放射性、毒害性、腐蚀性物品的管理规定，在生产、储存、运输、使用中发生重大事故，造成严重后果的，处三年以下有期徒刑或者拘役；后果特别严重的，处三年以上七年以下有期徒刑。”

本罪的构成要件，客体是公共安全，即不特定多数人的生命、健康和重大公私财产的安全。客观方面表现为违反危险物品管理规定的行为。主体主要是从事生产、保管、运输和使用危险物品的职工，但在一定情况下，也可以是任何公民。主观方面表现为过失，过失是针对所造成的重大事故后果的心理态度而言，违反规章制度往往是明知故犯。

本条规定的“爆炸性”物品，是指多种具有爆炸性能的物品，如各种炸药、雷管、非电导爆系统、起爆药和爆破剂以及黑火药、烟火剂、信号弹和烟花爆竹等；“易燃性”物品，是指汽油、煤油、酒精、丙酮、橡胶水以及各种很容易燃烧的化学物品和液剂；“放射性”物品，是指铀、镭以及其他各种具有放射性能，并对人体或牲畜能够造成严重损害的物品；“毒害性”物品，是指如氰化钾等其他各种对人体或牲畜能够造成严重毒害的物品；“腐蚀性”物品，是指硫酸、盐酸等能够严重毁坏其他物品以及人身的物品。这些物品本身具有很大的危险性，国家有关主管部门为保证这些物品的安全生产、储存、运输、使用，都有严格的管理规定，以确保人身和财产安全，防止危害公共安全。

6. 工程重大安全事故罪

工程重大安全事故罪是指建设单位、设计单位、施工单位、工程监理单位违反国家规定，降低工程质量标准，造成重大安全事故的行为。

《刑法》第一百三十七条规定：“建设单位、设计单位、施工单位、工程监理单位违反国家规定，降低工程质量标准，造成重大安全事故的，对直接责任人员，处五年以下有期徒刑或者拘役，并处罚金；后果特别严重的，处五年以上十年以下有期徒刑，并处罚金。”

根据本条规定，构成本罪必须具备以下条件：

（1）构成本罪的主体是单位，即建设单位、设计单位、施工单位及工程监理单位。

（2）行为人的目的虽然并不希望重大安全事故的发生，但为了投机取巧，从中牟利，其降低工程质量标准的行为是故意的，而且在客观方面实施了违反国家规定，降低工程质量标准的行为，如降低水泥标号、使用不合格的残次建筑材料等。

（3）必须是造成了重大安全事故。这是区分罪与非罪的重要界限。

其中，“建设单位”是指对建设工程拥有所有权或者使用权的部门，也就是“业主”；“设计单位”是指对建设工程进行专门设计的单位；“施工单位”主要是指按照设计单位的设计及各种标准、要求进行建筑物建设的部门。“工程监理单位”是指受建设单位聘请，担任工程质量监督工作的单位。

7. 消防责任事故罪

消防责任事故罪是指违反消防管理法规，经消防监督机构通知采取改正措施而拒绝执行，造成严重后果的行为。

《刑法》第一百三十九条规定：“违反消防管理法规，经消防监督机构通知采取改正措施而拒绝执行，造成严重后果的，对直接责任人员，处三年以下有期徒刑或者拘役；后果特别严重的，处三年以上七年以下有期徒刑。”

根据本条的规定，构成本罪必须具备以下条件：

（1）本罪的主体是一般主体，但主要是负有防火安全职责的单位负责人员。

（2）行为人对严重后果的发生是出于过失。

（3）必须具有违反消防管理法规，经消防监督机构通知采取改正措施而拒绝执行的行为。这里所说的“消防管理法规”，主要是指国家有关消防方面的法律、法规以及有关主管部门为保障消防安全所做的规定。

（4）必须是造成严重后果。这里所说的“造成严重后果”，是指因为没有执行消防监督机构提出的改正措施，因而发生重大火灾，造成人员伤亡或者使公私财产遭受严重损失。

第四节　消防法

《消防法》的立法目的是预防火灾和减少火灾危害，加强应急救援工作，保护人身、财产安全，维护公共安全。消防工作贯彻预防为主、防消结合的方针，坚持按照政府统一领导、部门依法监管、单位全面负责、公民积极参与的原则，实行消防安全责任制，建立健全社会化的消防工作网络。

“火灾”，是指在时间或空间上失去控制的燃烧所造成的灾害。在各种灾害中，火灾是最经常、最普遍地威胁公众安全和社会发展的主要灾害之一。火，给人类带来文明进步、光明和温暖，但是一旦失去控制，火就会给人类造成灾难。如 1987 年 5 月 6 日，黑龙江省大兴安岭林区火灾，烧毁大片森林，延烧 4 个储木厂和木材 85 万立方米以及铁路、邮电、工商等 12 个系统的大量物资、设备等，造成 193 人死亡，171 人受伤，使我国宝贵的林业资源遭受严重损失，对生态环境所造成的影响难以估量；1990 年 7 月，四川襄渝铁路梨子园隧道火灾，致使运输中断 240 小时；1994 年 11 月 15 日，吉林市博物馆发生火灾，一具 7 000 万年前的恐龙化石在大火中化为灰烬，32 000 多件文物、石器、陶器、书画以及 40 多年来的音像、图片、文字资料档案，19 世纪末 20 世纪初国内外珍贵邮票 11 000 余枚，1909 年至今的科技文献及中外文刊物 9.7 万册全部烧毁；1994 年 12 月 8 日，新疆克拉玛依市发生恶性火灾事故，造成 325 人死亡，132 人受伤。其中，中小学生 288 人，干部、教师及工作人员 37 人，受伤住院者 130 人。火灾给人民生命财产构成极大威胁。所以，保护人身、财产安全，维护公共安全，是消防立法应起的重要作用和所要达到的目的之一，学习《消防法》知识，增强消防法律意识，提高防范火灾能力，也是每一个公民尤其是每一位企业员工应尽的责任。

一、本法使用的相关用语

1. 消防设施

消防设施是指火灾自动报警系统、自动灭火系统、消火栓系统、防烟排烟系统以及应急广播和应急照明、安全疏散设施等。

2. 消防产品

消防产品是指专门用于火灾预防、灭火救援和火灾防护、避难、逃生的产品。

3. 公众聚集场所

公众聚集场所是指宾馆、饭店、商场、集贸市场、客运车站候车室、客运码头候船厅、民用机场航站楼、体育场馆、会堂以及公共娱乐场所等。

4. 人员密集场所

人员密集场所是指公众聚集场所，如医院的门诊楼、病房楼，学校的教学楼、图书馆、食堂和集体宿舍，养老院，福利院，托儿所，幼儿园，公共图书馆的阅览室，公共展览馆、博物馆的展示厅，劳动密集型企业的生产加工车间和员工集体宿舍，旅游、宗教活动场所等。

二、火灾预防

1. 消防规划

《消防法》第八条规定（以下简称第××条规定），各级人民政府应当将包括消防安全布局、消防站、消防供水、消防通信、消防车通道、消防装备等内容的消防规划纳入城乡规划，并负责组织实施。城乡消防安全布局不符合消防安全要求的，应当调整、完善；公共消防设施、消防装备不足或者不适应实际需要的，应当增建、改建、配置或者进行技术改造。对消防工作，应当加强科学研究，推广、使用先进消防技术、消防装备。

2. 建设工程消防安全

第十条与第十一条规定，按照国家工程建筑消防技术标准需要进行消防设计的建筑工程，属国务院公安部门规定的大型的人员密集场所和其他特殊建设工程，建设单位应当将消防设计文件报送公安机关消防机构审核。公安机关消防机构依法对审核的结果负责；其他工程，建设单位应当自依法取得施工许可之日起七个工作日内，将消防设计文件报公安机关消防机构备案，公安机关消防机构应当进行抽查。

第十二条规定，依法应当经公安机关消防机构进行消防设计审核的建设工程，未经依法审核或者审核不合格的，负责审批该工程施工许可的部门不得给予施工许可，建设单位、施工单位不得施工；其他建设工程取得施工许可后经依法抽查不合格的，应当停止施工。

第十三条规定，按照国家工程建筑消防技术标准进行消防设计的建筑工程竣工时，必须经公安消防机构进行消防验收；依法应当进行消防验收的建设工程，未经消防验收或者消防验收不合格的，禁止投入使用；其他建设工程经依法抽查不合格的，应当停止使用。

第二十六条规定，建筑构件、建筑材料和室内装修、装饰材料的防火性能必须符合国家标准；没有国家标准的，必须符合行业标准。人员密集场所室内装修、装饰，应当按照消防技术标准的要求，使用不燃、难燃材料。

注："建筑构件"是指用于组成建筑物的梁、楼板、柱、墙、楼梯、屋顶承重构件、吊顶等。我国将建筑构件按其燃烧性能划分为三类：不燃烧体、难燃烧体、燃烧体。

"建筑材料"按其使用功能，分为建筑装修装饰材料、保温隔声材料、管道材料等。我国国家标准《建筑材料及制品燃烧性能分级》（GB 8624—2006）将建筑材料按其燃烧性能划分为七个级别。

【案例 1】　1994 年，辽宁省阜新市某歌舞厅"11·27"特大火灾，原因是人为用报纸点燃香烟后，将未熄灭的报纸塞进沙发破洞内，引燃沙发泡沫塑料，进而引燃墙面化纤装饰布引起大火，造成 233 人死亡。从现场看，死者绝大部分是被有毒烟气窒息死亡的。因此，对建筑物特别是公共场所限制使用易燃、可燃装修、装饰材料是十分必要的。

3. 安全位置

第十九条规定，生产、储存、经营易燃易爆危险品的场所不得与居住场所设置在同一建筑物内，并应当与居住场所保持安全距离。生产、储存、经营其他物品的场所与居住场所设置在同一建筑物内的，应当符合国家工程建设消防技术标准。

第二十二条规定，生产、储存、装卸易燃易爆危险品的工厂、仓库和专用车站、码头的设置，应当符合消防技术标准。易燃易爆气体和液体的充装站、供应站、调压站，应当设置在符合消防安全要求的位置，并符合防火防爆要求。

已经设置的生产、储存、装卸易燃易爆危险品的工厂、仓库和专用车站、码头，易燃易爆气体和液体的充装站、供应站、调压站，不符合前款规定的，地方人民政府应当组织、协调有关部门、单位限期解决，消除安全隐患。

注：本条中的"易燃易爆危险物品"，包括易燃易爆化学物品和民用爆炸物品。易燃易爆危险物品具有较大的火灾危险性和破坏性，如果在生产、储存、运输、销售或者使用等过程中不严加管理，极易造成严重灾害事故。在公安机关内部，通常将民用爆炸物品划归为治安管理范畴，将易燃易爆化学物品划归为消防监督管理的范畴。

民用爆炸物品包括各种炸药、雷管、导火索、非电导爆系统、起爆药、岩石混凝土爆破剂、黑色火药、烟火剂、民用信号弹、烟花爆竹以及公安部认为需要管理的其他爆炸物品。

易燃易爆化学物品是指国家标准《危险货物品名表》（GB 12268—2012）中以燃烧爆炸为主要特性的压缩气体、液化气体、易燃液体、易燃固体、自燃物品、遇湿易燃物品和氧化剂、有机过氧化物以及毒害品、腐蚀品中部分易燃易爆化学物品。这类物品遇火或受到摩擦、撞击、振动、高热或其他因素的影响，即可引起燃烧和爆炸，是火灾危险性极大的一类化学危险物品。

4. 公众聚集场所和群众性活动的消防安全

第十五条规定，公众聚集的场所在投入使用或者营业前，应当向当地公安消防机构申报，对该场所进行消防安全检查。未经消防安全检查或者经检查不符合消防安全要求的，不得投入使用、营业。

第二十条规定，举办大型群众性活动，承办人应当依法向公安机关申请安全许可，制定灭火和应急疏散预案并组织演练，明确消防安全责任分工，确定消防安全管理人员，保持消防设施和消防器材配置齐全、完好有效，保证疏散通道、安全出口、疏散指示标志、应急照明和消防车通道符合消防技术标准和管理规定。

城市轨道交通属于公众聚集场所，需要遵守此规定，正式运营前需向公安消防机构申报，经消防安全检查合格后方可使用。

5. 有关单位的消防安全职责

第十六条规定，机关、团体、企业、事业单位应当履行下列消防安全职责：

（1）落实消防安全责任制，制定本单位的消防安全制度、消防安全操作规程，制定灭火和应急疏散预案；

（2）按照国家标准、行业标准配置消防设施、器材，设置消防安全标志，并定期组织检验、维修，确保完好有效；

（3）对建筑消防设施每年至少进行一次全面检测，确保完好有效，检测记录应当完整准确，存档备查；

（4）保障疏散通道、安全出口、消防车通道畅通，保证防火防烟分区、防火间距符合消防技术标准；

（5）组织防火检查，及时消除火灾隐患；

（6）组织进行有针对性的消防演练；

（7）法律、法规规定的其他消防安全职责。

第十七条明确消防安全重点单位除应当履行本法第十六条规定的职责外，还应当履行下列消防安全职责：

（1）确定消防安全管理人，组织实施本单位的消防安全管理工作；

（2）建立消防档案，确定消防安全重点部位，设置防火标志，实行严格管理；

（3）实行每日防火巡查，并建立巡查记录；

（4）对职工进行岗前消防安全培训，定期组织消防安全培训和消防演练。

6. 易燃易爆危险物品及火灾、爆炸危险场所的安全管理

第二十一条规定，禁止在具有火灾、爆炸危险的场所吸烟、使用明火。因施工等特殊情

况需要使用明火作业的，应当按照规定事先办理审批手续，采取相应的消防安全措施；作业人员应当遵守消防安全规定。进行电焊、气焊等具有火灾危险作业的人员和自动消防系统的操作人员，必须持证上岗，并遵守消防安全操作规程。

注：禁止在具有火灾、爆炸危险的场所使用明火，即包括焊接、切割、热处理、烘烤、熬炼等明火作业，也包括炉灶及灼热的炉体、烟筒、电热器等生活用火及吸烟、明火取暖、明火照明等。

“具有火灾危险的作业的人员”，包括易燃易爆危险物品的操作管理人员、电工等。“自动消防系统的操作人员”，是指消防控制室的值班操作人员。

【案例 2】 忽视动火安全造成火警事故。

某日，某工程承包单位在 A 站进行组合空调器拆除施工。一组施工人员在拆卸空调器滤网后将滤网堆放在地上，另一组施工人员使用气焊切割组合空调机的出入口钢管，切割时飞溅的钢渣落到堆放在地上的空调器滤网上，造成滤网着火，车站火灾报警系统立即报火警。施工人员发现滤网着火后，立即跑出设备房外拿灭火器来救火，与赶来的车站人员一起及时把火扑灭，未造成事故扩大。事故造成两个控制箱和部分管线被烧坏，5 张空调器滤网被烧毁。

原因分析：

忽视动火安全，违章操作。某工程承包单位未严格遵守动火安全规定，未办理动火手续即擅自进行动火作业，动火时防火措施不落实；现场安全负责人责任不明确，拆下的空调器滤网未及时搬走，堆放在动火区域，也没有采取隔离等措施。

提示：

（1）需加强作业安全培训，提高作业人员的安全意识。

（2）动火作业时必须严格遵守动火安全规定，办理动火手续，认真落实防火措施。

（3）动火区域内不得堆放易燃品，不能搬走的，要采取隔离措施。

【案例 3】 违章吸烟，乱丢烟头，引起垃圾桶着火。

某日，某班组在某地铁站施工，施工结束后将含油污的棉纱、手套丢弃在垃圾桶里，并就地休息。此时有几个班组成员在垃圾桶边抽烟，随后将未熄灭的烟头随手丢进垃圾桶里。约 10 min 后，车站值班员闻到有物品燃烧的烟味，便查找气味来源。最后在站台设备房的走廊里，发现一个不锈钢垃圾桶里着火并冒出浓烟，车站值班员迅速使用灭火器将火灾扑灭。

原因分析：

（1）该班组施工结束后，没有将含油污的棉纱、手套清走，直接丢弃在垃圾桶里。

（2）作业人员违反地铁站内严禁吸烟的规定，在地铁站内吸烟，并将未熄灭的烟头扔进垃圾桶，烟头点燃了桶内棉纱，引起垃圾桶着火。

提示：在地铁站、隧道等严禁吸烟的场所内吸烟，反映出作业人员安全意识淡薄，同时也反映出作业管理不规范，要求不严格；作业完毕后没有做到工具清、场地清，没有妥善处理含油污的棉纱、手套，留下火灾隐患等。任何不规范的行为、任何马虎大意，都可能带来严重的安全隐患！

第二十三条规定，生产、储存、运输、销售、使用、销毁易燃易爆危险品，必须执行消防技术标准和管理规定。

进入生产、储存易燃易爆危险品的场所，必须执行消防安全规定。禁止携带火种进入生产、储存易燃易爆危险物品的场所。禁止非法携带易燃易爆危险品进入公共场所或者乘坐公共交通工具。储存可燃物资仓库的管理，必须执行消防技术标准和管理规定。

7. 消防产品和电器产品、燃气用具的管理

第二十四条规定，消防产品必须符合国家标准；没有国家标准的，必须符合行业标准。禁止生产、销售或者使用不合格的消防产品以及国家明令淘汰的消防产品。依法实行强制性产品认证的消防产品，由具有法定资质的认证机构按照国家标准、行业标准的强制性要求认证合格后，方可生产、销售、使用。实行强制性产品认证的消防产品目录，由国务院产品质量监督部门会同国务院公安部门制定并公布。新研制的尚未制定国家标准、行业标准的消防产品，应当按照国务院产品质量监督部门会同国务院公安部门规定的办法，经技术鉴定符合消防安全要求的，方可生产、销售、使用。

注："消防产品"是指用于消防、扑救火灾和在火灾现场防护、救生使用的产品。消防产品现有消防车、消防泵、灭火药剂、消火栓、火灾报警设备、灭火设备、防火门等 21 大类，共 89 个品种 348 个规格型号。消防产品质量的国家标准、行业标准现有 197 项。根据《中华人民共和国标准化法》关于"保障人体健康，人身、财产安全的标准"是强制性标准，"强制性标准，必须执行"的规定，消防产品的标准均为强制性标准。

《灭火剂基本术语》（GA 51—93）规定，灭火剂有泡沫灭火剂、干粉灭火剂、气体灭火剂、烟雾灭火剂、轻金属火灾灭火剂和水系灭火剂。

第二十七条规定，电器产品和燃气用具的安装、使用及其线路、管路的设计、敷设、维护保养、检测，必须符合消防技术标准和管理规定。

8. 消防设施、器材的管理

第二十八条规定，任何单位、个人不得损坏、挪用或者擅自拆除、停用消防设施、器材，不得埋压、圈占、遮挡消火栓或者占用防火间距，不得占用、堵塞、封闭疏散通道、安全出口、消防车通道。人员密集场所的门窗不得设置影响逃生和灭火救援的障碍物。

注："消防设施、器材"，包括固定的消防设施和移动的消防器材。前者如火灾自动报警系统装置、各类灭火系统装置、疏散设施等；后者如各种灭火器、灭火工具等。"消火栓"是指与供水管网连接，由阀门、出水口和壳体等组成的消防供水（或泡沫溶液）的装置，是扑救火灾时的重要供水装置。"防火间距"是指建筑物之间或其他物体之间应保留的防止火灾蔓延扩大的间隔距离，起火时，不至于殃及相邻建筑。"消防通道"是指供消防人员和消防装备到达建筑物进口或建筑物的通道，是消防车顺利、及时到达火场的必要保障。

第二十九条规定，负责公共消防设施维护管理的单位，应当保持消防供水、消防通信、消防车通道等公共消防设施的完好有效。在修建道路以及停电、停水、截断通信线路时有可能影响消防队灭火救援的，有关单位必须事先通知当地公安机关消防机构。

三、消防组织

第三十六条规定，县级以上地方人民政府应当按照国家规定建立公安消防队、专职消防

队，并按照国家标准配备消防装备，承担火灾扑救工作。乡镇人民政府应当根据当地经济发展和消防工作的需要，建立专职消防队、志愿消防队，承担火灾扑救工作。

第三十七条规定，公安消防队、专职消防队的主要职责是按照国家规定承担重大灾害事故和其他以抢救人员生命为主的应急救援工作。

第三十九条规定，下列单位应当建立专职消防队，承担本单位的火灾扑救工作：

（1）大型核设施单位、大型发电厂、民用机场、主要港口；

（2）生产、储存易燃易爆危险品的大型企业；

（3）储备可燃的重要物资的大型仓库、基地；

（4）第一项、第二项、第三项规定以外的火灾危险性较大、距离公安消防队较远的其他大型企业；

（5）距离公安消防队较远、被列为全国重点文物保护单位的古建筑群的管理单位。

第四十一条规定，机关、团体、企业、事业等单位以及村民委员会、居民委员会根据需要，建立志愿消防队等多种形式的消防组织，开展群众性自防自救工作。

四、灭火救援

第四十三条规定，县级以上地方人民政府应当组织有关部门针对本行政区域内的火灾特点制定应急预案，建立应急反应和处置机制，为火灾扑救和应急救援工作提供人员、装备等保障。

第四十四条规定，任何人发现火灾都应当立即报警。任何单位、个人都应当无偿为报警提供便利，不得阻拦报警。严禁谎报火警。人员密集场所发生火灾，该场所的现场工作人员应当立即组织、引导在场人员疏散。任何单位发生火灾，必须立即组织力量扑救。邻近单位应当给予支援。消防队接到火警，必须立即赶赴火灾现场，救助遇险人员，排除险情，扑灭火灾。

注：我国的火警电话是“119”，直接拨打即可。报告火警时，为了使消防队能够迅速到达火场，应讲清起火单位的名称、地址、燃烧物性质、有无被困人员、有无爆炸和毒气泄漏、火势情况、报警人的姓名及电话号码等，并说出起火部位及附近有无明显的标志，然后派人到路口迎候消防车。

“谎报火警”是指故意编造火灾，并向公安消防机构报告的一种制造混乱的行为。谎报火警不但破坏了消防队正常的执勤秩序，而且严重扰乱了社会治安秩序，造成人们的恐慌，危害公共安全，属于严厉禁止的行为。

第四十九条规定，公安消防队、专职消防队扑救火灾、应急救援，不得收取任何费用。单位专职消防队、志愿消防队参加扑救外单位火灾所损耗的燃料、灭火剂和器材、装备等，由火灾发生地的人民政府给予补偿。

第五十一条规定，公安机关消防机构有权根据需要封闭火灾现场，负责调查火灾原因，统计火灾损失。火灾扑灭后，发生火灾的单位和相关人员应当按照公安机关消防机构的要求保护现场，接受事故调查，如实提供与火灾有关的情况。公安机关消防机构根据火灾现场勘验、调查情况和有关的检验、鉴定意见，及时制作火灾事故认定书，作为处理火灾事故的证据。

五、相关法律责任

（1）建筑工程违反《消防法》规定，相关责任单位将承担相关法律责任。第五十八条规定，有下列行为之一的，责令停止施工、停止使用或者停产停业，并处三万元以上三十万元以下罚款：

① 依法应当经公安机关消防机构进行消防设计审核的建设工程，未经依法审核或者审核不合格，擅自施工的；

② 消防设计经公安机关消防机构依法抽查不合格，不停止施工的；

③ 依法应当进行消防验收的建设工程，未经消防验收或者消防验收不合格，擅自投入使用的；

④ 建设工程投入使用后经公安机关消防机构依法抽查不合格，不停止使用的；

⑤ 公众聚集场所未经消防安全检查或者经检查不符合消防安全要求，擅自投入使用、营业的。

注："擅自施工"是指建筑工程的消防设计未经公安消防机构审核或者经审核不合格即开工兴建的行为；"不合格"是指不符合国家工程建筑消防技术标准的规定；"擅自投入使用"是指建筑工程竣工时未经消防验收或者经验收不合格即投入使用或者接收使用。

第五十九条规定，有下列行为之一的，责令改正或者停止施工，并处一万元以上十万元以下罚款：

① 建设单位要求建筑设计单位或者建筑施工企业降低消防技术标准设计、施工的；

② 建筑设计单位不按照消防技术标准强制性要求进行消防设计的；

③ 建筑施工企业不按照消防设计文件和消防技术标准施工，降低消防施工质量的；

④ 工程监理单位与建设单位或者建筑施工企业串通，弄虚作假，降低消防施工质量的。

（2）对违反消防设施的使用与管理的单位或个人，《消防法》第六十条明确有下列行为之一的，责令改正，处五千元以上五万元以下罚款：

① 消防设施、器材或者消防安全标志的配置、设置不符合国家标准、行业标准，或者未保持完好有效的；

② 损坏、挪用或者擅自拆除、停用消防设施、器材的；

③ 占用、堵塞、封闭疏散通道、安全出口或者有其他妨碍安全疏散行为的；

④ 埋压、圈占、遮挡消火栓或者占用防火间距的；

⑤ 占用、堵塞、封闭消防车通道，妨碍消防车通行的；

⑥ 人员密集场所在门窗上设置影响逃生和灭火救援的障碍物的；

⑦ 对火灾隐患经公安机关消防机构通知后不及时采取措施消除的。

有本条第一款第三项、第四项、第五项、第六项行为，经责令改正拒不改正的，强制执行，所需费用由违法行为人承担。

（3）第六十一条规定，生产、储存、经营易燃易爆危险品的场所与居住场所设置在同一建筑物内，或者未与居住场所保持安全距离的，责令停产停业，并处五千元以上五万元以下罚款；生产、储存、经营其他物品的场所与居住场所设置在同一建筑物内，不符合消防技术标准的，依照前款规定处罚。

（4）第六十二条规定有下列行为之一的，依照《中华人民共和国治安管理处罚法》的规定处罚：

① 违反有关消防技术标准和管理规定生产、储存、运输、销售、使用、销毁易燃易爆危险品的；

② 非法携带易燃易爆危险品进入公共场所或者乘坐公共交通工具的；

③ 谎报火警的；

④ 阻碍消防车、消防艇执行任务的；

⑤ 阻碍公安机关消防机构的工作人员依法执行职务的。

（5）第六十三条规定，有下列行为之一的，处警告或者五百元以下罚款；情节严重的，处五日以下拘留：

① 违反消防安全规定进入生产、储存易燃易爆危险品场所的；

② 违反规定使用明火作业或者在具有火灾、爆炸危险的场所吸烟、使用明火的。

（6）第六十四条明确，违反本法规定，有下列行为之一，尚不构成犯罪的，处十日以上十五日以下拘留，可以并处五百元以下罚款；情节较轻的，处警告或者五百元以下罚款：

① 指使或者强令他人违反消防安全规定，冒险作业的；

② 过失引起火灾的；

③ 在火灾发生后阻拦报警，或者负有报告职责的人员不及时报警的；

④ 扰乱火灾现场秩序，或者拒不执行火灾现场指挥员的指挥，影响灭火救援的；

⑤ 故意破坏或者伪造火灾现场的；

⑥ 擅自拆封或者使用被公安机关消防机构查封的场所、部位的。

（7）第六十五条明确，违反本法规定，生产、销售不合格的消防产品或者国家明令淘汰的消防产品的，由产品质量监督部门或者工商行政管理部门依照《中华人民共和国产品质量法》的规定从重处罚。

人员密集场所使用不合格的消防产品或者国家明令淘汰的消防产品的，责令限期改正；逾期不改正的，处以罚款；情节严重的，责令停产停业。

（8）第六十六条规定，电器产品、燃气用具的安装、使用及其线路、管路的设计、敷设、维护保养、检测不符合消防技术标准和管理规定的，责令限期改正；逾期不改正的，责令停止使用，可以并处一千元以上五千元以下罚款。

（9）公安消防机构的工作人员违法的法律责任。公安消防机构的工作人员在消防工作中滥用职权、玩忽职守、徇私舞弊，给国家和人民利益造成损失，尚不构成犯罪的，依法给予行政处分。构成犯罪的，依法追究刑事责任。

第五节 生产安全事故报告和调查处理条例

《生产安全事故报告和调查处理条例》（国务院第 493 号令）于 2007 年 4 月 9 日公布，于 2007 年 6 月 1 日施行。

一、制定条例的目的和依据

制定《生产安全事故报告和调查处理条例》的目的是，规范生产安全事故的报告和调查处理，落实安全生产责任追究制度，防止和减少生产安全事故发生。

制定《生产安全事故报告和调查处理条例》的依据为《安全生产法》和有关法律。在《安全生产法》的第八十三条明确规定：事故调查和处理的具体办法由国务院制定。此外，现行有关安全生产的其他法律，如《消防法》《道路交通安全法》等有关事故报告和调查处理的规定，也是立法的依据。

二、适用范围

首先，适用于生产经营活动中发生的造成人身伤亡或者直接经济损失的生产安全事故的报告和调查处理，不属于生产安全事故的社会事件、自然灾害事故、医疗事故等的报告和调查处理，不适用本条例。

其次，事故必须造成人身伤亡或一定的直接经济损失，如果没有造成人身伤亡或直接经济损失，不适用本条例。

此外，不适用于环境污染事故、核设施事故、国防科研生产事故的报告和调查处理，因为此三类事故的技术性、专业性或保密性比较强，其报告和调查处理有特殊性，而且有的已经有比较成熟的做法或相关法律法规已做出了规定。

三、生产安全事故等级划分

根据生产安全事故造成的人员伤亡或者直接经济损失，事故一般分为以下等级：

（1）特别重大事故，是指造成30人以上死亡，或者100人以上重伤（包括急性工业中毒，下同），或者1亿元以上直接经济损失的事故。

（2）重大事故，是指造成10人以上30人以下死亡，或者50人以上100人以下重伤，或者5 000万元以上1亿元以下直接经济损失的事故。

（3）较大事故，是指造成3人以上10人以下死亡，或者10人以上50人以下重伤，或者1 000万元以上5 000万元以下直接经济损失的事故。

（4）一般事故，是指造成3人以下死亡，或者10人以下重伤，或者1 000万元以下直接经济损失的事故。

国务院安全生产监督管理部门可以会同国务院有关部门，制定事故等级划分的补充性规定。所称的“以上”包括本数，所称的“以下”不包括本数。

四、事故报告

事故报告应当及时、准确、完整，任何单位和个人对事故不得迟报、漏报、谎报或者瞒报。事故调查处理应当坚持实事求是、尊重科学的原则，及时、准确地查清事故经过、事故原因和事故损失，查明事故性质，认定事故责任，总结事故教训，提出整改措施，并对事故责任者依法追究责任。

（1）事故现场有关人员和单位负责人报告事故的规定。事故发生后，事故现场有关人员应当立即向本单位负责人报告；单位负责人接到报告后，应当于 1 h 内向事故发生地县级以上人民政府安全生产监督管理部门和负有安全生产监督管理职责的有关部门报告。情况紧急时，事故现场有关人员可以直接向事故发生地县级以上人民政府安全生产监督管理部门和负有安全生产监督管理职责的有关部门报告。

（2）安全生产监督管理部门和负有安全生产监督管理职责的有关部门报告事故的规定。安全生产监督管理部门和负有安全生产监督管理职责的有关部门接到事故报告后，应当依照下列规定上报事故情况，并通知公安机关、劳动保障行政部门、工会和人民检察院。

① 特别重大事故、重大事故逐级上报至国务院安全生产监督管理部门和负有安全生产监督管理职责的有关部门。

② 较大事故逐级上报至省、自治区、直辖市人民政府安全生产监督管理部门和负有安全生产监督管理职责的有关部门。

③ 一般事故上报至设区的市级人民政府安全生产监督管理部门和负有安全生产监督管理职责的有关部门。

安全生产监督管理部门和负有安全生产监督管理职责的有关部门依照前款规定上报事故情况，应当同时报告本级人民政府。国务院安全生产监督管理部门和负有安全生产监督管理职责的有关部门以及省级人民政府接到发生特别重大事故、重大事故的报告后，应当立即报告国务院。必要时，安全生产监督管理部门和负有安全生产监督管理职责的有关部门可以越级上报事故情况。

安全生产监督管理部门和负有安全生产监督管理职责的有关部门逐级上报事故情况，每级上报的时间不得超过 2 h。

（3）报告事故的内容。报告事故应当包括下列内容：

① 事故发生单位概况；

② 事故发生的时间、地点以及事故现场情况；

③ 事故的简要经过；

④ 事故已经造成或者可能造成的伤亡人数（包括下落不明的人数）和初步估计的直接经济损失；

⑤ 已经采取的措施；

⑥ 其他应当报告的情况；

⑦ 事故报告后出现新情况的，应当及时补报。

五、事故的应急救援及现场保护

1. 事故应急救援

事故发生单位负责人接到事故报告后，应当立即启动事故相应应急预案，或者采取有效措施，组织抢救，防止事故扩大，减少人员伤亡和财产损失。

事故发生地有关地方人民政府、安全生产监督管理部门和负有安全生产监督管理职责的有关部门接到事故报告后，其负责人应当立即赶赴事故现场，组织事故救援。

2. 事故现场保护

事故发生后，有关单位和人员应当妥善保护事故现场以及相关证据，任何单位和个人不得破坏事故现场、毁灭相关证据。因抢救人员、防止事故扩大以及疏通交通等原因，需要移动事故现场物件的，应当做出标志，绘制现场简图并做出书面记录，妥善保存现场重要痕迹、物证。

六、事故调查

1. 事故调查处理原则

事故调查处理应当按照科学严谨、依法依规、实事求是、注重实效的原则，及时、准确地查清事故原因，查明事故性质和责任，总结事故教训，提出整改措施，并对事故责任者提出处理意见。

（1）尊重科学的原则。应当运用科学的理论和方式指导调查工作，把对事故原因的查明、事故责任的分析、有关证据的认定建立在科学的基础上，防止个人意识主导，杜绝心理偏好，力求客观、公正。

（2）依法依规的原则。调查处理应当遵循法律、法规、规章等程序和规则，依法开展调查处理。

（3）实事求是的原则。必须从实际出发，在深入调查的基础上，客观、真实地查清事故真相，明确事故责任，提出处理意见，并提出事故防范措施。不得从主观出发，凭空想象，不得感情用事，不得夸大事实或缩小事实，不得弄虚作假。

（4）注重实效的原则。事故调查处理工作应当提高效率，在规定时间内结案，不得无故拖延。

2. 事故调查权

特别重大事故由国务院或者国务院授权有关部门组织事故调查组进行调查。重大事故、较大事故、一般事故分别由事故发生地省级人民政府、设区的市级人民政府、县级人民政府负责调查。省级人民政府、设区的市级人民政府、县级人民政府可以直接组织事故调查组进行调查，也可以授权或者委托有关部门组织事故调查组进行调查。未造成人员伤亡的一般事故，县级人民政府可以委托事故发生单位组织事故调查组进行调查。

3. 事故调查组

（1）事故调查组的组成。事故调查组的组成应当遵循精简、效能的原则。根据事故的具体情况，事故调查组由有关人民政府、安全生产监督管理部门、负有安全生产监督管理职责的有关部门、监察机关、公安机关以及工会派人组成，并应当邀请人民检察院派人参加。事故调查组可以聘请有关专家参与调查。事故调查组成员应当具有事故调查所需要的知识和专长，并与所调查的事故没有直接利害关系。

事故调查组组长由负责事故调查的人民政府指定。事故调查组组长主持事故调查组的工作。

（2）事故调查组的职责。事故调查组的职责包括查明事故发生的经过、原因、人员伤亡情况及直接经济损失；认定事故的性质和事故责任；提出对事故责任者的处理建议；总结事故教训，提出防范和整改措施；提交事故调查报告。

事故调查组成员在事故调查工作中应当诚信公正、恪尽职守，遵守事故调查组的纪律，保守事故调查的秘密。未经事故调查组组长允许，事故调查组成员不得擅自发布有关事故的信息。

七、事故调查报告

事故调查组应当自事故发生之日起 60 日内提交事故调查报告；特殊情况下，经负责事故调查的人民政府批准，提交事故调查报告的期限可以适当延长，但延长的期限最长不超过 60 日。

事故调查报告应当包括下列内容：

（1）基本概况（包括前言），包括事故发生的时间、地点、类别以及人员伤亡和直接经济损失情况、企业情况、事故单位概况、持证情况、调查组的组成情况等。

（2）事故发生经过和事故救援情况，包括事故发生经过、事故波及其他单位情况、抢险及善后简要经过等。

（3）事故发生的原因和事故性质，包括直接原因，直接造成事故的原因；间接原因，如管理、技术、设备、设施、证照、监督检查等；事故性质，责任事故还是非责任事故。

（4）事故责任的认定以及对事故责任者的处理建议，包括免予追究人员；司法机关已采取措施人员，指监察机关已采取措施的人员；建议移送司法机关处理人员，包括公安机关立案的人员；建议给予党纪、政纪处理的人员。

（5）事故防范和整改措施。

事故调查报告应当附有关证据材料。事故调查组成员应当在事故调查报告上签名。事故调查报告报送负责事故调查的人民政府后，事故调查工作即告结束。事故调查的有关资料应当归档保存。

八、事故处理

重大事故、较大事故、一般事故，负责事故调查的人民政府应当自收到事故调查报告之日起 15 日内做出批复；特别重大事故，30 日内做出批复，特殊情况下，批复时间可以适当延长，但延长的时间最长不超过 30 日。有关机关应当按照人民政府的批复，依照法律、行政法规规定的权限和程序，对事故发生单位和有关人员进行行政处罚，对负有事故责任的国家工作人员进行处分。事故发生单位应当按照负责事故调查的人民政府的批复，对本单位负有事故责任的人员进行处理。负有事故责任的人员涉嫌犯罪的，依法追究刑事责任。

事故发生单位应当认真吸取事故教训，落实防范和整改措施，防止事故再次发生。防范和整改措施的落实情况应当接受工会和职工的监督。安全生产监督管理部门和负有安全生产监督管理职责的有关部门应当对事故发生单位落实防范和整改措施的情况进行监督检查。

事故处理的情况由负责事故调查的人民政府或者其授权的有关部门、机构向社会公布，依法应当保密的除外。

九、法律责任

1. 事故单位

事故发生单位对事故发生负有责任的，依照下列规定处以罚款：

（1）发生一般事故的，处 10 万元以上 20 万元以下的罚款。

（2）发生较大事故的，处 20 万元以上 50 万元以下的罚款。

（3）发生重大事故的，处 50 万元以上 200 万元以下的罚款。

（4）发生特别重大事故的，处 200 万元以上 500 万元以下的罚款。

事故发生单位对事故发生负有责任的，由有关部门依法暂扣或者吊销其有关证照；对事故发生单位负有事故责任的有关人员，依法暂停或者撤销其与安全生产有关的执业资格、岗位证书；事故发生单位主要负责人受到刑事处罚或者撤职处分的，自刑罚执行完毕或者受处分之日起，5 年内不得担任任何生产经营单位的主要负责人。

2. 事故单位有关人员

（1）事故发生后，单位主要负责人不立即组织事故抢救、迟报、漏报事故或在事故调查处理期间擅离职守的，处上一年年收入 40%～80%的罚款；属于国家工作人员的，并依法给予处分；构成犯罪的，依法追究刑事责任。

（2）事故发生单位主要负责人未依法履行安全生产管理职责，导致事故发生的处以下罚款；属于国家工作人员的，并依法给予处分；构成犯罪的，依法追究刑事责任。

① 发生一般事故的，处上一年年收入 30%的罚款。

② 发生较大事故的，处上一年年收入 40%的罚款。

③ 发生重大事故的，处上一年年收入 60%的罚款。

④ 发生特别重大事故的，处上一年年收入 80%的罚款。

（3）事故发生单位及其有关人员有下列行为之一的，对事故发生单位处 100 万元以上 500 万元以下的罚款；对主要负责人、直接负责的主管人员和其他直接责任人员处上一年年收入 60%～100%的罚款；属于国家工作人员的，并依法给予处分；构成违反治安管理行为的，由公安机关依法给予治安管理处罚；构成犯罪的，依法追究刑事责任。

① 谎报或者瞒报事故的。

② 伪造或者故意破坏事故现场的。

③ 转移、隐匿资金、财产，或者销毁有关证据、资料的。

④ 拒绝接受调查或者拒绝提供有关情况和资料的。

⑤ 在事故调查中作伪证或者指使他人作伪证的。

⑥ 事故发生后逃匿的。

第六节　城市轨道交通管理相关法规

一、城市轨道交通运营管理办法

为了加强城市轨道交通运营管理，保证城市轨道交通正常、安全运营，维护城市轨道交通运营秩序，保障乘客和城市轨道交通运营者的合法权益，原建设部制定了《城市轨道交通运营管理办法》(以下简称《办法》)，并于 2005 年 3 月 1 日经第 53 次部常务会议讨论通过发布，自 2005 年 8 月 1 日起施行。

城市轨道交通，是指城市公共交通系统中大运量的城市地铁、轻轨等城市轨道公共客运系统。《城市轨道交通运营管理办法》适用于城市轨道交通的运营及相关的管理活动。

（一）运营管理

1. 工程及安全设施验收的规定

新建城市轨道交通工程竣工后，应当进行工程初验；初验合格的，可以进行试运行；试运行合格，并具备基本运营条件的，可以进行试运营。城市轨道交通工程竣工，按照国家有关规定验收，并报有关部门备案。经验收合格后，方可交付正式运营。

安全设施不符合有关国家标准的新建、改建、扩建城市轨道交通工程项目，不得投入运营。

2. 运营单位保障正常安全运营的规定

城市轨道交通运营单位应当按照国家有关规定和特许经营协议，制定城市轨道交通运营服务规则和设施保养维护办法，保证城市轨道交通的正常、安全运营。

城市轨道交通运营单位应当为乘客提供安全便捷的客运服务，保证车站、车厢整洁，出入口、通道畅通，保持安全、消防、疏散导向等标志醒目。

城市轨道交通运营单位的驾驶员、调度员、行车值班员等岗位的工作人员应当经培训合格后，持证上岗。城市轨道交通运营单位应当在车站配备急救箱，车站工作人员应当掌握必要的急救知识和技能。

3. 发生故障运营单位应急处理的规定

城市轨道交通运营过程中发生故障而影响运行的，城市轨道交通运营单位应当及时组织乘客疏散，并尽快排除故障，恢复运行。一时无法恢复运行的，城市轨道交通运营单位应当及时报告城市人民政府城市轨道交通主管部门。

城市轨道交通因故不能正常运行的，乘客有权持有效车票要求城市轨道交通运营单位按照单程票价退还票款。

4. 禁止乘客危害城市轨道交通正常运营和安全行为

《办法》规定，禁止下列危害城市轨道交通正常运营的行为：

① 在车厢内吸烟、随地吐痰、便溺、吐口香糖、乱扔果皮、纸屑等废弃物；

② 在车站、站台、站厅、出入口、通道停放车辆、堆放杂物或者擅自摆摊设点堵塞通道；

③ 擅自进入轨道、隧道等禁止进入的区域；

④ 攀爬、跨越围墙、护栏、护网、门闸；

⑤ 强行上下列车；

⑥ 在车厢或者城市轨道交通设施上乱写、乱画、乱张贴；

⑦ 携带宠物乘车；

⑧ 危害城市轨道交通运营和乘客安全的其他行为；

⑨ 乘客携带易燃、易爆、有毒和放射性、腐蚀性的危险品乘车。

城市轨道交通运营单位可以对乘客携带的物品进行安全检查，对携带危害公共安全的危险品的乘客，应当责令出站；拒不出站的，移送公安部门依法处理。

5. 乘客投诉的规定

城市人民政府城市轨道交通主管部门和城市轨道交通运营单位应当建立投诉受理制度，接受乘客对违反运营规定和服务规则的行为的投诉。

城市轨道交通运营单位应当自受理投诉之日起 10 个工作日内做出答复。乘客对答复有异议的，可以向城市轨道交通主管部门投诉，城市人民政府城市轨道交通主管部门应当自受理乘客投诉之日起，10 个工作日内做出答复。

（二）安全管理

1. 运营单位的安全管理责任

城市轨道交通运营单位应当依法承担城市轨道交通运营安全责任，设置安全生产管理机构，配备专职安全生产管理人员，保证安全生产条件所必需的资金投入。

城市轨道交通运营管理单位应当按照反恐、消防管理、事故救援等有关规定，在城市轨道交通设施内，设置报警、灭火、逃生、防汛、防爆、防护监视、紧急疏散照明、救援等器材和设备，定期检查、维护，按期更新，并保持完好。

城市轨道交通运营单位负责城市轨道交通设施的管理和维护，定期对土建工程、车辆和运营设备进行维护、检查，及时维修更新，确保其处于安全状态。检查和维修记录应当保存至土建工程、车辆和运营设备的使用期限到期。

城市轨道交通运营单位应当组织对城市轨道交通关键部位和关键设备的长期监测工作，评估城市轨道交通运行对土建工程的影响，定期对城市轨道交通进行安全性评价，并针对薄弱环节制定安全运营对策。

在发生地震、火灾等重大灾害后，城市轨道交通运营单位应当对城市轨道交通进行安全性检查，经检查合格后，方可恢复运营。

城市轨道交通运营单位应当采取多种形式向乘客宣传安全乘运的知识和要求。

2. 控制保护区及安全防护

《办法》规定地下车站与隧道周边外侧 50 m 内、地面和高架车站、线路轨道外边线外侧 30 m 内，以及出入口、通风亭、变电站等建筑物、构筑物外边线外侧 10 m 内均为城市轨道交通控制保护区。

在控制保护区内进行下列作业的，作业单位应当制定安全防护方案，在征得运营单位同意后，依法办理有关行政许可手续，作业穿过地铁下方时，安全防护方案还应当经专家审查论证；运营单位在不停运的情况下对城市轨道交通进行扩建、改建和设施改造的，应当制定安全防护方案，并报城市人民政府城市轨道交通主管部门备案。

① 新建、扩建、改建或者拆除建筑物、构筑物；
② 敷设管线、挖掘、爆破、地基加固、打井；
③ 在过江隧道段挖沙、疏浚河道；
④ 其他大面积增加或减少载荷的活动。

3. 危害城市轨道交通设施的行为

《办法》明确了以下行为为危害城市轨道交通设施的行为。

① 非紧急状态下动用应急装置；
② 损坏车辆、隧道、轨道、路基、车站等设施设备；
③ 损坏和干扰机电设备、电缆、通信信号系统；
④ 污损安全、消防、疏散导向、站牌等标志及防护监视等设备；
⑤ 危害城市轨道交通设施的其他行为。

（三）应急管理

1. 制定应急预案的规定

城市人民政府城市轨道交通主管部门应当会同有关部门制定处理突发事件的应急预案；城市轨道交通运营单位应当根据实际运营情况制定地震、火灾、浸水、停电、反恐、防爆等专题应急预案，建立应急救援组织，配备救援器材设备，并定期组织演练。

2. 应急处置

城市轨道交通运营中发生安全事故，城市人民政府城市轨道交通主管部门、城市轨道交通运营单位应当依据应急预案进行处置。

当发生地震、火灾或者其他突发事件时，城市轨道交通运营单位和工作人员应当立即报警和疏散人员，并采取相应的紧急救援措施。

城市轨道交通车辆地面行驶中遇到沙尘、冰雹、雨、雪、雾、结冰等影响运营安全的气象条件时，城市轨道交通运营单位应当启动应急预案，并按照操作规程进行安全处置。

遇有城市轨道交通客流量激增危及安全运营的紧急情况，城市轨道交通运营单位应当采取限制客流量的临时措施，确保运营安全。

3. 停运公告

遇有自然灾害、恶劣气象条件或者发生突发事件等严重影响城市轨道交通安全的情形，并且无法采取措施保证安全运营时，运营单位可以停止线路运营或者部分路段运营，但是应当提前向社会公告，并报告人民政府城市轨道交通主管部门。

4. 人员伤亡处理的规定

城市轨道交通运营中发生人员伤亡事故，应当按照先抢救受伤者、及时排除故障、恢复正常运行，后处理事故的原则处理，并按照国家有关规定及时向有关部门报告；城市人民政府交通主管部门、城市轨道交通运营单位应当配合公安部门及时对现场进行勘察、检验，依法进行现场处理。

城市轨道交通运营过程中发生乘客伤亡的，城市轨道交通运营单位应当依法承担相应的损害赔偿责任；能够证明伤亡人员故意或者自身健康原因造成的除外。

（四）法律责任

1. 城市轨道交通运营单位的法律责任

运营单位未执行价格主管部门依法确定的票价的，由价格主管部门按照价格法律法规的规定依法处罚。

运营单位未保证车站、车厢整洁，出入口、通道畅通，保持安全、消防、疏散导向等标志醒目的，或安排未经培训合格的工作人员上岗或者未在车站配备急救箱的，由城市人民政府城市轨道交通主管部门责令限期改正，并可处以 5 000 元以下罚款。

在发生运营故障时未及时组织乘客疏散的，由城市人民政府城市轨道交通主管部门给予警告，并处以 5 000 元以下罚款。

城市轨道交通运营单位对轨道交通进行扩建、改建和设施改造时，未制定安全防护方案的，由城市人民政府城市轨道交通主管部门给予警告，责令限期改正，并可处以 1 万元以上 3 万元以下罚款；造成损失的，依法承担赔偿责任；情节严重，构成犯罪的，依法追究刑事责任。

城市轨道交通运营单位有下列行为之一的，由城市人民政府城市轨道交通主管部门给予警告，责令限期改正，并可处以 1 万元以下罚款。

① 未设置报警、灭火、逃生、防汛、防爆、防护监视、紧急疏散照明、救援等器材和设备，并保持完好的；

② 未按照规定建立应急预案的；

③ 未按照规定定期检查和及时维护城市轨道交通设施的；

④ 遇有恶劣气象条件时，未按照应急预案和操作规程进行处置的；

⑤ 在客流量急增危及安全运营时，未采取限制客流量的临时措施的；

⑥ 停止运营时，未提前向社会公告和报告主管部门的；

⑦ 发生安全事故时，未按照应急预案进行处置的。

2. 作业单位的法律责任

在城市轨道交通控制保护区内进行作业的作业单位未制定安全防护方案，或者未征得城市轨道交通运营单位同意的，由城市人民政府城市轨道交通主管部门给予警告，责令限期改正，并可处以1万元以上3万元以下罚款；造成损失的，依法承担赔偿责任；情节严重，构成犯罪的，依法追究刑事责任。

3. 个人或者单位危害城市轨道交通的法律责任

个人或者单位影响城市轨道交通安全正常运营的，由城市人民政府城市轨道交通主管部门责令改正，并可处以50元以上500元以下罚款。

个人或者单位危害城市轨道交通设施的行为，影响城市轨道交通安全的，对个人处以500元以上1 000元以罚款，对单位处以1 000元以上5 000元以下罚款；造成损失的，依法承担赔偿责任。

4. 城市人民政府城市交通主管部门工作人员的法律责任

城市人民政府城市轨道交通主管部门工作人员玩忽职守、滥用职权、徇私舞弊的，由其所在单位依法给予行政处分；构成犯罪的，依法追究刑事责任。

二、城市轨道交通管理条例

为了规范城市轨道交通管理，保障城市轨道交通建设的顺利进行和安全运营，维护乘客的合法权益，根据有关法律、法规，北京市、上海市和广州市等城市已制定了轨道交通管理条例，一般包括总则、规划与建设、设施保护、运营管理、设施管理、安全与应急管理、法律责任、附则等内容。根据轨道交通管理条例，部分城市政府还制定了轨道交通运营安全管理规定和城市轨道交通乘坐守则等，对城市轨道交通的运营安全及其相关的管理活动、城市轨道交通乘坐规则进行了规定。

现以《广州市城市轨道交通管理条例》为例，介绍城市轨道交通管理条例的主要内容。

（一）总　则

总则一般规定了条例的制定目的、适用范围、遵循原则、主管部门等内容。

（1）制定条例的目的。制定条例的目的是规范城市轨道交通管理，保障城市轨道交通建设的顺利进行和安全运营，维护乘客的合法权益。

（2）适用范围。条例适用于本市行政区域内城市轨道交通的规划、建设、运营及相关的管理活动。

城市轨道交通，是指地铁、轻轨等城市轨道公共客运系统。城市轨道交通设施包括城市轨道交通的路基、轨道、隧道、高架道路（含桥梁）、车站（含出入口、通道）、通风亭、车辆段及控制中心、站场、车辆、机电设备、供电系统、通信信号系统及其附属设施等。

（3）遵循原则。城市轨道交通应当遵循统一规划、安全运营、规范服务的原则。

（4）主管部门。城市建设行政主管部门主管本市城市轨道交通的行政管理，城市轨道交通经营单位由市人民政府依法确定。

（二）建设管理

市发展改革行政管理部门和市财政部门负责政府投资的城市轨道交通建设资金的筹集和

管理。市城市规划行政管理部门负责组织编制城市轨道交通规划。

城市轨道交通工程建设应当遵守有关建设安全管理的法律、法规，符合技术标准和规范的要求，建立并执行建设过程动态安全监测制度。

（三）设施保护

1. 控制保护区的范围

城市轨道交通沿线设立城市轨道交通控制保护区，其范围包括以下几项：

① 地下车站与隧道结构外边线外侧 50 m 内；

② 地面和高架车站以及线路轨道结构外边线外侧 30 m 内，

③ 出入口、通风亭、车辆段、控制中心、变电站、集中供冷站等建（构）筑物结构外边线外侧 10 m 内；

④ 城市轨道交通过江隧道两侧各 10 m 范围内。

控制保护区的具体范围，由城市轨道交通经营单位提出方案经规划行政管理部门审核后，报市人民政府批准并公布。

2. 控制保护区的活动要求

城市轨道交通控制保护区内进行下列活动的，有关行政管理部门依照法律、法规进行行政许可时，应当书面征求城市轨道交通经营单位的意见，城市轨道交通经营单位应当在有关行政管理部门规定的期限内给予书面答复：

① 建造、拆卸建（构）筑物；

② 取土、地面堆载、基坑开挖、爆破、桩基础施工、顶进、灌浆、锚杆作业；

③ 修建塘堰、开挖河道水渠、采石挖砂、打井取水；

④ 敷设管线或者设置跨线等架空作业；

⑤ 在过江隧道段疏浚河道；

⑥ 其他可能危害城市轨道交通设施的作业。

作业单位在城市轨道交通控制保护区内进行建造、拆卸建（构）筑物的，应当会同城市轨道交通经营单位制定城市轨道交通设施保护方案。

城市轨道交通经营单位可以进入作业单位的施工现场查看，发现作业单位的施工活动危及或者可能危及城市轨道交通设施安全的，可以要求作业单位停止作业并采取相应的安全措施。作业单位拒不采纳的，城市轨道交通经营单位应当报告市建设行政主管部门。禁止损害、毁坏城市轨道交通设施。

（四）运营管理

1. 经营单位的运营管理责任

城市轨道交通经营单位应当建立健全管理制度、制定城市轨道交通运营服务规范，做好城市轨道交通设施的检查维护工作，确保其正常运行和使用，为乘客提供安全、便捷的客运服务。

城市轨道交通经营单位应当保持出入口、通道的畅通，设置安全、消防、疏散等各类指引导向标志。城市轨道交通经营单位应当在车站醒目位置公布首末班车行车时间、列车运行状况提示和换乘指示。列车因故延误或者调整首末班车行车时间的，应当及时向乘客告示。

城市轨道交通经营单位应当建立公共卫生管理制度，健全卫生档案，落实卫生管理措施，保持车站、车厢的整洁卫生，保证车站、车厢等公共场所的空气质量和卫生状况符合国家卫生标准；落实污染防治措施，减少地面线路列车运营时的噪声污染。

对从事轨道交通驾驶、调度等岗位的工作人员和参与救援的工作人员进行培训和考核。城市轨道交通经营单位应当履行下列维护城市轨道交通治安保卫和消防的义务：

① 组织治安和消防安全检查，及时发现和消除安全隐患；

② 预防危害公共安全和扰乱轨道交通治安秩序的行为；

③ 对在城市轨道交通范围内的治安违法犯罪行为进行制止，并及时报告公安部门；

④ 依法应当履行的其他治安、消防防范义务。

在城市轨道交通设施范围内拍摄电影、电视剧或者广告等，应当经城市轨道交通经营单位同意。

2. 乘客乘车规定

乘客应当持有效车票乘车。无票、持无效车票或者逃票乘车的，由城市轨道交通经营单位按出闸站线网单程最高票价收取票款。城市轨道交通因故障不能正常运行的，乘客有权持有效车票要求城市轨道交通经营单位按照当次购票金额退还票款。乘客乘坐城市轨道交通，应当遵守城市轨道交通乘坐守则。城市轨道交通乘坐守则由行政主管部门制定并公布。

（1）禁止下列影响城市轨道交通运营秩序的行为：

① 非法拦截列车、阻断运输；

② 擅自进入隧道或者其他有警示标志的区域；

③ 攀爬或翻越围墙、栏杆、闸机、机车等；

④ 强行上下车；

⑤ 不按规定购票乘车，经城市轨道交通经营单位追索后仍拒付票款；

⑥ 其他影响城市轨道交通运营秩序的行为。

（2）禁止下列影响城市轨道交通公共场所容貌、环境卫生的行为：

① 在车站、站台或者其他城市轨道交通设施内停放车辆、堆放杂物、摆设摊档或者未经许可派发印刷品；

② 在车站、站台、列车或者其他城市轨道交通设施内随地吐痰、便溺、吐口香糖、乱扔果皮、纸屑等废弃物；

③ 在车厢或者其他城市轨道交通设施上乱刻、乱写、乱画、乱张贴、悬挂物品；

④ 携带宠物、家禽等动物乘车；

⑤ 在禁止吸烟区域内吸烟；

⑥ 在车站、站台或者其他城市轨道交通设施内乞讨、卖艺、捡拾垃圾；

⑦ 其他影响城市轨道交通公共场所容貌、环境卫生的行为。

（五）安全与应急管理

1. 经营单位运营安全生产管理

城市轨道交通经营单位应当依法承担城市轨道交通运营安全生产责任，应当设立安全生产管理机构，配备专职安全生产管理人员，保证安全生产所必需的资金投入。严格按照消防管理、事故救援的规定在城市轨道交通车站及车厢内按国家相关标准配置灭火、报警、救援、疏散照明、逃生、防爆、防毒、防护监视等器材和设备，并定期检查、维护、更新，保证其完好和有效。

城市轨道交通经营单位应当在城市轨道交通沿线采取技术保护和监测措施，评估城市轨道交通运行对车站、隧道、高架道路（含桥梁）等建（构）筑物的影响，定期对城市轨道交通进行安全性检查和评价，发现隐患的，应当及时消除。

城市轨道交通经营单位应当以方便乘客了解的方式在车站明示常见危险品的目录。城市轨道交通经营单位可以对乘客携带的物品进行运输安全检查。

2. 禁止危害城市轨道交通安全的行为

禁止携带易燃、易爆、有毒、放射性、腐蚀性等危险品进入城市轨道交通设施，禁止下列危害城市轨道交通安全的行为：

① 擅自操作有警示标志的按钮、开关装置，非紧急状态下动用紧急或者安全装置；

② 擅自移动、遮盖安全消防警示标志、疏散导向标志、测量设施以及安全防护设备；

③ 在轨道上放置、丢弃障碍物，向城市轨道交通列车、机车、维修工程车等设施投掷物品；

④ 在城市轨道交通的地面线路轨道上擅自铺设平交道口、平交人行道；

⑤ 损坏轨道、隧道、车站、车辆、电缆、机电设备、路基、护坡、排水沟等设施；

⑥ 在城市轨道交通过江隧道控制保护区内的水域抛锚、拖锚；

⑦ 在城市轨道交通地面线路或者高架线路轨道两侧修建妨碍行车瞭望的建（构）筑物或者种植妨碍行车瞭望的树木；

⑧ 故意干扰城市轨道交通专用通信频率；

⑨ 其他危害城市轨道交通安全的行为。

3. 经营单位运营应急管理

因城市轨道交通设施发生故障而影响运行时，城市轨道交通经营单位应当及时排除故障，尽快恢复运营。暂时无法恢复运营的，城市轨道交通经营单位应当组织乘客疏散和换乘。因节假日、大型群众活动等原因引起客流量上升的，城市轨道交通经营单位应当及时增加运力，疏导乘客。在城市轨道交通客流量激增，严重影响运营秩序，可能危及运营安全的情况下，城市轨道交通经营单位可以采取限制客流的临时措施。

市人民政府应当制定轨道交通运营突发事件应急预案。城市轨道交通经营单位应当制定运营突发事件先期应急处置方案，并建立应急救援组织，配备救援器材设备，定期组织演练。城市轨道交通经营单位制定的运营突发事件先期应急处置方案应当报市人民政府备案。

轨道交通运营发生自然灾害、安全事故或者其他突发事件时，市城市轨道交通经营单位应当按照先期应急处置方案组织力量迅速开展应急抢险救援，疏散乘客，防止事故扩大，减少人员伤亡和财产损失，同时报告政府有关部门。乘客应当服从城市轨道交通经营单位工作人员的指挥。

市人民政府相关部门以及电力、通信、供水、公交等单位应当按照应急预案的规定进行抢险救援和应急保障，协助城市轨道交通经营单位尽快恢复运营。

城市轨道交通运营中发生安全生产事故的，事故调查结论和事故责任由安全生产监督行政管理部门依照国家、省、市有关规定进行认定。

城市轨道交通运营中发生人身伤亡事故，按照先抢救受伤者、及时排除障碍、恢复正常运行，后处理事故的原则处理。城市轨道交通经营单位应当保护现场，保留证据，维持秩序；公安机关应当及时对现场进行勘察、检验，依法处理现场，出具伤亡鉴定结论。

在运营过程中发生乘客伤亡的，城市轨道交通经营单位应当依法承担赔偿责任；但伤亡是乘客自身健康原因造成的或者城市轨道交通经营单位证明伤亡是乘客故意、重大过失造成的除外。

（六）法律责任

城市轨道交通经营单位违反条例的，《安全生产法》《消防法》等有关法律、行政法规有规定的，依法进行处理；有关法律、行政法规没有规定的，由市行政主管部门责令改正，予以警告，并可处以罚款，对相关责任人给予处分；构成犯罪的，依法追究法律责任。

损害城市轨道交通设施、扰乱城市轨道交通营运秩序或者危害城市轨道交通安全构成治安违法的，由公安部门依照《中华人民共和国治安管理处罚法》的有关规定给予行政处罚；构成犯罪的，依法追究法律责任。

干扰城市轨道交通专用通信频率的，由无线电管理机构依照《中华人民共和国无线电管理条例》的有关规定给予行政处罚；构成治安违法的，由公安部门依照《中华人民共和国治安管理处罚法》的有关规定给予行政处罚。

作业单位在城市轨道交通控制保护区内施工，未制定、实施城市轨道交通设施保护方案或者拒绝城市轨道交通经营单位进入施工现场查看的，由行政主管部门责令改正；拒不改正的行政主管部门可以对作业单位处以罚款；因此造成安全事故的，依法承担法律责任。

有碍城市轨道交通公共场所容貌和环境卫生的，由城市轨道交通经营单位责令其纠正违法行为，采取补救措施，视情节轻重处以警告，并可予以罚款。

损害城市轨道交通设施、影响城市轨道交通运营秩序或者危害城市轨道交通安全的行为，城市轨道交通经营单位有权对行为人进行劝阻和制止，可以责令行为人离开城市轨道交通设施或者拒绝为其提供客运服务，并依法告知有关行政管理部门进行处罚。

造成城市轨道交通设施损毁的，除依法给予行政处罚外，应当承担相应的民事法律责任。

行政管理部门、城市轨道交通经营单位依授权执法的工作人员玩忽职守、滥用职权或者徇私舞弊的，由其所在部门或者行政监察部门依法给予行政处分；构成犯罪的，依法追究刑事责任。

综合练习

一、填空题

1.《安全生产法》于____年___月颁布，国家安全生产监督管理总局于____年___月成立；国家安全生产应急救援指挥中心于____年___月建立。

2.《安全生产法》属于安全生产法律体系中的_____法，《生产安全事故报告和调查处理条例》属于安全生产法律体系中的____法。

3. 法定安全生产标准主要是指强制性安全生产标准，分为______标准和______标准。

4. ________________________是广大人民的最根本利益。

5. 遵守规章制度和操作规程，实际上就是_____进行安全生产。

6. 建设项目安全设施“三同时”是指安全设施必须与主体工程同时____、同时____、同时________________。

7. 犯罪行为必须同时具备的特征有：____________、____________、应受刑罚惩罚性。

8. 刑罚分为主刑与附加刑，主刑主要有______、_______、______、无期徒刑和死刑。

9. 消防设施是指_____________系统、_____________系统、_____________系统、防烟排烟系统以及应急广播和应急照明、安全疏散设施等。

10. 灭火剂有_____灭火剂、_____灭火剂、_____灭火剂、_____灭火剂、轻金属火灾灭火剂和水系灭火剂等种类。

11. 安全事故等级一般分为________事故、______事故、______事故和______事故。

12.《城市轨道交通运营管理办法》规定地下车站与隧道周边外侧_______内、地面和高架车站、线路轨道外边线外侧_________内，以及出入口、通风亭、变电站等建筑物、构筑物外边线外侧__________内均为城市轨道交通控制保护区。

二、简答题

1. 什么是安全生产法规？其主要任务是什么？有何要求？

2. 简述《安全生产法》四个层次的立法目的。

3. 简述《安全生产法》所规定的安全生产方针。

4. 什么是安全生产标准化？

5.《安全生产法》规定从业人员有哪些安全生产的权利义务？规定这些权利义务有何重要意义？

6.《安全生产法》规定生产安全事故责任者应承担哪些法律责任？

7. 简述故意犯罪与过失犯罪的不同。

8. 采取紧急避险行为应当符合哪些条件？

9. 简述什么是犯罪预备、犯罪未遂与犯罪中止。

10. 破坏交通工具罪与破坏交通设施罪有何异同？

11. 简述《刑法》对“重大责任事故罪”的规定及应具备的条件。

12. 在具有火灾、爆炸危险的场所进行施工作业，有哪些规定？

13. 发现火灾，应该如何报警？

14. 报告事故一般应包括哪些内容？

15. 事故调查的主要原则有哪些？

16.《城市轨道交通运营管理办法》禁止哪些危害城市轨道交通正常运营的行为？

17. 在城市轨道交通控制保护区内进行哪些作业，应征得运营单位同意后，依法办理有关行政许可手续？

三、综合题

1. 破坏尚未交付使用的汽车，是否构成破坏交通工具罪？破坏交通工具的座椅、卫生设备是否构成破坏交通工具罪？

2. 因破坏轨道桥梁设施而引起火车出轨颠覆，造成了重大人员伤亡与财产损失，这种情形是否适用“破坏交通设施罪”，为什么？

3.《刑法》如何规定“铁路运营安全事故罪”？如何理解“违反规章制度”与“造成严重后果的”的含义？

4. 谈谈你对“违章的危害及违章可能构成犯罪”的理解。

第四章　地铁设计规范

【教学目标】

知识目标

1. 了解地铁设计的总则与相关术语；
2. 了解地铁运营与车辆的基本要求；
3. 了解地铁限界、线路与轨道的基本要求；
4. 了解地铁通风、空调与供暖的一般规定与控制要求；
5. 熟悉地铁变电所、牵引网、动力照明、电力监控与杂散电流防护等要求；
6. 了解地铁监控系统的主要构成及要求；
7. 了解地铁门禁、运营控制中心（OCC）、站台门及车辆基地等设施的基本要求。

素质与能力目标

1. 了解地铁系统的主要构成及基本要求；
2. 熟悉地铁各子系统与供电系统间的联系与要求。

《地铁设计规范》（GB 50157—2013）由住房和城乡建设部组织修订，与国家质量监督检验检疫总局于 2013 年 8 月联合发布，2014 年 3 月正式实施。本规范共分 29 章和 5 个附录，主要内容包括总则，术语，运营组织，车辆，限界，线路，轨道，路基，车站建筑，高架结构，地下结构，工程防水，通风、空调与供暖，给水与排水，供电，通信，信号，自动售检票系统，火灾自动报警系统，综合监控系统，环境与设备监控系统，乘客信息系统，门禁，运营控制中心，站内客运设备，站台门，车辆基地，防灾和环境保护等，全面系统地介绍了地铁各设施的技术要求。为方便城轨供电专业学生学习了解地铁系统相关技术标准及系统各设施间的相互联系与要求，选编了与地铁供电系统联系较为紧密的相关章节与条款。

阅读本规范时，需要正常理解对要求严格程度不同的用词含义。

（1）表示很严格，非这样做不可的用词：正面词采用“必须”，反面词采用“严禁”。

（2）表示严格，在正常情况下均应这样做的用词：正面词采用“应”，反面词采用“不应”或“不得”。

（3）表示允许稍有选择，在条件许可时首先应这样做的用词：正面词采用“宜”，反面词采用“不宜”。

（4）表示有选择，在一定条件下可以这样做的用词，采用“可”。

当需要按其他有关标准执行时的写法为“应符合……规定”或“应按……执行”。

本章中各条款前的数字序号为《地铁设计规范》原文中各条款所对应的序号，以方便查询规范原文。以黑体字加粗的条文为强制性条文，必须严格执行；相关条款的注释采用楷体字加下划线标志。

第一节　总　则

1.0.1 为使地铁工程设计达到安全可靠，功能合理，经济适用，节能环保，技术先进，制定本规范。

1.0.2 本规范适用于最高运行速度不超过 100 km/h、采用常规电机驱动列车的钢轮钢轨地铁新建工程的设计。

注：常规式电力牵引的车辆，系指系统采用电力牵引、车辆采用通常的旋转电机进行驱动，此处用常规式电力牵引是为区别采用直线电机，以磁浮或磁而不浮的方式驱动车辆的地铁。

1.0.3 地铁应布设在城市客运量大的主要客运通道上。

注：地铁是城市轨道交通中运量最大（单向每小时可运送 3 万～7 万人次）、工程造价较高的轨道交通制式，为充分发挥地铁的作用，通常建在客流量较大的城区及主要的客运通道上。

1.0.4 地铁工程设计，应符合政府主管部门批准的城市总体规划、城市轨道交通线网规划及近期建设规划，并应与城市综合交通规划相协调。

1.0.5 地铁工程设计有关线路功能定位、服务水平、系统运能、线路走向及起讫点、车辆基地选址和资源共享等，应依据远景线网规划确定，并应符合政府主管部门批准的文件。

1.0.6 地铁工程设计应根据远景线网规划，处理与其他线路的关系，并应预留续建工程的连接条件。地铁线路间及地铁与其他交通系统间的衔接，应做到换乘安全、便捷。

1.0.7 地铁设计应提倡科技创新，贯彻节约资源和集约化建设的原则。

1.0.8 地铁工程的设计年限应分为初期、近期、远期。初期可按建成通车后第 3 年确定，近期应按建成通车后第 10 年确定，远期应按建成通车后第 25 年确定。

1.0.9 地铁各线路的建设时序和线路设计长度应根据城市形态、规模、客流分布状况、发展需求，以及技术经济合理原则确定，并应经政府主编部门的批准。

注：国内外一条地铁线路长度一般在 20～40 km，过短则技术经济不尽合理。

1.0.10 车辆基地、停车场、联络线、控制中心和主变电所，应根据线网规划及建设时序统筹布设。

1.0.11 地铁工程的建设规模、设备容量，以及车辆基地和停车场等的用地面积，应按预测的远期或客流控制期客流量、列车通过能力和资源共享原则确定。对于可分期建设的工程和可分期配置的设备，宜分期续建和增设。

1.0.12 地铁的主体结构工程，以及因结构损坏或大修对地铁运营安全有严重影响的其他结构工程，设计使用年限不应低于 100 年。

注：地铁是承运大量乘客及建设成本高的大型城市交通工程，一旦主体结构工程发生毁坏事故，会造成人员群死群伤、巨大物质损失，以及长时间停运，严重影响城市交通，为保证安全和实现工程生命周期内价值最大化，故作此条规定。设计使用年限是指在一般维护条件下，能保证结构工程安全正常使用的最低时段。

除主体结构外，如车站内部的钢筋混凝土楼板、站台板等，以及地铁运营控制中心等一些地面的重要建筑物，当损坏或大修会危及安全或严重影响正常运营时，其设计使用年限也应采用 100 年的规定。

1.0.13 地铁线路应采用 1 435 mm 标准轨距，正线应采用右侧行车的双线线路。

注：我国城市交通均规定右侧行车，地铁类属城市公共交通，因此，采用右侧行车制式。地铁采用与我国地面铁路一致的 1 435 mm 标准轨距，主要为便于车辆、器材过轨运输和采用地面铁路系统已有的标准化产品，以简化设计及产品制造。

1.0.14 地铁线路应为全封闭式，并宜高密度组织运行。系统设计远期最大能力应满足行车密度不小于 30 对/h 列车的要求。

1.0.15 在确定地铁系统运能时，车厢有效空余地板面积上站立乘客标准宜按每平方米站立 5 ~ 6 名乘客计算。

1.0.16 地铁车辆基地可根据具体情况一条线路设置一座或几条线路合建一座。当一条线路长度超过 20 km 时，可根据运营需要，在适当位置增设停车场。

1.0.17 地铁浅埋、高架及地面线路设计时，应采取降低噪声、减少振动和减少对生态环境影响的措施。

1.0.18 在中心城区外有条件的地方，地铁宜采用高架或地面线路，高架和地面的建筑结构形式和体量，应与城市景观和周围环境相协调。

1.0.19 地铁工程设计应采取防火灾、水淹、地震、风暴、冰雪、雷击等灾害的措施。

注：地铁是乘客众多且密集的大运量城市交通工具，地下线路处于空间狭窄且基本封闭的隧道中，救灾和逃生均很困难，高架线路列车运行在高架桥上，两面凌空，故一旦发生本条所列灾害时，极可能造成群死群伤、巨大物质损失或长时间中断运营等重大事故，因此，设计对本条所列的各类灾害应有有效防范措施。

1.0.20 地铁工程应设置安防设施。安防设施的设计除应符合本规范的有关规定外，尚应合理设置安全检查设备的接口、监控系统、危险品处理设施，以及相关用房等。

注：地铁是大运量的城市轨道交通，客流量大，人员密集，特别是地下线路，环境相对封闭，一旦发生突发事件，人员疏散难度很大，极易造成重大人员伤亡和物质损失，社会影响也大，因此，为确保地铁运营安全，提高地铁应对突发事件能力，地铁需要加强安防设施。

1.0.21 地铁工程应设置无障碍乘行和使用设施。

1.0.22 对下穿河流和湖泊等水域的地铁隧道工程，当水下隧道出现损坏水体可能危及两端其他区段安全时，应在隧道下穿水域的两端设置防淹门或采取其他防水淹措施。

1.0.23 地铁机电设备及车辆，应采取满足功能要求、技术经济合理的成熟产品，并应标准化、系列化和立足于国内生产，以及有利于行车管理、客运组织和设备维护。

1.0.24 地铁设计应在不影响安全可靠和使用功能的条件下，采取降低工程造价和有利于节省运营成本的措施。

1.0.25 地铁设计除应符合本规范外，尚应符合国家现行有关标准的规定。

第二节 术 语

2.0.1 地铁 metro（underground railway、subway）

在城市中修建的快速、大运量、用电力牵引的轨道交通。列车在全封闭的线路上运行，位于中心城区的线路基本设在地下隧道内，中心城区以外的线路一般设在高架桥或地面上。

注：城市轨道交通是指在不同形式轨道上运行的大、中运量城市公共交通工具，是当代城市中地铁、轻轨、单轨、自动导向、磁浮等轨道交通的总称。地铁是城市轨道交通的主要形式。

2.0.2 设计使用年限 designed lifetime

在一般维护条件下，保证工程正常使用的最低时限。

2.0.3 主体结构 main structure

车站和区间保障列车安全运营和结构体系稳定的主要受力结构。

2.0.4 旅行速度 operation speed

正常运营情况下，列车从起点站发车至终点站停车的平均运行速度。

2.0.5 最高运行速度 maximum running speed

列车在正常运营状态下所达到的最高速度。

2.0.6 限界 gauge

限定车辆运行及轨道区周围构筑物超越的轮廓线，分车辆限界、设备限界和建筑限界。

注：限界是工程建设、管线和设备安装位置等必须遵守的依据。

2.0.7 车辆轮廓线 vehicle profile

设定车辆所有横断面的包络线。

2.0.8 车辆限界 vehicle gauge

车辆在平直线上正常运行状态下所形成的最大动态包络线，用以控制车辆制造，以及制定站台和站台门的定位尺寸。

2.0.9 设备限界 equipment gauge

车辆在故障运行状态下所形成的最大包络线，用以限制行车区的设备安装。

2.0.10 建筑限界 structure gauge

在设备限界基础上，满足设备和管线安装尺寸后的最小有效断面。

2.0.11 正线 main line

载客列车运营的贯穿全程的线路。

2.0.12 配线 sidings

地铁线路中除正线外，在运行过程中为列车提供收发车、折返、联络、安全保障、临时停车等功能服务，通过道岔与正线或相互联络的轨道线路，包括折返线、渡线、联络线、临时停车线、出入线、安全线等。

2.0.13 试车线 testing line

专门用于车辆动态性能试验的线路。

2.0.14 轨道结构 track structure

路基面或结构面以上的线路部分，由钢轨、扣件、轨枕、道床等组成。

2.0.15 无缝线路 seamless track

钢轨连续焊接或胶接超过两个伸缩区长度的轨道。

2.0.16 伸缩调节器 expansion joint

调节钢轨伸缩量大于构造轨缝的装置。

2.0.17 基床 subgrade bed

路基上部承受轨道、列车动力作用，并受水文、气候变化影响而具有一定厚度的土工结构，并有表层与底层之分。

2.0.18 车站公共区 public zone of station

车站公共区为车站内供乘客进行售检票、通行和乘降的区域。

2.0.19 无缝线路纵向水平力 longitudinal force due to continuous welded roil

无缝线路伸缩力和挠曲力产生的纵向水平力。

2.0.20 无缝线路断轨力 breaking force of continuous welded rail

因长钢轨折断引起桥梁与长钢轨相对位移而产生的纵向力。

2.0.21 明挖法 cut and cover

由地面挖开的基坑中修筑地下结构的方法，包括明挖、盖挖顺作和盖挖逆作等工法。

2.0.22 盖挖顺作法 cover and cut-bottom up method

作业顺序为在地面修筑维持地面交通的临时路面及其支撑后，自上而下开挖土方至坑底设计标高，再自下而上修筑结构。

2.0.23 盖挖逆筑法 cover and cut-top down method

作业顺序与传统的明挖法相反，方法是开挖地面修筑结构顶板及其竖向支撑结构后，在顶板的下面自上而下分层开挖土方分层修筑结构。

2.0.24 矿山法 mining method

修筑隧道的暗挖施工方法。传统的矿山法指用钻眼爆破的施工方法，又称钻爆法，现代矿山法还包括软土地层浅埋暗挖法及由其衍生的其他暗挖方法。

2.0.25 盾构法 shield method

用盾构机修筑隧道的暗挖施工方法，为在盾构钢壳体的保护下进行开挖、推进、衬砌和注浆等作业的方法。

2.0.26 防水等级 grade of water proof

根据工程对防水的要求确定的结构允许渗漏水量的等级标准。

2.0.27 开式运行 open mode operation

地铁隧道通风与空调系统运行模式之一。开式运行时，隧道内部空气通过风机、风道、风亭等设施与外界大气进行空气交换。

2.0.28 闭式运行 close mode operation

地铁隧道通风与空调系统运行模式之一。闭式运行时，隧道内部基本上与外界大气隔断，仅供给满足乘客所需的新鲜空气量。车站采用空调系统，区间隧道冷却借助行车“活塞效应”携带的部分车站空调冷风来实现。

2.0.29 合流制排放 combined sewer system

除厕所污水以外的消防及冲洗废水、雨水等废水合流排放的方式。

2.0.30 集中式供电 centralized power supply mode

由本线或其他线路的主变电所为本线牵引变电所及降压变电所供电的外部供电方式。

2.0.31 分散式供电 distributed power supply mode

由沿线引入的城市中压电源为牵引变电所及降压变电所供电的外部供电方式。

2.0.32 混合式供电 combined power supply mode

由主变电所和城市中压电源共同为牵引变电所及降压变电所供电的外部供电方式。

2.0.33 大双边供电 over bi-traction power supply

当某一中间牵引变电所退出运行，由两侧相邻牵引变电所对接触网构成双边供电的方式。

2.0.34 电力监控系统 power supervisory control and data acquisition system （SCADA）

电力数据采集与监视控制系统，包括遥控、遥测、遥信和遥调功能。

2.0.35 传输系统 transmission system

为专用通信系统中的各系统、信号、电力监控、防灾、环境与设备监控和自动售检票等系统提供控制中心、车站、车辆基地等地之间的信息传输系统。

2.0.36 视频监视系统 image monitoring system

为控制中心调度员、各车站值班员、列车司机等提供有关列车运行、防灾、救灾及乘客疏导等方面视觉信息的设备总称，又称闭路电视系统。

2.0.37 列车自动控制 automatic train control（ATC）

信号系统自动实现列车监控、安全防护和运行控制技术的总称。

2.0.38 列车自动监控 automatic train supervision（ATS）

根据列车时刻表为列车运行自动设定进路，指挥行车，实施列车运行管理等技术的总称。

2.0.39 列车自动防护 automatic train protection（ATP）

自动实现列车追踪间隔、超速防护、进路安全和车门等监控技术的总称。

2.0.40 列车自动运行 automatic train operation（ATO）

自动实行列车加速、调速、停车和车门开闭、提示等控制技术的总称。

2.0.41 列车无人驾驶 driverless train operation

以信号技术为基础，实现列车运行管理无司机操控列车技术的总称。

2.0.42 自动售检票系统 automatic fare collection system（AFC）

基于计算机、通信网络、自动控制、自动识别、精密机械和传动等技术，实现地铁售票、检票、计费、收费、统计、清分、管理等全过程的机电一体化、自动化和信息化系统。

2.0.43 清分系统 central clearing system

用于发行和管理地铁车票，对不同线路的票、款进行结算，并具有与城市其他公共交通卡进行清算功能的系统。

2.0.44 火灾自动报警系统 automatic fire alarm system（FAS）

用于及早发现和通报火灾，以便及时采取措施控制和扑灭火灾而设置在建筑物中或其他场所的一种自动消防报警设施。

2.0.45 综合监控系统 integrated supervisory and control system（ISCS）

基于大型的监控软件平台，通过专用的接口设备与若干子系统接口，采集各子系统的数据，实现在同一监控工作站上监控多个专业，调度、协调和联动多系统的集成系统。

2.0.46 运营控制中心 operation control center（OCC）

调度人员使用通信、信号、综合监控（电力监控、环境与设备监控、火灾自动报警）、自动售检票等中央级系统操作终端设备，对地铁全线（多线或全线网）列车、车站、区间、车辆基地及其他设备的运行情况进行集中监视、控制、协调、指挥、调度和管理的工作场所，简称控制中心。

2.0.47 门禁系统 access control system（ACS）

集计算机、网络、自动识别、控制等技术和现代安全管理措施为一体的自动化安全管理控制系统。又称人员出入口安全管理控制系统。

2.0.48 环境与设备监控系统 building automatic system（BAS）

对地铁建筑物内的环境与空气调节、通风、给排水、照明、乘客导向、自动扶梯及电梯、站台门、防淹门等建筑设备和系统进行集中监视、控制和管理的系统。

2.0.49 乘客信息系统 passenger information system（PIS）

为站内和列车内的乘客提供有关安全、运营及服务等综合信息显示的系统设备总称。

2.0.50 轮椅升降机 platform lift for straight stairway

一种设置在楼梯旁用于运送坐轮椅车的乘客上、下楼梯的设备。

2.0.51 站台门 platform edge door

安装在车站站台边缘，将行车的轨道区与站台候车区隔开，设有与列车门相对应、可多极控制开启与关闭滑动门的连续屏障。

2.0.52 应急门 emergency escape door

站台门设施上的应急装置，紧急情况下，当乘客无法正常从滑动门进出时，供乘客由车内向站台疏散的门。

2.0.53 车辆基地 base for the vehicle

地铁系统的车辆停修和后勤保障基地，通常包括车辆段、综合维修中心、物资总库、培训中心等部分以及相关的生活设施。

2.0.54 车辆段 depot

停放车辆，以及承担车辆的运用管理、整备保养、检查工作和承担定修或架修车辆检修任务的基本生产单位。

2.0.55 停车场 parking lot，stabling yard

停放配属车辆，以及承担车辆的运用管理、整备保养、检查工作的基本生产单位。

2.0.56 联络通道 connecting bypass

连接同一线路区间上下行的两个行车隧道的通道或门洞，在列车于区间遇火灾等灾害、事故停运时，供乘客由事故隧道向无事故隧道安全疏散使用。

2.0.57 防淹门 flood gate

防止外部洪水涌入地下车站与区间隧道的密闭设施。

2.0.58 噪声敏感目标 noise sensitive target

指学校、医院、卫生院、居民住宅、敬老院、幼儿园等对噪声敏感的建筑物或区域。

第三节　运营与车辆

一、运营组织

3.1.5 地铁运营状态应包含正常运营状态、非正常运营状态和紧急运营状态。系统的运营必须在能够保证所有使用该系统的人员和乘客，以及系统设施安全的情况下实施。

注：地铁运营不仅要考虑正常的运营状态，还要考虑系统故障状态时的非正常运营状态以及遇到突发事件时的紧急运营状态。

非正常运行状态是指超出正常范围，但又不至于直接危及乘客生命安全，对车辆和设备不会造成大范围的严重破坏，整个系统能够维持降低标准运行的系统运行状态，主要包括列车晚点、区间短时间堵塞、车站乘客过度拥挤、线路设备故障、列车故障、沿线系统设备故障等。

紧急运行状态是指发生了直接危及乘客生命安全、严重自然灾害或系统内部重大事故，造成系统不能维持运行的情况，主要包括火灾、地震、列车运行事故、设备重大事故等。

3.2.6 地铁各设计年限的列车运行间隔，应根据各设计年限预测客流量、列车编组及列车定员、系统服务水平、系统运输效率等因素综合确定。初期高峰时段列车最小运行间隔不宜大于 5 min，平峰时段最大运行间隔不应大于 10 min。远期高峰时段列车最小运行间隔不宜大于 2 min，平峰时段最大运行间隔不宜大于 6 min。

3.3.1 地铁在正线上应采用双线、右侧行车制。南北向线路应以由南向北为上行方向，由北向南为下行方向；东西向线路应以由西向东为上行方向，由东向西为下行方向；环形线路应以列车在外侧轨道线的运行方向为上行方向，内侧轨道线的运行方向应为下行。

3.3.9 在正常运行状态下，列车应在车站停止后车门才能开启；列车启动前应通过目视或技术手段确认车门关闭。在有站台门的车站，列车开关门时间不宜大于 17 s，乘客比较拥挤的车站不宜大于 19 s；无站台门的车站不宜大于 15 s。

二、车　辆

4.1.2 车辆应确保在寿命周期内正常运行时的行车安全和人身安全；同时应具备故障、事故和灾难情况下对人员和车辆救助的条件。

注：本条规定“车辆应确保在寿命周期内正常运行时的行车安全和人身安全”。“正常运行”的条件主要是指：

（1）载荷从空车到超员的范围内；

（2）车辆速度不超过运行曲线规定的速度；

（3）车轮的磨耗在规定的范围内；

（4）除灾害性天气以外的气候条件；

（5）车辆、轨道、信号等维修工作均按规定要求进行等。

本条还规定了“同时应具备故障、事故和灾难情况下对人员和车辆救助的条件”，这些条件是指车上应装有的灭火器、事故广播装置、应急疏散门、救援设施等。

4.1.3 车辆及其内部设施应使用不燃材料或无卤、低烟的阻燃材料。

4.1.4 车辆应采取减振与防噪措施。

4.1.5 车辆类型应根据当地的预测客流量、环境条件、线路条件、运输能力要求等因素综合比较选定。地铁车辆的主要技术规格应符合表 4.1.5 的规定。

表 4.1.5 地铁车辆的主要技术规格

名称			A 型车	B 型车	
				B_1 型车	B_2 型车
车辆轴数			4	4	4
车体基本长度/mm	无司机室车辆		22 000	19 000	19 000
	单司机室车辆		23 600	19 600	19 600
车钩连接中心点间距离/mm	无司机室车辆		22 800	19 520	19 520
	单司机室车辆		24 400	20 120	20 120
车体基本宽度/mm			3 000	2 800	2 800
车辆最大高度/mm	受流器车	有空调	—	3 800	—
		无空调	—	3 600	—
	受电弓车（落弓高度）		≤3 810	—	≤3 810
	受电弓工作高度		3 980～5 800	—	3 980～5 800
车内净高/mm			2 100～2 150	2 100～2 150	2 100～2 150
地板面距轨面高/mm			1 130	1 100	1 100
轴重/t			≤16	≤14	≤14
车辆定距/mm			15 700	12 600	12 600
固定轴距/mm			2 200～2 500	2 000～2 300	2 000～2 300
每侧车门数/对			5	4	4
车门宽度/mm			1 300～1 400	1 300～1 400	1 300～1 400
车门高度/mm			≥1 800	≥1 800	≥1 800
载员/人	座席	单司机室车辆	56	36	36
		无司机室车辆	56	46	46
	定员	单司机室车辆	310	230	230
		无司机室车辆	310	250	250
	超员	单司机室车辆	432	327	327
		无司机室车辆	432	352	352
车辆最高运行速度/（km/h）			80、100	80、100	80、100

注：每平方米有效空余地板面积站立的人数，定员按 6 人计，超员按 9 人计。

4.5.6 受流器或受电弓受流时，应对受电器或供电设施均无损伤或异常磨耗。受电弓的静态压力应为 70 ~ 140 N，受流器的静态压力应为 120 ~ 180 N。

4.6.1 列车空气制动系统应由风源系统、常用制动系统、紧急制动系统、停放制动系统组成，并应包括指令装置、电气及空气控制装置、执行操作装置、自诊断装置等。

注：风源系统是指压缩空气发生系统。常用制动系统是指列车运行中正常情况下为调节或控制列车速度，包括进站停车所施行制动的制动系统。一般采用电空混合、电气制动（再生制动或电阻制动）优先的制动作用方式。它的特点是作用比较缓和，而且制动力可以调节。紧急制动系统是指紧急情况下为使列车尽快停止所施行制动的制动系统。“紧急制动”也称为“非常制动”。它的特点是作用比较迅猛，而且要把列车的空气制动能力全部用上。

停放制动系统是车辆停放在线路上或车场内防止车辆溜放的制动系统。停放制动装置执行机构一般采用弹簧储能方式，当压缩空气压力正常时压缩弹簧，进行储能，当压缩空气压力降低到规定值以下时，弹簧释放能量，通过制动缸产生制动作用。停放制动装置一般还附有双稳态电磁阀，用于切断压缩空气，人为使停放制动装置产生停放制动作用。为了在没有压缩空气的情况下移动车辆，还设有人工缓解阀，用来人工缓解停放制动装置。

4.6.4 列车在实施再生制动时，制动能量应能被其他列车吸收，多余能量应由再生制动能量吸收装置吸收。再生制动能量吸收装置宜设于变电所。

注：安装在变电站内的再生制动能量吸收装置有两种，一种主要是由多相斩波器和制动电阻组成，其作用是把再生制动电能经车流吸收后的多余的部分消耗到电阻器上，转换成热量释放到隧道以外的大气中；另一种是由逆变器和隔离变压器等组成，其作用是把车流吸收后的再生制动多余的电能通过逆变器反馈到交流电网上。使用再生制动能量吸收装置的重大意义在于通过这种装置特别是后一种装置，把列车制动产生的原来消耗在隧道内的巨大多余能量，或转换成热量释放到隧道以外的大气中，或反馈到电网中加以利用，不但能有效降低隧道内的热量蓄积，改善通风效果，而且对节能减排、提高列车制动性能也有非常重要的意义。

4.7.1 当利用轨道中心道床面作为应急疏散通道时，列车端部车辆应设置专用端门和配置下车设施，且组成列车的各车辆之间应贯通。端门和贯通道的宽度不应小于 600 mm，高度不应低于 1 800 mm。

4.7.2 列车应设置报警系统，客室内应设置乘客紧急报警装置，乘客紧急报警装置应具有乘务员与乘客间双向通信功能。当采用无人驾驶运行模式时，报警系统设置应符合现行国家标准《城市轨道交通技术规范》GB 50490 的有关规定。

4.7.3 列车应装设 ATP 信号车载设备。

注：ATP 是列车自动保护系统 Automatic Train Protection 的简称，是确保行车安全的最基本的系统。ATP 车载设备接收地面限速信息，经信息处理后与实际速度比较，当列车实际速度超过限速后，由制动装置控制列车制动系统进行制动，以达到列车在停车点前停车或在限速点前实际速度小于限速值的目的，先行列车若因故停车，后续列车的 ATP 系统就会接收到减速甚至在安全区间内停车的信号，所以 ATP 也是防止列车相撞的重要系统。

4.7.4 客室车门系统应设置安全联锁，应确保车速大于 5 km/h 时不能开启、车门未全关闭时不能起动列车。

4.7.5 前照灯在车辆前端紧急制动距离处照度不应小于 2 lx。列车尾端外壁应设置红色防护灯。

4.7.6 客室、司机室应配置便携式灭火器具，安放位置应有明显标识并便于取用。

4.7.7 各电气设备金属外壳或箱体应采取保护性接地措施。

第四节　土建工程

一、限　界

5.1.1 地铁限界应分为车辆限界、设备限界和建筑限界。

5.1.2 车辆限界可按隧道内外区域，分为隧道内车辆限界和隧道外车辆限界；也可按列车运行区域，分为区间车辆限界、站台计算长度内车辆限界和车辆基地内车辆限界。

5.1.3 车辆限界，可按所处地段分为直线车辆限界和曲线车辆限界；设备限界，可按所处地段分为直线设备限界和曲线设备限界。直线车辆限界和设备限界应符合本规范附录 A、附录 B 和附录 C 的规定；圆曲线设备限界计算方法应按本规范附录 D 的规定执行。

5.1.4 建筑限界应分为隧道建筑限界、高架建筑限界、地面建筑限界。隧道建筑限界可按工程结构形式分为矩形隧道建筑限界、马蹄形隧道建筑限界和圆形隧道建筑限界。

5.1.5 轨道区混凝土结构体、轨旁设备与接触网带电部分的间隙应符合本规范表 15.3.3 的规定。

5.1.6 相邻区间线路，当两线间无墙、柱或设备时，两设备限界之间的安全间隙不应小于 100 mm；当两线间有墙或柱时，应按建筑限界加上墙或柱的宽度及其施工误差确定。

5.2.2 当区间设置疏散平台时，疏散平台应符合下列要求：

1）疏散平台最小宽度应符合表 5.2.2 的规定。

表 5.2.2　疏散平台最小宽度（mm）

设置位置	区域及条件			
	隧道内		隧道外	
	一般情况	困难情况	一般情况	困难情况
单线（设于一侧）	700	550	700	550
双线（设于中央）	1 000	800	1 000	800

2）疏散平台高度（距轨顶面）应小于等于 900 mm。

5.4 轨道区设备和管线布置原则

5.4.1 轨道区内安装的设备和管线（含支架）与设备限界应保持不小于 50 mm 的安全间隙（架空接触网和接触轨除外）。

5.4.2 强、弱电设备应分别布置在线路两侧，必须布置在同侧时，其间隔距离应符合强、弱电干扰距离的规定。区间内的各种管线布置宜保持顺直。

注：强电主要指 10 kV 或 35 kV 环网电缆，弱电主要指通信、信号电缆。按照车站往区间的电缆走向，强电电缆宜布置在轨道区行车方向的左侧，弱电电缆宜布置在轨道区行车方向的右侧。动力照明电缆宜布置在轨道区行车方向的左侧，轨道区左侧设置疏散平台，则区间内维修插座箱及其电缆宜布置在强电电缆侧，也可布置在弱电侧。区间的各种管线应排列有序，保持顺直。

5.4.3 单渡线区域的道岔转辙机，宜布置在两线之间；交叉渡线区域的道岔转辙机，其中一组宜布置在两线之间，另一组宜布置在线路外侧。

5.4.4 区间隧道内管线设备布置应符合下列要求：

（1）行车方向右侧宜布置弱电设备和管线，行车方向左侧宜布置强电设备和管线。当区间隧道设有疏散平台时，平台宜设在行车方向左侧，消防设备、排水管宜布置在行车方向右侧；不设置疏散平台时，消防设备、排水管以及维修插座箱，宜布置在行车方向左侧。

（2）疏散平台上方应保持不小于 2 000 mm 的疏散空间。

（3）射流风机宜布置在隧道侧墙上部。

（4）各种隔断门门框外应预埋套管，每侧套管埋设宽度不宜大于 500 mm。

（5）采用集中供冷方式时，区间隧道内的冷冻水管宜布置在行车方向右侧。

（6）当接触网（轨）隔离开关安装在轨道区时，隧道建筑限界必要时应予加宽，并应留出周边管线安装空间。

5.4.5 高架区间管线设备布置应符合下列要求：

（1）当采用车辆侧门疏散模式时，双线高架区间宜在两线间设置疏散平台。弱电和强电设备宜分开布置在两线之间和两线外侧。

（2）信号机宜安装在两线外侧。

5.4.6 车站范围内管线设备布置应符合下列要求：

（1）岛式车站的广告灯箱、信号机和弱电电缆宜布置在站台对侧，强电电缆宜布置在站台板下的结构墙上。

（2）侧式车站的广告灯箱宜布置在两线之间，信号机宜布置在站台侧，弱电电缆宜布置在站台内电缆通道中，强电电缆宜布置在站台板下的结构墙体外侧。

二、线　路

6.1.1 地铁线路应按其运营中的功能定位，分为正线（干线与支线）、配线和车场线。配线应包括车辆基地出入线、联络线、折返线、停车线、渡线、安全线。

注：地铁各类线路释义。

（1）正线为载客运营并贯通车站的线路，当线路分叉时，可细分为干线和支线。一般情况下，在正线上分岔以侧向运行的线路为支线，直向运行线路为干线。支线通过配线连接干线，可混合运行，也可独立运行。由于主线与支线有主次地位之分，所以干线、支线应单独正名，但其技术标准没有区分。

（2）车场线：设在车辆基地（或停车场）内，提供列车停、检、修的线路，或各种维修车辆停放的线路。

（3）配线：原称“辅助线”，现改称“配线”。凡在正线上分岔的，为配合列车转换线路或运行方向等某些运营功能服务的，并增加运行方式灵活性的线路，统称为配线。根据功能需求，可做以下分类：

① 车辆基地出入线：简称为“出入线”，从正线上分岔引出至车辆基地的线路。

② 联络线：设置在两条不同正线之间，为各种车辆过渡运行的线路。

③ 折返线：为列车折返运行的线路。

④ 停车线：为故障列车待避、临时折返、临时停放或夜间停放列车的线路。

⑤ 渡线：设置在正线线路左右线之间，为车辆过渡运行的线路。或在平行换乘站内，为相邻正线线路之间联络的渡线。

⑥ 安全线：对某些配线的尽端线，或在正线上的接轨点前，根据列车运行条件，设置在设计停车点以外，具有必要的安全距离的线路，以避免停车不准确发生冒进的安全问题。

6.1.2 地铁选线应符合下列规定：

（1）应依据线路在城市轨道交通规划线网中的地位和客流特征、功能定位等，确定线路性质、运量等级和速度目标。

（2）地铁线路应以快速、安全、独立运行为原则。当有条件时，也可根据需要在两条正线之间或一条线路上干线与支线之间，组织共线运行。

（3）支线在干线上的接轨点应设在车站，并应按进站方向设置平行进路；接轨点不宜设在靠近客流大断面的车站。

（4）地铁线路之间交叉，以及地铁线路与其他交通线路交叉时，必须采用立体交叉方式。

（5）地铁线路应符合运营效益原则，线路走向应符合城市客流走廊，应有全日客流效益、通勤客流规模、大型客流点的支撑。

（6）地铁选线应符合工程实施安全原则，宜规避不良工程地质、水文地质地段，并宜减少房屋和管线拆迁，宜保护文物和重要建、构筑物，同时应保护地下资源。

（7）地铁线路与相近建筑物距离应符合城市环境、风景名胜和文物保护的要求。地上线必要时应采取针对振动、噪声、景观、隐私、日照的治理措施，并应满足城市环境相关的规定；地下线应减少振动对周围敏感点的影响。

6.1.3 线路起、终点选择应符合下列规定：

（1）线路起、终点车站宜与城市用地规划相结合，并宜预留公交等城市交通接驳配套条件。

（2）线路起、终点不宜设在城区内客流大断面位置；也不宜设在高峰客流断面小于全线高峰小时单向最大断面客流量 1/4 的位置。

（3）对穿越城市中心的超长线路，应分析运营的经济性，并应结合对全线不同地段客流断面和分区 OD 的特征、列车在各区间的满载率和拥挤度，以及建设时序的分析，合理确定线路运行的起、终点或运行的分段点。

（4）每条线路长度不宜大于 35 km，也可按每个交路运行不大于 1 h 为目标。当分期建设时，初期建设线路长度不宜小于 15 km。

（5）支线与干线贯通共线运行时，其长度不宜过长。当支线长度大于 15 km 时，宜按既能贯通又能独立折返运行设计，但应核算正线对支线客流的承受能力。

6.1.4 车站分布应符合下列规定：

（1）车站分布应以规划线网的换乘节点、城市交通枢纽点为基本站点，结合城市道路布局和客流集散点分布确定。

（2）车站间距在城市中心区和居民稠密地区宜为 1 km；在城市外围区宜为 2 km。超长线路的车站间距可适当加大。

（3）地铁车站站位选择，应结合车站出入口、风亭设置条件确定，并应满足结构施工、用地规划、客流疏导、交通接驳和环境要求。

6.1.5 换乘车站线路设计应符合下列规定：

（1）换乘站的规划与设计，应按各线独立运营为原则，宜采用一点两线形式，并宜控制好换乘高差与距离；当采用一点二线换乘形式时，宜控制层数，并宜按两个站台层设置；一个站点多于三条线路时，其换乘形式应经技术经济论证确定。

（2）换乘车站应结合换乘方式，拟定线位、线间距、线路坡度和轨面高程；相交线路邻近一站一区间宜同步设计。

（3）当换乘站为两条线路采用同站台平行换乘方式时，车站线路设计应以主要换乘客流方向实现同站台换乘为原则。

（4）当多条线路在中心城区共轨运行并实行换乘时，接轨（换乘）站应满足各线运行能力和共轨运行总量需求，并应符合 6.1.2 条第三款的规定，确定线路配线及站台布置。

6.1.6 线路敷设方式应符合下列规定：

（1）线路敷设方式应根据城市总体规划和地理环境条件，因地制宜选定。在城市中心区宜采用地下线；在中心城区以外地段，宜采用高架线；有条件的地段也可采用地面线。

（2）地下线路埋设深度，应结合工程地质和水文地质条件，以及隧道形式和施工方法确定；隧道顶部覆土厚度应满足地面绿化、地下管线布设和综合利用地下空间资源等要求。

（3）高架线路应注重结构造型和控制规模、体量，并应注意高度、跨度、宽度的比例协调，其结构外缘与建筑物的距离应符合现行国家标准《建筑设计防火规范》GB 50016 和《高层民用建筑设计防火规范》GB 50045 的有关规定，高架线应减小对地面道路交通、周围环境和城市景观的影响。

（4）地面线应按全封闭设计，并应处理好与城市道路红线及其道路断面的关系，地面线应具备防淹、防洪能力，并应采取防侵入和防偷盗设施。

三、轨　道

7.1.3 无砟轨道主体结构及混凝土轨枕的设计使用年限不应低于 100 年。

7.2.4 曲线超高设置应符合下列规定：

隧道内及 U 形结构的无砟轨道地段曲线超高，宜采用外轨抬高超高值的 1/2、内轨降低超高值的 1/2 设置；高架线、地面线的轨道曲线超高，宜采取外轨抬高超高值设置。

注：隧道内无砟道床轨道曲线超高外轨抬高一半、内轨降低一半，可不增加隧道净空，节省结构的投资，同时能使轨道中心线与线路中心线一致，还能减小超高顺坡段的坡度。高架桥无砟道床外轨采用全超高，可减小桥梁恒载。地面线有砟道床采用全超高，便于保持轨道几何状态。困难地段超高顺坡率不大于2.5‰可有效控制曲线减载率。

7.7.1 高架桥线路的下列地段或全桥范围应设防脱护轨：

（1）半径不大于500 m曲线地段的缓圆（圆缓）点两侧，其缓和曲线部分不小于缓和曲线长的一半并不小于20 m、圆曲线部分20 m范围内，曲线下股钢轨旁。

（2）高架桥跨越城市干道、铁路及通航航道等重要地段，以及受列车意外撞击时易产生结构性破坏的高架桥地段及其以外各20 m范围内，在靠近双线高架桥中线侧的钢轨旁。

（3）竖曲线与缓和曲线重叠处，竖曲线范围内两根钢轨旁。

（4）防脱护轨应设置在钢轨内侧。

7.7.2 在轨道尽端应设置车挡，并应符合下列要求：

（1）正线及配线、试车线、牵出线的终端应采用缓冲滑动式车挡。地面和地下线终端车挡应能承受列车以15 km/h的速度撞击的冲击荷载，高架线终端车挡应能承受列车以25 km/h的速度撞击的冲击荷载。特殊情况可根据车辆、信号等要求计算确定。

（2）车场线终端应采用固定式车挡。

7.7.3 轨道标志的设置应符合下列规定：

（1）应设置百米标、坡度标、曲线要素标、平面曲线起终点标、竖曲线起终点标、道岔编号标、站名称、桥号标、水位标等线路标志。

（2）应设置限速标、停车位置标、警冲标等信号标志。

（3）各种标志应采用反光材料制作。

（4）警冲标应设在两设备限界相交处，其余标志应安装在行车方向右侧司机易见的位置。

第五节　通风、空调与供暖

一、一般规定

13.1.1 地铁内部空气环境应采用通风、空调与供暖系统进行控制。

13.1.2 地铁内部空气环境范围应包括地下车站（站厅、站台、设备与管理用房、出入口通道、换乘通道）、区间隧道（正线隧道、渡线、折返线、停车线、尽端线隧道等），以及地面车站及高架车站等。

13.1.3 地铁的通风、空调与供暖系统应保证地铁内部空气环境的空气质量、温度、湿度、气流组织、气流速度、压力变化和噪声等均能满足人员的生理及心理条件要求和设备正常运转的需要。

13.1.4 地铁通风、空调与供暖系统应具有下列功能：

（1）当列车在正常运行时，应保证地铁内部空气环境在规定标准范围内；（2）当列车阻

塞在区间隧道内时，应保证对阻塞区间进行有效通风；（3）当列车在区间隧道发生火灾事故时，应具备排烟、通风功能；（4）当车站内发生火灾事故时，应具备排烟、通风功能。

注：本条根据地铁的特点，明确指出了地铁通风和空调系统应具备三方面的功能。

（1）地铁为一种现代化的交通系统，速度快、运量大，运行时消耗大量的电能，这些电能部分将转变为热能，若不及时排除，地铁内部的空气温度就会升高。此外，乘客也散发热量和湿量，同时地铁周围土壤通过地铁围护结构的渗湿量也较大，若不加以排除，地铁内部的空气温度和湿度会增大，这些都会使得乘客感觉不适。同时，巨大的客流集中在地铁内部，还必须补充足够的新鲜空气，以保证地铁的内部空气环境在规定标准范围内。

（2）地铁列车非火灾事故阻塞在区间隧道内时，因为没有活塞效应的作用，停留在车厢内的乘客及向安全地点疏散的乘客，会因为没有足够的新鲜空气而难以忍受。此外，当地铁列车设置空调时，也要维持车厢空调正常运转，因此，需要对列车阻塞处进行有效的通风。

（3）地铁内火灾时有发生。据资料记载，仅从 1971 年 12 月到 1987 年 11 月间，欧洲和北美地铁中就发生重大火灾 40 多起，并导致人员伤亡。据报道，所有伤亡中绝大部分系烟熏所致，如 1979 年旧金山有一列经过海湾隧道的地铁列车着火，1 人死亡，56 人受烟熏致伤。由这些事故得到了经验教训，现在地铁把防排烟系统设计放在了重要地位。

13.1.5 地铁通风与空调系统的确定应符合下列规定：

（1）通风与空调系统应分为列车活塞通风、自然通风和机械通风的通风系统和空调系统；（2）地铁应设置通风系统；（3）在夏季当地最热月的平均温度超过 25 °C，且地铁高峰时间内每小时的行车对数和每列车车辆数的乘积不小于 180 时，应采用空调系统；（4）在夏季当地最热月的平均温度超过 25 °C，全年平均温度超过 15 °C，且地铁高峰时间内每小时的行车对数和每列车车辆数的乘积不小于 120 时，应采用空调系统。

注：地铁列车在隧道内高速运行时会产生活塞效应，或者当区间隧道设置有适当数量和截面足够大通道与地面连通时，以及列车在地面或高架线运行时，自然通风可以有效排除地铁内部产生的大量热量，这些系统方式的实施可以节省大量的电力消耗，应优先加以应用。据资料分析，当系统布置合理时，每列车产生的活塞风风量为 1 500～1 700 m^3，这种不费能源的通风方式应首先考虑使用。但活塞效应所产生的换气量是有限的，而且在地铁的实际建设中，经常受到周边环境的影响，导致活塞风道无法修建，或由于风亭出口位置的关系，致使活塞风道长度过大，以至活塞效应失效，故本条规定在单靠活塞效应不足以排除隧道内的余热，以及有效的自然通风条件不具备时，应设置机械通风系统。

地铁设置空调系统需要庞大的设备和机房，运行时又需耗费大量的电能，因此从降低地铁造价、节省能源的前提出发，只有在通风系统（含活塞通风）达不到地铁内部空气环境规定的标准时方可采用。根据资料记载，当列车编组在 6～8 节、运行间隔为 2 min，且最热月的平均温度超过 25 °C 时，车站必须采用空调系统。采用空调的另一个因素是最热月的平均温度，本条参考一些资料的规定，采用 25 °C。

13.1.6 地铁地下线路通风与空调系统制式应结合地铁的运力、当地的气候条件、人员舒适性要求和运行及维护费用等因素进行综合技术经济比较确定。

13.1.7 地铁的通风、空调与供暖系统应按地铁预测的远期客流量和最大的通过能力设计，设备宜按近期和远期配置，并宜分期实施。

13.1.8 地铁的通风、空调与供暖系统设计和设备配置应贯彻国家能源政策，践行运营节能原则，并宜利用自然冷、热源。

13.1.9 车辆基地、控制中心和主变电所等地面建筑，应在满足工艺要求的前提下，按本规范和国家现行有关建筑设计标准的规定设置通风、空调与供暖系统。

13.1.10 通风、空调与供暖系统的设备、管道及配件布置，应保证系统整体高效运行，并应为安装、操作、测量、调试和维修预留空间位置。

13.1.11 工程设计应为大型通风、空调与供暖设备设有运输、安装通道及孔洞，并应能装设起吊设施。

13.1.12 通风、空调与供暖系统的机房应设置设备起吊和冲洗设施。

13.1.13 通风、空调与供暖系统的管材及保温材料、消声材料，应采用 A 级不燃材料，当局部部位采用 A 级不燃材料有困难时，可采用 B1 级难燃材料。管材及保温材料应具有防潮、防腐、防蛀、耐老化和无毒的性能。

二、通风与空调系统控制

13.2.53 地铁隧道通风系统宜设就地控制、车站控制、中央控制的三级控制。

13.2.54 地下车站公共区通风与空调系统宜设就地控制、车站控制、中央控制的三级控制。

注：地铁隧道通风与空调系统宜设就地控制、车站控制、中央控制三级控制。就地控制是在各通风与空调设备电源控制柜处操作；车站控制是在各车站设控制室，配置显示和操作台，以微型计算机为基础构成管理系统，对本车站及其管辖区间的所有通风与空调系统进行监控；中央控制是设在控制中心以微型计算机为基础的中央监控系统与车站控制室的计算机联网，对一条或数条地铁的通风与空调系统进行监控。

设三级控制的原因是：

（1）地铁隧道通风与空调系统是以一条线路组成一个统一系统，各区间、各车站的通风与空调系统有各自的功能，又互有影响，因而全线的通风设备需要统一协调运行，尤其是防灾时的运行，它需要将灾害发现、判断、核实、决定救援方案、下达救援指令等各步骤有机结合才能完成，没有高度的集中指挥是不可想象的。同时，全线的通风与空调设备很多，为了达到节省人力和节能的目的，需要全线或数条地铁线路设一个控制中心，从而实现中央控制。

（2）地铁建设周期长、投资额巨大，因此我国修建地铁都是采用建成一段、运行一段，充分发挥建设效益的建设方法。在控制中心建成之前，部分区段要运行，就只能依靠车站控制，同时考虑到各车站有很多特殊情况需车站单独、迅速地处理，为此车站控制是不可少的。

（3）为方便检修和调试，必须设就地控制，为了安全，就地控制有优先权。

13.2.55 地下车站设备与管理用房通风与空调系统宜设就地控制、车站控制的两级控制。

注：地下车站的设备与管理用房的通风与空调系统只是满足各自范围内的空气环境控制的需要，与车站和隧道或其他设备与管理用房之间的相互联系和影响较小，而且不需与其他车站的有关系统协调动作，因此不需要进行中央控制，故本条规定其宜设两级控制。

第六节　供　电

一、一般规定

15.1.1 供电应安全、可靠、节能、环保和经济适用。

15.1.2 供电应包括外部电源、主变电所（或电源开闭所）、牵引供电系统、动力照明供电系统、电力监控系统。牵引供电系统应包括牵引变电所与牵引网；动力照明供电系统应包括降压变电所与动力照明配电系统。

15.1.3 地铁外部电源方案应根据城市轨道交通线网规划、城市电网现状及规划、城市规划进行设计，可采用集中式供电、分散式供电或混合式供电。

15.1.4 供电设计应根据建设程序，从可行性研究阶段开始会同城市电力部门协商确定下列内容：

（1）外部电源方案及主变电所设置；（2）供电系统的一次接线方案；（3）近、远期外部电源容量及电压偏差范围；（4）电能计量要求；（5）城市电网近、远期的规划资料及系统参数；（6）城市电网变电所馈出线继电保护与地铁供电系统进线继电保护的设置和时限配合；（7）调度的要求及管理分工。

15.1.5 牵引用电负荷应为一级负荷；动力照明等用电负荷应按供电可靠性要求及失电影响程度分为一级负荷、二级负荷、三级负荷。

15.1.6 一级负荷必须采用双电源双回线路供电。

15.1.7 一级负荷中特别重要的负荷，应增设应急电源，并严禁其他负荷接入。

注：一级负荷中特别重要的负荷按照现行国家标准《供配电系统设计规范》GB 50052的规定进行。在一级负荷中，当中断供电将造成人员伤亡或重大设备损坏或发生中毒、爆炸和火灾等情况的负荷，以及特别重要场所的不允许中断供电的负荷，应视为一级负荷中的特别重要负荷。实际运行经验证明，从城网引接两路电源进线加备自投（BZT）的供电方式，不能满足一级负荷中特别重要负荷对供电可靠性及连续性的要求，从发生的全部停电事故来看，有的是由内部故障引起，有的是由城网故障引起，后者是因地区电网在主网电压上部是并网的，所以用户无论从电网取几回电源进线，也无法获得严格意义上的两个独立电源。因此，城网的各种故障，可能引起全部电源进线同时失电，造成停电事故。因而，对一级负荷中特别重要的负荷须由与城网不并列的、独立的应急电源供电。

工程设计中，对于各专业提出的特别重要负荷，应仔细研究，凡能采取非电气保安措施者，应尽可能减少特别重要负荷的负荷量。

禁止应急电源与工作电源并列运行，以防止电源故障时影响应急电源。

15.1.8 二级负荷宜采用双电源单回线路专线供电。

15.1.9 三级负荷可采用单电源单回线路供电。当系统中只有一电源工作时可切除三级负荷。

15.1.10 下列电源可作为应急电源：

（1）独立于正常电源的发电机组；（2）供电网络中独立于正常电源的专用馈电线路；（3）蓄电池。

15.1.11 供电系统中的各类变电所应有双重电源。每个进线电源的容量应满足变电所一、二级负荷的要求。

15.1.12 主变电所、电源开闭所进线电源应至少有一个为专线电源。

15.1.13 为变电所供电的两个电源可来自上级不同的变电所，也可来自上级同一变电所的不同母线。

15.1.14 中压网络的电压等级可采用 35 kV、20 kV、10 kV。对于分散式供电方案，中压网络的电压等级应与城市电网相一致；对于集中式供电方案，中压网络的电压等级应根据用电容量、供电距离、城市电网现状及规划等因素，经技术经济综合比较确定；对于延伸线，中压网络的电压等级宜与原线路相一致。

15.1.15 中压网络宜采用牵引动力照明混合网络形式。

15.1.16 供电系统的中压网络应按列车运行的远期通过能力设计，对互为备用线路，一路退出运行另一路应承担其一、二级负荷的供电，线路末端电压损失不宜超过 5%。

15.1.17 牵引网应采用直流双导线制，正极、负极均不应接地。

15.1.18 牵引网电压等级可分为直流 750 V 和直流 1 500 V，牵引网馈电形式可分为接触轨和架空接触网。牵引网制式应结合车辆受电要求、牵引负荷容量、列车运行最高速度、线网及城市特点等因素综合分析确定。

注：根据牵引网电压等级与形式的不同，牵引网可分为直流 750 V 架空接触网、直流 750 V 接触轨、直流 1 500 V 架空接触网和直流 1 500 V 接触轨四种制式。其中，直流 750 V 架空接触网因电压等级较低、载流量较小在地铁中应用很少。

15.1.19 直流牵引供电系统的电压及其波动范围应符合表 15.1.19 的规定。

表 15.1.19　直流牵引供电系统电压及其波动范围（V）

标称值	最高值	最低值
750	900	500
1 500	1 800	1 000

注：因直流牵引供电系统受到上级电源电压正常波动，以及自身牵引负荷变化等因素的影响，使牵引网电压处于一个变化的过程，系统的标称电压不同，变化的范围不同。表中的数值是在各种规定的运行方式下，为保证车辆正常运行，直流牵引供电系统自身的最高、最低牵引网电压的极限值。

目前，地铁车辆一般采用再生制动方式。在车辆制动过程中为将制动电能回馈至牵引网，车辆再生制动产生的电压需要高于牵引网电压，即在车辆再生制动的短时过程中，将出现高于牵引网系统自身的最高持续极限值。在国际电工委员会《Supply voltages of traction systems》IEC 60850—2007 中，提出了最高短时持续电压值，并要求持续时间不超过 5 min。在上述 IEC 规范中，对应直流 750 V、直流 1 500 V 两种标称电压，最高短时持续电压分别为直流 1 000 V、直流 1 950 V。

15.1.20 变电所一次接线应安全、可靠、简单。

15.1.21 直流牵引系统及非线性用电设备所产生的谐波应符合现行国家标准《电能质量 公用电网谐波》GB/T 14549 的有关规定。低压配电系统宜采取治理谐波的措施。

15.1.22 当车辆再生制动能量吸收装置纳入供电系统设计时，设计方案应通过经济技术综合比较确定。

15.1.23 在地下使用的主要材料应选用无卤、低烟的阻燃或耐火的产品。

15.1.24 电气设备应具有无自爆、低损耗、低噪声等特点。在地下使用时，还应满足体积小及防潮要求。

15.1.25 供电系统及其设备的功能性接地、保护性接地与防雷接地应采用综合接地系统。

注：综合接地系统是由接地装置和等电位连接网络组成。当建筑物设有防雷时，防雷装置与各种金属物体之间的安全距离不可能得到保证。为防止防雷装置与邻近金属物体之间出现高电位反击，减小其间的电位差，除了将建筑物内的金属物体做好等电位连接外，应将供电系统及其设备的其他接地共用一组接地装置。但防雷接地在接地体上的接地点与其他接地的接地点之间的间距宜大于 10 m。

15.1.26 低压配电电压应采用 220 V/380 V。

15.1.27 在车辆基地内应设置供电车间，在正线宜设置供电工区。

15.1.28 有条件时可采用光伏发电等绿色能源作为补充电源。

二、变电所

15.2.1 变电所应分为主变电所、电源开闭所、牵引变电所、降压变电所。牵引变电所与降压变电所可合建成牵引降压混合变电所。

15.2.2 变电所的数量、容量及其在线路上的分布应经计算分析比选后确定。车辆基地应设牵引变电所。

15.2.3 变电所选址应符合下列要求：

（1）应靠近负荷中心；（2）应便于电缆线路引入、引出；（3）应便于设备运输；（4）不应设在冷冻机房等场所的经常积水区的正下方，且不宜与厕所、泵房等场所相贴邻；（5）独立设置的变电所，宜靠近地铁线路，并应和城市规划相协调。该变电所与地铁线路间应设置专用电缆通道。

15.2.4 主变压器的数量与容量应根据近、远期负荷计算确定，并宜分期实施。当一台主变压器退出运行时，其余主变压器应能负担供电范围内的一、二级负荷。

15.2.5 牵引负荷应根据运营高峰小时行车密度、车辆编组、车辆类型及特性、线路资料等计算确定。牵引整流机组容量宜按远期负荷确定。

15.2.6 牵引变电所应设置两套牵引整流机组，当一套牵引整流机组退出运行，另一套牵引整流机组具备运行条件时，宜继续运行。

注：“运行条件”包括机组过负荷满足要求；谐波含量满足要求；不影响故障机组的检修。

15.2.7 正常运行方式下，两相邻牵引变电所应对其同一供电分区采用双边供电方式。

15.2.8 当正线的中间牵引变电所退出运行时，应由相邻的两座牵引变电所依靠其两套牵引整流机组的过负荷能力实施大双边供电。

15.2.9 牵引整流机组的负荷特性应符合表 15.2.9 的要求。

表 15.2.9 牵引整流机组的负荷特性

负荷	100%额定电流	150%额定电流	300%额定电流
持续时间	连续	2 h	1 min

15.2.10 当变电所设置两台配电变压器时，配电变压器的容量选择应满足一台配电变压器退出运行时另一台配电变压器能负担供电范围内的远期一、二级负荷。

15.2.11 牵引变电所应设在车站内。当不具备条件时，牵引变电所可设在车站附近或区间。车站降压变电所应设在重负荷端，可分层布置；当技术经济合理时，可设置跟随式的降压变电所。

15.2.12 变电所的中压侧、低压侧应采用分段单母线接线，两套牵引整流机组应接在同一段中压母线上，直流牵引母线宜采用单母线接线。

15.2.13 直流牵引配电装置的馈线回路，应设置能分断最大短路电流和感性小电流的直流快速断路器。

15.2.14 主变电所宜采用有载调压主变压器。

15.2.15 变电所设备布置应符合现行国家标准《3 ~ 110 kV 高压配电装置设计规范》GB 50060 或《10 kV 及以下变电所设计规范》GB 50053 的有关规定。直流牵引配电装置应满足中压开关设备的布置要求。非封闭干式变压器应设于独立房间。

15.2.16 控制室各屏间及通道最小距离，宜符合表 15.2.16 的规定。

表 15.2.16 控制室各屏间及通道最小距离（mm）

屏正面—屏背面	屏背面—墙	屏边—墙	屏正面—墙
1 500	800	800	1 500（3 000）

注：括号内数值适用于有人值守情况。

15.2.17 变电所交、直流电源屏的电源，应接自变电所的两段低压母线。

15.2.18 变电所直流操作电源宜采用成套装置，正常运行时蓄电池应处于浮充状态。蓄电池容量应满足交流停电情况下连续供电 2 h 的要求。

15.2.19 变电所的中压继电保护设置应符合国家现行标准《电力装置的继电保护和自动装置设计规范》GB/T 50062 的有关规定。

15.2.20 对牵引整流机组的下列故障及异常运行，应设相应的保护装置：

（1）内部短路；（2）元件故障；（3）元件温升超过限定值；（4）外部短路。

15.2.21 对直流牵引馈线的短路故障及异常运行，应设置下列基本保护：

（1）大电流短路断路器直接跳闸；（2）过电流保护；（3）电流变化率及其增量保护；（4）双边联跳保护。

15.2.22 直流牵引供电设备应设置框架保护。

注：为避免直流牵引供电设备绝缘能力降低而造成杂散电流腐蚀，牵引变电所内直流牵引供电设备（整流器、直流牵引配电装置、再生制动吸收装置）采用绝缘安装。为解决设备漏电对人身造成伤害以及避免杂散电流的泄漏，要求设置框架保护。使用一套框架保护的直流牵引供电设备的外壳应电气连接并采用一点直接接地。

15.2.23 直流牵引馈线开关应具有在线检测的自动重合闸功能。

15.2.24 变压器的中压配电回路宜设置操作过电压吸收装置。

15.2.25 地上牵引变电所及与地上相邻的地下牵引变电所，每路直流馈线及负母线应设置雷电过电压吸收装置。

15.2.26 地上变电所配电变压器的高、低压侧应设置避雷器或浪涌保护器。

15.2.27 过电压保护应符合现行行业标准《交流电气装置的过电压保护和绝缘配合》DL/T620 的有关规定。

15.2.28 变电所设计应满足电力监控系统的要求。

15.2.29 变电所综合自动化装置应具备下列基本功能：

（1）保护、控制、信号、测量；（2）电源自动转接；（3）必要的安全联锁；（4）程序操作；（5）装置故障自检；（6）开放的通信协议及接口。

三、牵引网

15.3.1 牵引网应由接触网与回流网构成。

注：由牵引变电所直流开关柜正极至接触线（轨）间的直流电缆，称为上网电缆。由回流轨至牵引变电所负极柜间的直流电缆，称为回流电缆。牵引网中，接触网为正极，回流网为负极，并通过上网电缆、回流电缆及上网开关柜、接线箱（回流箱）与牵引变电所连接。

15.3.2 接触网馈电形式可按安装位置和接触导线的不同分为接触轨和架空接触网。接触轨和架空接触网应符合下列规定：

（1）接触轨可按接触受流位置的不同分为上部受流方式、下部受流方式和侧部受流方式。接触轨应采用钢铝复合材料等低电阻率产品。

（2）架空接触网可按接触悬挂方式的不同分为柔性架空接触网和刚性架空接触网。接触线应采用铜或铜合金接触线。

15.3.3 接触网带电部分和混凝土结构体、轨旁设备、车体之间的最小净距，应符合表 15.3.3 的规定。

表 15.3.3 接触网带电部分和混凝土结构体、车体之间的最小净距（mm）

标称电压	静态	动态	绝对最小动态
直流 750 V	25	25	25
直流 1 500 V	150	100	60

15.3.4 接触网的电分段应设在下列位置：

（1）对于车站牵引变电所，设在列车进站端；（2）对于区间牵引变电所，设在变电所直流电缆出口处；（3）配线与正线的衔接处；（4）车辆基地各电化库入口处。

15.3.5 牵引变电所直流快速断路器至接触网间应设置电动隔离开关。

15.3.6 当终端车站后面的折返线有停车检修作业时，其相应部分的接触网宜单独分段，并应设置手动隔离开关。

15.3.7 设车辆检查坑并有夜间检修作业的折返线，其接触网应通过就地的手动隔离开关供电。接触网应有主备两路电源，主电源应直接来自邻近牵引变电所，备用电源应来自一条正线接触网。

15.3.8 不设车辆检查坑的折返线，其接触网供电应有主备两路电源，主备两路电源分别通过电动隔离开关接自上、下行的正线接触网。

15.3.9 车辆基地中的接触网，应有来自牵引变电所的主电源及来自正线的备用电源。

15.3.10 停车列检库、静调库、试车线的接触网，宜由牵引变电所直接馈电。每条库线的接触网应设置带接地刀闸的手动隔离开关。

15.3.11 兼作回流的走行轨应在正线与车辆基地的衔接处及电气化库入口处设置绝缘结。

15.3.12 上网电缆、回流电缆的根数及截面，应根据大双边供电等方式下的远期负荷计算确定，每个回路的电缆根数不得少于两根。

15.3.13 接触轨的安装位置及其安装误差，应根据车辆受流器与接触轨在相对运动中能可靠接触确定。

15.3.14 接触轨断轨处应设端部弯头。

15.3.15 接触轨应设防护罩，其电气性能与物理性能应满足技术要求。

15.3.16 架空接触网设计的气象条件的确定，地下部分的气温取值应根据环境条件确定，其余应符合现行行业标准《铁路电力牵引供电设计规范》TB 10009 及《铁路电力牵引供电隧道内接触网设计规范》TB 10075 的有关规定。隧道内腕臂、吊弦、定位器正常位置时的温度宜按最高计算温度和最低设计气温的平均值计算。

注：隧道内接触网的最高计算温度宜为所取最高设计气温的 1.5 倍。

15.3.17 柔性架空接触网设计的强度安全系数，不应低于现行行业标准《铁路电力牵引供电设计规范》TB 10009 的有关规定。

注：现行行业标准《铁路电力牵引供电设计规范》TB 10009 要求，柔性架空接触网设计的强度安全系数应符合下列规定。

（1）铜或铜合金接触线在最大允许磨耗面积 20%的情况下，其强度安全系数不应小于 2.0。

（2）承力索的强度安全系数，铜或铜合金绞线不应小于 2.0；钢绞线不应小于 3.0；钢芯铝绞线、铝包钢和铜包钢系列绞线不应小于 2.5。

（3）软横跨横承力索的强度安全系数不应小于 4.0，定位索的强度安全系数不应小于 3.0。

（4）供电线、加强线、正馈线、回流线等接触网附加导线的强度安全系数不应小于 2.5。

（5）绝缘子的强度安全系数不应小于：

① 瓷及钢化玻璃悬式绝缘子（受机电联合荷载时抗拉）2.0；

② 瓷棒式绝缘子（抗弯）2.5；

③ 针式绝缘子（抗弯）2.5；

④ 合成材质绝缘元件（抗拉）5.0。

（6）耐张的零件强度安全系数不应小于 3.0。

15.3.18 对于柔性架空接触网，在车站、区间、车辆基地出入线及试车线处，宜采用全补偿简单链型悬挂；在车辆基地内的其他线路处，宜采用补偿简单悬挂。

15.3.19 对于刚性架空接触网，可采用“Π”形或“T”形铝合金汇流排。

15.3.20 柔性架空接触网的支柱跨距，应根据悬挂类型、曲线半径、导线最大受风偏移值和运营条件确定。刚性架空接触网的悬挂点间距，应满足汇流排的弛度要求。接触轨的支架间距应根据支架结构形式、道床形式、轨枕间距、短路电动力确定。

15.3.21 地上线路接触线距轨面的高度宜为 4 600 mm，困难地段不应低于 4 400 mm；车辆基地的地上线路接触线距轨面高度宜为 5 000 mm。隧道内接触线距轨面的高度不应小于 4 040 mm。

15.3.22 柔性接触线高度变化时，其最大坡度及变化率应符合表 15.3.22 的规定。

表 15.3.22　柔性接触线最大坡度及变化率值

列车速度/（km/h）	接触线最大坡度/‰	接触线最大坡度变化率/‰
10	40	20
30	20	10
60	10	5
90	6	3
100	5	2

15.3.23 架空接触线的布置，应保证受电弓磨耗均匀，并应符合下列要求：

（1）在直线区段沿受电弓中心两侧，柔性架空接触网接触线应呈“之”字形布置；刚性架空接触网一个锚段范围内的布置宜呈正弦波形态，锚段中部定位点拉出值宜为零。接触线相对受电弓中心线的最大偏移量应小于受电弓工作宽度的 1/2。

（2）在曲线区段，柔性架空接触网应根据曲线半径、超高值、风偏量、接触悬挂跨距等选取拉出值，拉出值方向宜向曲线外布置。

15.3.24 柔性架空接触网锚段长度应根据补偿的接触线和承力索的张力差确定。刚性架空接触网和接触轨的锚段长度，应根据环境温度、载流温升、材料线胀系数、伸缩要求确定。

15.3.25 在柔性架空接触网与刚性架空接触网的衔接处，应设置刚柔过渡设施。

15.3.26 接触网应满足限界要求。车辆基地内架空接触网应设置限界门。

15.3.27 地上区段架空接触网应设置避雷器，其间距不应大于 300 m。在隧道入口和为地上线接触网供电的隔离开关处应设置避雷器。

15.3.28 地上区段架空接触网的架空地线，应每隔 200 m 设置火花间隙；在满足条件时，接触网架空地线也可兼作避雷线。

15.3.29 避雷器与火花间隙的冲击接地电阻不应大于 10 Ω。

15.3.30 固定支持架空接触网的非带电金属体，应与接触网架空地线相连接。接触网架空地线应接至牵引变电所接地装置。

15.3.31 对易受其他机动车辆损伤的支柱，应采取防护措施。

15.3.32 接触网安装形式应满足人防门、防淹门等使用要求。

四、电　缆

15.4.1 系统采用的电力电缆应符合下列规定：

（1）地下线路应采用无卤、低烟的阻燃电线和电缆；

（2）地上线路可采用低卤、低烟的阻燃电线和电缆。

15.4.2 火灾时需要保证供电的配电线路应采用耐火铜芯电缆或矿物绝缘耐火铜芯电缆。

15.4.3 电缆敷设应便于检修维护。电缆在区间及车站内敷设时，各相关尺寸及距离应符合表 15.4.3 的规定。电缆在车辆基地及控制中心建筑物内敷设时，应符合国家现行标准《电力工程电缆设计规范》GB 50217 和《民用建筑电气设计规范》JGJ 16 的有关规定。

表 15.4.3　电缆敷设的各相关尺寸及距离（mm）

名称		电缆通道		电缆沟	
		水平	垂直	水平	垂直
两侧设电缆支架的通道净宽		≥1 000	—	≥300	—
一侧设电缆支架的通道净宽		≥900	—	≥300	—
电缆支架层间距离	电力电缆	—	≥200	—	≥250
	控制电缆	—	≥100	—	120
电缆支架间的距离	电力电缆	1 000	1 500	1 000	—
	控制电缆	800	1 000	800	—
车站站台板下电缆通道净高	地上车站	—	≥1 900	—	—
	地下车站	—	≥1 300	—	—
变电所内电缆夹层板下净高		—	≥1 900	—	—
电力电缆之间的净距		≥35	—	≥35	—

注：电力电缆与控制电缆混敷时，电缆支架之间的距离宜采用控制电缆标准。

15.4.4 中压电缆的中间接头不应设在车站站台板下。

15.4.5 电缆在同一通道中位于同侧的多层支架上敷设时，排列顺序全线应统一，并宜按电压等级由高至低的电力电缆、强电至弱电的控制电缆由上而下顺序排列。当条件受限时，1 kV 及以下电力电缆可与控制电缆敷设在同一层电缆支架上。

15.4.6 同一重要回路的工作与备用电缆，应配置在不同层的支架上。

15.4.7 单洞单线隧道内的电力电缆，宜布置在沿行车方向的左侧。单洞双线隧道内的电力电缆，宜布置在隧道两侧。

注：单洞单线隧道内的电力电缆和控制电缆，一般沿行车方向的左侧敷设，而通信信号电缆则一般沿行车方向的右侧敷设（信号机设置在列车运行方向的右侧），其目的在于减少干扰。

15.4.8 电力电缆与控制电缆沿线路敷设时，应敷设在电缆支架上或电缆沟槽内。

15.4.9 电缆在地上线路采用支架明敷时，宜采取罩、盖等遮阳措施。

15.4.10 电力电缆与通信、信号电缆并行明敷时的间距不应小于 150 mm；电力电缆与通信、信号电缆垂直交叉的间距不应小于 50 mm。

15.4.11 电缆穿越轨道时，可采用轨道下穿硬质非金属管材敷设，也可采用刚性固定方式沿隧道顶部敷设。

15.4.12 电缆在房间内敷设时，宜沿电缆桥架敷设。

15.4.13 直埋电缆进入地铁隧道时，应在隧道外适当位置设置电缆检查井。

15.4.14 金属电缆支架应进行防腐处理，并应有电气连接与接地。

15.4.15 中压交流电力电缆金属层的接地方式及其要求，应符合现行国家标准《电力工程电缆设计规范》GB 50217 的有关规定。

15.4.16 电缆构筑物中电缆引至电气柜、盘或控制屏的开孔部位，电缆贯穿隔墙、楼板的孔洞处，均应实施阻火封堵。

15.4.17 电缆构筑物及管槽的排水，应符合现行国家标准《电力工程电缆设计规范》GB 50217 的有关规定。

五、动力与照明

15.5.1 地铁用电设备的负荷分级应符合下列规定：

（1）下列负荷应为一级负荷：

① 火灾自动报警系统设备、消防水泵及消防水管电保温设备、防排烟风机及各类防火排烟阀、防火（卷帘）门、消防疏散用自动扶梯、消防电梯、应急照明、主排水泵、雨水泵、防淹门及火灾或其他灾害仍需使用的用电设备；通信系统设备、信号系统设备、综合监控系统设备、电力监控系统设备、环境与设备监控系统设备、门禁系统设备、安防设施；自动售检票设备、站台门设备、变电所操作电源、地下站厅站台等公共区照明、地下区间照明、供暖区的锅炉房设备等。

② 火灾自动报警系统设备、环境与设备监控系统设备、专用通信系统设备、信号系统设备、变电所操作电源、地下车站及区间的应急照明为一级负荷中特别重要负荷。

（2）乘客信息系统、变电所检修电源、地上站厅站台等公共区照明、附属房间照明、普通风机、排污泵、电梯、非消防疏散用自动扶梯和自动人行道，应为二级负荷。

（3）区间检修设备、附属房间电源插座、车站空调制冷及水系统设备、广告照明、清洁设备、电热设备、培训及模拟系统设备，应为三级负荷。

（4）车辆基地、控制中心大楼内建筑电气设备的负荷分级，应符合现行行业标准《民用建筑电气设计规范》JGJ 16 的有关规定。

15.5.2 动力照明配电应符合下列规定：

（1）消防及其他防灾用电设备应采用专用的供电回路，消防配电设备应采用红色文字标识。

（2）配电变压器二次侧至用电设备之间的低压配电级数不宜超过三级。

（3）各级配电开关设备宜预留备用回路。

（4）动力照明配电设备宜集中布置。车站应设动力照明配电室，在通风设备容量较大且设备较集中场所及冷冻机房等处，宜设配电室。车辆基地的单体建筑物内用电设备容量较大且在该建筑物内没有降压变电所时，应设配电室。

（5）负荷性质重要或用电负荷容量较大的集中设备应采用放射式配电。

（6）中小容量动力设备宜采用树干式配电。用电点集中且容量较小的次要用电设备可采用链式配电，连接的设备不宜超过 5 台，其总容量不应超过 10 kW。

（7）区间照明电压偏差允许值应为 - 10% ~ + 5%，其他用电设备端子处电压偏差允许值应符合现行国家标准《供配电系统设计规范》GB 50052 的有关规定。

（8）电缆通道应设照明，其电压不应超过 36 V。

（9）容量较大、负荷平稳且经常使用的用电设备，宜单独就地设置无功功率补偿装置。

（10）动力设备及照明的控制可采用就地控制和远方控制。

（11）区间和道岔附近应设置维修用移动电器的电源设施；车站站厅和站台宜设置清扫用移动电器的安全型电源插座。

（12）插座回路应具有漏电保护功能。

15.5.3 车站照明种类可分为正常照明、应急照明、值班照明和过渡照明。

15.5.4 应急照明可包括备用照明和疏散照明，其设置应符合下列规定：

（1）当正常照明失电后，对需要确保正常工作或活动继续进行的场所应设置备用照明。

（2）当正常照明因故障熄灭或火灾情况下正常照明断电时，对需要确保人员安全疏散的场所应设置疏散照明。

15.5.5 当正常交流电源全部退出，地下线路应急照明连续供电时间不应小于 60 min；地上线路及建筑的应急照明供电时间，应符合现行国家标准《建筑防火设计规范》GB 50016 和《高层民用建筑设计防火规范》GB 50045 的有关规定。

15.5.6 地下车站公共区的照明负荷应交叉配电、分组控制。

15.5.7 照明照度标准应符合现行国家标准《城市轨道交通照明》GB/T 16275 和《建筑照明设计标准》GB 50034 的有关规定。

15.5.8 当电气装置采用接地故障保护时，车站、区间、控制中心、车辆基地内的单体建筑等应设置包括建筑物或构筑物结构钢筋在内的总等电位连接。

15.5.9 地上车站与区间、控制中心、车辆基地的建筑物及其他户外设施的防雷设计，应符合现行国家标准《建筑物防雷设计规范》GB 50057 和《建筑物电子信息系统防雷技术规范》GB 50343 的有关规定。

15.5.10 车辆基地的场区和高架桥应采取防雷措施。

15.5.11 动力照明的其他设计要求，应符合国家现行标准《低压配电设计规范》GB 50054、《通用用电设备配电设计规范》GB 50055 和《民用建筑电气设计规范》JGJ 16 的有关规定。

六、电力监控

15.6.1 地铁供电系统应设置电力监控系统。其系统构成、监控对象、功能要求，应根据供电系统的特点、运营要求、通道条件确定。

15.6.2 电力监控系统应包括电力调度系统（主站）、变电所综合自动化系统（子站）及联系主站和子站的专用数据传输通道。

15.6.3 电力监控系统的设备选型、系统容量和功能配置，应满足系统稳定与发展的需要。

15.6.4 当设有综合监控系统时，电力调度系统应集成到综合监控系统中。

15.6.5 电力监控系统的传输通道设计要求，应包括通道的结构形式、主/备通道的配置方式、远动信息传输通道的接口形式和通道的性能要求等。

15.6.6 电力监控系统的功能应满足变电所无人值守的运行要求。

15.6.7 电力监控系统宜采用通信系统的标准时钟信号。

15.6.8 系统功能应包括遥控、遥信、遥测、遥调，并应具备数据传输及处理、报警处理及统计报表、用户画面、自检、维护和扩展、信息查询、安全管理、系统组态、在线检测、时钟同步、培训等功能。

15.6.9 遥控对象应包括下列基本内容：

（1）变电所中压及以上电压等级的断路器、电动负荷开关及系统用电动隔离开关；（2）牵引供电系统直流快速断路器、电动隔离开关；（3）低压配电系统需要远方控制的断路器；（4）跳闸等动作的远动复归、保护及自动装置的投/退。

15.6.10 遥信对象应包括下列基本内容：

（1）遥控对象的位置信号；（2）故障报警及断路器跳闸信号；（3）变电所中压进线电源带电显示信号；（4）所用交、直流设备的电源故障信号；（5）钢轨电位限制装置的动作及自动恢复信号；（6）断路器手车信号；（7）控制转换开关位置信号。

15.6.11 遥测对象应包括下列基本内容：

（1）变电所进线的电压、电流、功率、电能；（2）变电所中压母线电压；（3）牵引直流母线电压；（4）牵引整流机组电流与电能、牵引直流进线及馈线电流；（5）配电变压器电流与电能；（6）所用直流操作电源的母线电压；（7）各种保护动作的幅值；（8）排流时极化电位及最大排流电流；（9）钢轨电位限制装置动作电压及通过的最大电流。

15.6.12 遥调对象宜包括下列基本内容：

（1）有载调压变压器的调压开关；（2）中压和牵引直流继电保护整定值组。

15.6.13 电力监控系统应具备下列基本功能：

（1）遥控可分为选点式、选站式、选线式控制；（2）对供电系统设备运行状态的实时监视和故障报警；（3）对供电系统中主要运行参数的遥测；（4）采用中文的屏幕画面显示、模拟盘显示或其他方式显示；（5）对供电系统故障记录、电能统计等的日报、月报制表打印；（6）系统自检及自动维护功能；（7）主/备通道的切换功能。

15.6.14 主站设备应按双冗余系统的原则进行配置。

15.6.15 子站设备应具备下列基本功能：

（1）远动控制输出；（2）包括数字量、模拟量、脉冲量等现场数据的采集；（3）远动数据传输；（4）可脱离主站独立运行。

15.6.16 子站设备的通信规约应对用户完全开放。

15.6.17 远动数据通道宜采用通信系统的数据通道。

15.6.18 电力监控系统的主要技术指标应符合下列规定：

（1）遥控命令传送时间不应大于 3 s；（2）遥信变位传送时间不应大于 3 s；（3）遥控正确率不应低于 99.9%；（4）遥信正确率不应低于 99.9%；（5）遥信分辨率（子站）不应大于 10 ms；（6）遥测综合误差不应大于 1.5%；（7）站间 SOE 分辨率不应大于 15 ms；（8）双机自动切换时间不应大于 30 s；（9）画面调用响应时间不应大于 3 s；（10）数据传输通道通信传输速率不应低于 100 Mb/s；（11）设备平均无故障工作时间不应低于 20 000 h；（12）设备平均修复时间不应多于 1 h。

七、杂散电流防护与接地

15.7.1 杂散电流腐蚀防护的原则应为抑制杂散电流产生，并应减少杂散电流向地铁外部扩散。

15.7.2 对杂散电流及防护对象应进行自动监测。

15.7.3 无砟道床中应设置排流钢筋网，并应与其他结构钢筋、金属管线、接地装置非电气连接。不应利用结构钢筋作为排流网。

15.7.4 对有砟道床应采取加强杂散电流腐蚀防护的措施。

15.7.5 牵引变电所应设置杂散电流监测及排流设施，应根据杂散电流的监测情况，决定是否将排流设施投入使用。

15.7.6 上、下行轨道间应设置均流线，均流线间距不宜大于 600 m。

15.7.7 均流线具体位置应与信号、轨道专业共同确定，且每处不应少于两根电缆。

15.7.8 兼作回流的走行轨与隧洞主体结构（或大地）之间的过渡电阻值，以及杂散电流腐蚀防护的其他要求，应符合现行行业标准《地铁杂散电流腐蚀防护技术规程》CCJ 49 的有关规定。

15.7.9 供电系统中电气装置与设施的外露可导电部分除有特殊规定外均应接地。

15.7.10 当供电系统与其他系统共用接地装置时，其接地电阻不应大于接入设备中要求的最小值。

15.7.11 变电所接地装置应能降低接触电位差和跨步电位差，并应符合现行行业标准《交流电气装置的接地设计规范》GB/T 50065 的有关规定。

15.7.12 变电所应利用车站结构钢筋或变电所结构基础钢筋等自然接地极作为接地装置，并宜敷设以水平接地极为主的人工接地网。自然接地装置和人工接地网间应采用不少于两根导体在不同地点相连接。自然接地极与人工接地网的接地电阻值应能分别测量。

15.7.13 接地装置至变电所的接地线的截面，不应小于系统中的保护地线截面的最大值。

15.7.14 配电变压器低压侧中性点应直接接地。

15.7.15 直流牵引供电系统应为不接地系统，牵引变电所中的直流牵引供电设备必须绝缘安装。

注：为减少直流杂散电流泄漏，并防止结构主体钢筋因杂散电流腐蚀而产生安全隐患，做此规定。直流牵引供电系统采用不接地系统，变电所直流牵引供电设备采用绝缘安装，有利于结构主体钢筋腐蚀防护，同时保障地铁沿线其他市政金属管线的安全。

15.7.16 正常双边供电运行时，站台处走行轨对地电位不应大于 120 V，车辆基地库线走行轨对地电位不应大于 60 V。当走行轨对地电压超标时，应采取短时接地措施。

注：为了防止走行轨对地电压异常而使车站内乘客上下车时产生电击伤害；也为了避免车辆基地电化库内走行轨对地电位较高产生放电而对维护人员产生心理影响；并有利于减少牵引变电所的分布数量，故作此规定。

条文中提出的走行轨对地电压不大于 120 V 或 60 V 是基于 IEC 标准《Railway applications-Fixed installations-Part1：Protective provisions relating to electrical safety and earthing》IEC 62128-1：2003 第 7.3 条的部分内容。

正常运行方式，因不明原因造成走行轨对地电压超标或非正常运行方式下，走行轨对地电位超标，可能对乘客上下车产生电击伤害时，应采用短时接地措施，以保证人身安全。但接地措施的实施将造成杂散电流的腐蚀影响。

第七节　监控系统

一、火灾自动报警系统

19.1 一般规定

19.1.1 车站、区间隧道、区间变电所及系统设备用房、主变电所、集中供冷站、控制中心、车辆基地，应设置火灾自动报警系统（FAS）。

19.1.2 火灾自动报警系统的保护对象分级应根据其使用性质、火灾危险性、疏散和扑救难度等确定，并应符合下列规定：

（1）地下车站、区间隧道和控制中心，保护等级应为一级；（2）设有集中空调系统或每层封闭的建筑面积超过 2 000 m^2，但面积不超过 3 000 m^2 的地面车站、高架车站，保护等级应为二级，面积超过 3 000 m^2 的保护等级应为一级。

19.1.3 火灾自动报警系统的设计除应符合本规范的规定外，尚应符合现行国家标准《火灾自动报警系统设计规范》GB 50116 的有关规定。

19.2 系统组成及功能

19.2.1 火灾自动报警系统应具备火灾的自动报警、手动报警、通信和网络信息报警，并应实现火灾救灾设备的控制及与相关系统的联动控制。

19.2.2 火灾自动报警系统应由设置在控制中心的中央级监控管理系统、车站和车辆基地的车站级监控管理系统、现场级监控设备及相关通信网络等组成。

19.3 消防联动控制

19.3.1 消防联动控制系统应实现消火栓系统、自动灭火系统、防烟排烟系统，以及消防电源及应急照明、疏散指示、防火卷帘、电动挡烟垂帘、消防广播、售检票机、站台门、门禁、自动扶梯等系统在火灾情况下的消防联动控制。

注：消防联动是地铁火灾情况下，有效地组织各个设备系统实施灭火、人员疏散的重要手段。本条规范明确地铁涉及灭火、排烟、疏散、应急照明的设施均应在火灾情况下实现消防联动控制。消火栓系统联动是指采用消防泵加压的消火栓。疏散动态指示标识应在设备明确、可靠的前提下可实现消防联动控制。

19.3.2 消火栓系统的控制应符合下列要求：

（1）应控制消防泵的启、停；（2）车站综控室（消防控制室）应能显示消防泵的工作、故障和手/自动开关状态、消火栓按钮工作位置，并应实现消火栓泵的直接手动启动、停止；（3）车站级火灾自动报警系统应控制消防给水干管电动阀门的开关，并应显示其工作状态；（4）设消防泵的消火栓处应设消火栓启泵按钮，并可向消防控制室发送启动消防泵的信号。

19.3.3 车站火灾自动报警系统应显示自动灭火系统保护区的报警、喷气、风阀状态，以及手/自动转换开关所处的状态。

19.3.4 防烟、排烟系统的控制应符合下列规定：

（1）应由火灾自动报警系统确认火灾，并应发布预定防烟、排烟模式指令；（2）应由火灾自动报警系统直接联动控制，也可由环境与设备监控系统或综合监控系统接收指令对参与防、排烟的非消防专用设备执行联动控制；（3）环境与设备监控系统或综合监控系统接收火灾控制指令后，应优先进行模式转换，并应反馈指令执行信号；（4）火灾自动报警系统直接联动的设备应在火灾报警显示器上显示运行模式状态。

19.3.5 车站火灾自动报警系统对消防泵和专用防烟、排烟风机，除应设自动控制外，尚应设手动控制；对防烟、排烟设备还应设手动和自动模式控制装置。

19.4.5 地下车站的站厅层公共区、站台层公共区、换乘公共区、各种设备机房、库房、值班室、办公室、走廊、配电室、电缆隧道或夹层，以及长度超过 60 m 的出入口通道，应设置火灾探测器。

19.4.6 地面及高架车站封闭式的站厅、各类设备用房、管理用房、配电室、电缆隧道或夹层，应设置火灾探测器。

19.4.7 控制中心和车辆基地的车辆停放车间、维修车间、重要设备用房、可燃物品仓库、变配电室，以及火灾危险性较大的场所，应设置火灾探测器。

19.4.8 设气体自动灭火的房间应设置两种火灾自动报警探测器。

19.4.9 设置火灾探测器的场所应设置手动报警装置。

注：本条对火灾自动报警系统中的手动触发装置做了规定。条文实际规定设计火灾自动报警系统时，自动和手动两套触发装置应同时设置。也就是说在火灾自动报警系统中设置火灾探测器的同时，还应设置一定数量的手动火灾报警按钮。目的是进一步提高火灾自动报警系统的可靠性和报警的准确性。

19.4.10 地下区间隧道、长度超过 30 m 的出入口通道应设置手动报警按钮。区间手动报警按钮设置位置宜与区间消火栓的位置结合设置。

19.4.11 乘客活动的公共区域不宜设置警报音响，办公区走廊应设置警铃。

19.5 消防控制室

19.5.1 火灾自动报警系统中央级监控管理系统应设置在控制中心调度大厅内，并宜靠近行车调度。

19.5.2 车站消防控制室应与车站综合控制室结合设置。消防控制室应设置火灾报警控制器、消防联动控制器、消防控制室图形显示装置。

注：地铁车站综合控制室是车站运营、调度指挥的设施集中和人员值守场所，车站消防控制室与之合设，才能实现车站地铁各系统的协调运作，方便救援指挥，因此做出本条规定。

19.5.3 换乘车站的消防控制室宜集中设置。按线路设置的消防控制室之间应能相互传输、显示状态信息，但不宜相互控制。

注：换乘车站的换乘方式有多种形式，对于采取同站台换乘等形式的换乘车站，建议采用集中控制室。对于采取通道换乘等形式的换乘车站，可按线路独立设置，但应保证两个消防控制室的信息能够互通。换乘站消防控制室也应结合换乘站综合控制室设置方式，并与之结合设置。

19.5.4 消防控制室应能监控保护区域内的火灾探测报警及联动控制系统、消火栓系统、自动灭火系统、防烟排烟系统、防火门与卷帘系统、消防电源、消防应急照明与疏散指示系统、消防通信等各类消防系统和系统中的各类消防设施，并应显示各类消防设施的动态信息和消防管理信息。

19.5.5 消防控制室应能控制火灾声或光警报器的工作状态。

19.6 供电、防雷与接地

19.6.1 火灾自动报警系统应设有主电源和直流备用电源；主电源的负荷等级应为一级。

19.6.2 火灾自动报警系统直流备用电源宜采用专用蓄电池或集中设置的蓄电池组供电，其容量应保证主电源断电后连续供电 1 h。采用集中设置蓄电池时，火灾报警控制器供电回路应单独设置。

19.6.3 火灾自动报警系统图形显示装置、消防通信设备等的电源，宜由 UPS 电源装置或蓄电池型应急控制电源系统供电。

19.6.4 消防用电设备应采用专用的供电回路，其配电线路和控制回路宜按防火分区划分。

19.6.5 火灾自动报警系统接地装置的接地电阻值，应符合下列要求：

（1）采用综合接地装置时，接地电阻值不应大于 1 Ω；（2）采用专用接地装置时，接地电阻值不应大于 4 Ω。

19.6.6 火灾自动报警系统应设置等电位连接网络。电气和电子设备的金属外壳、机柜、机架、金属管、槽、浪涌保护器（SPD）接地端等，均应以最短的距离与等电位连接网络的接地端子连接。

二、综合监控系统

20.1 一般规定

20.1.1 地铁宜设置综合监控系统（ISCS），并应满足行车指挥、防灾安全和乘客服务等现代运营管理需要。

20.1.2 综合监控系统宜为实时监控与事务数据管理相结合的系统。

20.1.3 综合监控系统应采用集成和互联方式构成，并应将电力监控、环境与设备监控和站台门控制等系统集成到综合监控系统，同时宜将广播、视频监控、乘客信息、时钟、自动售检票、门禁等系统与综合监控系统互联，也可互联防淹门、通信系统集中告警等监控信息。

注：所谓对子系统集成，是指将接入子系统的全部信息都由综合监控系统传输，子系统车站级和中央级功能由综合监控系统实现。子系统没有自己的单独的信息传输网络。

所谓对子系统互联，则是被联子系统具有自己单独的信息传输网络，是独立系统。但综合监控系统与它在不同的网络级别接口，接入综合监控系统所需的信息，实现对这些子系统的监控功能。

20.1.4 综合监控系统可集成或互联列车自动监控（ATS）和火灾自动报警等系统；当集成 ATS 时，可建成以行车指挥系统为核心的综合监控系统。

注：目前，各地的综合监控系统集成范围主要包括变电所自动化系统（PSCADA）、火灾报警系统（FAS）和机电设备监控系统（EMCS）等；而互联系统主要包括广播（PA）、闭路电视（CCTV）、自动售检票（AFC）、信号（SIG）等系统。在具体实施时，可根据各地的运营管理需求，做调整。

20.1.5 综合监控系统应为线网运营控制中心提供有关信息。

20.2 系统设置原则

20.2.1 综合监控系统的构建应以运营管理需求为基础。

20.2.2 综合监控系统宜设置中央级综合监控系统和车站/车辆基地级综合监控系统，并应通过网络设备将全线各车站/车辆基地级综合监控系统与中央级综合监控系统连接构成完整的综合监控系统；现场级应由被集成或互联的子系统现场设备组成。

20.2.3 中央级综合监控系统应设置冗余局域网，车站/车辆基地综合监控系统宜设置冗余局域网。

20.2.4 车站控制室应设置综合监控系统综合后备盘；综合后备盘面的设置应根据设备故障或火灾等情况下功能的重要性及车站控制室工作人员位置由近及远设置。

20.7.2 综合监控系统供电应符合下列规定：

（1）供电负荷等级应为一级负荷；（2）综合监控系统宜选用不间断电源（UPS）设备和免维护蓄电池设备。控制中心、车站综合监控设备的 UPS 电池后备时间应相同，其供电时间不宜小于 1 h。

20.7.3 综合监控系统设备的接地系统应符合下列规定：

（1）综合监控系统设备室内应设综合接地箱；综合监控系统应接入综合接地系统弱电母排，接地电阻不应大于 1 Ω；（2）计算机设备宜根据相应产品或系统的要求一点接地或浮空，现场机柜应接地。

20.7.4 综合监控系统设备用房设置应符合下列规定：

（1）综合监控设备用房面积应留有适当余量；（2）综合监控设备用房环境应满足设备运用的要求，并应符合现行国家标准《电子信息系统机房设计规范》GB 50174 的有关规定。

三、环境与设备监控系统

21.1 一般规定

21.1.1 环境与设备的监控应针对地铁系统的特点、线路敷设方式和所属地域的气候条件设置相应的环境与设备监控系统（BAS）。

注：针对全封闭地铁的特点，为确保车站、区间、车辆段（场）、控制中心、主变电站等场所安全运行，应设置环境与设备监控系统（BAS），对车站、区间等机电设备进行实时监控；为阻塞工况、火灾紧急工况等提供模式控制；为保证机电设备正常、节能运行提供必要监控条件。

21.1.2 环境与设备监控系统的监控范围应包括车站、区间，也可包括控制中心及车辆基地。被监控的对象应包括车站通风、空调与供暖设备、隧道通风设备、给排水设备、自动扶梯及电梯、站台门及防淹门、照明和导向系统、车站应急照明电源、车站环境参数等。

21.1.3 环境与设备监控系统的设置应遵循分散控制、集中管理、资源共享的基本原则。

21.1.4 环境与设备监控系统应按全线车站及区间同一时间只发生一次火灾的原则设定救灾模式，换乘站也应按同一时间只发生一次火灾的原则设定救灾模式。

21.2 系统设置原则

21.2.1 环境与设备监控系统应按独立设置的原则编制。

21.2.2 环境与设备监控系统应采用分层、分布式计算机控制系统，并应由中央监控管理级、车站监控级、现场控制级及相关通信网络组成。

注：从系统功能分析，BAS 应具有中央和车站两级监控信息管理，中央、车站、现场（就地）三级控制功能；从系统结构分析，由中央、车站、现场控制级三层结构组成；从控制中心的角度看，整个系统是一个 SCADA 系统，一个中心主站面对多个车站从站；从车站角度看，一个车站系统是具备本地规模的自动化系统，汇集本车站内各主控制器等现场设备的数据。通信网络包括中央级管理网（一般采用工业以太网），车站级至中央级通信传输网（利用通信传输系统提供的逻辑独立传输通道或独立组建工业以太网），车站级监控网（一般采用工业以太网），现场级控制网（一般采用工业总线），将分层分布式计算机监控系统有机组成完整的环境与机电设备监控系统。

21.2.3 当设置综合监控系统时，环境与设备监控系统应在车站级由综合监控系统集成，环境与设备监控系统车站及中央级监控功能应由综合监控系统实现。

21.2.4 环境与设备监控系统和火灾自动报警系统之间应设置通信接口；火灾工况应由火灾自动报警系统发布火灾模式指令，环境与设备监控系统应优先执行相应的控制程序。

注：火灾自动报警控制盘（FACP）与 BAS 的主控制器间设置 RS485 串行通信接口。当车站发生火灾时，车站级 FAS 探测火灾发生的具体位置，并发布相应火灾模式指令至 BAS，BAS 优先执行相应的控制程序，保证防排烟及其他相关设备及时进入排烟救灾状态，避免灾情扩大，尽量减小人身和财产损失。

21.2.5 防烟、排烟系统与正常通风系统合用的设备，在火灾情况下应由环境与设备监控系统统一监控。

注：地铁车站空调通风兼备火灾排烟功能的风机设备，模式控制应由 BAS 执行，以保证同一被控设备控制指令的唯一性，避免火灾紧急情况控制方式的转换；对于专用排烟风机设备，由 FAS 直接控制。

21.2.6 环境与设备监控系统监控对象应包括下列系统和设备：

（1）通风、空调与供暖系统；（2）给水与排水系统；（3）应急电源（EPS）及不间断电源（UPS）系统；（4）照明系统；（5）乘客导向标识系统；（6）自动扶梯、电梯设备；（7）站台门、防淹门系统等；（8）温、湿度等环境参数的监测等。

21.3 系统基本功能

21.3.1 环境与设备监控系统应具备下列功能：

（1）车站及区间机电设备监控；（2）执行防灾及阻塞模式；（3）车站环境监测；（4）车站环境和设备的管理；（5）系统用能计量；（6）设备节能运行管理与控制；（7）系统维护。

21.3.2 车站及区间机电设备的监控应具备下列功能：

（1）中央和车站两级监控管理；（2）环境与设备监控系统控制指令应能分别从中央工作站、车站工作站和车站综合后备盘人工发布或由程序自动判定执行，并具有越级控制功能；（3）用户权限管理。

21.7 布线及接地

21.7.1 地下车站及区间环境与设备监控系统采用的电缆应符合本规范第 15.4.1 条的规定。

21.7.2 环境与设备监控系统管线布置应具有安全可靠性、开放性、灵活性及可扩展性。

21.7.3 环境与设备监控系统的传输线路和 50 V 以下供电的控制线路，应采用电压等级不低于交流 250 V 的铜芯绝缘导线或铜芯电缆；220 V/380 V 的供电和控制线路应采用电压等级不低于交流 500 V 的铜芯绝缘导线或铜芯电缆。

21.7.4 环境与设备监控系统传输线路的线芯截面选择，除应满足环境与设备监控系统设备技术条件的要求外，尚应满足机械强度的要求。

21.7.5 环境与设备监控系统布线应避免周围环境电磁干扰的影响。

21.7.6 环境与设备监控系统的信号线与电源线不应共用电缆，并不应敷设在同一根金属套管内。

注：BAS的电源线与信号线分别隔离设置，以避免电源线与信号线相互间的干扰，即线间耦合干扰。避免信号产生误差或失效。

21.7.7 采用屏蔽布线系统时，应保持系统中屏蔽层的连续性。

21.7.8 环境与设备监控系统的电缆屏蔽层宜采用一点接地。

21.7.9 环境与设备监控系统现场机柜均应可靠接地。

注：BAS系统设备功能性接地（工作接地）分为逻辑接地、屏蔽接地、信号回路接地和仪表接地；保护性接地包括防雷接地、防静电接地、防电蚀接地。

21.7.10 环境与设备监控系统的控制器和计算机设备宜根据相应产品或系统的要求，设置功能性接地和保护性接地。

21.7.11 接地电阻不应大于1 Ω。

四、乘客信息系统

22.1 一般规定

22.1.1 地铁应设置乘客信息系统（PIS），并应保证乘客在乘车过程中能够及时获取相关信息。

22.1.2 乘客信息系统应具有安全性、可靠性、可扩充性和使用灵活性，并应做到技术先进、经济合理、简洁实用。

22.1.3 乘客信息系统应具有完备的信息处理能力，并应通过系统外部接口进行数据交换及将获得的数据经系统处理后，向乘客提供信息服务。

22.1.4 乘客信息系统终端显示设备宜采用平板显示器、多媒体触摸屏等向乘客提供信息服务。

22.1.5 乘客信息系统终端显示设备应设置于车站的站厅、站台、进站口、出站口、出入口通道、换乘通道，以及车辆的客室内等公共区域。

22.1.6 乘客信息系统除应提供运营相关信息外，尚宜提供新闻、天气预报、道路交通等公共信息及公益广告等信息。

22.2 系统功能

22.2.1 乘客信息系统宜具有乘客被动式多媒体导乘信息获取主动式多媒体咨询、查询的服务功能。

22.2.2 乘客信息系统应具备全数字传输功能，信息采集、传输、显示宜采用全数字的方式。

22.2.3 乘客信息系统应支持文字、图片、视频信息等媒体格式。

22.2.4 乘客信息系统对于预制信息应具备根据节目列表定时自动播出功能；对于来自外部接口直播的视频信息，应具备自动延时缓存播出的功能。

22.6 布线

22.6.1 乘客信息系统的数据线与电源线不应共用电缆，并不应敷设在同一根金属套管内。

22.6.3 数据线应采用无卤、低烟的阻燃屏蔽电缆。

第八节　其他设施

一、门　禁

23.1 一般规定

23.1.1 地铁涉及安全的重要设施的通道门、系统和设备用房门及管理用房门应设门禁。

注：地铁涉及安全的重要设施（控制中心、车站、车辆基地、主变电所等）人员出入使用频繁的通道门、系统和设备用房门及管理用房门或涉及安全的门，应实现自动化安全监控和管理，应设门禁系统，也可称为出入口控制系统（简称 ACS）。

23.1.2 门禁系统应具有出入口监控和安全管理等功能，也可根据运营管理的需要设置其他功能。

23.1.3 门禁系统构成、设备配置和布置，应与运营管理模式相适应。

23.1.4 线网内门禁系统宜实现统一授权管理，并应遵循统一的系统标准。

注：在线网形成，换乘车站及线路之间共用和共享设施越来越多的情况下，线网内门禁系统应实现统一授权管理和安全监控管理，并应遵循统一的系统标准和接口标准。授权安全等级应符合下列规定：

一级为线网级，为最高权限，可以进入线网所有的设备和管理用房及通道门；

二级为线路级，可以进入某条线路内所有的设备和管理用房及通道门；

三级为车站级，可以进入车站所有的设备和管理用房及通道门；

四级为专业或部门级，可以进入全线或部门所有相同性质的设备或管理用房及通道门；

五级为个人级，只能进入车站或公司个人的办公管理用房及通道门。

23.1.5 门禁系统应按集中管理、分级控制的方式设计。应统一管理合法持卡人的访问权限，可根据需要设置线网中央级系统、线路中央级系统和车站级系统三级监控管理系统，或线网（含线路）中央级系统和车站级系统两级监控管理系统，并宜根据运营管理的需要集中设置授权工作点。

23.1.6 门禁系统规模应与线网规划相适应，并应确定线路、车站和监控对象的数量，以及监控对象的安全等级、授权人数及发卡量，并应留有余量。

23.1.7 设有门禁装置的通道门、设备及管理用房门的电子锁，应满足防冲撞和消防疏散的要求。电子锁应具备断电自动释放功能，设备及管理用房门电子锁还应具备手动机械解锁功能。

注：地铁设置门禁是保证地铁设施日常工作环境安全以及运营安全的需要，因此门禁系统应具备一定的防冲撞的安全防护要求；为确保灾害时财产安全及消防疏散安全，规定门禁装置的电子锁均应具备断电自动释放功能。根据使用性质和管理要求的不同，通常地铁车站设备管理区的通道门可考虑采用磁力锁，确保紧急情况下断电时的可靠释放；设备及管理用

房可考虑采用机电一体锁（电控插芯锁），并能在必要情况下可在门外使用钥匙、门内使用执手开启房门实现紧急逃生，以避免因不利于疏散而造成重大人身伤害。

23.1.8 门禁系统应实现与火灾自动报警系统的联动控制。车站控制室综合后备控制盘（IBP）上应设置门禁紧急开门控制按钮，并应具备手动、自动切换功能。

注：门禁系统应与火灾自动报警系统实现联动，使火灾发生的时候能够及时控制，避免和减少公共财产损失和对人身的伤害。在出现火灾的情况下，可实现人工或自动按照既定的模式对通道门、设备及管理用房门进行开放，便于人员疏散和灭火工作的展开；火灾或紧急情况下门禁系统的开放应根据实际情况进行，原则上设备管理区公共通道门、有人长期值守的设备、管理用房应处于开放状态，存有现金、票证、重要的设备用房以及正在实施自动灭火的房间不宜进行开放。当操作终端出现故障时作为后备手段，在车站控制室综合后备控制盘（IBP）上应设门禁系统紧急开门控制按钮，为防止误动作和便于管理，IBP 盘上还应设置联动的手动、自动切换开关。紧急开门控制按钮应能可靠地切断门禁电子锁的电源，当电子锁设有备用电源（UPS）时，也应一并切除。

23.1.9 车站级以下系统和设备应按工业级标准进行设计，并应满足地铁车站环境的要求。

23.1.10 门禁系统宜采用员工卡作为授权卡。

23.1.11 门禁系统应实现线网、线路和车站内的时钟同步。

23.2 安全等级与监控对象

23.2.1 系统设计应明确监控管理的对象和安全等级。

23.2.2 各安全等级的配置应符合下列规定：

（1）一级应设双向读卡器，进门侧应设密码键盘或其他识别装置，并应与闭路电视监控系统联动监控；

（2）二级应设双向读卡器，进门侧应设密码键盘或其他识别装置；

（3）三级应设双向读卡器或设单向读卡器，进门侧应设密码键盘或其他识别装置；

（4）四级应设单向读卡器。

23.2.3 控制中心监控对象应包括重要的系统和设备用房、管理用房及通道的门；进入中央控制室的通道门应设一级门禁。

23.2.4 车站监控包括的对象应符合下列规定：

（1）设备用房应包括通信设备室、信号设备室、供电和低压配电设备室、综合监控设备室、自动售检票设备室、站台门设备室、应急照明设备室、自动灭火设备室、环控电控室、通风空调机房和消防泵房等；

（2）管理用房应包括车站控制室、站长室、站务室等；票务管理室应设不低于二级安全等级的门禁；

（3）通道门应包括设备管理区直通地面的紧急疏散通道门、设备管理区直通公共区的通道门等；设备管理区直通隧道区间的通道门应设三级安全等级的门禁。

23.2.5 车辆基地监控对象应包括通信设备室、信号设备室、供电和低压配电设备室、综合监控设备室、消防控制室、自动售检票维修及重要的管理用房等。

23.2.6 主变电所监控对象宜包括通道门、设备房和控制室等；无人值班的主变电所的通道门宜设一级安全等级的门禁。

23.2.7 其他监控对象宜包括档案库房、财务室（库房）、材料库房、培训设备室、重要维修和测试设备用房。

23.2.8 门套门可只在一个门上设置门禁；当一个房间有多个门时，可只在一个常用门处设置门禁。

23.6 系统接口

23.6.1 门禁系统应具有与通信、综合监控（或安防）、火灾自动报警、低压配电等系统及建筑专业的接口等功能。

注：（1）门禁系统应实现与通信、综合监控或安防、火灾自动报警、低压配电等系统及建筑专业的接口等功能。门禁系统采用员工卡作为授权卡，若有编码要求，应向自动售检票系统提出。

（2）车站级门禁系统的紧急按钮由综合监控系统集成到车站控制室综合监控系统综合后备盘上。门禁系统在车站与车站级综合监控系统的IBP盘具有接口；车辆段和控制中心的控制室或消防控制室可以参照设计。

（3）全线应尽量统一并减少门的种类，应将门禁电子锁的安装要求提交建筑专业，建筑专业应将门禁电子锁的安装要求，落实到门体生产厂。

23.6.2 门禁系统和设备应按一级负荷供电；系统接地应接入综合接地网，接地电阻不应大于1 Ω。

二、运营控制中心

24.1 一般规定

24.1.1 地铁应建立运营控制中心（OCC）。

24.1.2 控制中心可监控管理单条或多条地铁线路，建设模式和规模依据地铁线网的总体规划和线路的具体情况进行设置。

24.1.3 控制中心的位置宜靠近地铁线路和车站、接近监控管理对象的中心地带及方便运营管理的区域。

24.1.4 控制中心应避开高温、潮湿、烟气、多尘、有毒、腐蚀等气源和污染源；应避开易燃、易爆、噪声和振动源；应避开强电磁干扰源等，并应设于污染源的上风向，同时应利用有利的地形和环境或采取相应的设施隔离。

24.1.5 控制中心应具备行车调度、电力调度、环境与设备调度、防灾指挥、客运管理、乘客信息管理、设备维修及信息管理等运营调度和指挥功能，并应对地铁运营的全过程进行集中监控和管理。

24.1.6 控制中心应兼作防灾和应急指挥中心，并应具备防灾和应急指挥的功能。

24.1.7 控制中心应具有高度的安全性和可靠性，并宜设置为独立建筑；与其他用途的建筑合建时，应设独立的进出口通道，并应确保控制中心用房的独立性和安全性。

24.1.8 多线路控制中心应防范同时失效的风险隐患，当风险防范、控制和隔离困难时，宜采取异地灾备措施，灾备中心系统设备和用房及相关设施可按满足行车指挥的最小需求配置。

24.5 供电、防雷与接地

24.5.1 控制中心宜单独设置降压变电所，降压所内应设两台动力变压器，分别引入两路相对独立的电源供电，并应满足控制中心一、二、三级负荷的需要；当一台变压器退出运行时，另一台变压器可至少满足全部一、二级负荷的需要。

注：控制中心内通信、信号、综合监控［或电力监控、火（防）灾自动报警、环境与设备监控］、自动售检票、自动灭火等系统设备用电，以及中央控制室和重要设备房照明、应急照明、防排烟设备用电应纳入一类负荷；空调水系统为二类负荷；其他为三类负荷。

24.5.2 控制中心防雷接地应符合现行国家标准《建筑物防雷设计规范》GB 50057 的有关规定，其防护类别不应低于第二类防雷建筑物。

24.5.3 控制中心应设统一的强、弱电系统综合接地极，总的接地电阻不应大于 1 Ω，并应满足各系统总的散流要求。

三、站台门

26.1 一般规定

26.1.1 新建线路的车站宜设站台门，并应具备安装站台门系统的接口条件。

26.1.2 站台门系统应由门体、门机、电源及控制四部分组成。

26.1.3 站台门的类型应根据气候环境条件、车站建筑形式、服务水平、通风与空调制式等因素综合选定。

26.1.4 站台门系统的设计应遵循安全、可靠、可维护、可扩展的原则。

26.1.5 站台门在设计荷载作用下应符合本规范第 5 章的有关规定。

26.1.6 站台门系统主要装置应便于在站台侧进行维护、维修。

26.1.7 站台门不得作为防火隔离装置。

注：传统站台门门体材质采用普通安全玻璃和钢材，门扇采用隐框结构，门框和玻璃之间采用密封胶黏结，并设置有橡胶和毛刷，因此不具备作为防火隔离设施的条件。

26.1.8 地下车站站台门系统的绝缘材料、密封材料和电线电缆等应采用无卤、低烟的阻燃材料；地面和高架车站站台门系统的绝缘材料、密封材料和电线电缆等应采用低卤、低烟的阻燃材料。

注：站台门系统中的绝缘地板、滑动门上的防夹胶条、站台门上下部的绝缘材料、门体上的密封胶条或密封胶、电缆及其他非金属材料应采用无卤、低烟且不含放射性的阻燃材料，以避免在火灾情况下产生有害气体，对乘客造成更大的伤害。

26.1.9 站台门系统的配置及控制模式宜与车站其他系统相结合，并应满足各种运营模式的要求。

26.1.10 站台门设置区域不宜有变形缝；站台门跨越变形缝时，其门体结构应采取相应的构造措施。

26.1.11 站台门电气控制设备的防护等级应与环境条件相适应。

26.1.12 站台门的整体钢结构的使用寿命不应少于30年。

26.1.13 站台门系统应满足电磁兼容性要求。

26.1.14 站台门系统应具备与信号、综合监控（或环境与设备监控）、车辆、低压配电等系统的接口条件。

26.5 供电与接地

26.5.1 站台门系统应按一级负荷供电。驱动电源和控制电源供电回路宜相互独立。

注：站台门为到站列车提供乘客进出站台的通道，其电源应为一级负荷，以提高站台门系统运行的可靠性。站台门驱动电源为门控单元和门机供电，控制电源为PSC、IBP、接口继电器等供电，分开设置便于减小相互间的干扰和影响，如驱动电源故障后，控制电源还可保证PSC等设备继续运行，进行监视系统数据查询等。采用“宜”是考虑从整个屏蔽门系统的运营属性来说，驱动电源故障后，屏蔽门停止运行，控制电源有无作用不大，因此根据工程考虑也可将驱动电源、控制电源合并设置。

26.5.2 站台门驱动后备电源储能，应能满足在30 min内至少完成开、关滑动门三次循环的需要。

注：为保证站台门的状态在失电情况下能够监控，保证控制系统后备电源的独立性，控制系统及驱动系统后备电源应分开设置。实际建设时结合工程和实际运营情况，也可考虑在确保后备电源容量足够且相互无干扰的情况下将控制系统及驱动系统后备电源合并设置。

26.5.3 站台门系统控制电源模块宜采用冗余配置。

26.5.4 驱动电源、控制电源与外电源的隔离阻抗不应小于5 MΩ。

26.5.5 站台门配电电缆、控制电缆的线槽应相互独立。

26.5.6 站台门设备室设备应采用综合接地，接地电阻不应大于1 Ω。

26.5.7 站台门与列车车厢宜保持等电位，当与钢轨有连接需求时，等电位要求应符合下列规定：

（1）站台门与钢轨应采用单点等电位连接，门体与钢轨连接等电位电阻值不应大于0.4 Ω。

（2）正常情况下人体可触及的站台门金属构件应与车站结构绝缘，门体与车站结构之间的绝缘电阻不应小于0.5 MΩ。每侧站台门应保持整体等电位。

26.5.8 当站台门与列车车厢无等电位要求时，站台门应通过接地端子接地，接地电阻不应大于1 Ω。

四、车辆基地

27.1.1 车辆基地设计应包括车辆段（停车场）、综合维修中心、物资总库、培训中心和其他生产、生活、办公等配套设施。

27.2.1 车辆段与停车场的功能与设置应符合下列要求：

（1）车辆段可根据其作业范围分为大、架修段和定修段，大、架修段应承担车辆的大修和架修及其以下修程作业；定修段应承担车辆的定修及其以下修程作业；

（2）停车场应主要承担列检和停车作业，必要时可承担双周/三月检及临修作业。

27.6.1 综合维修中心应满足全线线路、路基、轨道、桥梁、涵洞、隧道、房屋建筑和道路等设施的维修、保养，以及供电、通信、信号、机电设备和自动化设备的维修及检修工作的需要。

27.6.3 综合维修中心根据其规模和工作范围可分为维修中心、维修工区和维修组。维修中心宜设于车辆段级的基地内，可分别在相关的停车场设维修工区或维修组。维修工区和维修组应按隶属于维修中心管理设计。

27.6.4 维修中心宜根据各专业的性质分设工务与建筑、供电、通信与信号、机电和自动化等车间。

27.6.8 轨道检测车、接触网检修车、磨轨车和轨道车等大型工程车辆，应按资源共享原则配备。

27.7.1 地铁系统应设物资总库，物资总库应承担地铁系统材料、配件、设备和机具及劳保用品等的采购、存放、发放任务和管理工作。

27.7.2 物资总库宜设在大、架修车辆段内，可在定修段或停车场内分别设物资分库或材料库。

27.8.1 培训中心应负责组织和管理职工的技术教育和培训工作，一个地铁系统应只设一个培训中心，需要时经论证可对培训中心补强或增设第二培训中心。

27.8.2 培训中心宜设于车辆基地内，对职工的实作操作培训宜利用车辆基地的既有设施，生活设施应利用车辆基地的设施。

27.9.1 车辆基地内应设救援办公室，并应配备相应的救援设备和设施。救援办公室应受地铁控制中心指挥。

27.9.2 救援办公室应设置值班室。值班室应设电钟、自动电话和无线通信设备，以及直通地铁控制中心的防灾调度电话。

综合练习

一、单项选择题

1. 地铁工程的设计年限初期可按建成通车后第（　　）年确定，近期应按建成通车后第（　　）年确定，远期应按建成通车后第（　　）年确定。

A. 3，10，20　　B. 5，10，15　　C. 3，10，25　　D. 5，10，25

2. 地铁的主体结构工程设计使用年限不应低于（　　）年。

A. 30　　B. 50　　C. 80　　D. 100

3. 地铁远期高峰时段列车最小运行间隔不宜大于（　　）min，平峰时段最大运行间隔不宜大于（　　）min。

A. 1，5　　B. 2，10　　C. 2，6　　D. 5，10

4. A 型车的受电弓工作高度为（　　）mm。

A. 3 180 ~ 4 500　　B. 3 980 ~ 5 800　　C. 3 980 ~ 5 500　　D. 3 580 ~ 6 500

5. 地铁列车受电弓的静态压力应为（　　）。

A. 70 ~ 140 N　　B. 60 ~ 160 N　　C. 120 ~ 180 N　　D. 100 ~ 200 N

6. 地铁列车受流器的静态压力应为（　　）。

A. 70 ~ 140 N　　B. 60 ~ 160 N　　C. 120 ~ 180 N　　D. 100 ~ 200 N

7. 当单线区间设置疏散平台时，疏散平台最小宽度一般情况应满足（　　）mm。

A. 550　　B. 600　　C. 700　　D. 800

8. 直流 1 500 V 牵引供电系统电压波动范围为（　　）。

A. 1 000 ~ 1 500 V　　B. 1 000 ~ 1 800 V

C. 900 ~ 1 600 V　　D. 900 ~ 1 800 V

9. 牵引整流机组承受 150%额定电流的负荷时其允许持续时间为（　　）。

A. 60 min　　B. 90 min　　C. 120 min　　D. 180 min

10. 直流 1 500 V 接触网带电部分和混凝土结构体、轨旁设备、车体之间的最小净距，静态应不小于（　　），动态应不小于（　　）。

A. 50 mm，25 mm　　B. 100 mm，25 mm

C. 150 mm，100 mm　　D. 200 mm，100 mm

11. 电力电缆与通信、信号电缆并行明敷时的间距不应小于（　　）；电力电缆与通信、信号电缆垂直交叉的间距不应小于（　　）。

A. 200 mm，100 mm　　B. 150 mm，100 mm

C. 150 mm，100 mm　　D. 150 mm，50 mm

12. 当正常交流电源全部退出，地下线路应急照明连续供电时间不应小于（　　）。

A. 30 min　　B. 60 min　　C. 90 min　　D. 120 min

13. 直流牵引供电系统应为（　　）系统，牵引变电所中有直流牵引供电设备必须（　　）安装。

A. 不接地，非绝缘　　B. 不接地，绝缘

C. 接地，非绝缘　　D. 接地，绝缘

14. 正常双边供电运行时，站台处走行轨对地电位不应大于（　　）。

A. 60 V　　B. 75 V　　C. 100 V　　D. 120 V

15. 长度超过（　　）的地铁出入口通道，应设置火灾探测器，长度超过（　　）的出入口通道应设置手动报警按钮。

A. 40 m，20 m　　B. 60 m，30 m

C. 80 m，50 m　　D. 100 m，60 m

16.（　　）等级的门禁系统可以进入全线或部门所有相同性质的设备或管理用房及通道门。

A. 线网级　　B. 线路级　　C. 车站级　　D. 专业或部门级

17. 门禁系统和设备接地应接入综合接地网，接地电阻不应大于（　　）。

A. 0.4 Ω　　B. 0.5 Ω　　C. 1 Ω　　D. 1.5 Ω

18. 站台门驱动后备电源储能应能满足在 30 min 内至少完成开、关滑动门（　　）循环的需要。

A. 2 次　　B. 3 次　　C. 4 次　　D. 5 次

二、填空题

1. ATC 的含义是__________；ATS 的含义是__________；ATP 的含义是__________；ATO 的含义是__________；AFC 的含义是__________。

2. FAS 的含义是__________；ISCS 的含义是__________；OCC 的含义是__________；ACS 的含义是__________；BAS 的含义是__________；PIS 的含义是__________。

3. 车辆及其内部设施应使用______材料或__________的阻燃材料。

4. 列车速度大于______时车门系统不能开启，车门未全关闭时______起动列车。

5. 地铁限界应分为车辆限界、__________和__________。

6. 地铁配线应包括车辆基地出入线、________、_______、_______、渡线和安全线。

7. 车站间距在城市中心区和居民稠密地区宜为_____km；在城市外围区宜为_____km。

8. 地铁隧道通风系统宜设_______、_______、________的三级控制。

9. 一级负荷必须采用____________供电，二级负荷宜采用____________专线供电。

10. 直线区段柔性架空接触网接触线应呈______字形布置；刚性架空接触网一个锚段范围内的布置宜呈______形态。

11. 车站照明种类可分为_______、_______、________和过渡照明。

12. 应急照明可包括备用照明和________。

13. 电力监控系统应包括__________、__________及联系主站和子站的专用数据传输通道。

14. 地铁涉及________的重要设施的通道门、系统和设备用房门及管理用房门应设门禁。

15. 门禁电子锁应具备断电________功能，设备及管理用房门电子锁还应具备________功能。

16. 站台门系统应按_______负荷供电，驱动电源和控制电源供电回路宜相互_______。

三、简答题

1.《地铁设计规范》（GB 50157—2013）对要求严格程度不同的用词有哪些？并解释其含义。

2. 如何确定地铁线路的上下行方向？

3. 曲线超高设置有哪些规定？

4. 轨道标志的设置有哪些规定？

5. 哪些电源可以作为应急电源？

6. 地铁隧道内的电缆敷设有哪些要求？

7. 城市轨道交通与地铁有哪些异同？

8. 地铁控制中心应具备哪些功能？

9. 车辆段与停车场功能设置有哪些不同？

第五章 高压供用电安全工作规则

【教学目标】

知识目标

1. 了解城市轨道交通高压供电人员上岗基本要求与相关术语；
2. 熟悉接触网作业的各项安全规定；
3. 熟悉变电所运行、检修与试验的各项安全规定；
4. 了解城市轨道交通高压供电区域内相关作业的各项安全规定；
5. 熟悉供电安全工器具的分类、使用与保管等规定。

素质与能力目标

1. 能准确理解城轨供电安全各项规定；
2. 能正确分析供电违章事故；
3. 牢固树立“安全第一、预防为主”的意识，自觉遵章守规。

触电伤害、列车撞击与高处坠落等是城市轨道交通供电领域人身安全的主要威胁。为防止相应事故的发生，所有从事高压供用电工作的直接人员或相关人员，均需严格遵守系列安全规程或规则。当前，我国城市轨道交通行业发展迅速，但整体起步较晚，尚未形成行业统一的高压供用电安全工作规程，各城市地铁公司主要借鉴铁路运输行业相应的安全规程，结合各自城市的轨道交通供电设备具体实际与各自的运行检修管理制度等制订相应的安全规则。本章主要选编了城市轨道交通接触网运行检修、高压供变电运行检修、高压供电区域相关作业以及安全工器具使用等安全规则中较为基础性的与较有共性的内容，重在培养学生掌握供电专业基本的安全工作规定，并通过相关案例了解制订相关规则的背景，理解其原理，牢固树立“安全第一、预防为主”的意识，自觉遵章守规。

第一节 总 则

一、相关术语

（1）工作票：在已经投入运行的电气设备上及电气场所工作时，明确作业人员、作业任务、作业内容与安全技术措施，履行作业许可、作业监护、作业间断、作业转移和作业终结的书面依据。

（2）工作票签发人：负责填写签发工作票的人员，并负责确认工作票中所安排的工作是必要和可能的，所采取的安全措施是正确完备的，所配备的工作领导人和作业组成员的人数和条件符合规定。

（3）工作领导人：组织、指挥作业组人员完成本项工作任务，并检查落实各项安全措施、监督作业组成员作业安全的负责人员。

（4）工作监护人：专职负责监督和看护作业组成员的工作行为是否符合安全标准的责任人员。

（5）变电巡检人员：定时对无人值班的变电所设备进行巡回检查的工作人员。

（6）工作许可人：在进行供电设备检修作业中，根据供电调度员命令负责办理相应的安全措施，办理工作许可、中断、转移和终结手续的人员。

（7）工作票会签人：对变电系统、接触网（轨）系统和电力监控系统工作票的工作内容、安全措施进行审核和确认的专业组技术人员。

（8）一次设备：直接完成供电系统中输电、变电与配电主要工作任务的设备，包括生产和转换电能的设备、接通或断开电路的开关电器、限制故障电流和防御过电压的电器、接地装置及载流导体等。

（9）二次设备：为确保供电系统和一次设备的安全、稳定运行，完成对一次设备运行测量、监视、控制和保护工作任务的设备总称。

（10）一个电气连接部分：电气装置的一个单元中，其中用隔离开关和其他元件截然分开的部分以及相应的二次部分。

（11）事故抢修：设备、设施发生事故或出现紧急状况时，为迅速恢复正常运行而将故障或异常的设备、设施进行处理的工作（不含事故后转为检修的工作）。

（12）高压电气设备：对地电压在 250 V 以上的电气设备。

（13）低压电气设备：对地电压在 250 V 及以下的电气设备。

二、人员资格与上岗要求

1. 高压供电工作人员资格要求

城市轨道交通供电系统运行、检修和试验的工作人员必须具备下列基本条件：

（1）无妨碍从事城市轨道交通供电系统运行、检修和试验工作的病症，如心脏病、精神病、癫痫病、聋哑、色盲症、高血压等。

（2）具备必要的城市轨道交通供电专业知识，掌握相应的规程与规则，并经考试合格获得相应的安全等级。

（3）熟悉触电急救方法。

2. 高压供电工作上岗证制度

（1）凡从事城市轨道交通供电系统运行、检修和试验工作的所有人员，都必须经过考试合格，取得上岗证后，方准许参加相应的城市轨道交通供电系统运行、检修和试验工作。

（2）对从事城市轨道交通供电系统运行和检修工作的有关现职人员，要每年进行一次安全考试，按变电、接触网（轨）、SCADA 三个工种分别考试。此外，对属于下列情况的人员上岗前要单独进行安全考试：

① 开始参加城市轨道交通供电系统工作的人员；

② 职务或工作单位变更，重新从事城市轨道交通供电系统运行、检修和试验工作的人员；

③ 中断工作连续 6 个月以上而仍继续担任城市轨道交通供电系统变电、接触网（轨）、SCADA 运行、检修和试验的工作人员。

（3）对未按规定参加安全考试和未取得上岗证的人员，必须经当班的值班员准许并陪同下方可进入变电所的高压设备区。

第二节　接触网安全工作规则

一、一般规定

（1）接触网专业人员的全部作业和机电、车辆、乘务等非接触网专业人员操作接触网隔离开关及验电接地时，均需执行本规定。

（2）雷电时，禁止在露天段接触网（轨）及与之有电气连接的隧道内的接触网上作业。

（3）在进行接触网（轨）作业时，作业组全体成员须按规定穿戴反光显示的工作服、安全帽。作业组有关人员应携带通信工具并确保联系畅通，高空作业人员必须系安全带。

（4）接触网的步行巡视工作要求：

① 巡视不少于两人，其中一人的安全等级不低于三级。

② 巡视人员应戴安全帽，穿工作服，携带望远镜和通信工具，夜间巡视还要有照明用具。

③ 任何情况下巡视，对接触网都必须按有电对待，巡视人员不得攀登支柱并时刻注意避让列车。隧道内巡视必须在接到行车调度员已封闭区间命令并办理封锁手续、采取防护措施后方可进行。

（5）接触网（轨）检修必须停电进行，停电作业时，除具备规定的工作票外，还必须有值班供电调度员批准的作业命令。除遇有危及人身或设备安全的紧急情况，供电调度员发布的倒闸命令可以没有命令编号和批准时间外，接触网所有的作业命令，均必须有命令编号和批准时间。

二、作业制度

1. 作业分类

城市轨道交通接触网的检修作业分为两种：

（1）停电作业：在接触网停电设备上进行的作业。

（2）远离作业：在距接触网带电部分 1 m 以外的附近设备上进行的作业。

2. 工作票

（1）接触网工作票是在接触网上进行作业的书面依据，填写时要字迹清楚、正确，需填写的内容不得涂改和用铅笔书写。工作票填写一式两份，一份交工作领导人，一份由工作票签发人保管。事故抢修和遇有危及人身或设备安全的紧急情况，作业时可以不开工作票，但必须有供电调度员的命令。

（2）接触网第一种工作票用于停电作业，格式见表 5-1。

表 5-1　接触网（轨）停电作业工作票

填表单位：　　　　　　　　　　　　　　　　　　　　　编号：

作业代码			
作业地点		发票人	
工作内容		发票日期	
工作票有效期			
施工负责人			
作业组成员			
其他成员			
需停电设备			
接地线位置			
作业区防护措施			
针对性安全措施			
变更作业组成员记录			
工作票结束时间	________年________月________日________时________分		
会签人			
施工负责人（会签）			

第×联为×本（交××××）

说明：本票为重要安全凭证，一式两份，第一联为正本（交工作领导人）用白色纸印黑色格和字，第二联为副本（交电调或设备管理部门）用白色纸印黑色格和字。

（3）工作票签发人一般应在工作前一天将工作票交给工作领导人，使之有足够的时间熟悉工作票中的内容并做好准备工作。

（4）工作领导人对工作票内容有不同意见时，要向工作票签发人及时提出，经过认真分析，确认无误后，签字确认。

（5）作业前，工作领导人应组织作业组成员列队点名，宣读工作票并进行分工。分工时要将本次作业任务和安全措施逐项分解落实到人，然后方准作业。作业结束后，工作领导人要及时收回工作票（包括相应的命令票），交给接触网工班统一保管。工作票保存时间为 3 个月，3 个月后交由接触网技术组管理。

（6）工作票中规定的作业组成员一般不应更换。若必须更换时，应经工作票签发人签认，若工作票签发人不在，可由工作领导人签认。工作领导人要更换时，必须由工作票签发人签认。当变更作业方式、内容、地点时，必须废除原工作票，签发新的工作票。

（7）同一张工作票的签发人和工作领导人必须由两人分别担当，不得相互兼任。

（8）一个工作领导人，同时只能接受一张工作票。一张工作票只能发给一个工作领导人。

（9）对简单的地面作业可以不开工作票（如支柱培土、清扫基础帽等），由工班负责人向工作领导人布置任务和安全防护措施，说明作业的时间、地点、内容，并记入值班日志中。

（10）已启用电子工作票系统时，仅在电子工作票系统故障或紧急抢修的情况下使用纸质版的工作票。

3. 作业人员的职责

（1）工作票签发人在安排工作时，要做好下列事项：

① 所安排的作业项目是必要和可能的。

② 所采取的安全措施是正确和完备的。

③ 所配备的工作领导人和作业组成员的人数和条件符合规定。

（2）工作领导人要做好下列事项：

① 确认作业地点、时间、作业组成员等均符合工作票提出的要求。

② 确认作业所采取的安全措施正确而完备。

③ 检查落实工具、材料准备，与安全员共同检查作业组成员着装、工具、劳保用品齐全合格。

④ 时刻在场监督作业组成员的作业安全，如果必须短时离开作业地点时，要指定临时代理人，否则应停止作业，并将人员和机具撤至安全地带。

⑤ 检查确认接触网设备具备送电及线路开通条件。

（3）作业组成员要服从工作领导人的指挥、调动、遵章守纪，对不安全和有疑问的命令要果断及时地提出，坚持安全作业。

（4）作业过程中，作业人员要呼唤应答并进行自控、互控、他控，杜绝员工在无人监管的情况下独自开展作业。

【事故案例 1】 作业人员跳下支柱摔断腿。

工作领导人甲带领作业组在某车站进行接触网停电作业。作业内容：① 处理 45 号支柱下锚补偿绳与下锚拉线相磨缺陷；② 更换 30 号支柱隔离开关。接地线位置分别为 28 号与 50 号支柱。

作业前甲宣读了工作票并进行人员分工：甲带领一个作业小组更换隔离开关；乙带领另一个作业小组处理补偿绳磨拉线缺陷。

甲所在作业小组 12 时 10 分更换好隔离开关并消完令后走回至 45 号支柱，乙仍在组织安装限磨器（因限磨器螺栓部分锈蚀不能使用，又返回工区取新的螺栓，耽误了时间）。甲跟乙说已经消令，接触网已送电。操作人丙听后因为害怕，猛然从支柱上跳下，摔断小腿骨。

原因分析：

① 甲只要了一个停电命令，并在停电后通知了乙，却在消令送电前未与乙联系就消令送电，使丙得知消息后惊慌从支柱上跳下，这是导致丙受伤的直接原因。

② 工作票签发不妥。该项作业实际上是两个不关联的作业，且作业地点相距较远，应开两张工作票，一张为停电作业工作票，另一张为远离作业工作票，分别采取不同的安全措施。

③ 工作领导人安全预想不充分，未在作业前认真预想更换限制器时可能遇到的困难（如螺栓可能锈蚀等问题），材料准备不足。

提示：接触网作业是一个整体，各个作业环节相互紧密联系。作为工作领导人，必须从整体进行安全预想，同时也只有当作业全部结束，人员、机具全部撤离至安全地带，具备送电与行车条件后方可通知消令送电。否则就应按不同的两个作业分别对待。

【事故案例 2】　作业人员超越作业范围，造成触电坠落。

某接触网工区计划在××—××区间清扫绝缘子。作业前临时调整了作业地点，工作票签发人甲未重新签发工作票，工作领导人乙未向作业组成员传达，也未确认作业地点与工作票是否相符、作业内容与安全措施等是否符合要求。丙在接地线时擅自改变接地线的位置，导致高空作业人员丁超越作业范围，在××—××区间四跨绝缘锚段关节内 2 号支柱处触电坠落，构成人身重伤事故。

原因分析：

本次事故由一系列违章造成。

① 工作票签发人甲，在作业地点临时调整后，没有重新开工作票，也没有重新布置安全措施，更谈不上对工作票“所采取的安全措施是正确和完备的”负责，严重失职。

② 工作领导人乙在计划变更后，未认真核对作业内容、作业范围、安全措施等是否与工作票相符；未向作业组全体成员传达作业地点变更情况；作业过程中，也未履行好安全监护之责。

③ 接地线者丙擅自改变接地线安装位置，受害者丁未征得工作领导人（兼监护人）同意，擅自越过了绝缘关节处的分段绝缘子。

提示：接触网作业属群体性作业，且处于高电压与高空作业环境，安全风险高，规程对工作票签发、工作票审核、工作票执行、作业人员职责等都做出了明确的规定，不严格遵守将极易导致人身伤害事故。

【事故案例 3】　车梯倾倒触及 10 kV 电力线路导致 3 人死亡 2 人受伤。

某工作领导人甲带领 1 个作业组在××编组站 21 道利用车梯进行接触悬挂调整。作业当日 14 时 05 分，21 道东头开来一台调车机车，防护人丁用红色信号旗将机车拦停，立即给甲发出停止作业信号，甲对车梯上的乙和丙说：“你们不下，坐在车梯内，我们将车梯抬下轨道，待调机过后再抬上来。”车梯在抬下轨道的过程中发生倾斜，倒向铁路旁的10 kV电力线路。车梯上乙、丙两人同时触及10 kV电力线路，当场触电死亡。抬车梯中1人触电送到医院后经抢救无效死亡，另两人的手被电击伤。

原因分析：

这起事故纯属工作领导人甲违章蛮干，胡乱指挥所致。同时，这条10 kV电力线路是××供电局新架设并于前一日送电运行的线路，与铁路21道平行，间距较近。负责人作业前一天接到了××供电局送达的10 kV电力线路送电的通知，但该负责人没有及时通知作业组。该负责人与该工作领导人甲均被追究法律责任。

提示：违章蛮干造成人员伤亡，等同于过失犯罪，将承担相应的法律责任。对作业过程中的任何违章指令与不安全的命令，作业组成员均应及时果断提出，有权拒绝执行，不能把自己的生命安全托付给别人。

三、高空作业

（一）一般规定

（1）凡距地面2 m及以上的作业均视为高空作业，高空作业人员要系好安全带，所有作业人员必须戴好安全帽。

（2）高空作业必须设专人监护，其监护要求如下：

① 停电作业时，每一监护人的监护范围，不超过两个跨距，在同一组软横跨上作业时不超过四条股道，在相邻线路同时进行作业时，要分别派监护人各自监护。

② 当停电成批清扫绝缘子时，可视具体情况设置监护人员。

（3）高空作业使用的小型工具、材料应放置在工具材料袋内。作业中应使用专门的用具传递工具、零部件和材料，不得抛掷传递。

（4）高空作业人员作业时必须将安全带系在安全牢靠的地方。

（5）进行高空作业时，人员不宜位于线索受力方向的反侧，并采取防止线索滑脱的措施。在曲线区段进行接触悬挂的调整时，要有防止线索滑跑的后备保护措施。

（6）冰、雪、霜、雨等天气条件下，接触网作业用的车梯、梯子以及检修车应有防滑措施。

【故障案例4】 安全带挂钩脱扣导致作业人员高空坠落。

某接触网工区在××车站清扫绝缘子，乙在清扫至24号支柱下部定位绳绝缘子时，安全带挂钩突然脱扣，乙从高空坠落造成重伤。

原因分析：

① 安全带挂钩锁扣状态不良。

② 作业前，该工区一位实习生发现并向乙提出安全带挂钩状态不好，乙没有认真检查确认并及时更换。

提示：安全带就是生命带，每次使用前，都要对安全带状态进行认真检查。

【故障案例 5】 安全带所系位置错误导致作业人员高空坠落。

某接触网工区工作领导人甲组织处理××—××区间 91 号支柱腕臂偏移问题。由于螺栓锈蚀严重，作业人员乙长时间松不开腕臂鞍子上的 U 形螺栓，甲派丙协助乙。丙上去后将安全带系在定位管斜拉线上，用力拆卸螺母仍卸不动。丙转换姿势，借助安全带的力量，双手同时用力，斜拉线突然绷断，丙从空中掉下。地面人员丁反应及时，在丙快要落地时抱住了丙，两人同时摔倒在地。丙左眼被道砟划破失明，丁拇指被丙的扳手砸成粉碎性骨折。

原因分析：

① 斜拉线是用直径为 $\phi4.0$ 的铁线制成，回圈处已磨掉 1/4 截面，再加上锈蚀，猛然用力后折断，导致丙摔下。丁为救丙遭丙的扳手砸伤。

② 工作领导人甲没有及时制止和纠正丙的不安全行为。

提示：高空作业时安全带一定要系在安全牢靠的地方，系安全带前要对所系的结构进行可靠性检查，地面监护人员要认真履行监护之责。

（二）攀杆作业

（1）攀登工具应在出库前检查，确保状态良好，安全工器具完好合格。攀登支柱前要检查支柱状态，观察支柱上有无其他设备，选好攀登方向和条件。

（2）攀登支柱时要手把牢靠，脚踏稳准，尽量避开设备并与带电设备保持规定的安全距离。用脚扣和踏板攀登时，要卡牢和系紧，严防滑落。

（三）登梯作业

（1）接触网作业用车梯和梯子必须符合下列要求：

① 结实、轻便、稳固。

② 在有轨道电路区段使用的车梯，车轮应采取可靠的绝缘措施。

（2）使用车梯进行作业时，应指定车梯负责人，工作台上的人员不得超过两名；所用的零件、工具等均不得放置在工作台台面上。

（3）作业中推动车梯必须服从工作台上人员的指挥。当车梯上有人时，推动车梯的速度不得超过 5 km/h，并不得发生冲击和急剧起停车。台上人员和车梯负责人要呼唤应答，配合妥当。

（4）车梯负责人和推车梯人员，要时刻注意和保持车梯的稳定状态。当车梯在曲线上或遇大风时，应采取防止倾倒措施；坡道上作业时，应采取防止滑移的措施。作业人员超出工作台范围作业时，作业人员要将安全带系在接触网上，不得系在车梯工作台框架上。

（5）车梯、梯子作业完毕后，应存放在固定地点或安全可靠的地方并加固，以防止倾倒与侵入限界。

（6）当用梯子作业时，作业人员要先检查梯子是否牢靠；要有专人扶梯，梯脚要放稳固，严防滑移；梯子上只准有 1 人作业。

【故障案例 6】 高空坠物砸伤抬车梯人员。

某接触网工区在××车站更换分段绝缘器。作业人员乙和丙更换完分段绝缘器后，丙先下了车梯，乙配合地面人员测量新安装的分段绝缘器。检查合格后，乙下了车梯，却将楔形紧线器留在车梯工作台台面上，下车梯后协助地面人员将车梯抬至股道外侧。车梯稍一倾斜，楔形紧线器从车梯工作台面上滑出掉落，砸伤乙的眼睛和脸部。

提示：使用车梯作业时，“所用的零部件、工具等均不得放置在工作台台面上”，这是因为车梯的工作台台面极易发生物件滑落而造成高空坠物伤人。其实，每一条安全规章都是用鲜血书写的。遵守规章，勿犯同样的错误。

【事故案例 7】 车轮状态不良造成车梯倾倒。

某接触网工区工作领导人甲带领作业组成员在××车站进行车梯巡视。作业前，作业组成员乙提醒甲，该台车梯有一个轮子悬空翘起，与钢轨不密贴，甲没有引起足够重视。作业即将结束时，车梯推行到了 51 号道岔柱处忽然翻倒，车梯上作业人员丁、戊从车梯框架内坠落，两人重伤。

提示：车梯应结实、轻便、牢固，特别是对四个轮子的要求更为严格，要求车梯的四个轮子均应处于同一个平面内，与钢轨密贴。连接车梯的零部件应紧固不松动，车轴无裂纹并定期做强度试验。

【事故案例 8】 超出车梯框架范围未系安全带造成作业人员高空坠落。

某接触网作业组在××编组场综合检修，操作人为乙，当检修至 112 号曲线支柱时，发现该支柱拉出值偏大，工作领导人甲要求乙进行调整。乙在做定位器尾线回弯时，人超出了车梯框架而未系安全带，铁线由于突然折断，乙从高空摔落。

提示：当工作范围超出车梯框架以外时，应系好安全带且不得系在工作台框架上；调整曲线拉出值特别是小半径曲线处的拉出值时，由于线索张力引起的水平分力很大，调整时应使用大绳与滑轮；当作业人员违章作业时，工作领导人应及时制止并纠正，这是应尽之责。

（四）接触网检修作业车作业

（1）接触网检修作业车出车前，司机应认真检查车辆和行车安全装备、防护备品齐全良好，并与作业人员检查通信工具，确保联络畅通。

（2）接触网作业车司机应执行作业前的待乘休息制度，充分休息，确保精神状态良好。作业前司机应掌握作业范围和内容并进行安全预想，作业和运行过程中应注意力集中。

（3）使用接触网作业车作业时，应指定作业平台操作负责人，作业平台不得超载。工作领导人必须确认地线接好后，方可允许作业人员登上检修作业车作业平台。V 形天窗作业时，接触网作业车平台还要求设置随车等电位地线，在完成作业平台和工作对象设备等电位连接后，方可触及和进行作业。

（4）人员上、下作业平台应征得作业平台操作负责人的同意。检修作业车移动或作业平台升降、转向时，严禁人员上、下。V 形天窗作业时，所有人员禁止从未封锁线路侧上、下作业车辆。作业平台应具有平台转向限位装置，作业前应将限位装置打至正确位置，作业平台严禁向未封锁的线路侧旋转。当邻线有列车通过时，应停止作业。

（5）检修作业车工作平台防护门关闭时应有闭锁装置。作业中必须关好作业平台的防护门。

（6）作业人员在作业平台防护栅外作业时，必须将安全带系在牢固可靠部位。

（7）司机和学习司机须精力集中，密切配合，在移动车辆前应注意检修作业车及作业平台周围的环境、设备、人员和机具等情况，与附近的设备保持规定的安全距离，以保证人员、设备安全。作业平台上的作业人员在车辆移动中应注意防止接触网设备碰刮伤人。

（8）作业平台上有人作业时，检修作业车移动的速度不得超过 10 km/h，且不得急剧起、停车。

（9）作业人员与司机之间的信息传递应及时、准确、清楚、呼唤应答。作业中检修作业车的移动应听从作业平台上操作人员的指挥。

【事故案例 9】

某工区使用作业车更换斜腕臂绝缘子，接触网工甲在未征得作业平台操作人或监护人同意的情况下擅自上下作业车，此时正好作业平台升降，被挤伤右脚。

提示：接触网作业车在升降过程中，金属梯是相互交错升降的，如果未征得作业平台操作人或监护人同意上下作业车，很易挤伤手脚，同时还容易引起人员滑落摔伤等。

四、停电作业

（一）一般规定

（1）双线区段，接触网停电作业按停电天窗方式分为垂直天窗作业和 V 形天窗作业。

垂直天窗作业——双线区段，上、下行接触网同时停电进行的接触网作业。

V 形天窗作业——双线区段，上、下行接触网一行停电进行的接触网作业。

（2）停电作业时，作业人员（包括所持的机具、材料、零部件等）与周围带电设备的距离不得小于下列规定：35 kV 为 1 000 mm；10 kV 以下为 700 mm；直流 1 500 V 为 700 mm。

（二）命令程序

（1）每个作业组在停电作业前由工作领导人向车站办理准许进入轨行区作业手续后，向供电调度员申请发布停电作业命令。几个作业组同时作业时，每个作业组必须分别设置安全措施，分别向供电调度员申请停电。在申请的同时，要说明停电作业的范围、内容、时间和安全措施等。

（2）供电调度员在发布停电作业命令前，要做好下列工作：

① 将所有的停电作业申请进行综合安排，审查作业内容和安全措施，确定停电区段。

② 通过列车调度员办理停电作业的手续，对可能通过受电弓导通电流的分段绝缘部位采取封闭措施，防止从各方面来电的可能。

③ 确认作业段有关馈线断路器及接触网开关均已断开，作业区段的接触网已经停电，方可发布停电作业命令。

（3）供电调度员发布停电作业命令时，受令人认真复诵，经确认无误后，方可给命令编号和批准时间。在发、受停电命令时，发令人要将命令内容等记入“作业命令记录”中，受令人要填写《接触网停电作业命令票》。

（三）验电接地

（1）作业组在接到停电作业命令后，须先验电接地，然后方可作业。

（2）验电接地人员需穿绝缘鞋、戴安全帽、戴绝缘手套。

（3）验电器应具有自检和抗干扰功能。自检时具有声、光等信号显示。

（4）验电前自检良好后，先在同等电压等级有电设备检查其性能，确认声、光信号显示正常，然后方可在停电设备上验电。验电方法：将验电器端头轻靠接触网导线，无响声则为已停电。

（5）当验明接触网已停电后，须在作业地点的两端及与作业地点相连、可能来电的所有停电设备上装设接地线。在装设接地线时，将接地线的一端先行接地，再将接地线夹紧固在已停电的一根辅助线或一根接触网导线上。拆接地线顺序相反，先拆连接接触网导线端，然后再拆接地轨端。接地线要连接牢固，接触良好。装设接地线时，人体不得触及接地线。接地线采用截面不小于 70 mm^2 的裸铜软绞线，并不得有断股、散股和接头。

（6）验电和装设、拆除接地线必须由两人进行，一人操作，一人监护。

【事故案例 10】 简化作业流程，带电错挂地线。

某日，接触网 A 班在车辆段配合机电检修作业，需在 B1 区两端挂接地线。甲接到供电调度命令后与乙去挂地线，为节省时间，甲、乙各自单独挂一组接地线。甲来到 Bl 区的一端，用验电器验明接触线无电后，立即挂上接地线；此时，在 B1 区另一端的乙，为省事，经问得知甲已经验明无电后，便直接挂接地线。当乙将接地线的上端头往接触线靠近时，立刻听见“砰”的一声响同时出现火光。甲听到响声后立刻跑过来，经现场确认，乙越过了分段绝缘器，将地线错挂到带电的 A1 区接触网上，造成 A1 区短路跳闸。

原因分析：

① 违反安全操作规程，简化作业流程。乙在得知甲验明无电的情况下，自认为接触网已停电，省去验电环节，简化了作业流程，将接地线错挂到带电的接触网上，造成事故，严重违反了安全工作规程。

② 甲和乙两人为贪快省事，分别独自去挂一组接地线，未执行“一人操作，一人监护”制度。

③ 乙走错位置，越过了分段绝缘器，将接地线挂到了带电的接触网上。

提示：简化作业流程就是一种安全隐患，也是一种严重的违章行为。俗话说：“10 起事故 9 起是因为违章。”对每一个作业人员，都应养成标准化作业的良好习惯，杜绝任何简化作业的侥幸心理。

【事故案例 11】 拆除接地线顺序错误，造成触电伤亡。

某复线区段接触网 V 形天窗作业，上行线接触网停电检修，下行线接触网带电。在检修作业结束后，作业人员乙负责拆除接地线。乙违反操作规程，先拆接地端，就在其拆除接地端的瞬间，被电击，送当地医院紧急抢救无效死亡。

提示：拆装接地线的过程虽然简单，却非常关键，安装接地线与拆除接地线顺序错了，都有可能带来致命威胁。"安全无小事"，作业过程中的任何一个细节，都不可疏忽大意。

【事故案例 12】 验电器使用不当，造成触电。

某单位在××隧道进行接触网施工，线路已办理封锁但接触网尚未停电，当使用验电器验电时，验电器没响，作业人员以为停电，为赶时间就将车梯搬至轨道上并竖立车梯，车梯竖立后因安全距离不够造成接触网对车梯放电，竖立车梯的 4 人均被电伤，其中有一人被电成重伤。

原因分析：

① 误将 10 kV 接触式验电器当作 27.5 kV 感应式验电器来操作，接触网虽然有电，但因其是接触式，当作感应式验电器来用时，因实际上没有接触到带电体，故验电器不会响，从而造成误判。

② 没有接到停电命令的情况下，仅凭验电器验电时没响就认为已停电。

提示：验电器状态良好，使用正确是准确判断接触网是否停电的前提，因此使用验电器前应严格按照要求检查确认。

（四）作业结束

（1）工作票中规定的作业任务完成后，由工作领导人确认具备送电、行车条件；将作业人员、机具、材料撤至安全地带，拆除接地线；宣布作业结束，通知要令人向供电调度员请求消除停电作业命令。

（2）几个作业组同时作业，当作业结束时，每个作业组须分别向供电调度员申请消除停电作业命令。供电调度员经了解，确认完全达到送电、行车条件后，给予消除停电作业命令的时间，双方均按规定做好记录，整个停电作业方告结束。

（3）停电命令消除后，人员、机具必须与接触网设置保持规定的安全距离；作业车辆驶出封锁区间或人员及机具撤离至防护栅栏以外后，方可消除行车封锁命令。停电命令和行车封锁命令消除后，人员、机具不得再次上网和侵入建筑限界。

（4）属供电调度员管辖的设备，由供电调度员按下列顺序组织送电：

① 确认整个供电臂所有作业组均已消除停电作业命令。

② 按照规定进行倒闸作业。

③ 通知列车调度员接触网已送电，可以开行列车。

（5）若在工作票规定的工作时间内不能完成作业，要令人应在原定要求完成时间前 30 分钟向当值供电调度员办理延期申请手续。

【事故案例 13】 违反操作规程，带接地线合闸造成供电事故。

接触网工班在车辆段运用库 8、9 道进行接触网检修作业，完成作业时已超过计划时间，作业负责人甲为了快点送电，在没有消除“接触网停电作业命令”、没有得到供电调度许可倒闸命令、没有监护人、没有确认接地线已撤除的情况下，要求作业组成员乙合上 D77 隔离开关，从而造成接触网对地短路事故。事故造成接触网两处烧伤，钢轨与接地线接触处表面烧伤，两根接地线线夹烧伤。

原因分析：

① 违章指挥。作业负责人甲简化了作业程序，严重违反了《接触网安全工作规定》，在未办理工作结束手续、没有撤除接地线、不具备送电条件且没有供电调度命令的情况下，违章指挥乙合闸送电，造成本事故。

② 违章操作。作业组成员乙在没有供电调度命令的情况下，对作业负责人甲的违章指挥没有拒绝执行或提出异议，违章合闸送电，造成本事故。

③ 作业组成员乙合闸送电时没有严格执行操作隔离开关时“一人操作，一人监护”制度，没有落实“自控、互控和他控”措施。其他作业人员对上述违章行为未能及时制止。

提示：接触网作业必须严格执行标准化作业流程，任何简化作业程序的行为都有可能带来严重的安全危险。

【事故案例 14】 违反消令程序导致两人被电弧烧伤。

某接触网停电作业，共分 3 个作业组，一组调整××车站南端的四跨关节，接一组地线；二组在××—××区间调整接触悬挂，接一组地线；三组又分成两个小组，一小组由工作领导人甲负责带领在××车站更换 59 号、55 号线岔支柱腕臂，另一小组由乙负责带领调整 46 号软横跨。

15 时 30 分，要令人通知接触网设备已经停电，在验电接好地线后，3 个作业组开始各自作业。16 时 15 分，一、二组汇报作业结束，三组负责 55 号支柱处的线岔水平调整尚未结束，需延点 10 min。此时工作领导人甲通知要令人向供电调度员汇报，经供电调度员同意后继续作业。16 时 25 分，乙用对讲机联系甲，没有联系上。乙便用对讲机直接向要令人汇报作业结束。要令人问地线撤了没有，乙回答第三组没有接地线。要令人便以为作业全部结束，通知一、二组撤了地线，并向供电调度员消除停电作业命令。

此时，55 号支柱处甲带领的作业组刚测量完线岔水平，正准备将作业平台摆正落下，由于操作不熟练，几次摆正都未将平台入槽，突然来电，导致甲被高压电烧伤。

原因分析：

这起事故是由多人违章造成。消令时不该由作业小组负责人乙直接向要令人申请消令；不能由要令人来通知撤除接地线；工作领导人甲没有在场做好安全监控，而是亲自登上作业车平台，进行高空作业，又没随身携带工作联系电话，造成安全监护失控，无法及时发现并制止系列违章行为。

提示：

① 一个作业组只能由一个工作领导人来统一指挥，只能由工作领导人来确认是否具备送电、行车条件，只能由工作领导人来通知作业人员、机具、材料撤至安全地带，拆除接地线，

方可宣布作业结束，最后也只能由工作领导人来通知要令人向供电调度员请求消除停电作业命令。作业组其他成员不能越权。

② 如果作业范围太大、距离太远，超出了一个作业组正常可控的范围时，则应按不同的作业组分别申请停电与消令。

③ 工作领导人（监护人）应履行监护作业组成员安全作业的职责，不应亲自参加作业，中断对作业组成员的监护。

五、倒闸作业

（1）接触网倒闸作业执行“一人操作、一人监护”制度。

（2）属供电调度员管辖的隔离开关倒闸，必须有供电调度员的倒闸命令。对车厂控制中心有权操作的隔离开关，由车厂控制中心自行制定有关隔离开关倒闸作业制度。

（3）在进行隔离开关倒闸作业时，先由操作人向供电调度员提出申请，供电调度员审查后，发布倒闸作业命令，操作人受令复诵，供电调度员确认无误后，方可给命令编号和批准时间；每次倒闸作业发令人要将命令内容等记入“设备倒闸操作命令记录”中（格式见表 5-2）。

表 5-2 设备倒闸操作命令记录

填表单位：＿＿＿＿＿＿　　　　编号：

日期	发令时间	受令处所	命令内容	当地或SCADA	发令人	受令人	命令编号	批准时间	完成时间	消令人	供电调度员	备注
-	:							:	:			
-	:							:	:			

（4）倒闸人员接到倒闸命令后，要迅速进行倒闸。倒闸时操作人必须穿绝缘靴、戴好安全帽和绝缘手套，操作要准确迅速，一次开闭到底，中途不得停留和发生冲击。

（5）倒闸作业完成后，操作人要立即向供电调度员汇报，供电调度员要及时发布完成时间和编号，并记入“设备倒闸操作命令记录”，至此倒闸作业方告结束。

（6）严禁带负荷进行隔离开关倒闸作业。

（7）对于带接地闸刀的隔离开关，应经常处于闭合状态。因工作需要断开时，当工作完毕须及时闭合。主闸刀和接地闸刀分别操作的隔离开关，其断开、闭合必须按下列顺序进行：

① 闭合时要先断开接地闸刀，后闭合主闸刀。

② 断开时要先断开主闸刀，后闭合接地闸刀。

（8）隔离开关的机构箱或传动机构必须加锁，钥匙应存放在固定地点并由专人保管。

六、作业区防护

（1）在停电的线路上进行接触网或隧道内电力电缆检修作业时，除对有关区间、车站办理封锁手续外，还要对作业区采取防护措施。

（2）现场作业组应在可能来车方向设置红闪灯防护，巡视作业人员携带便携式红闪灯防护。

（3）防护人员在执行任务时，要思想集中，坚守岗位，履行职责，要认真、及时、准确地进行联系。一旦中断联系，必须立即通知工作领导人，必要时停止作业。

【事故案例 15】 防护不当，重型轨道车撞击车梯造成 3 人受伤。

工作领导人甲带领 1 个作业组在××—××区间 1～38 号支柱间进行车梯停电巡检。作业组巡检到 16 号隧道第 10 悬挂点时，看到由 15 号隧道开来一辆重型轨道车。抬车梯下道已经来不及了，众人只好放下车梯跑开。有经验的人沿限界外向轨道车来车方向跑，而乙和丙跑的方向与轨道车运行方向一致。轨道车撞上了车梯，车梯框架飞起将乙的小腿砸断，车梯主架的一段被撞飞后打断了丙的胳膊。车梯上两名操作人员丁躲避及时，爬上承力横杆和绝缘子串，戊反应稍迟，被车梯框架划破左脚。

原因分析：

① 防护人员精力不集中，来车时未听见车辆的运行声音。

② 发现来车后惊惶失措，处置不当，不是迎着轨道车来车方向使用红色信号旗拦断车，而是拼命地向作业组所在的 15 号隧道跑，想通知作业组来车了。

③ 推车梯人员躲避来车所采取的方法不当，应在限界外迎着列车来的方向规避。

提示：作业区防护是保证接触网作业安全的一项重要措施。作为防护人员，不仅要学习专门的行车防护业务知识，同时还要有高度的责任心与遇事镇定的良好心理素质。

七、事故抢修

（1）应根据不同事故的具体情况采取有针对性的、有效的安全防护措施后，方可展开事故抢修。事故抢修应在供电调度员统一指挥下，迅速设法先行恢复供电，保证行车畅通。在遇有接触网断线事故时，必须采取防护措施，任何人在装设接地线之前不得进入断线落地点 10 m 范围以内。

（2）事故抢修时，事故的设备即使已经停电，也必须按规定办理停电作业命令，经过验电接地后，方准接触故障的设备或进行抢修。在事故抢修中，如与供电调度员的直接通信联系中断时，可设法通过行车调度、区间电话等方式进行联系，当一切电话中断时，在作业前必须采取下列措施：

① 做好施工地点的安全防护措施；

② 与牵引降压混合变电所值班员（巡检人员）保持联系，断开有关的断路器和隔离开关；

③ 断开接触网有关隔离开关并加锁，必要时派人看守；

④ 在可能来电的空气间隙和绝缘器处派专人进行防护；

⑤ 在所有可能来电方向按规定装设接地线；

⑥ 工作领导人要将事故有关情况，通过各种方式尽快报告给供电调度员。

【事故案例 16】 事故抢修时没有要令，擅自上网导致 1 人触电死亡。

××变电所 211 开关跳闸，重合闸失败，A、B 接触网工区同时接到命令分别从各自工区出动查找故障点，进行抢修。

A 接触网工区沿 A 工区所在的××车站—××车站区间巡视没有发现问题。向供电调度员汇报完毕后，供电调度员给 A 工区发令，合上××车站北四跨隔离开关，向××车站至 B 工区送电（注：供电调度员合隔离开关的目的是送电时，故障点会冒火球，晚上容易发现，为 B 工区人员查找故障点提供条件）。

A 接触网工区合北四跨隔离开关时，向供电调度员汇报，合闸时开关处火花很大。

B 工区接供电调度员抢修令后，B 工区沿 B 工区所在车站向××区间巡视查找故障点。巡视人员推着绝缘车梯巡视到 B 工区所在××车站—××车站间的 121 号隧道第五悬挂点时，发现该隧道第五悬挂点上部地线被货物刮起搭在承力索上，承力索已被烧断几股。B 工区事故抢修组成员甲对乙说，“咱们上车梯，把地线拿下，反正要不了几分钟就处理完了。”乙默认。

甲和乙同时登上绝缘车梯，甲用手拉地线时，瞬间冒起火球。乙反应快，马上意识到接触网已送电，赶快蹲到车梯上。地面人员立即与坐台人员联系，知道接触网确已送电，向供电调度员申请停电后，将甲救下，甲在送往医院途中死亡。

提示：

① 规程规定“所有的接触网设备，自第一次受电开始即认定为带电设备。之后，接触网上的一切作业，均必须按规程规定严格执行。”接触网上的一切作业自然包括接触网抢修作业。

② 规程也明确规定“事故抢修和遇有危及人身或设备安全的紧急情况，作业时可以不开工作票，但必须有供电调度命令。”事故抢修没有申请供电调度命令，臆测接触网无电，擅自上网处理事故不仅是严重的违章行为，也是极其危险的行为。

③ 接触网作业属群体作业，一个人的违章可能给自己、也可能给作业组成员造成无法挽回的损失，每个作业组成员不仅自己要严格遵守规章，而且还要坚决反对各种形式的违章行为。这不仅是为了自己免受伤害，也是为了他人免受伤害。

④ 供电调度员本次采用的试送电查找故障点的方法方案也欠周全。在试送电前，应与两个工区取得联系，确认巡视人员撤至安全地带（如在隧道里，可进入避难洞）后，实施试送电查找故障点的方案才较为稳妥。

八、工作票签发实例

以某地铁线路区间接触网上下行停电检修为例，需签发接触网停电工作票，如表 5-3 所示。

表 5-3　接触网（轨）停电作业工作票

填表单位：供电一车间接触网一班　　　　编号：2018030606302

作业代码	11ZC1-601（注：11—地铁线路编号；ZC—正线，ZE—车站，601-6 日第一张工作票）		
作业地点	××站上行线 DK14＋393～××站上行线 DK12＋445，××站下行线 DK14＋378～××站下行线 DK12＋411	发票人	李华
工作内容	接触网设备综合检修	发票日期	2018-03-03
工作票有效期	2018-03-06 01：00：00 至 2018-03-06 04：30：00		
施工负责人	李明（　　）［注：（ ）内填写作业人员的安全等级］		
作业组成员	张三（　　）、李四（　　）、××（　　）、××（　　）、××（　　）、××（　　）		
其他成员	王小明（实习生）		
需停电设备	××供电臂，××供电臂，××供电臂，××供电臂 （注：应根据作业地点、牵引变电所的布置及接触网供电示意图来确定）		
接地线位置	××站上行线 DK14＋393（LC264）、××站下行线 DK14＋378（RC262）、××站上行线 DK12＋445（LC004）、××站下行线 DK12＋411（RC004）各挂一组地线，共挂 4 组地线		
作业区防护措施	作业区域所有来车方向设置红闪灯防护		
针对性安全措施	（1）施工负责人分工明确，责任到人，全体作业人员听从施工负责人统一指挥。 （2）全体作业成员按规定穿戴好劳动防护用品，禁止违章作业。 （3）严格执行验电接地制度。 （4）高空作业系好安全带，戴好安全帽，严禁高空坠物。 （5）高空人员工器具材料放稳妥当，防止高空掉物，严禁抛掷传递料具。 （6）作业人员随时注意设备受力状态，避开线索弹开方向。 （7）梯车作业时，辅助人员听从工作台人员指挥，上下呼唤应答，对梯车采取防滑移、防倾倒措施，工作台人员超出工作台保护范围作业时需将安全带打好。 （8）梯车推行速度不大于 5 km/h，作业平台作业人员不超两人。 （9）作业结束，确认人员、料具撤离轨行区，线路出清，具备行车送电条件后方可销点。 其他措施： （1）对实习生进行一对一监护。 （2）岔区作业时，严禁踩踏岔尖及其可活动部分，防止夹伤		
变更作业组成员记录	无		
工作票结束时间	2018 年 03 月 06 日 04 时 20 分		
会签人	黄斌		
施工负责人（会签）	李明		

注：工作票编号，20180306 表示工作票的有效日期，06302 表示发票人的工号。

第三节　变电所安全工作规则

一、一般规定

（1）在变电所内搬动梯子、长大工具、材料、部件时，要时刻注意与带电设备部分保持足够的安全距离，并防止碰伤 GIS 等设备外壳。

（2）变电所房屋和各类设备的钥匙均应配备至少两套，其中一套放在控制室内固定的地点，另一套放在变电值班室。各高压分间以及各隔离开关的钥匙均不得相互通用。

（3）当变电所值班员（巡检人员）需要打开高压柜巡视或检修时要及时将钥匙放回原处。禁止打开运行中有裸露高压带电部分的设备围栅或外门。即使紧急情况，车站值班站务人员使用存放于车控室的钥匙进入变电所也要遵守有关规定。

（4）除上述情况外，设备钥匙不得交给其他人员保管或使用。

（5）在全部或部分带电的柜（盘）上进行作业时，应将有作业的设备与运行设备用明显的标志隔开。

（6）变电所发生高压（对地电压为 250 V 以上，下同）接地故障时，在切断电源之前，任何人与接地点的距离：室内不得小于 4 m，室外不得小于 8 m。当必须进入上述范围作业时，作业人员要穿绝缘靴，接触设备外壳和构架时要戴绝缘手套。

注：牵引变电所发生高压接地故障时，不仅接地电流在地中扩散时存在跨步电压，而且高压电气设备外壳和构架有可能带电。此时，人站在发生接地短路故障的设备旁边，距设备水平距离 0.8 m，人手接触设备金属外壳或架构，手与脚两点之间呈现电位差，即接触电压 U_{tou}，两脚之间存在跨步电压 U_{step}，如图 5-1 所示。

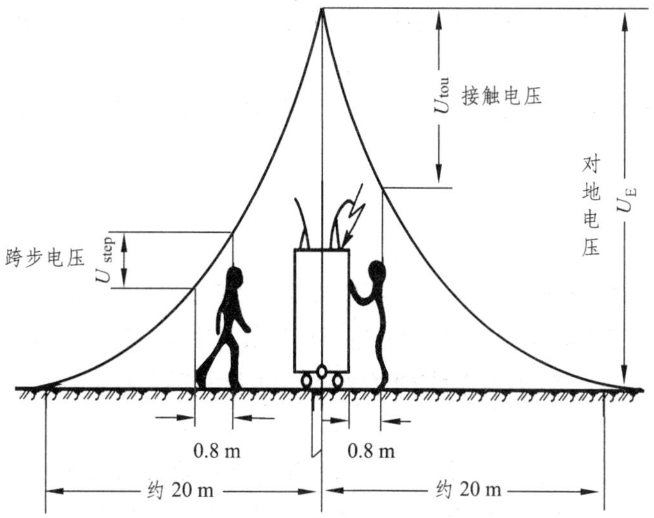

图 5-1　接触电压、跨步电压与对地电压示意图

因此，当发生高压设备接地故障时，任何人与接地点应保持以上规定的安全距离，一是防止跨步电压 U_{step} 伤人，二是避免接触带电体，防止接触电压伤人。当人员必须进入上述范围时，要做好防护措施，穿试验合格的绝缘靴，戴绝缘手套等。因此，绝缘靴和绝缘手套分别是防跨步电压和接触电压的有效手段。

（7）当作业人员进入电容器室（柜）内或在电容器等有电荷存储能力的设备上工作时，要将设备逐个放电，并接地和做好其他安全措施方可作业。

（8）变电所除系统的消防设施外，还必须配备紧急消防设施。变电所必须画出紧急逃生路线。当电气设备发生火灾时，要立即将该设备的电源切断，然后按规定采取有效措施灭火。在变电所内作业时，严禁用汽油、酒精等易燃物擦拭带电部分，以防起火。

（9）使用携带型火种或喷灯时，需征得公司相关部门同意，且办理动火作业手续并不得在带电导线、设备以及充油设备附近点火。作业时，其火焰与带电部分之间的距离：

① 电压为 1 500 V 及以下者不得小于 1.5 m。

② 电压为 1 500 V 以上者不得小于 3 m。

二、运　行

（一）值　班

（1）变电所设有人值班和无人值班定期巡检两种。

（2）有人值班的变电所设一名或两名变电所值班员。单人值班时不得单独从事修理工作。

（3）值班人员参加检修工作时，须听从作业组工作领导人的指挥。

（二）巡　视

（1）未取得上岗证的变电人员不得单独巡视。

（2）设备巡视时，要事先通知供电调度员或变电所值班员。当一人单独巡视时，禁止打开高压设备的防护栏或进入高压柜内。

（3）在有雷、雨的情况下必须巡视室外高压设备时，要穿绝缘靴，戴安全帽，并不得靠近避雷针和避雷器。

（三）倒　闸

（1）变电所设备倒闸操作优先由供电调度员采用 SCADA 系统在 OCC 级进行倒闸操作，如 SCADA 系统 OCC 级无法操作时，再由变电所值班员（巡检人员、工作许可人）采用 SCADA 系统在变电所级操作，若 SCADA 系统 OCC 级及变电所级都无法操作时，再采用下一级开关本体控制装置操作。

（2）对需由供电调度员管辖的设备，倒闸由供电调度员发布命令，变电所值班员（巡检人员、工作许可人）受令复诵，供电调度员确认无误后，方可给予命令编号和批准时间，每个倒闸命令发令人和受令人双方均要填写倒闸作业命令记录并录音。

（3）发布命令应准确、清晰，使用正规操作术语，命令内容包括受令处所和调度统一命名的设备编号，换乘站的受令处所需在站名前增加线别，发令前应互报姓名。

（4）供电调度员对 1 个变电所 1 次只能下达 1 个倒闸作业命令，即 1 个命令完成之前，不得发出另 1 个命令。

（5）对不需要供电调度员下令倒闸的开关，倒闸完毕后要将倒闸时间、原因和操作人的姓名记入值班日志或有关记录中，并汇报供电调度员。

（6）所有倒闸作业均必须有两人同时进行，一人操作，一人监护。变电所值班员（巡检人员、工作许可人）操作，检修负责人（值班员）监护。若为单人值班，只允许使用接地刀闸接地，或使用绝缘棒合接地刀闸。

① 变电所值班员（巡检人员、工作许可人）在接到倒闸命令后，先在模拟图上进行模拟操作，确认无误后方可进行倒闸。用手动操作时，操作人和监护人必须穿绝缘靴，戴安全帽，同时操作人还要戴绝缘手套。

② 隔离开关的倒闸操作要准确迅速，一次开闭到底，中途不得停留和发生冲击。

【事故案例 17】　停错电烧断接地线，严重危及人身安全。

某变电所值班员接供电调度倒闸作业命令对 212 开关进行停电倒闸作业。在倒闸过程中，值班员与助理值班员错停馈线，误将 4 号馈线 214 开关断开，但在外出挂接地线时仍将接地线挂到 212 开关馈出线上，造成 212 开关距离Ⅰ、Ⅱ段动作，严重危及人身安全。

事故原因：

① 值班员与助理值班员对倒闸作业命令不清楚，作业时，没有先进行模拟操作与确认停电回路，将 2 号馈线错停为 4 号馈线。

② 验电接地程序错误，未验电而直接将地线挂接在带电侧。

提示：“安全无小事！”作业人员不仅要熟悉现场设备，而且作业过程中不能马虎，要养成工作一丝不苟、严肃认真的良好习惯。

（7）倒闸作业完成后，值班员（巡检人员、工作许可人）要立即向供电调度员报告，供电调度员确认无误后发布完成时间，至此倒闸作业结束。

（8）倒闸作业由供电调度员直接下令执行，并填写“设备倒闸操作命令记录”。

（9）倒闸要遵守下列原则：

① 停电时的操作程序：先断开负荷侧后断开电源侧，先断开断路器后断开隔离开关。送电时，与上述操作程序相反。

② 三工位隔离开关接地时，先断开主闸刀后闭合接地闸刀，合闸时，与上述操作程序相反。

③ 禁止带负荷拉合隔离开关。为防止误操作，所有投运的闭锁装置未经供电调度员同意，不得退出或解锁。

④ 故障抢修时，应遵循“先通后复”原则，尽量减少倒闸次数。

（10）与断路器并联的隔离开关，只有当断路器闭合时方可操作隔离开关。当回路中未装断路器时，可用隔离开关进行下列操作：

① 开、合电压互感器和避雷器。

② 开、合空载母线。

（11）带电更换低压熔断器时，操作人要戴防护眼镜，站在绝缘垫上，并应使用绝缘柄钳或戴绝缘手套。

（12）对所有断路器，禁止用机械按钮合闸送电。一般情况下，不允许用机械按钮分闸停电。特殊情况下，必须穿绝缘靴、戴绝缘手套，同时站在断路器的侧边，方可允许用机械按钮分闸停电。

（13）需供电调度员管辖下令进行倒闸作业的断路器和隔离开关，遇有危及人身和设备安全的紧急情况，变电所值班员（巡检人员）可先行断开有关的断路器和隔离开关，再报告供电调度员，但再合闸时，必须有供电调度员的命令。

三、检修作业制度

（一）作业分类

电气设备的检修作业分三种：

（1）高压设备的停电作业：在停电的高压设备上进行的作业及在低压设备（二次回路和照明回路、消防等设备）上进行的需要高压设备停电的作业。

（2）高压设备不停电作业：当作业人员与高压设备的带电部分之间保持规定的安全距离和没有偶然触及导电部分的危险，许可在带电设备外壳和附近进行的作业。

（3）低压设备作业：分为在低压设备上进行的停电作业与不停电作业。

（二）工作票

（1）工作票是在变电所内进行作业的书面依据，填写工作票应对照主接线图或模拟图板，与现场变电所名称和设备编号相符合。工作票填写要字迹清楚、正确，不得用铅笔书写与涂改。纸质版工作票要填写一式两份，一份正本交工作领导人，一份副本交变电所值班员（工作许可人），供电调度员提供电子版工作票，变电所值班员（工作许可人）据此办理准许作业手续，做好安全措施。

（2）事故抢修、情况紧急时可不开工作票，但应向供电调度员报告事故概况，听从供电调度员的指挥，在作业前必须按规定做好安全措施，并将作业时间、地点、内容及批准人的姓名记入值班日志中。

（3）根据作业性质不同，工作票分为两种。

① 第一种工作票用于高压设备停电作业及低压 0.4 kV 电源主母线的停电作业，格式见表 5-4。

② 第二种工作票用于高压设备不停电的作业，低压设备上的停电与不停电作业，以及在电力监控 SCADA 系统或二次回路上进行的不需高压设备停电的作业，格式见表 5-5。

表 5-4　________________变电所第一种工作票

填表单位：　　　　　　　　　　　　　　　　编号：

作业地点及内容	
计划工作时间	自　年　月　日　时　分至　年　月　日　时　分止
工作领导人	
作业组成员姓名	
其他成员	
作业代码	

必须采取的安全措施 （本栏由工作票签发人填写）	已经完成的安全措施 [本栏由值班员（工作许可人）填写]
1. 断开（或合上）的断路器和隔离开关：（按操作顺序填写）	1. 已经断开（或合上）的断路器和隔离开关：
2. 应摇至试验位的直流断路器；应分开的负极隔离开关；应维护接地的 35 kV 高压开关柜：	2. 已摇至试验位的直流断路器；已分开的负极隔离开关；已维护接地的 35 kV 高压开关柜：
3. 应投切相关直流电源（空气开关、熔断器、连接片）、低压及二次回路：	3. 已投切相关直流电源（空气开关、熔断器、连接片）、低压及二次回路：
4. 安装接地线（或接地隔离开关）的位置：	4. 接地线（或接地隔离开关）已装设的位置及其编号：
5. 装设绝缘挡板、防护栅、悬挂标示牌的位置：	5. 已装设绝缘挡板、防护栅、已挂标示牌装设的位置：

第×联为×本（交××××）　　　　　　　　第 1 页，共 2 页

________变电所第一种工作票

填表单位： 编号：

6. 注意作业地点附近有电的设备是： 7. 线路对侧安全措施：要求线路对侧接地（是/否）：________ 8. 需办理二次设备及回路工作安全技术措施单（是/否）：____，共___张，编号为：____________。 9. 其他安全措施：	6. 注意作业地点附近有电的设备是： 7. 线路对侧安全措施：经电力调度员确认线路对侧接地于____年__月__日__时__分已按要求执行。 8. 按已办理的____张二次设备及回路工作安全技术措施单上的内容执行。 9. 其他安全措施：

发票日期：___年__月__日　工作票签发人：_______（签字）　工作票会签人：______（签字）

1. 根据供电调度员的第____号命令准予在____年__月__日__时__分开始工作。

值班员（工作许可人）：______（签字）

2. 经检查并确认安全措施已做好，实际于____年__月__日__时__分开始工作。

工作领导人：______（签字）

3. 变更作业组成员记录：____

工作票签发人：______（签字）

工作领导人：______（签字）

4. 经供电调度员______同意工作时间延长到____年__月__日__时__分。

值班员（工作许可人）：________（签字）

工作领导人：______（签字）

5. 工作间断许可记录：工作领导人与值班员（工作许可人）双方在按下表内容填写并确认签字。

工作间断时间	工作领导人	值班员（工作许可人）	工作开始时间	工作领导人	值班员（工作许可人）
__月__日__时__分			__月__日__时__分		
__月__日__时__分			__月__日__时__分		
__月__日__时__分			__月__日__时__分		

6. 工作已于____年__月__日__时__分全部结束。　工作领导人：_______（签字）

7. 临时接地线（或接地隔离开关）共______组（数字大写）和临时绝缘挡板、防护栅、标示牌已拆除，并恢复了常设防护栅和标示牌，工作票于______年____月____日____时____分结束。

值班员（工作许可人）：________（签字）

备注：

第×联为×本（交××××）　　第2页，共2页

注：本票为重要安全凭证，第一联为正本（交工作领导人）用白色纸印绿色格和字，第二联为副本（交值班员或工作许可人）用浅红色纸印绿色格和字，第三联为副本（交电调或设备管理部门）用浅黄色纸印绿色格和字。

表 5-5　________________变电所第二种工作票

填表单位：　　　　　　　　　　　　　　　　　　　　　　编号：

作业地点及内容					
计划工作时间	自　年　月　日　时　分至　年　月　日　时　分止				
工作领导人					
作业组成员姓名					
其他成员					
工作条件	停电或不停电：__________				
	需办理二次设备及回路工作安全技术措施单（是/否）：______，共____张，编号为：______________________________				

必须采取的安全措施 （本栏由工作票签发人填写）	已经完成的安全措施 [本栏分别由值班员（工作许可人）和工作领导人填写]

发票日期：___年__月__日　　工作票签发人：______（签字）　　工作票会签人：_____（签字）

1. 根据供电调度员的第____号命令准予在____年__月__日__时__分开始工作。

　　　　　　　　　　　　　　　　　　　　值班员（工作许可人）：_____（签字）

2. 完成安全措施经检查并确认安全措施已做好，实际于____年__月__日__时__分开始工作。

　　　　　　　　　　　　　　　　　　　　工作领导人：_____（签字）

3. 变更作业组成员记录：____

____

　　　　　　　　　　　　　　　　　　　　工作票签发人：_____（签字）

　　　　　　　　　　　　　　　　　　　　工作领导人：_____（签字）

4. 经供电调度员_________同意工作时间延长到____年__月__日__时__分。

　　　　　　　　　　　　　　　　　　　　值班员（工作许可人）：_____（签字）

　　　　　　　　　　　　　　　　　　　　工作领导人：_____（签字）

5. 工作间断许可记录：工作领导人与值班员（工作许可人）双方在按下表内容填写并确认签字。

工作间断时间	工作领导人	值班员 （工作许可人）	工作开始时间	工作领导人	值班员 （工作许可人）
__月__日__时__分			__月__日__时__分		
__月__日__时__分			__月__日__时__分		
__月__日__时__分			__月__日__时__分		

6. 工作已于____年__月__日__时__分全部结束。　　　　　工作领导人：_____（签字）

7. 作业地点已清理，工作票于____年____月____日____时____分结束。

　　　　　　　　　　　　　　　　　　　　值班员（工作许可人）：_____（签字）

备注：

第×联为×本（交××××）

说明：本票为重要安全凭证，一式三份，第一、二联具有炭粉复写功能，复写应能清楚，不能少炭粉。第一联为正本（交工作领导人）用白色纸印黑色格和字，第二联为副本（交值班员或工作许可人）用浅红色纸印黑色格和字，第三联为副本（交电调或设备管理部门）用浅黄色纸印黑色格和字。

（4）第一种工作票的有效时间，一般不超过一周（168 h），若在规定的工作时间内作业不能完成，应提前半小时向供电调度员办理准许延时手续。

（5）第二种工作票有效时间最长为 24 h，不得延长。

（6）工作票污损影响继续使用时，应重新填写工作票。

（7）工作票签发人、工作票会签人在工作前要尽早将工作票交给工作领导人和变电所值班员（工作许可人），使之有足够的时间熟悉工作票的内容及做好准备工作。

（8）工作领导人和变电所值班员（工作许可人）对工作票内容有不同意见时，要向工作票签发人、工作票会签人及时提出，经认真分析，确认无误后方准作业。

（9）工作票中规定的作业组成员，一般不应更换，若必须更换时，应经工作票签发人同意。若工作票签发人不在，可经工作领导人同意，但工作领导人更换时必须经工作票签发人同意（作业过程中不允许更换工作领导人），并分别在工作票上签字后，报供电调度员备案，工作领导人应将作业组成员的变更情况及时通知变电所值班员（工作许可人）。

（10）一个作业组的工作领导人同时只能接受一张工作票。一张工作票只能发给一个作业组。同一张工作票的签发人和工作领导人必须由两人分别担当，不得相互兼任。

（11）工作票签发人由工班兼职安全员、工班长、专业工程师担任。

（12）工作票会签人由专业组技术员及以上人员担当。

（13）若一个电气连接部分作业需相邻变电所停电时，开工前，相关变电所的全部安全措施应一次做完。

（14）当实施电子工作票系统时，纸质版的工作票仅在电子工作票系统故障或紧急抢修的情况下使用。

（15）工作票会签人须提前两天将审核合格的工作票提交给当值供电调度员，特殊情况下需向当值供电调度员声明延迟交票的理由，但最迟不得超过计划作业时间前一天 22：00 提交。事故抢修和紧急处理故障可不开工作票，其他所有作业均需开工作票。

（三）作业人员的职责

（1）工作票签发人签发工作票时要做到：

① 安排的作业项目是必要和可能的；

② 采取的安全措施是正确和完备的；

③ 配备的工作领导人和工作组人员的人数和条件符合规定。

（2）工作领导人要做好下列事项：

① 作业范围、时间、作业组成员等符合工作票要求；

② 复查值班员所做的安全措施，要符合规定要求；

③ 时刻在场监督作业组成员的作业安全，如果必须短时离开作业地点时，要指定临时代理人，否则停止作业，并将人员和机具撤至安全地带。

（3）变电所值班员（工作许可人）要做好下列工作：

① 复查工作票必须采取的安全措施符合规定要求；

② 向供电调度员申请停电和进行停电倒闸作业；

③ 按照有关规定和工作票要求做好安全措施，办理准许作业手续。

（4）作业组成员要服从工作领导人的安排，要确认各自的职责。对不安全和有疑问的命令要果断及时地提出意见，坚持安全作业。

（5）工作票签发人和变电所值班员（工作许可人）填写工作票时在“断开的断路器和隔离开关”及“已经断开的断路器和隔离开关”栏内，须将作业前所有将要断开的断路器和隔离开关分别按操作顺序和编号全部填写清楚。

（6）供电调度员负责第一种工作票安全措施第一项要求进行倒闸操作，具备开工条件后，向变电值班员发布作业命令，工作票中第 2 条开始之后的安全措施由作业人员根据工作票内容完成方可进行检修施工作业。作业完成后，由作业人员将安全措施恢复至供电调度员发布作业命令前的状态，方可向供电调度员消除作业命令。

（7）作业过程中，作业人员要呼唤应答并进行自控、互控、他控，杜绝员工在无人监管的情况下独自开展作业。

（四）准许作业的规定

（1）变电所值班员（工作许可人）在做好安全措施后，要到作业地点进行下列工作：

① 会同工作领导人按工作票的要求共同检查作业地点的安全措施；

② 向工作领导人指明准许作业范围，附近有电（停电作业）设备和有关注意事项；

③ 经工作领导人确认符合要求后，双方在两份工作票上签字。一份正本交工作领导人，一份副本交变电值班员（工作许可人）留存，方可开始工作。

注：作业组成员只有接到工作领导人的准许作业命令后方能开始作业。作业前，作业组成员也应自己确认一下所采取的作业安全措施能否满足自身作业安全，当不能满足作业安全时，作业组中任何成员都可以拒绝进行作业。如果作业过程中发现所采取的安全措施不能满足自身作业安全时，作业组中任何成员都可以在采取必要措施（这里指的必要措施是保证自己和旁人安全撤离的必要工作）后，停止继续作业，远离危险。这是作业人员的紧急避险权，但注意不可滥用。

（2）若工作票需相邻变电所做安全措施，必须由变电所值班员（工作许可人）及工作领导人到相应变电所办理工作票手续。电力电缆停电检修时，必须将需检修的电缆两端可靠接地。可在需检修的电缆两端任一变电所办理作业手续。

（3）每次开工前，工作领导人要在作业地点向作业组全体成员宣读工作票，布置安全措施。

（4）当停电作业时，在消除命令之前，禁止向停电的设备上送电，在紧急情况下必须送电时要按下列规定办理：

① 通知工作领导人，说明原因，暂时结束作业，收回工作票；

② 拆除临时防护栅，接地线和标示牌，恢复常设防护栅和标示牌；

③ 属于供电调度员管辖的设备，由供电调度员发布送电命令，其他设备由该设备管理部门批准送电；

④ 变电所值班员（工作许可人）将送电的原因、范围、时间和批准人、联系人姓名等记入值班日志中。

（5）停电作业的设备，在结束作业前需要试加工作电压或设备带电功能测试时，要按下列规定办理：

① 确认作业地点的人员、材料、部件、机具均已撤至安全地带；

② 由变电所值班员（工作许可人）将该停电范围内所有工作票收回，拆除妨碍送电的临时防护栅，接地线和标示牌；

③ 工作领导人与变电所值班员（工作许可人）共同对有关部分进行全面检查，确认加压或带电测试不影响其他施工作业，且具备带电测试或加压条件，并报告供电调度员，工作领导人经许可后安排试加工作电压或带电测试；

④ 试加工作电压或带电测试时，工作监护人员应在现场监护，时刻加强现场管理，确保人员安全；

⑤ 试加工作电压或带电测试完毕后，报告供电调度员，如仍需继续作业，必须由变电所值班员（工作许可人）根据工作票的要求，重新做好安全措施，办理准许作业手续。

（五）安全监护

（1）当进行电气设备的不停电作业或需由相邻变电所停电的复杂作业时，工作领导人主要负责监护作业组成员的安全和联络工作，不参加具体作业。当进行电气设备的停电作业时，工作领导人除监护作业组成员的作业安全外，在下列情况下可以参加工作：

① 当全所停电时；

② 部分设备停电，距带电较远或有可靠的防护设施，作业人员不致触及带电部分时。

（2）当作业人员较多，或作业范围较广，工作领导人监护不到时，可增设监护人。设置的监护人员由工作领导人指定符合要求的作业组成员担当。

（3）禁止任何人在高压分间或高压柜内单独停留作业。

（4）变电所值班员（工作许可人）发现不安全因素要及时提出，若发现有危及人身、行车、设备安全的紧急情况时，有权制止其作业，收回工作票，令其撤出作业地点。

（六）作业间断和结束作业

（1）作业中需暂时中断工作离开作业地点时，工作领导人应负责将人员撤至安全地带，材料、零部件和机具要放置牢靠，并与带电部分之间保持规定的安全距离，将高压分间的钥匙和工作票交给变电所值班员（工作许可人），当再继续工作时，工作领导人要征得变电所值班员（工作许可人）的同意，取回钥匙和工作票，重新检查安全措施符合工作票要求后方可开工。在作业中断期间，未征得工作领导人同意，作业组成员不得擅自进入作业地点。每次间断及开始工作均由工作领导人和变电所值班员（工作许可人）签名并注明时间。每日开工和收工除按上述规定执行外，在收工时还应清理作业场地，开放封闭的通道，开工时工作领导人应向作业组成员宣读工作票，布置好安全措施后方可开始工作。

（2）在同一电气连接部分用同一工作票，需依次在几个工作地点转移工作时，全部安全措施由变电所值班员（工作许可人）在开工前一次做完，工作领导人在转移工作时，应向作业组成员布置安全措施和注意事项。

（3）当作业全部完成时，作业组成员应及时清理作业地点，工作领导人会同变电所值班员（工作许可人）检查作业中涉及的所有设备，交代维修的所有项目、发现的问题和缺陷以及处理的结果等，工作领导人在工作票中填写结束时间并签字。变电所值班员（工作许可人）按下列程序结束作业：

① 清点作业工器具，防止工器具遗留在作业现场；

② 拆除所有作业临时接地线，清点其数量，并核对号码。

③ 拆除临时防护栅和标示牌，恢复常设的防护栅和标志。

④ 恢复各项安全措施，恢复设备到作业前正常状态，必要时应测量设备状态。

完成上述工作并确认所有安全措施恢复后，各设备智能保护装置和 SCADA 后台工作站无异常报警信息，变电所值班员（工作许可人）在工作票中填写工作结束并签字，工作票方可视为结束，之后变电所值班员（工作许可人）须立即汇报供电调度员，向供电调度员消令。使用过的工作票由各变电工班负责保管。工作票保存时间为 3 个月。

四、高压设备停电作业

（一）停电范围

（1）当进行停电作业时，设备的带电部分距作业人员小于表 5-6 规定者均须停电。

表 5-6 设备带电部分距作业人员距离

电压等级	无防护栅	有防护栅
110 kV	1 500 mm	1 000 mm
35 kV	1 000 mm	600 mm
DC 1 500 V 及以下	700 mm	350 mm

在二次回路上进行作业，引起一次设备中断供电或影响其安全运行者，其有关的设备均须停电。

（2）对停电作业的设备，必须从可能来电的各方面切断电源（运用中的星形接线设备，其中性点应视为带电部分），并要有明显的断开点。若无法观察到停电设备的断开点，应有能够反映设备运行状态的电气和机械等指示。

（3）断路器和隔离开关开断后，及时断开其控制和保护电源。

（4）与停电设备有关的变压器和电压互感器，应将设备各侧断开，防止向停电检修的设备反向送电。

（5）上下行并联的回流线，当一侧带电运行时，视为带电设备。

（二）作业命令的办理

对变电所有权停电的设备，值班员（工作许可人）可按规定自行停电、办理准许作业手续；对变电所无权自行停电的设备要按下列要求办理准许作业手续：

（1）属供电调度员管辖的设备，作业前由变电所值班员（工作许可人）申请停电。

（2）确认停电后，供电调度员发布作业命令，受令人认真复诵，经确认无误后，方可给命令编号和批准时间。发令人和受令人同时填写"作业命令记录"，并由变电所值班员（工作许可人）将命令编号和批准时间填入工作票和作业命令记录中。

（3）对不属于供电调度员管辖的设备停电时，按有关规定办理手续。

（4）在同一个停电范围内有几个作业组同时作业时，对每一个作业组，变电所值班员（工作许可人）必须分别办理停电申请。

（三）验电接地

（1）高压设备验电、安装或拆除接地线时，均必须两人同时进行，一人操作，一人监护，监护人需穿绝缘鞋、戴安全帽，操作人必须穿绝缘靴、戴安全帽和绝缘手套。

（2）验电时，必须使用电压等级合适而且合格的验电器，验电时对被检验设备的所有引入、引出线均要检验。35 kV 的 GIS 组合电器停电前后验电需检查带电指示器是否正常。

（3）表示断路器、隔离开关分闸的信号以及常设的测量仪表显示无电时，不得作为设备无电压的根据，仍应通过验电器检验设备是否已停电。若验明有电，则禁止在该设备上作业。

（4）在停电作业的设备上如可能产生感应电压且危及人身安全时，应增设接地线。所有装设的临时接地线与带电部分应保持规定的安全距离，并应装在作业人员可见到的地方。

（5）当变电所停电时，在可能来电的各路进出线均要分别验电并装设接地线（合接地隔离开关）。当部分停电时，若作业地点分布在电气设备不相连的几个部分时，则各作业地点应分别验电接地。当变压器、电压互感器、断路器、室内配电装置单独停电作业时，应按下列要求执行：

① 变压器和电压互感器的高、低压侧以及变压器的中性点均要分别验电接地。

注：在变压器和电压互感器的高、低压侧以及变压器的中性点均要分别验电接地，是为了防止变压器和电压互感器的低压侧、中性点因误操作串入低压电源，在高压侧感应出高压，从而危及作业人员的人身安全。

② 断路器进、出线侧要分别验电接地。

注：因断路器的动、静触头被封装在装置内而无明显断开点，从断路器本身无法辨明断路器的分、合状态，在断路器进、出线侧要分别验电接地，是为了防止断路器因拒动或误动使电路未停电或突然来电，从而危及作业人员的人身安全。

③ 母线两端均要装设接地线。

注：这样做可以封闭母线各进出口，防止因误操作而使高压电串入作业区危及作业人员的人身安全。

（6）室内配电装置的接地线应装在该装置导电部分画有标志的固定接地端子上。配电装置的接地端子要与接地网相连，其接地电阻须符合规定。

（7）当验明设备无电与确认已停电时，则要及时装设接地线。装设接地线的顺序如下：

① 对于 GIS 组合电器应先合接地刀闸，然后合断路器予以接地，并关闭保护及控制电源；在变压器本体进行停电作业时，还必须在变压器本体的电源进出线端头上加挂地线。

② 对于临时接地线，应先接接地端，再将另一端通过接地杆接在停电设备裸露的导电部分上。拆除接地线时，其顺序与装设时相反。接地线须用专用线夹，连接牢固，接触良好，严禁缠绕。

（8）交流系统接地线要采用截面面积不少于 25 mm^2 的裸铜软绞线，直流系统接地线要采用截面面积不少于 90 mm^2 的裸铜软绞线，且均不得有断股、散股和接头。

（9）根据作业的需要（如测量绝缘电阻时）必须短时拆除接地线时，工作领导人可以将妨碍工作的接地线短时拆除，该作业完毕后，要立即恢复。进行需拆除接地线的作业时，必须设专人监护。

【事故案例 18】 取高压熔断器时发生放电。

变电所母线电压显示不正常，经分析判断为高压熔断器可能熔断，于是把手车式电压互感器退出运行并拉至检修通道进行检查，助理值班员在取下手车式电压互感器原边的高压熔断器时产生放电。

原因分析：

① 手车式电压互感器虽然拉到检修通道脱离了高压电源，但其二次回路并没有断开仍在接通位置，而其二次回路是与其他电压互感器二次回路（有电）并联的，根据变压器原理，电压互感器二次侧加上 100 V 电压，一次侧就将产生 35 kV 的高电压（反送电）。助理值班员没有对电压互感器的二次侧采取任何断电与验电措施，这是助理值班员在取熔断器时产生高压放电的直接原因。庆幸的是助理值班员穿着绝缘靴，戴着绝缘手套，并站在绝缘胶垫上，因而没有造成致命的伤害。

② 规程规定“变压器和电压互感器的高、低压侧以及变压器的中性点均要分别验电接地。”因此，电压互感器原边（高压侧）虽然脱离了电源，但其副边（低压侧）依然需断电并验电接地。

提示：电虽然看不见，但是却能摸得着。如果真被摸着了，就有可能付出生命的代价；电又是一张网，虽然有形，却不一定能看得清楚，它会从各个可能的方向出现在人们意想不到的地方，令人防不胜防。而防止触电伤害唯一可靠的办法就是严格遵照规章办理各项安全措施，千万别存任何侥幸心理。

【事故案例 19】 支持有正当理由地拒绝违章指令的行为。

某主变电所检修主变压器，两端来电方向已装设接地线。开工后，工作领导人甲指挥作业组成员乙检修中性点隔离开关，作业人员乙发现中性点并未接地线，提出中性点没接地，怕有电，拒绝作业。甲以不服从作业指挥为由要求扣乙当月生产奖。后经上级主管部门分析研究后，不仅没有扣乙的生产奖，反而扣了工作领导人甲的生产奖。

原因分析：

① 作业组成员对不安全和有疑问的命令要果断及时地提出意见，并坚持安全作业。这是安全规则赋予作业组成员的正当权利。

② 规程规定“运用中的星形接线设备，其中性点应视为带电部分”“变压器和电压互感器的高、低压侧以及变压器的中性点均要分别验电接地。”作业人员乙发现变压器中性点并未接地，这不符合规程规定变压器的中性点也要验电接地的要求。乙拒绝作业是拒绝违章作业，其做法是正确的，相反工作领导人甲的做法是违章的。因为拒绝违章作业而避免了可能发生的事故，因此，上级主管部门对他们的处理也是正确的。

提示：保证安全生产不是一句空话，需要每一位成员都要掌握必要的安全技术知识，同时还要有严格遵守规章的意识，要坚持原则，避免盲目服从而使安全生产的互控与他控流于形式，酿成事故。

（四）悬挂标示牌和装设遮栏

（1）在一经合闸即可送电到工作地点的断路器和隔离开关的操作手柄上均应悬挂“禁止合闸，有人工作”的标示牌。若线路上有人作业，要在有关断路器和隔离开关操作手柄上悬挂“线路有人工作，禁止合闸”的标示牌。

（2）在维护接地的三工位接地隔离开关和断路器的操作手柄上均应悬挂“禁止操作”的标示牌。

（3）在室内设备上作业时，应在工作地点两旁开关柜和禁止通过的过道上装设遮栏并悬挂“止步，高压危险！”的标示牌，并在检修的设备上和作业地点悬挂“在此工作”的标示牌。

（4）部分停电作业，当作业人员可能触及带电部分时，要装设遮栏，在邻近可能误登的带电构架上应悬挂“禁止攀登，高压危险！”的标示牌。

（5）在结束作业之前，任何人不得拆除或移动防护栅和标示牌。

（五）消除作业命令

（1）当工作票办理完终结手续后，变电所值班员（工作许可人）即可向供电调度员请求消除停电作业命令。供电调度员询问确认作业已经结束，具备送电条件时，给予消除作业命令时间，变电所值班员（工作许可人）需将消除作业命令时间记入“作业命令记录”和工作票中。在同一个停电范围内有几个作业组同时作业时，对每一个作业组，变电所值班员（工作许可人）必须分别向供电调度员请求消除停电作业命令。

（2）只有在停电的设备上所有的停电作业命令全部消除完毕，变电所值班员（工作许可人）可按下列要求办理送电手续：

① 属供电调度员与地方供电调度管辖的设备，按供电调度员命令送电。

② 对不属供电调度员与地方供电调度管辖的设备:属环调管辖的低压设备要向环调联系办理送电手续，属变电所自行管辖的低压设备自行办理送电手续。

【事故案例 20】 简化送电流程导致送电失败。

某日，供电调度下令将某变电所 214 断路器转换至 22B 备用断路器供电，值班员、助理值班员在未确认 22B 位置的情况下执行调度命令，在试验位合上 22B 断路器后断开 214 断路器，倒闸命令完成后消令。消令后不久，供电调度追问为何接触网没电，方再确认 22B 断路器虽然处于合闸状态但却在试验位置，遂将 22B 断路器重新分闸并推至运行位后再合闸，造成该供电臂中断供电 18 min。

原因分析:

① 值班人员对设备实际运行状况不清楚，接令后未确认设备的实际位置状态，断路器处于试验位置，即盲目进行倒闸作业。

② 简化作业程序，倒闸完毕后未进行验电。

提示：这是一起因为简化作业流程而引起的人为典型事故，这有可能与业务不熟有关，但更重要的一点还是没有坚持标准化作业，作业不规范、不严谨。

五、其他作业

（一）远离带电部分的作业

（1）当作业人员与高压设备带电部分之间的距离等于或大于规定数值时，允许不停电在高压设备上进行下列作业:

① 清扫外壳，更换整修附件（更换主变吸湿硅胶、呼吸器等）;

② 补油，取油样;

③ 设备简单测试（GIS 开关柜 SF6 气体压力测试、泄漏测试等）;

④ 不会危及人身安全和设备安全运行的其他简单作业。

（2）当进行远离带电部分的作业时，必须遵守下列规定:

① 作业人员在任何情况下与带电部分之间必须保持规定的安全距离;

② 在 GIS 设备外壳进行作业时，作业前要先检查设备的接地必须完好。

（二）低压设备上的作业

（1）在低压设备上作业时一般应停电进行。若必须带电作业时，作业人员要穿紧袖口的工作服，戴工作帽、手套和防护眼镜，穿绝缘靴或站在绝缘垫上工作；所有工具必须有良好的绝缘手柄，其他设备的带电部分必须用绝缘板隔开。在低压设备上作业时，严禁一人单独作业。

（2）在转动机械上作业不准戴手套，严禁将明火或能发生火焰的物体带入蓄电池柜。进行蓄电池充放电和维护时，防止全所直流二次电源失压而引起开关跳闸。

（三）供变电设备二次回路及 SCADA 系统的作业

（1）在确保人身安全和设备安全的运行条件下，允许有关的高压设备和二次回路不停电进行下列工作：

① 测量、信号、控制和保护回路上进行较简单的作业；

② 在非运营期间改变继电保护装置的整定值，但不得进行该装置的调整试验；

③ 当电气设备有多重继电保护，经供电调度员批准短时撤出部分装置时，在撤出运行的保护装置上作业。

（2）在二次回路上进行作业时，必须遵守下列规定：

① 人员不得进入高压分间或登上 GIS 设备外壳，同时与带电部分之间的距离要等于或大于规定数值。当作业地点有高压设备时，要在作业地点周围设围栅和悬挂相应的标示牌。

② 所有互感器的二次回路均要有可靠的保护接地。

注：运行中的电压互感器和电流互感器，一次绕组直接接在高压回路中，如果电压互感器和电流互感器的绝缘不良，高电压就有可能窜到二次绕组上，而二次绕组连接着各种仪表和继电器，严重威胁到工作人员的人身安全。因此，要求除了电压互感器和电流互感器的外壳接地外，同时在二次回路中也应该做好保护接地。

③ 直流回路不得接地或短路。

注：直流回路和交流回路是两个独立的供电系统，当直流回路接地时，就相当于给直流电源增加了一个变化不稳定的交流电压，将影响直流设备的工作稳定性；另外，当直流回路接地后，有可能引起信号回路、控制回路、继电保护及自动装置回路的误动作或拒动作（这些装置通常都是直流工作电源），引起断路器的误动或拒动，造成事故。

④ 根据作业要求需进行断路器的分合闸试验时，必须经变电所值班员（工作许可人）同意方准操作。试验完毕时，要报告变电所值班员（工作许可人）。

（3）在带电的电压互感器和电流互感器二次回路上作业时，除按上述规定执行外还必须遵守下列规定：

① 电压互感器：注意防止发生短路或接地，作业时作业人员要戴绝缘手套，并使用绝缘工具，必要时作业前撤出有关的继电保护。连接的临时负荷在互感器与负荷之间必须有专用的隔离开关。

② 电流互感器：严禁将其二次侧开路。短路其二次侧绕组时，必须使用短路片或短路线，并要连接牢固，接触良好，严禁用缠绕的方式进行短接。

③ 作业时必须有专人监护，操作人必须使用绝缘工具并站在绝缘垫上。

（4）当用外加电源检查电压互感器的二次回路时，在加电源之前须在电压互感器的周围设围栅，围栅上要悬挂“止步，高压危险！”的标示牌，人员要撤至安全地带。

（5）运营期间，变电所内 SCADA 监控系统设备短时退出运行或监控设备重启的作业，经当值供电调度员批准后执行。非运营期间按《 运营总部施工管理办法》相关规定执行。

（6）变电抢修人员到达现场后，抢修负责人应主动向当值供电调度员汇报跳闸数据和信息（跳闸的时间、断路器、保护启动的类型、备自投或重合闸动作情况、短路电流和电压、线路测试情况等）。

六、试验和测量

（一）高压试验

（1）当进行电气设备的高压试验时，在作业地点的周围要设围栅，围栅上悬挂“止步，高压危险！”的标示牌（标志牌要面向作业场地外方），并派人看守。若被试设备较长时（如电缆），在距离操作人较远的另一端还应派专人看守。因试验需要临时拆除设备引线时，在拆线前应做好标志，试验完毕恢复后要仔细检查，确认连接正确，方可投入运行。

（2）在一个电气连接部分内，同时只允许一个作业组且在一项设备上进行高压试验。必要时，在同一连接部分内检修和试验工作可以同时进行，作业时必须遵守下列规定：

① 在高压试验与检修作业之间要有明显的断开点，且要根据试验电压大小和被检修设备的电压等级保持足够的安全距离。

② 在断开点的检修作业侧装设接地线，高压试验侧悬挂“止步，高压危险！”的标示牌，标示牌要面向检修作业地点。

（3）试验装置的金属外壳要装设接地线，高压引线应尽量缩短，必要时用绝缘物支持牢固，试验装置的电源开关应使用有明显断开点的双极开关。试验装置的操作回路中，除电源开关外还应串联零位开关，并应有过负荷自动跳闸装置。

（4）在施加试验电压（简称加压，以下同）前，操作人、监护人要共同仔细检查试验装置的接线、调压器零位、仪表的起始状态和表计的倍率等，确认无误后且被试设备周围的人员均处在安全地带，经工作领导人许可方准加压。

（5）加压作业要专人操作、专人监护。加压时操作人穿绝缘靴或站在绝缘垫上，操作人和监护人呼唤应答。在整个加压过程中，全体人员均要精神集中，随时注意有无异常现象。

（6）未装接地线的具有较大电容的设备，应进行放电后再加压。当进行直流高压试验时，每告一段落或结束时应将设备对地放电数次并进行短路接地。放电时，操作人要使用放电棒并戴绝缘手套。被试设备上装设接地线，只允许在加压过程中短时拆除，试验结束要立即恢复原状。

（7）试验结束时，作业人员要拆除自装的接地线与短接线，检查被试设备并恢复到试验前的正常状态，清理作业地点。

（二）测量工作

（1）使用兆欧表测量绝缘电阻前后，必须将被测设备对地放电。放电时，作业人员要戴绝缘手套，穿绝缘靴。

（2）在有感应危险电压的线路上测量绝缘电阻时，应将造成感应危险电压的设备一并停电后再进行。

（3）使用兆欧表测量绝缘电阻前，必须将被测设备从各方面断开电源，经验明无电且确认无人作业时，方可进行测量。

① 测量时，作业人员站的位置、仪表安设的位置及设备的接线点均要选择适当。使人员、仪表及测量导线与带电部分保持足够的安全距离。作业地点附近不得有其他人员停留。测量用的导线要使用相应电压等级的绝缘线。

② 在高压设备上作业时，作业人员不得少于两人。

（4）使用钳形电流表测量电流时，其电压等级应符合要求。测量时可以不开工作票，但在测量前要经变电所值班员（工作许可人）同意，并由变电所值班员（工作许可人）与作业人员共同到作业地点进行检查。必要时由变电所值班员（工作许可人）做好安全措施方可作业。测量完毕要通知变电所值班员（工作许可人）。

（5）使用钳形电流表测量需拆除防护栏或打开开关柜才能作业时，应在拆除后立即测量，测量完毕要立即恢复。

（6）测量时，作业人员与带电部分之间的距离要大于钳形电流表的长度，读表时身体不得弯向仪表面上。在高压设备上使用钳形电流表测量时，测量人员要戴好绝缘手套、穿好绝缘靴并站在绝缘垫上作业。

（7）钳形电流表要存放在盒内且要保持干燥，每次使用前要将手柄擦拭干净。

（8）除专门测量高压的仪表外，其余仪表均不得直接测量高压。测量用的连接电流回路的导线截面面积不得少于 1.5 mm^2。

（9）当使用的携带型仪表，仪器是金属外壳时，其外壳必须接地。在高压回路进行测量时，要在作业地点周围设围栅，悬挂标示牌。人员与带电部分之间须保持足够的安全距离。

【事故案例 21】 错误引接电源，导致全所停电事故。

某日，某检修车间在某变电所进行春季防雷测试作业，在连接测试装置的工作电源时，误断开了 2 号进线电压互感器的二次绕组开关，造成该电压互感器二次侧失压，引起 2 号进线失压保护动作，造成全所停电 3 min。

原因分析：

① 未仔细确认设备状况，盲目接取电源，人为造成开关误跳。

② 精力不集中，工作不细致。

提示：不仅要加强专业业务知识的学习，更要培养认真严谨的工作作风，才能最大限度地减少人为失误引发的事故。

七、GIS 设备作业

（1）GIS 设备外壳必须可靠接地。GIS 设备检修作业时应办理第一种工作票。工作前除按高压设备停电作业有关内容办理安全措施外，还必须：

① 母线必须可靠接地；

② 设备上作业人员不能多于两人，且不得触及用于测量气压的导气管；

③ 使用硬金属物件工作时，要时刻注意防止损坏外壳；

④ 严禁在带电状态下擅自攀登外壳。

（2）在室内设备充装 SF_6 气体时，周围环境相对湿度应小于或等于 80%，同时必须开启通风系统，并避免 SF_6 气体泄漏到工作区，工作区空气中 SF_6 气体含量不得超过 $1\ 000\times10^{-6}$。

（3）在气瓶内储存的 SF_6 气体使用前应先检验其水分和空气含量，符合标准后方准使用。

（4）设备大修后或出现故障时，应检测 SF_6 气体的含水量，应记录在案，如有明显变化，应请示复核。

（5）工作人员不准在 SF_6 设备防爆膜附近停留，若在巡视中发现异常，应立即报告，查明原因，采取有效措施进行处理。

（6）进行气体采样和处理一般渗漏时，要戴防毒面具，并进行通风。

（7）SF_6 气瓶应放置在阴凉干燥、通风良好、敞开的专门场所直立保存，并应远离热源和油污的地方。防潮、防阳光暴晒，并不得有水分或油污粘在阀门上，搬运时，应轻装轻放。

（8）发生紧急事故应立即开启全部通风系统进行通风，发生设备防爆膜破裂事故时，应停电处理，并用汽油或丙酮擦拭干净。

（9）设备解体检修前，必须对 SF_6 气体进行检验。根据有毒气体的含量，采取安全防护措施。检修人员要着防护服并根据需要配戴防毒面具。打开设备封盖后，检查人员暂离现场 30 min。

（10）GIS 设备内的 SF_6 气体不得向大气排放，应采用净化装置回收，或经有合格资质的回收单位处理合格后方准使用。

（11）检修结束后，检修人员应先做好个人卫生工作，把用过的工具、防护工具清洗干净等。

（12）从 SF_6 气体钢瓶引出气体时，必须使用减压阀降压。当瓶内压力降至一个大气压时，应关闭阀门。

八、电力电缆与 SCADA 系统

（一）电力电缆作业

（1）电力电缆检修作业应办理第一种工作票。35 kV 及 1 500 V 电力电缆用变电所第一种工作票，由地铁供电调度员办理准许手续。由电网调度管辖的 110 kV 设备（含电缆作业），则应根据城市电网供电部门的有关规定执行。由地铁供电调度员向电网调度办理准许作业手续后，再由地铁供电调度员向作业组人员办理准许作业手续。工作前除按高压设备停电作业有关内容办理安全措施外，还必须：

① 电力电缆两端应接地；

② 工作前必须详细核对电力电缆的名称、标志是否与工作票符合；

③ 安全措施是否正确可靠。

（2）进电缆层（井）时，应排除浊气，穿绝缘靴，戴安全帽并不得少于两人。在作业中注意防火，防止高空落物。

（3）制作环氧树脂电缆头和调配环氧树脂工作过程中，应采取有效的防毒和防火措施。

（4）敷设电缆时，应有专人统一指挥，电缆移动时应有防止电缆绝缘损伤的措施。

（5）锯电缆前，必须与电缆图纸核对无误，并确切证实电缆无电后方可工作。

（6）电缆挖坑施工时，必须与有关管道、电缆主管单位取得联系，明确地下设施并做好防护措施。作业区应设坑盖或可靠围栏，夜间挂红灯。

（二）SCADA 系统使用及维护

（1）严禁非专业人员动用 SCADA 系统设备。

（2）SCADA 系统操作员未经 SCADA 专业检修人员同意，不得私自将移动存储设备接入 PC 机上，使用的移动存储设备应为工程专用存储设备。

（3）SCADA 系统设备运行时，在查阅相关数据信息和无操作任务时，应闭锁通信控制器键盘，严禁乱动键盘。

（4）变电所级 SCADA 系统正常运行时，控制权均应转为 OCC 控制。SCADA 系统故障或被控设备检修时，由供电调度员下令，将相应变电所的控制权转为变电所控制。

（5）进行变电所设备运行监视及查询相关数据信息时，不需 SCADA 系统 PC 机的用户登录。

（6）登录进入和退出 SCADA 系统时 PC 机的操作管理：

① 进入 SCADA 系统 PC 机操作时须使用系统内注册的用户登录姓名和密码进行登录。

② 每个用户都设有自己的密码，个人密码要自行保管，不得借与他人使用。

③ 采用变电所级 SCADA 系统 PC 机操作时，须将控制权转为变电所级操作，操作任务严格执行供电调度员操作命令制度，要有供电调度员的命令编号及批准时间。

④ 变电所级 SCADA 系统操作员在使用完毕后，需将控制权限转为 OCC 操作，然后退出登录。

九、进入变电所生产现场

（一）着装要求

（1）各级领导、管理人员到变电所检查、指导或巡视时，均须穿纯棉工作服，现场禁止有悖于文明生产的行为等。

（2）凡参加供变电生产工作的班组人员，包括土建、变配电一二次设备的安装、检修、试验、操作、巡视和远动通信设备的安装、检修、试验、维护等人员，进入变电所生产现场时都应穿纯棉工作服及相应工种适合的工作鞋；在运转的机器周围不得穿着松散的服装；从事现场工作的人员不得打领带；进入现场的女性工作人员须将辫子或长发盘进安全帽（工作帽）内，现场严禁长发披肩；从事化学化验工作和接触有毒有害物质的工作，应穿与工种配合的防护服和配戴防护用具。

（3）任何人进入变电所设备间隔内、电缆层、电缆井沟、区间隧道，都必须戴好安全帽。

（二）进入变电所控制室与继电保护室作业

（1）在控制室、继电保护室不得进行与作业无关的活动，不准放置与作业无关的物品。

（2）在全部或部分运行的控制、保护屏上进行作业时，应将检修设备与运行设备以明显的标志隔开，严禁在运行的屏上或邻近运行的屏上进行振动大的作业。

（三）进入变电所 GIS 室作业

进入变电所 GIS 室作业时执行“七、GIS 设备作业”的各项规定。

（四）进入高压设备室作业

（1）进出高压设备间应严防小动物进入室内，打开防小动物挡板后，应随即关闭好。施工工作中需要在电缆入口、门窗、墙等处开孔时，在工作间断、转移和终结前必须封堵严实。

（2）高压设备间内一次设备发生接地故障时，不得接近故障点 4 m 内。进入上述范围内的人员必须穿绝缘靴，接触设备外壳和构架时，应戴绝缘手套。

（3）在高压设备间进行巡视检查不得进行其他工作，不得移开或越过遮栏。

（4）在高压设备间时，若遇供电调度员遥控操作，应暂停巡视，人员应撤至安全地带。

（5）巡视或工作结束应全面检查门、窗均已全部关好，事故照明开启，并清理好工作现场。

（五）进出变电所设备间

（1）各变电所设备间包括变电所控制室（兼 SCADA 室）、动力变压器室（兼低压室）、整流变压器室、整流器室、高压开关室（GIS 室）、直流开关室、跟随所、主变压器室、继电保护室、电缆夹层、电缆井、电容器室、谐波装置室、检修室、储藏室等。变电所设备间由维修中心供电部门统一管理，非供电部门人员进出变电所设备间需经维修中心相关人员同意。

（2）供电部门的变电专业人员、SCADA 专业人员，供电部门及上级管理人员凭门禁卡进出变电所。

（3）低压配电专业人员可进出车站变电所（含跟随变电所）动力变压器室（兼低压室），进入车站变电所其他设备房需经维修中心变电值班人员同意。

（4）进入变电所非专业人员，需经维修中心维修调度同意，由变电值班人员陪同方可进入，并填写《进出变电所登记表》。

（5）主变电所和车辆段混合所设备间的钥匙由供电部门统一管理，变电专业按照本规定借放钥匙并做好登记，严禁将变电所设备间钥匙借给其他人员。

（6）车站变电所设备间的钥匙由各车站车控室保管。车站车控室按照本规定借放钥匙并做好登记，严禁将变电所设备间钥匙或门禁卡借给其他人员。如遇紧急情况，以电话形式与维修中心生产调度联系按维修中心生产调度意见办理。

(六)非供电专业人员进出变电所

(1)若需设备停电，应办理相应的工作票，工作票实行双签发。作业前按规定办理停电手续。工作票一张发给当班变电所值班员(工作许可人)，另一张发给监护人，监护人负责有关电气安全方面的监护职责。

(2)若设备不需要停电，由变电所值班员(工作许可人)负责做好电气方面的安全措施(如加设防护栅、悬挂标示牌等)，向有关专业负责人讲清安全注意事项，并记录在值班日志或有关记录中，双方签名方准开工。必要时可派变电人员进行电气安全监护。

十、工作票签发实例

以×××站牵引降压混合变电所为例，其主接线如图 5-2 所示，现对其直流 1 500 V 开关柜的一次和二次设备进行维护保养及联锁、联跳功能检查，需签发一张工作票，如表 5-7 所示。

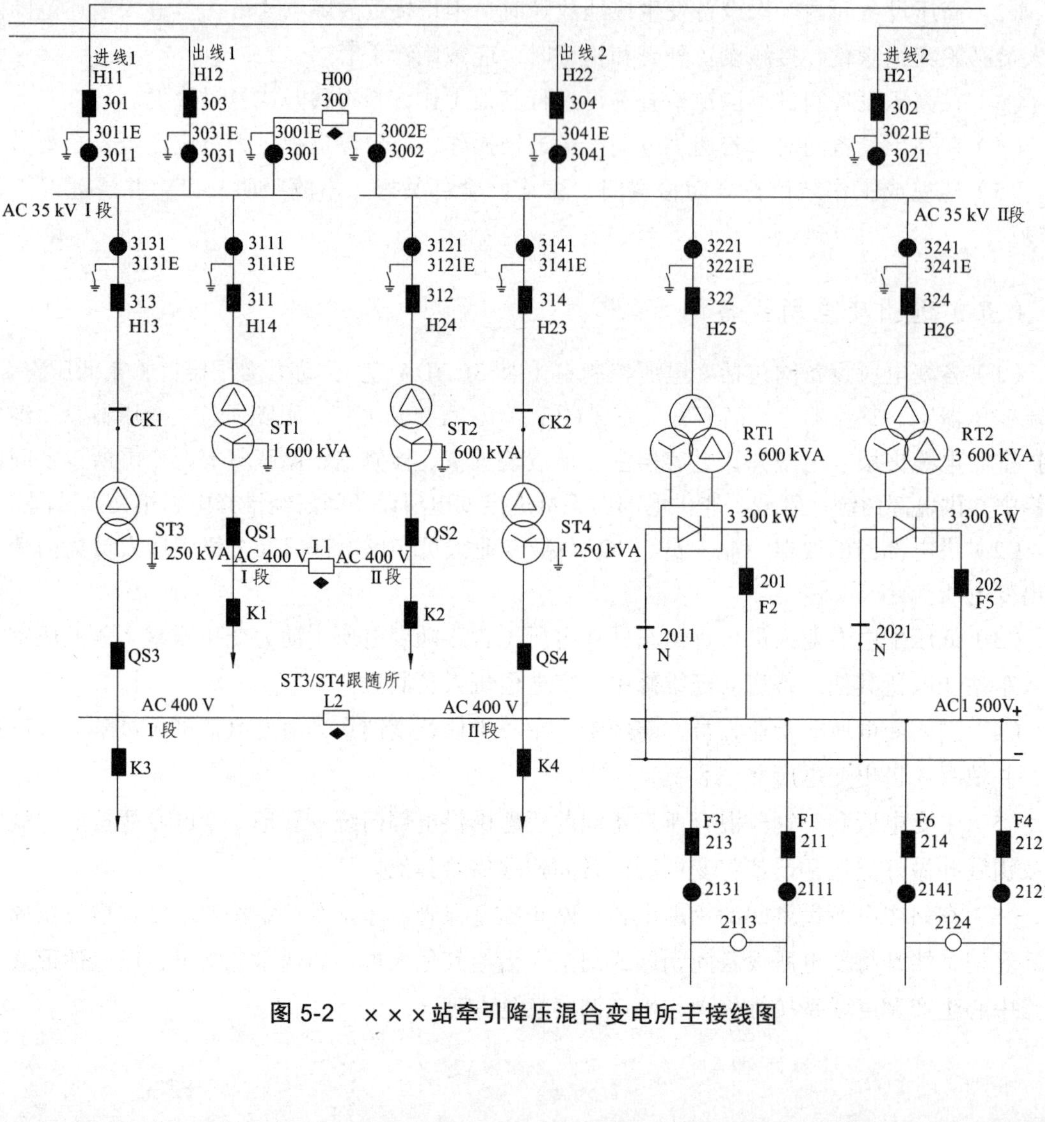

图 5-2 ×××站牵引降压混合变电所主接线图

表 5-7　×××变电所第一种工作票

填表单位：供电一车间变电一班　　　　　　　　　　　　　　　编号：2018010206302

作业地点及内容	直流 1 500 V 开关柜一次、二次设备维护保养及联锁、联跳功能检查
计划工作时间	自 2018 年 01 月 02 日 01 时 00 分至 2018 年 01 月 02 日 04 时 30 分止
工作领导人	李明
作业组成员姓名	张三、李四、××、××
其他成员	无
作业代码	11ZE1-102

必须采取的安全措施 （本栏由工作票签发人填写）	已经完成的安全措施 [本栏由值班员（工作许可人）填写]
1. 断开（或合上）的断路器和隔离开关：（按操作顺序填写） （1）断开 211、212、213、214、201、202 断路器； （2）分开 2111、2121、2131、2141 隔离开关； （3）断开 322、324 断路器； （4）分开 3221、3241 隔离开关。	1. 已经断开（或合上）的断路器和隔离开关：
2. 应摇至试验位的直流断路器；应分开的负极隔离开关；应维护接地的 35 kV 高压开关柜： （1）分开 2011、2021 隔离开关； （2）将 211、212、213、214、202、202 断路器小车摇至试验位； （3）合 3221E 地刀，合 322 断路器；合 3241E 地刀，合 324 断路器。	2. 已摇至试验位的直流断路器；已分开的负极隔离开关；已维护接地的 35 kV 高压开关柜：
3. 应投切相关直流电源（空气开关、熔断器、连接片）、低压及二次回路： （1）在直流屏上断开上网隔离开关控制及保护电源、1 500 V 开关柜控制及保护电源、负极柜二次电源； （2）在交流屏上断开 OV 柜电源； （3）断开 322、324 柜内控制、保护电源； （4）将 211、212、213、214 联跳功能退出。	3. 已投切相关直流电源（空气开关、熔断器、连接片）、低压及二次回路：
4. 安装接地线（或接地隔离开关）的位置： （1）用 1#直流接地线把 201、202 进线母排短接并接地； （2）用 2#直流接地线把 211、212 馈线母排短接并接地； （3）用 3#直流接地线把 213、214 馈线母排短接并接地； （4）用 4#直流接地线把直流开关柜 1 500 V 正、负极母排短接并接地，共计 4 组。	4. 接地线（或接地隔离开关）已装设的位置及其编号：
5. 装设绝缘挡板、防护栅、悬挂标示牌的位置： （1）在直流屏上网隔开控制保护电源、1 500 V 控制保护电源、负极柜电源上悬挂“禁止合闸，有人工作”的标识牌； （2）在交流屏 OV 柜电源开关上悬挂“禁止合闸，有人工作”的标识牌； （3）在 322、324 柜内控制保护电源开关上悬挂“禁止合闸，有人工作”的标识牌； （4）在 211、212、213、214 联跳功能开关上悬挂“禁止合闸，有人工作”的标识牌。 （5）在直流 1 500 V 开关柜处悬挂“在此工作”的标识牌	5. 已装设绝缘挡板、防护栅、已挂标示牌装设的位置：

第×联为×本（交××××）　　　　　　　　　　　　　　　第 1 页，共 2 页

×××变电所第一种工作票

填表单位：供电一车间变电一班　　　　　　　　编号：2018010206302

6. 注意作业地点附近有电的设备是： 35 kV Ⅰ、Ⅱ段母线带电运行。 7. 线路对侧安全措施：要求线路对侧接地（是/否）：__否__ 8. 需办理二次设备及回路工作安全技术措施单（是/否）： ____，共____张，编号为：____无____。 9. 其他安全措施： （1）作业前，工作领导人和值班员手持工作票共同布置安全措施； （2）操作过程中，一人操作，一人监护； （3）作业过程中要防止一次设备碰伤、刮伤； （4）作业过程中防止二次线松动、断线，作业需要拆除二次线时要先拍照，并做好标号，作业完后要恢复正确； （5）作业完毕，仔细检查并清点工器具，防止遗留工器具，出清作业现场； （6）作业完毕，按工作票恢复各项安全措施，使设备恢复到正常状态	6. 注意作业地点附近有电的设备是： 7. 线路对侧安全措施：经电力调度员确认线路对侧接地于____年__月__日__时__分已按要求执行。 8. 按已办理的____张二次设备及回路工作安全技术措施单上的内容执行。 9. 其他安全措施：

发票日期：__2018__年__01__月__01__日　工作票签发人：__李华__（签字）　工作票会签人：__黄涛__（签字）

1. 根据供电调度员的第__71182__号命令准予在__2018__年__01__月__02__日__01__时__00__分开始工作。

值班员（工作许可人）：__张三__（签字）

2. 经检查并确认安全措施已做好，实际于__2018__年__01__月__02__日__01__时__15__分开始工作。

工作领导人__李明__（签字）

3. 变更作业组成员记录：________无________

工作票签发人：__/__（签字）

工作领导人：__/__（签字）

4. 经供电调度员__/__同意工作时间延长到__/__年__/__月__/__日__/__时__/__分。

值班员（工作许可人）：__/__（签字）

工作领导人：__/__（签字）

5. 工作间断许可记录：工作领导人与值班员（工作许可人）双方在按下表内容填写并确认签字。

工作间断时间	工作领导人	值班员（工作许可人）	工作开始时间	工作领导人	值班员（工作许可人）
__月__日__时__分			__月__日__时__分		
__月__日__时__分			__月__日__时__分		
__月__日__时__分			__月__日__时__分		

6. 工作已于__2018__年__01__月__02__日__04__时__00__分全部结束。　　工作领导人：__李明__（签字）

7. 临时接地线（或接地隔离开关）共__肆__组（数字大写）和临时绝缘挡板、防护栅、标示牌已拆除，并恢复了常设防护栅和标示牌，工作票于__2018__年__01__月__02__日__04__时__28__分结束。

值班员（工作许可人）：__张三__（签字）

备注：

第×联为×本（交××××）　　　　　　　　第2页，共2页

第四节　城市轨道交通高压供电区域相关作业

一、接触网线路附近作业

（1）为保证人身安全，除专业人员按规定作业外，其他人员所携带的物件（包括长杆、扶梯等）与接触网带电部位需保持 2 m 以上的距离。

（2）在距接触网带电部位不到 1 m 的建筑物上作业时，接触网必须停电，并遵照下列规定办理：

① 工作领导人要在办理《施工作业令》手续时提出接触网停电申请，并向 OCC 供电调度员申请办理工作票手续，非接触网专业（运营总部内部相关专业）办理工作票手续实行双签发制度，由维修中心设备维修主管部门会签工作票。计划性作业，施工单位应以周为单位提出申请办理工作票手续。凭《施工作业令》和工作票，到车控室或车厂控制中心信号楼值班员或 OCC 车辆轮值工程师处办理请点手续，验电接地及安全防护由作业单位自行负责。各专业的验电接地操作人员必须由维修中心负责组织培训，考核合格后才能担任。承包商施工时的验电接地、安全防护等工作由相关专业负责。

② 施工地点在运用库、检修库等区段内的，则须向分管该区段的车厂控制中心调度员提出接触网停电申请（办理有关手续），征得同意后，由接触网操作员进行倒闸，并安装临时接地线之后，方可开始施工。

③ 施工时由接触网操作员做好安全防护措施，对于可能会直接影响电气设备状态的作业，则必须有接触网操作员在场监护，在有关电气安全方面，工作领导人须听从接触网操作员的指导。

④ 施工结束，接到工作领导人的收工指令，接触网操作员要确认所有工作人员都已在安全地点之后，方可拆除临时接地线，并通知供电调度员（或车厂控制中心的车厂调度员或 SME）施工已结束。临时接地线拆除之后严禁再进行施工。

（3）在距接触网带电部位 1～2 m 的导线、支柱、房顶及其他设施上施工时，接触网可不停电，但须有接触网工或经专门训练的人员在场监护。

（4）发现接触网断线及其部件损坏或在接触网上挂有线头、绳索等物时，均不得与之接触，要立即通知供电调度员或维修中心生产调度，派接触网专业人员处理。在接触网检修人员到达以前，将该处加以防护，任何人员均应距已断导线接地处所 10 m 以外。

（5）在接触网支柱及接触网带电部分 5 m 范围以内的金属结构上均须装设接地线。天桥及跨线桥靠近跨越接触网的地方，必须设置安全栅网。

（6）悬挂有接触网或与接触网相连的支柱及金属结构的接地线已损坏时，禁止与之接触。

（7）支柱及金属结构的接地线，应由接触网工装设；当更换钢轨或进行养路作业需设临时接地线时，应由接触网工或工务部门受过专门训练的人员进行。

二、工务养护作业

（1）在区间拆换钢轨或鱼尾板时，必须遵守下列规定：

① 禁止在同一地点将两钢轨同时拆下，如必须拆下时，要对该供电区段施工线路办理封锁手续，并禁止一切机车、车辆进入该作业区域。

② 换轨前要在被换钢轨两端的左右轨节间设一条横向连接线，连接线用截面不少于 70 mm^2 的铜线做成，用夹子紧密接到轨底上。该连接线要在换轨完毕后方可拆除。

③ 在更换带有轨端绝缘的钢轨时，如所换钢轨为信号轨，则不影响牵引轨回流，但须信号人员在场；如所换钢轨为牵引轨，则须设置可靠的分路连接线。

④ 当线路维修拉开钢轨调整轨隙时，要在拉开的轨隙间预先装设临时连接线，临时连接线的长度应使钢轨接头件能拉开 200 mm。

（2）在车站内拆换钢轨或鱼尾板时，其钢轨连接线的连接方式尚需考虑轨道电路和车站作业的要求。

（3）拆换牵引轨时，在设置可靠的分路连接线之前，不得将回流线从钢轨上拆开，此项工作须接触网、轨道、信号专业的人员共同进行。

（4）在抽换轨枕、调整轨距等养路工作时，对与牵引供电及信号装置的接地线及连接线，要保持正常连接。

（5）铺路机、铺轨机、铺碴机等设备在车辆段运行前，要检查各部分均不超过车辆段建筑限界。

（6）在车辆段使用铺路机、铺轨机、铺碴机等设备时，如其作业范围不越出机车车辆上部限界，而工作人员（包括其动作范围）与接触网带电部分的距离保持在 1 m 以上时，接触网可不停电，但要有接触网工或工务部门受过专门训练的人员现场监护；当不能满足上述条件时，应按停电作业要求办理。

（7）若养路机械在使用中有可能撞坏回流电缆和压坏接地线时，或养路工作中需拆开这些电缆，工作领导人要事先征得 OCC 供电调度员同意，可暂时拆除，并在作业结束后将其恢复好。拆除上述电缆，应尽量使用临时连接线，以代替该电缆的工作，临时连接线的截面不得小于 25 mm^2 的铜当量截面。上述拆装工作应由接触网与轨道人员共同进行。

（8）在城市轨道交通沿线各区间、隧道、站台进行建筑维修时，除应严格遵循本标准关于接触网线路附近作业相关规定外，对可能损伤供电设备和影响供电安全的，要与供电部门商定，以防损伤设备，危及人身安全。

三、装卸作业

（1）在带电的接触网下，不准进行装卸作业，不准进行用长杆、竹竿等物测量货物装载高度等靠近接触网的作业。

（2）装卸作业在材料库线或指定的线路（无接触网）上进行，如必须在有接触网的线路上装卸货物时，则应按程序办理停电手续，作业中严禁碰触接触网设备。

（3）押运、随车装卸施工人员，在进入带接触网的区段内，禁止坐在车顶上、作业平台上或装载的货物上。

（4）装载车在进入城市轨道交通接触网设备区段前，押运人员应仔细检查货物装载状态，不可有超出限界的额外突出物，对飘动的篷布、绳索应予以紧固。

四、电力设备维修

（1）需要攀登接触网支柱的电力检修时，要由经过专门训练的人员进行作业。

（2）在检修电力高低压线路时，要将线路两端断开电源，并在工作区域两端挂接地线。

（3）新架或更换架空线路的导线时，要每隔 1 km 将导线接地。

（4）在隧道内悬挂的电缆上工作时，其两端须装良好的接地线。

五、线路附近消防作业

城市轨道交通线路附近发生火灾时，必须立即通知行车调度员、供电调度员或接触网专业人员，在进行灭火工作时，应遵守下列规定：

（1）用水或一般灭火器浇灭离接触网带电部分不足 4 m 的燃着物体时，接触网必须停电；若使用沙土灭火时，距接触网在 2 m 以上者，可不停电。

（2）距接触网超过 4 m 的燃着物体，可以不停电用水灭火，但必须特别注意使水流不朝接触网的方向喷射，并保持水流与带电部分的距离在 2 m 以上。

六、车辆行人通过道口

各种车辆和行人通过车辆段平交道口必须遵守下列规定：

（1）汽车过平交道口时，货物装载高度（从地面算起）不得超过 4.5 m。

（2）在装载高度超过 2 m 的货物上，通过道口时严禁坐人。

（3）当行人持有木棒、竹竿、彩旗和皮鞭等高长物件，过道口走近接触网下时不准高举挥动，须使物件保持水平状态走过道口。

七、电力电缆线路附近作业

（1）电力电缆线路周围 1 m 范围内为电缆线路保护区。在地面电缆线路保护区内，禁止挖掘，禁止进行临时性建筑或修建仓库，必须修建时，应采取有效的防护措施。在地面直埋电缆线路保护区内，禁止重型机械或重型汽车在非道路电缆线路保护区内作业或通过。隧道内或电缆沟内电缆支架严禁用于悬挂重物、攀登踩踏。

（2）在电缆线路保护区内，禁止堆放下列物品：

① 易燃、易爆品；

② 对电缆有害的腐蚀品；

③ 临时加热器具；

④ 建筑器材、钢锭等重型物品；

⑤ 积土、垃圾等杂物。

八、列车运行、接发列车及调车作业

（1）电动客车乘务人员运行中应严密监视机车取流情况，严格执行操作规程，电动客车在运行进库作业、转线、进入尽头时，电动客车乘务人员必须加强瞭望，确认接触网进路，呼唤应答，防止进入无网（电）区。

（2）电动客车运行中，电动客车乘务人员要加强瞭望，发现弓、网状态异常时，及时断电、降弓、减速，直至停车。电动客车乘务员发现网上缺陷，要及时将情况通知供电调度员与行车调度员。

（3）当区段内接触网停电接地时，不得向该区段接发电客车；要制定防止电动客车及接触网检测车带电闯无电区、无网区的措施，保证人身、行车、供电安全。

（4）电动客车及接触网检测车运行中，当司机发现接触网异常或故障时，要立即停车和降下受电弓。

（5）在带电的接触网线路上进行调车时，禁止登上敞车行走或使用手制动。

（6）两辆带受电弓的客车（车厢）之间沿线路方向的距离不得少于 22 m，以避免导线抬高量超出线岔标准范围造成打弓、钻弓事故的发生。

九、机车车辆检修及车辆运输

（1）在接触网没有停电并接地的情况下，禁止到电客车、内燃机车及工程车车顶上进行任何作业。

（2）检修库内，在接触网停电并接地以前，禁止登上车顶平台。

（3）在车顶平台铁门、静调库可登上车顶的梯子等显著位置处，应挂有“高压危险，禁止攀登!”的警告标语。

（4）车辆运输中，装载货物最高点与接触网带电体距离不得少于 200 mm，否则须停电通过。

（5）车辆检修应严格按技术规范标准检调与验收受电弓，保证受电弓状态良好。

（6）严格实行车辆受电弓出入库检查制度，确保受电弓出库质量。

十、非供电专业人员操作隔离开关及验电接地

（1）隔离开关倒闸作业，必须有两人进行，一人操作，一人监护。操作及监护人须由维修中心负责组织培训，考核合格后才能担任隔离开关倒闸工作。

（2）隔离开关操作前，操作人应戴好安全帽和绝缘手套，穿好绝缘靴，确认开关及其传动装置，正常接地线良好，方准按程序操作。操作要准确迅速，一次开闭到底，中途不得停留和发生冲击。操作过程中人体不得与支柱及其构件相接触。在雨、雾、雷电、风（风力五级以上）等天气情况下，禁止操作手动隔离开关。

（3）当发现隔离开关及其传动装置状态不良时，值班员（工作许可人）应立即报供电调度员派人检修，如危及人身、行车安全的，在修好之前，不得进行操作，并严禁擅自攀登支柱自行修理。绝缘靴和绝缘手套，要存放于阴凉干燥处。每次使用前后，用干布擦净，使用

前进行简略漏气试验。如发现有裂损等异状时，须及时联系维修中心主管业务部门派人检查处理。

（4）验电接地前须对验电器验声、验光，然后将引出线一端接地，一端轻靠接触导线，无声光报警为已停电。

（5）验明接触网停电后，须在作业点两端挂地线，装设接地线的顺序是将接地线的一端接地，再将另一端与被停电的导体相连；拆除接地线时，其顺序相反，整个过程中人体不得触及接地线。

第五节　安全工器具使用规定

一、安全工器具的分类

（一）电气绝缘工器具

常见的绝缘工器具主要包括高压验电器、高压绝缘棒、绝缘鞋（靴）、绝缘手套、绝缘垫、绝缘夹钳、绝缘台、绝缘挡板等。

电气绝缘工器具按其功能和作用分为基本绝缘安全工器具和辅助绝缘安全工器具两部分。

1. 基本绝缘安全工器具

基本绝缘安全工器具是指安全工器具的绝缘强度能承受工作电压的作用，可以直接操作高压电气设备、接触或可能接触带电体的工器具，如高压绝缘棒、绝缘隔板、绝缘罩、核相器等。

2. 辅助绝缘安全工器具

辅助绝缘安全工器具是指绝缘强度不能承受工作电压的作用，只用于加强基本绝缘安全工器具的保安作用，用以防止接触电压、跨步电压、泄漏电流等对操作人员的伤害，如绝缘手套、绝缘靴（鞋）、绝缘胶垫、绝缘台等。

（二）安全防护工器具

安全防护工器具是指防护工作人员发生事故的工器具，常见的防护工器具主要包括安全帽、安全带、绝缘布、耐酸工作服、耐酸手套、防护眼镜、防毒面具、防护面罩、临时遮栏、遮栏绳（网）以及登高用梯子等。

（三）安全围栏（网）和标示牌

如安全网、安全围栏、设备标志牌、安全标志牌等。按其作用分为六个部分：

（1）禁止标志：其含义是禁止或制止人们做出不安全行为的图形标志，采用红色标识，如“禁止合闸，有人工作！”“未经许可，不得入内”“禁止攀登，高压危险！”等。

（2）警告标志：其含义是提醒人们对周围环境引起注意，以避免可能发生危险的图形标志，采用黄、黑两种颜色标识，如“止步，高压危险！”“当心触电”“当心坠落”等。

（3）指令标志：其含义是强制人们必须做出某种动作或采取防范措施的图形标志，采用蓝色标识，如必须戴安全帽、必须系安全带、必须通风等。

（4）提示标志：其含义是向人们提供某种信息的图形标志，采用绿色标识，如“从此上下！”“从此进出！”“在此工作！”等。

（5）消防标志：其含义是向人们提供消防设施信息的图形标志，采用红色标识，如灭火器、地上消火栓、地下消火栓等。

（6）其他标志：如导向箭头标志、紧急出口标志、限高标志、限速标志等。

（四）其他类别

如绝缘安全工具柜等。

二、安全工器具的使用和保管

（1）所有安全工器具都必须按说明书规定的方法使用，并按其规定进行日常维护和保养，使用前后都要仔细检查，此外还应按规定的周期做好送检试验或更换。

（2）所有安全工器具的保管由班组专职人员负责，保管人对各安全工器具填写记录卡，跟踪管理、储存其维修、使用、送检情况。

（3）安全帽的使用和保管。

① 戴安全帽前应将帽后调整带按自己头型调整到合适的位置，然后将帽内弹性带系牢。缓冲衬垫的松紧由带子调节，头顶和帽体内顶部的空间垂直距离在 25 ~ 50 mm 之间，一般不要小于 32 mm。

② 不要将安全帽歪戴，或把帽沿戴在脑后方，严禁使用帽内无缓冲层的安全帽。

③ 要定期检查安全帽，检查有无龟裂、下凹、裂痕和磨损等情况，发现异常现象要立即更换，不准再继续使用。任何受过重击、有裂痕的安全帽，不论有无损坏现象，均应报废。

④ 平时使用安全帽时应保持整洁，不能接触火源，不要任意涂刷油漆，不准当凳子坐。如果丢失或损坏，必须立即补发或更换。无安全帽一律不准进入施工现场。

⑤ 新领的安全帽，首先检查是否有劳动部门允许生产的证明及产品合格证，再看是否破损、薄厚不均，缓冲层及调整带和弹性带是否齐全有效。不符合规定要求的立即调换。

⑥ 安全帽不宜长时间在阳光下曝晒。

（4）安全带的使用和保管。

① 安全带使用前应检查绳带有无变质、卡环是否有裂纹、卡簧弹跳性是否良好。

② 安全带要拴挂在牢固的构件或物体上，要防止摆动或碰撞，绳子不能打结使用，钩子要挂在连接环上。禁止把安全带挂在移动或带尖锐棱角或不牢固的物件上。

③ 高挂低用。将安全带挂在高处，人在其下工作就叫高挂低用。这是一种比较安全合理的科学系挂方法，作业时安全带禁止低挂高用。

（5）绝缘棒的使用和保管。

① 使用绝缘棒时，工作人员必须戴绝缘手套和穿绝缘靴，以确保人身安全。

② 使用绝缘棒时要注意防止碰撞，以免损坏表面的绝缘层。

③ 绝缘棒一般每月至少检查一次，检查时要擦净表面，检查有无裂纹、机械磨损、绝缘层损坏。

（6）验电器的使用和保管。

① 必须使用电压和被验设备电压等级相一致的合格验电器。

② 必须戴绝缘手套进行验电操作，使用前必须对验电器进行自检。

③ 每次使用前必须认真检查，检查验电器绝缘部分有无污垢、损伤、裂纹，检查指示灯是否损坏、失灵及内部电池是否失效。

④ 验电器用完后应置于干燥处，避免积尘和受潮。

（7）绝缘手套的使用和保管。

① 绝缘手套应无孔隙、杂质、不发黏、不发脆。绝缘手套必须以“只”为单位进行编号，并按规定的周期进行更换（一般半年）。在每次使用前，要对其进行有效期检查，保证其在合格有效使用期限内。

② 绝缘手套须存放于干燥清洁的专门架柜上，其上不得堆压任何物件，不得与酸、碱、油类和化学物品接触，不受阳光直射和雨淋。

③ 在每次使用之前，对其应进行详细外观检查和气密性检查，查看表面有无损伤、磨损或破漏、划痕等，发现有严重的划痕、切割损伤，以及从袖口开始卷紧和挤压检查有漏气的，均不得使用。

（8）绝缘靴的使用和保管。

① 绝缘靴必须放置在干燥通风的环境中，以“只”为单位进行编号，并按规定的周期进行更换。

② 绝缘靴不得与酸、碱、油类和化学物品共同存放。

③ 绝缘靴使用时应注意其电压等级。用于 1 kV 及以上设备时，只作辅助安全工器具；用于 1 kV 以下设备时，可作基本安全工器具。

④ 绝缘靴必须妥善保管，不得乱用，不得当作雨靴和耐油、酸、碱的靴子穿，不得将雨靴当作绝缘靴穿。

⑤ 每次使用之前应进行外部检查，查看表面有无损伤、磨损或破漏、划痕等。

（9）绝缘垫和绝缘台的使用和保管。

① 绝缘垫使用过程中，应保持干净、清洁，注意防止与酸、碱及各油类物质接触，以免腐蚀老化后降低绝缘性能。

② 绝缘垫避免阳光直射或锐利金属划刺，存放时避免与热源距离太近，以防急剧老化变质。

③ 使用绝缘垫过程中要经常检查有无裂纹、划痕等，发现问题时立即禁用并及时更换，使用绝缘台时要检查台脚绝缘瓷瓶应无裂纹、破损，木质台面应清洁、干燥。

（10）携带型接地线的使用和保管。

① 注意坚持使用前和使用后对接地线本体进行检查和维修。接地线导体无严重的烧伤断股现象，绝缘操作杆绝缘良好；接地操作杆每次使用前必须认真检查绝缘部分有无污垢、损伤、裂纹；各连接点连接坚固无松动；使用后存放在干燥的专用柜内。

② 装设接地线时必须使用专用线夹，用螺丝拧紧在接地极上，保证接触良好。严禁用缠

绕的方法短路接地。否则，通过故障短路电流时，将因接触不良而烧坏地线和接地极螺栓，并产生高电压引发人身和设备事故。

③ 装设接地线由两人进行，必须先接接地端，后接导体端，接触必须良好，拆接地线时的顺序与此相反。拆装接地线均必须使用绝缘棒和戴绝缘手套。

三、安全工器具的检验规定

（1）安全工器具在每次使用前后均应进行常规表面检查。

（2）绝缘工器具应按期送检，对超过使用有效期或超周期的工器具严禁使用，因超周期使用造成的后果由使用者承担一切责任；使用中发现破损应立即停用，严禁擅自拆卸检修。

（3）对即将到期的其他安全工器具也按绝缘工器具送检程序进行送检。

四、安全工器具的日常检查

建立安全工器具检查记录台账，填写《绝缘安全工器具日常保养管理台账》（格式见表5-8），定期对安全工器具进行检查。

（1）轨行区内存放的接地杆、接地线每三个月检查一次。

（2）变电所、值班点、材料房、抢险车内存放的验电器、接地杆、接地线、绝缘手套、绝缘靴每月检查一次。

（3）变电所内的绝缘垫每半年检查一次。

表 5-8 绝缘安全工器具日常保养管理台账

填表单位：________ 编号：

<table>
<tr><td colspan="6">工器具名称</td><td colspan="6">型号及规格</td><td colspan="6">适用范围</td><td colspan="6">登记人</td></tr>
<tr><td colspan="6"></td><td colspan="6"></td><td colspan="6"></td><td colspan="6"></td></tr>
<tr><td colspan="24">历次送检试验日期</td></tr>
<tr><td colspan="3">检测日期</td><td colspan="3">下次检测日期</td><td colspan="3">检测日期</td><td colspan="3">下次检测日期</td><td colspan="3">检测日期</td><td colspan="3">下次检测日期</td><td colspan="3">检测日期</td><td colspan="3">下次检测日期</td></tr>
<tr><td colspan="3"></td><td colspan="3"></td><td colspan="3"></td><td colspan="3"></td><td colspan="3"></td><td colspan="3"></td><td colspan="3"></td><td colspan="3"></td></tr>
<tr><td colspan="3"></td><td colspan="3"></td><td colspan="3"></td><td colspan="3"></td><td colspan="3"></td><td colspan="3"></td><td colspan="3"></td><td colspan="3"></td></tr>
<tr><td colspan="24">外观检查记录</td></tr>
<tr><td colspan="2">序号</td><td colspan="2">检查日期</td><td colspan="2">检查结果</td><td colspan="2">检查人</td><td colspan="2">序号</td><td colspan="2">检查日期</td><td colspan="2">检查结果</td><td colspan="2">检查人</td><td colspan="2">序号</td><td colspan="2">检查日期</td><td colspan="2">检查结果</td><td colspan="2">检查人</td></tr>
<tr><td colspan="2">1</td><td colspan="2"></td><td colspan="2"></td><td colspan="2"></td><td colspan="2">6</td><td colspan="2"></td><td colspan="2"></td><td colspan="2"></td><td colspan="2">11</td><td colspan="2"></td><td colspan="2"></td><td colspan="2"></td></tr>
<tr><td colspan="2">2</td><td colspan="2"></td><td colspan="2"></td><td colspan="2"></td><td colspan="2">7</td><td colspan="2"></td><td colspan="2"></td><td colspan="2"></td><td colspan="2">12</td><td colspan="2"></td><td colspan="2"></td><td colspan="2"></td></tr>
<tr><td colspan="2">3</td><td colspan="2"></td><td colspan="2"></td><td colspan="2"></td><td colspan="2">8</td><td colspan="2"></td><td colspan="2"></td><td colspan="2"></td><td colspan="2">13</td><td colspan="2"></td><td colspan="2"></td><td colspan="2"></td></tr>
<tr><td colspan="2">4</td><td colspan="2"></td><td colspan="2"></td><td colspan="2"></td><td colspan="2">9</td><td colspan="2"></td><td colspan="2"></td><td colspan="2"></td><td colspan="2">14</td><td colspan="2"></td><td colspan="2"></td><td colspan="2"></td></tr>
<tr><td colspan="2">5</td><td colspan="2"></td><td colspan="2"></td><td colspan="2"></td><td colspan="2">10</td><td colspan="2"></td><td colspan="2"></td><td colspan="2"></td><td colspan="2">15</td><td colspan="2"></td><td colspan="2"></td><td colspan="2"></td></tr>
</table>

综合练习

一、单项选择题

1. 城市轨道交通供电系统中定义高压电气设备是指对地电压在(　　)以上的电气设备。

A. 100 V　　B. 250 V　　C. 400 V　　D. 1 000 V

2. 中断工作连续（　　）个月以上而仍继续担任城市轨道交通供电系统变电检修和试验工作人员，上岗之前需进行安全考试。

A. 3　　B. 6　　C. 10　　D. 12

3. 远离作业是指在距接触网带电部分（　　）以外的附近设备上进行的作业。

A. 0.5 m　　B. 1 m　　C. 1.5 m　　D. 2.0 m

4. 凡距地面（　　）及以上的作业均视为高空作业，

A. 2 m　　B. 3 m　　C. 4 m　　D. 5 m

5. 当车梯上有人时，推动车梯的速度不得超过（　　），并不得发生冲击和急剧起停车。

A. 5 km/h　　B. 8 km/h　　C. 10 km/h　　D. 15 km/h

6. 检修作业车平台上有人作业时，其移动的速度不得超过（　　），且不得急剧起、停车。

A. 5 km/h　　B. 8 km/h　　C. 10 km/h　　D. 15 km/h

7. 遇有接触网断线事故时，必须采取防护措施，使任何人在装设接地线以前不得进入距断线落下地点（　　）范围以内。

A. 4 m　　B. 5 m　　C. 8 m　　D. 10 m

8. 变电所发生高压接地故障时，在切断电源之前，任何人与接地点的距离：室内不得小于（　　），室外不得小于（　　）。

A. 3 m，6 m　　B. 4 m，6 m　　C. 4 m，8 m　　D. 5 m，10 m

9. 110 kV 设备的带电部分距停电作业人员的距离，无防护网栅时不得小于（　　）。

A. 600 mm　　B. 700 mm　　C. 1 000 mm　　D. 1 500 mm

10. 35 kV 设备的带电部分距停电作业人员的距离，无防护网栅时不得小于（　　）。

A. 600 mm　　B. 700 mm　　C. 1 000 mm　　D. 1 500 mm

11. DC 1 500 V 设备的带电部分距停电作业人员的距离，无防护网栅时不得小于（　　）。

A. 600 mm　　B. 700 mm　　C. 1 000 mm　　D. 1 500 mm

12. 直流系统接地线要采用截面面积不少于（　　）的裸铜软绞线，且均不得有断股、散股和接头。

A. 25 mm^2　　B. 50 mm^2　　C. 75 mm^2　　D. 90 mm^2

13. 以下（　　）作业不需要停电。

A. 变压器试验　　B. 补油，取油样

C. 隔离开关检修　　D. 距离 35 kV 带电体不足 1 m

14. 除专业人员按规定作业外，其他人员所携带的物件（包括长杆、扶梯等）与接触网带电部位需保持（　　）以上的距离。

A. 0.7 m　　B. 1 m　　C. 2 m　　D. 3 m

15. 在接触网支柱及接触网带电部分（　　）范围以内的金属结构上均须装设接地线。

A. 3 m　　B. 4 m　　C. 5 m　　D. 10 m

16. 用水或一般灭火器浇灭离接触网带电部分不足（　　）的燃着物体时，接触网必须停电。

A. 1 m　　B. 2 m　　C. 3 m　　D. 4 m

17. 各种车辆过车辆段平交道口时，货物装载高度（从地面算起）不得超过（　　）。

A. 2.5 m　　B. 3.5 m　　C. 4.5 m　　D. 5.5 m

18. 以下器具不属于电气绝缘工器具的是（　　）。

A. 高压验电器　　B. 绝缘布　　C. 高压绝缘棒　　D. 绝缘鞋（靴）

19. 以下器具不属于安全防护工器具的是（　　）。

A. 安全帽　　B. 安全带　　C. 绝缘布　　D. 绝缘鞋（靴）

20. 属于禁止标志的是（　　）。

A. "止步，高压危险！"　　B. "未经许可，不得入内"

C. "当心触电"　　D. "当心坠落"

21. 属于警告标志的是（　　）。

A. "止步，高压危险！"　　B. "未经许可，不得入内"

C. "禁止合闸，有人工作！"　　D. "禁止攀登，高压危险！"

二、填空题

1. ______、列车撞击与__________等是城市轨道交通供电领域人身安全的主要威胁。

2. 雷电时________在露天段接触网（轨）及与之有电气连接的隧道内接触网上作业。

3. 接触网停电检修时，除具备规定的工作票外，还必须有值班供电调度员批准的________。

4. 除遇有危及人身或设备安全的紧急情况外，接触网所有的作业命令，均必须有______和_________。

5. 高空作业人员要系好_________，所有作业人员必须戴好_________。

6. 高空作业人员作业时必须将安全带系在_________的地方。

7. 冰、雪、等天气条件下，接触网作业用的车梯、梯子以及检修车应有______措施。

8. 在有轨道电路的区段使用的车梯，车轮应采取可靠的______措施。

9. 当用梯子作业时，作业人员要先检查梯子是否牢靠，梯子上只准有_____人作业。

10. 检修作业车移动或作业平台升降、转向时，____人员上、下。V 形天窗作业时，所有人员禁止从__________侧上、下作业车辆。

11. 双线区段，接触网停电作业按停电天窗方式分为______天窗作业和______天窗作业。

12. 停电作业时，作业人员（包括所持的机具、材料、零部件等）与周围带电设备的距离不得小于下列规定：35 kV 为_______；10 kV 以下为______；直流 1 500 V 为________。

13. 倒闸时操作人必须穿________、戴好_________和_________，操作要准确迅速，一次开闭到底，中途不得停留和发生冲击。

14. 现场作业组应在可能来车方向设置________。

15. 故障抢修时，应遵循__________原则。

16. 在气瓶内储存的 SF_6 气体使用前应先检验其____和______，符合标准后方准使用。

17. GIS 设备解体检修时，检修人员要着________并根据需要配戴________。

18. 进电缆层（井）时，应排除______，穿绝缘靴，戴安全帽并不得少于___人。

19. 电力电缆线路周围______范围内为电缆线路保护区。

20. 当司机发现接触网异常或故障时，要立即停车和___________。

三、判断题

1. 事故抢修和遇有危及人身或设备安全的紧急情况时，可以没有供电调度员的命令。(　　)

2. 当变更作业方式时需重新签发工作票，而变更作业地点时则可不用重新签发。(　　)

3. 同一张工作票的签发人和工作领导人必须由两人分别担当，不得相互兼任。(　　)

4. 高空作业中应使用专门的用具传递工具，小的零部件和材料可抛掷传递。(　　)

5. 攀登支柱前要检查支柱状态，选好攀登方向和条件，攀登支柱时要手把牢靠，脚踏稳准，尽量避开设备并与带电设备保持规定的安全距离。(　　)

6. 作业中推动车梯必须服从车梯负责人的指挥。(　　)

7. 作业中检修作业车的移动应听从工作领导人的指挥。(　　)

8. 几个作业组同时在同一个供电臂作业时，可由其中的一个作业组集中申请停电。(　　)

9. 验电接地前，需穿绝缘鞋、戴安全帽、戴绝缘手套。(　　)

10. 验电和装设、拆除接地线，必须由两人进行；一人操作，一人监护。(　　)

11. 严禁带负荷进行隔离开关倒闸作业。(　　)

12. 事故设备即使已经停电，事故抢修时也必须按规定办理停电作业命令。(　　)

13. 隔离开关可以开、合电压互感器和避雷器等负荷。(　　)

14. 运用中的星形接线设备，其中性点应视为带电部分。(　　)

15. 与停电设备有关的电压互感器，应将设备各侧断开，防止向停电检修设备反向送电。(　　)

16. 表示断路器、隔离开关分闸的信号以及常设的测量仪表显示无电时，不得作为设备无电压的根据。(　　)

四、简答题

1. 简述接触网作业中的工作票签发人、工作领导人与作业组成员的职责。

2. 供电调度员在发布停电作业命令前，要做好哪些工作？

3. 接触网停电作业中的验电与接地有哪些注意事项？

4. 在二次回路上进行作业时必须遵守哪些规定？在带电的电压互感器和电流互感器二次回路上作业时，还须遵守哪些规定？

5. 在同一连接部分内检修和试验工作同时进行时，必须遵守哪些规定？

6. 电缆线路保护区内规定了哪些保护措施？

五、综合题

1. 接触网停电作业任务完成后，工作领导人应该做哪些工作？如果停电命令消除后发现有人员或机具仍停留在接触网上，此时工作领导人该如何做？

2. 变电所设备检修作业时，准许作业前、作业中以及作业结束时，变电所值班员分别需要做好哪些工作?

3. 故障案例分析1：某日，某作业队在某区间进行接触网设备整治，工作领导人在没有确认全部作业组人员、机具已经全部撤离至安全地带的情况下，通知座台要令员消令。消令后，未下道的人员、机具在撤离过程中，不慎触碰两钢轨造成该区间闪红光带。请分析本次作业过程中存在哪些违章行为。

4. 故障案例分析2：某接触网工区在某区间清扫绝缘子。作业地点变动，工作票发票人甲未重新开新工作票，也未重新布置安全措施。工作领导人乙未向作业组成员进行传达，也未确认作业地点与工作票相符与否，未核对作业内容是否符合工作票提出的要求。丙接地线时擅自改变接地线的位置，导致操作人丁超越作业范围，在该区间四跨2号支柱处触电坠落，构成人身重伤事故。请分析本次作业过程中存在哪些违章行为。

第六章　城市轨道交通应急管理

【教学目标】

知识目标

1. 了解事故应急预案的法规要求；
2. 了解应急救援体系的建设与机构设置；
3. 熟悉应急预案的内容与作用；
4. 熟悉城轨交通系统主要应急设备及常见事故的应急处理方法；
5. 熟悉供电设备故障抢修管理知识；
6. 熟悉接触网事故抢修与变电设备故障应急处理知识；
7. 掌握触电伤害、机械伤害及其他伤害的急救知识。

素质与能力目标

1. 树立救灾减灾的系统安全意识；
2. 掌握应急救援知识，提高综合应急救援能力。

从风险理论出发，降低和控制风险的策略：一是降低事件、事故发生的可能性，需要采取预测、监测、预警、控制等预防性措施，这也是“安全第一，预防为主”方针的重要体现，属事前控制；二是减轻事件、事故的严重程度，需要采取应急救援措施，属事后控制。

由于生产安全事故的发生具有复杂性和随机性，而且有的事故超出人类现有的认识与能力范围，虽然采取事前预防性控制措施，但并不能完全杜绝事故的发生。“凡事预则立，不预则废。”生产安全事故又具有突发性与紧迫性的特点，如果不事先做好充分的应急准备，很难在短时间内组织起有效的抢救，以防止事故扩大、减少人员伤亡和财产损失。因此，做好应急救援管理是安全管理与风险控制的另一个重要内容。本章重点介绍城市轨道交通的应急管理。

第一节　城市轨道交通应急管理体系

一、制定事故应急预案的法规要求

根据我国有关法律、法规的要求，企业和各级政府都应针对重大危险源制定有效的应急预案。

《安全生产法》第五章“生产安全事故的应急救援与调查处理”中指出：事故应急救援预案、应急救援体系对发生事故后及时组织抢救、防止事故扩大、减少人员伤亡和财产损失具有十分重要的作用。其中第七十七条要求：县级以上地方各级人民政府应当组织有关部门制定本行政区域内生产安全事故应急救援预案，建立应急救援体系。

《城市轨道交通运营管理办法》第四章“应急管理”也有相关的要求，其中第二十四条明确要求：城市人民政府城市轨道交通主管部门应当会同有关部门制定处理突发事件的应急预案；城市轨道交通运营单位应当根据实际运营情况制定地震、火灾、浸水、停电、反恐、防爆等分专题的应急预案，建立应急救援组织，配备救援器材设备，并定期组织演练。当发生地震、火灾或者其他突发事件时，城市轨道交通运营单位和工作人员应当立即报警和疏散人员，并采取相应的紧急救援措施。

2006 年 1 月 8 日，国务院发布了《国家突发公共事件总体应急预案》，明确了各类突发公共事件的分级分类和预案框架体系，是指导预防和处置各类突发公共事件的规范性文件。随后，国务院又相继发布了《国家安全生产事故灾难应急预案》《国家处置城市地铁事故灾难应急预案》等 9 个事故灾难类突发公共事件专项应急预案。其中，《国家处置城市地铁事故灾难应急预案》的目的是：做好城市地铁事故灾难的防范与处置工作，保证及时、有序、高效、妥善地处置城市地铁事故灾难，最大限度地减少人员伤亡和财产损失，维护社会稳定，支持和保障经济发展。

从事故应急救援角度分析，事故发生单位处于事故救援的最前沿，应在第一时间迅速组织事故抢救。为保证事故应急救援紧张有序地展开，客观上需要生产经营单位制定生产安全事故应急救援预案等，为此，2014 年新修改后的《安全生产法》增加了对生产经营单位应急救援工作的相关规定。第七十八条明确要求：生产经营单位应当制定本单位生产安全事故应急救援预案，与所在地县级以上地方人民政府组织制定的生产安全事故应急救援预案相衔接，并定期组织演练。

二、应急救援体系的建设

在城市轨道交通系统中，可能会发生或存在多种潜在的事故类型，例如，大面积的长时间停电、火灾、水灾、地震、危险物质泄漏、放射性物质泄漏、恐怖袭击等。此外，城市在开展各类大型活动时也可能出现重大客流等紧急情况。因此，在建设城市轨道交通应急救援体系时，就必须进行合理策划。既要做到突出重点，准确反映城市轨道交通的主要重大事故风险，又要合理地编制各类预案，避免各类预案间相互孤立、交叉和矛盾，从而使任何可能发生的事故局部化，尽可能地消除、减少事故造成的人员伤亡和财产损失，尽快恢复交通。

1. 应急救援体系的主要应急机制

应急救援活动一般划分为应急准备、初级反应、扩大反应和应急恢复四个阶段。应急机制与这些应急活动密切相关。应急机制主要由统一指挥、分级响应、属地为主和公众动员四个基本机制组成。

（1）统一指挥是应急活动的最基本原则。应急指挥一般可分为集中指挥与现场指挥或场外指挥与场内指挥几种形式，但无论采用哪一种指挥系统都必须实行统一指挥模式，无论应急救援活动涉及单位级别高低和隶属关系如何，都必须在救援指挥中心的统一组织协调下开展相关工作，使各参与单位既能充分发挥自己的作用，又能相互配合，提高整体效能。

（2）分级响应是指在初级响应到扩大应急的过程中实行分级响应的机制。扩大或提高应急响应级别的主要依据是：事故灾难的危险程度，事故灾难的影响范围，事故灾难的控制事态能力。而事故灾难的控制事态能力是“升级”的最基本条件，扩大应急救援主要是提高指挥级别、扩大应急范围等。

（3）属地为主是强调“第一反应”的思想和以现场应急为现场指挥的原则，即强化属地部门在应急救援体制管理工作中的主导作用，以提高应急救援工作的时效。

（4）公众动员机制是应急机制的基础，也是最薄弱、最难以控制的环节，即现场应急机构组织调动所能动用的资源进行应急救援工作，当事故超出本单位的处置能力时，向本单位外寻求其他社会力量支援的一种方式。

2. 应急救援体系建设的主要内容

安全生产是一项系统工程，需要从系统的整体性出发，科学地规划和设计。应急救援体系建设与发展属于安全生产系统工程的一个组成部分。应急救援体系的建设应着重从以下几个方面进行：

（1）事故预防。许多事故的发生都是因正常条件发生偏差而引起的，如果能事先确定出来某些特定条件及其潜在后果，就可利用相应手段减少事故的发生，或者减少事故对外界的影响，预防事故要比发生事故后再纠正容易得多。因此，在城市轨道交通新线设计及旧线改造中，必须设计必要的安全装置和设施，以提高城市轨道交通运营系统的安全程度。另外，事故预防工作也不可忽视操作规程、应急规程和管理策略的建立及其定期的培训和维护。

（2）应急预案的准备。主要包括预测任何可能出现的紧急事故类型及其影响程度；制定紧急状态下的反应行动，以提高准备程度；确保系统在紧急情况下，做到准备充分和通信畅通，从而保证决策和反应过程有条不紊；保证人员进行培训和演习，定期更新应急预案和重新评价其有效性。

（3）应急救援系统的组成。应急救援系统从功能上讲，可由应急指挥中心、事故现场指挥中心、支持保障中心、媒体中心和信息管理中心五个运作中心组成。要做到快速、有序、高效地处理应急事故，需要应急救援系统中相互之间的协调努力。

（4）应急培训与演习。其目的主要有以下几个方面：测试应急救援预案的充分程度；测试应急培训的有效性和队员的熟练性；测试现有应急装置和设备供应的充分性；确定训练的类型和频率；提高与现场外应急部门的协调能力；通过训练来识别和改正应急救援预案缺陷。

（5）应急救援行动。一个完善的应急救援体系应能在事故和灾害发生时及时调动并合理利用应急资源（包括人力资源和物资设备资源）投入救援行动事故现场，针对事故灾害的具体情况，选择适当的应急对策和行动方案，从而能及时有效地进行应急救援行动，使伤害和损失降低到最低程度和最小范围，并在最短时间内控制事故。

（6）事故的恢复与善后。当应急阶段结束后，从紧急情况恢复到正常状态需要的时间、人员、资金和正确的指挥，对恢复能力和预先估计将变得十分重要。通常情况下，重要的恢复活动包括事故现场清理、恢复期间的管理、事故调查、现场的警戒与安全、安全和应急系统的恢复、人员的救助、法律问题的解决、损失状况的评估、保险与索赔、相关数据收集、公共关系等。

三、应急救援机构

根据《国家处置城市地铁事故灾难应急预案》，城市地铁事故灾难应急处置组织机构分为三个层次：一是国家应急机构，即国务院或国务院授权建设部设立城市地铁事故灾难应急领导小组（以下简称“领导小组”），领导小组下设办公室、联络组和专家组；二是省级、市级地铁事故灾难应急机构，该机构按照国家地铁事故灾难应急机构的组成、职责，结合本地实际情况确定；三是地铁企业事故灾难应急机构，地铁企业应建立由企业主要负责人、分管安全生产的负责人、有关部门参加的地铁事故灾难应急机构。

应急救援机构从功能上讲，可由五个运作中心组成。其中，应急指挥中心负责协调应急组织各个机构的运作和关系，主持日常工作，维持应急救援系统的日常运作；事故现场指挥中心负责事故现场应急的指挥工作、人员调度、资源的有效利用；支持保障中心负责提供应急物质资源和人员的后方保障；媒体中心负责处理媒体报道、采访、新闻发布会；信息管理中心负责信息管理与信息服务。各中心要不断调整运行状态，协调关系，形成一个有机的整体，使系统快速、高效施行现场应急救援行动。

城市轨道交通企业应急救援机构应按照属地为主、分工协作、应急处置与日常建设相结合的原则建立，在应急处置过程中实现统一指挥、分级负责、科学决策，保证事故灾难信息的及时准确传递、事故快速有效处置，同时还要做到既保证常备不懈，又降低运行成本。

目前应急管理体系、机构设置，主要有以下几类：

1. 层级型

由地铁运营企业主要负责人为总负责，组建公司、部门两级应急系统。公司级包括企业主要负责人、分管安全生产的负责人及安全、保卫、调度、设备、信息管理、对外联络、卫生、物资保障、环保等各部门负责人员；建立二级部门应急机构，并延伸至基层班组。

2. 联动型

由地铁运营企业主要负责人为总负责，将运营中发生的所有行车、设备、消防、治安等安全信息报地铁控制中心，地铁控制中心组成联动中心，统一指挥相关部门处置各类安全减灾及应急工作。

3. 专职型

地铁运营企业建立应急救援管理指挥专门机构和专业应急救援队伍，内设信息管理、应急管理（抢险、指挥）、重大危险源管理三个职能部门，负责地铁安全生产信息接收、汇总、上报、发布，重大事故隐患、预案编制管理，应急培训，预案演练，救援物资管理，抢险指挥，重大危险源建档、管理，专家库管理，查处谎报、瞒报案件等工作，使应急救援工作贯穿于安全生产事故的事前预防、事中应急、事后管理中，形成安全生产应急救援工作的一条较为完整的工作链和工作体制、机制。

《国家处置城市地铁事故灾难应急预案》中规定，城市地铁企业必须建立由企业主要负责人、分管安全生产的负责人、有关部门参加的地铁事故灾难应急机构。地铁企业可根据自身的发展规模、线路长度、员工素质等情况选择适合自身企业的安全、应急管理体系和机构。

四、应急预案

1. 应急预案的作用

应急救援预案是应急救援准备工作的核心内容。应急预案又称应急计划，是针对可能的重大事故（件）或灾害，为保证迅速、有序、有效地开展应急救援行动而预先制订的有关计划或方案。它是在辨识和评估潜在的重大危险、事故类型、发生的可能性及发生过程、事故后果及影响程度的基础上，为应急机构、人员、技术、装备、设施（备）、行动方案以及救援行动的指挥与协调等方面预先做出的具体安排，它明确了在突发事件发生之前、发生过程中以及刚结束之后，谁负责做什么、何时做以及相应的策略和资源准备等。

应急预案在应急管理中的重要作用和地位主要体现在以下几方面：

（1）明确了应急救援的范围和体系，使应急准备和应急管理，尤其是培训和演习工作的开展有据可依、有章可循。

（2）有利于及时做出应急响应，降低事故危害程度。

（3）成为各类突发事故的应急基础。通过编制基本应急预案，可保证应急预案具有足够的灵活性，对那些事先无法预料到的突发事件或事故，也可以起到基本的应急指导作用；针对特定危害编制专项应急预案，有针对性地制定应急措施，进行专项应急准备和演习。

（4）当发生超过应急能力的重大事故时，便于与上级应急部门协调。

（5）有利于提高各级人员的风险防范意识。

2. 应急预案的层次和文件体系

（1）应急预案的层次。城市轨道交通系统中可能发生的事故是多种多样的，对应急预案合理地划分层次，是将各种类型应急预案有机结合在一起的有效方法。

城市轨道交通事故灾害大致可分为安全事故、自然灾害、人为突发事件三类。针对每一类灾害的具体措施可能千差万别，但其导致的后果和产生的影响却是大同小异的。这就意味着可以通过制定出一个基本的应急模式，由一个综合的标准化应急体系有效地应对不同类型危险所造成的共性影响。

城市轨道交通系统应急救援体系的总目标是控制事态发展、保障生命财产安全与恢复交通的正常运营。可以针对不同事故的特点，如爆发速度、持续时间、范围和强度等，制定具有较强针对性的专项应急预案。为了保证各种类型预案之间的整体协调和层次清晰，实现共性与个性、通用性与专业性的结合，宜采用分层次的综合应急预案。从保证预案文件体系的层次清晰及开放性角度考虑，可划分为三个层次，即综合预案、专项预案和现场预案。其结构如图 6-1 所示。

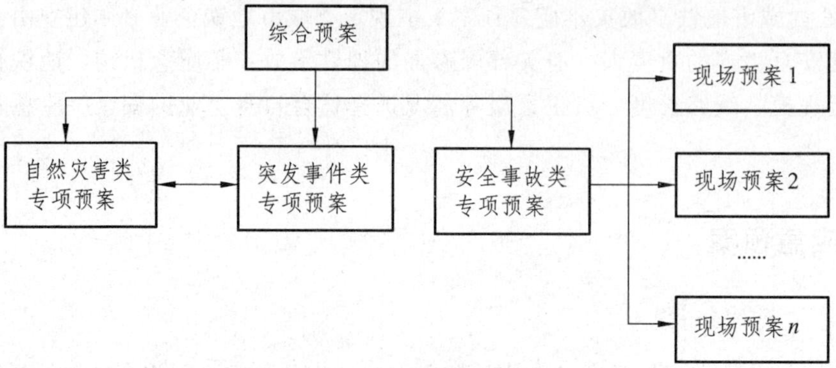

图6.1　应急预案的层次

城市轨道交通运营应急预案一般有：特殊气象及自然灾害应急预案、防淹门故障应急处理程序、控制中心应急处理程序、疫情暴发应急预案、应急信息报告程序、处置大面积停电事件应急预案、保卫应急预案、地铁消防应急预案、机电设备（电梯、给排水、事故照明装置）应急处理措施及程序、供电专业抢修应急预案、工建专业应急预案、车辆专业应急处理办法、水污染应急处理预案、车务安全应急处理程序、接触网（轨）附近有异物的应急处理程序等，都属于专项预案和现场预案的范畴。

（2）应急预案的文件体系。从广义上来说，应急预案是一个由各级预案构成的文件体系。它不仅是应急预案本身，也包括针对某个特定的应急任务或功能所制定的工作程序等。一个完整应急预案的文件体系应包括预案、程序、指导书和记录，是一个四级文件体系。

3. 应急预案的演练

应急救援预案要转化成真实的应急救援能力，确保发生事故后应急救援预案能够迅速启动并高效、协调地运行，达到防止事故扩大、降低事故损失的目的，生产经营单位必须对事故应急救援预案定期组织演练，使本单位主要负责人、有关管理人员和从业人员都能够身临其境积累“实战”经验，从而改善应急部门、机构和人员之间的协调与配合，使相关人员熟悉、掌握应急救援预案的各项内容和要求，增强相关人员应对突发事故救援的信心和应急意识，提高应急人员的熟练程度和应急能力，增强各级预案之间的协调性和整体的应急反应能力。同时，通过组织演练，也能够进一步检验应急救援预案是否科学合理，发现存在的问题和缺陷，发现应急资源的不足，及时调整完善。

应急预案的演练是检验、评价和保持应急能力的一个重要手段，一般可分为桌面演练、功能演练和全面演练。为确保应急演练在生产经营单位的贯彻落实，《安全生产法》第七十八条明确规定定期组织生产安全事故应急救援预案演练是生产经营单位的一项法定义务。

4. 演练效果的评价

应急演练结束后应对演练的效果给出评价，并提交演练报告，详细说明演练中存在的问题，按照对应急救援工作的影响程度，可以将演练中发现的问题分为改进项、不足项、整改项。其目的是通过演练及时发现问题，并进行改进完善，避免因预案不完善而导致事故的扩大化，从而确保预案的高效性。

第二节　应急设备及常见事故应急处理

城市轨道交通系统的地铁列车是在封闭状态下运营的大型载客交通工具，因设备故障、技术行为、人为破坏、不可抗力等原因，均可能会发生突发事故。为能保证紧急情况下乘客的人身安全，在列车和车站都安装有相应的应急设备，当出现紧急情况时，乘客可以通过应急设备进行报警或自救。

一、列车应急设备

一般情况下，地铁列车上应配备的应急设备有：紧急求助按钮（含报警按钮与紧急对讲功能）、紧急开门装置、灭火器、逃生装置等。

列车的每节车厢至少要安装两个紧急求助按钮，如图 6-2 所示。当车厢内发生意外事件、火警等紧急情况时，乘客可以立即使用该装置通知列车司机，并可通过对讲装置将车厢内的具体情况告知列车司机，以便列车司机及时采取相关应急措施。

在列车的每个车门上都安装有紧急开门装置（见图 6-3），其主要作用是列车在故障或紧急情况下，需要人工开门时使用。

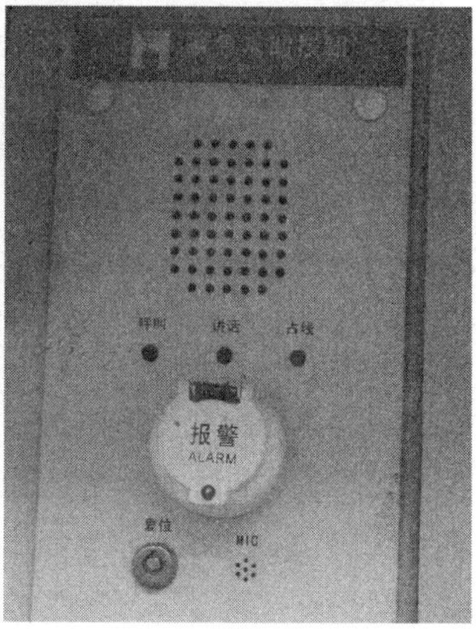

图 6-2　列车紧急求助按钮

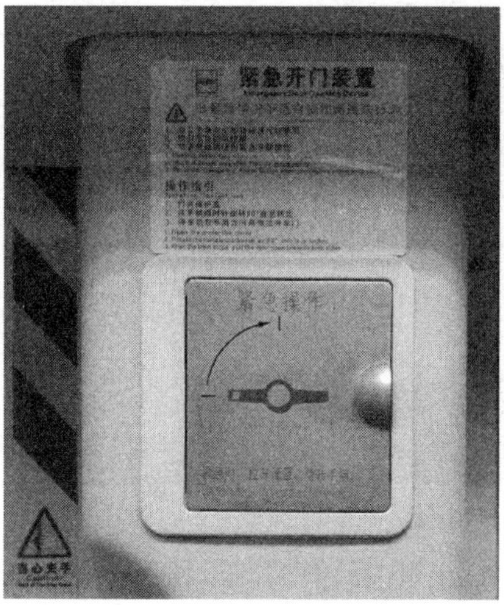

图 6-3　列车紧急开门装置

灭火器（见图 6-4）是为预防列车发生火灾情况配备的应急设备。每节车厢一般配备两个 6 kg 的灭火器，放置于车厢两端的座位下。当列车发生火灾初期，乘客除通过车厢内的紧急求助按钮通知列车司机外，还可以用列车配备的灭火器灭火自救，尽量将火势控制、扑灭。

图 6-4 列车配置的灭火器

逃生装置一般安装在列车两端的司机室。如果该城市的轨道交通系统采取疏散平台方式进行疏散，列车的逃生装置则为客室门。列车逃生装置一般在发生紧急情况下，必须通过人工疏散时才使用。

二、车站应急设备

车站的应急设备分为火灾紧急报警器、自动扶梯紧停装置、紧急停车按钮（见图 6-5）等。其安装位置和数量均根据不同的城市轨道交通系统建设的要求而有所不同，但各类应急设备的启用时机相同,就是必须在发生危及列车行车安全或危及人身安全的紧急情况下使用。

（a）火灾紧急报警器　（b）自动扶梯紧停装置　（c）紧急停车装置

图 6-5 车站的应急设备

三、突发事故的应急处理

城市轨道交通系统作为一种大型载客交通工具，因设备故障或人的行为等因素，可能会发生突发事故。在发生突发事故后，有效的应急处理可以避免事故扩大并减少事故损失。下面简单介绍突发事故发生后的一些基本处理要点。

1. 各类突发事故信息的报告原则

（1）迅速、准确、客观的原则。

（2）逐级报告的原则。事故发生在区间时，列车司机应立即报告行车调度。事故发生在车站内或车厂内时，车站值班站长或车厂调度员应立即报告行车调度。

发生人员伤亡、火灾、爆炸、毒气袭击、聚众闹事、劫持人质及其他恐怖活动等事故，需要报告119火警、120急救中心或110匪警时，由现场负责人或目击者在第一时间直接报告；如果无法直接报告，则应尽快向就近的车站或控制中心（车厂控制中心）或上级报告，再报告119火警、120急救中心或110匪警。

2. 大面积停电的应急处理

（1）地铁线路发生停电事故时，应沉着镇静，稳定乘客情绪、维持秩序，尽力保证乘客安全。控制中心根据停电影响情况，组织抢修抢险，发布列车停运、急救和车站关闭命令，并及时将灾情向上级报告。

（2）车站工作人员应检查紧急照明的启动情况，巡查各部位如升降电梯中是否有人员被困等，根据控制中心命令清站和关闭车站。

列车司机负责维持列车进站停车后，组织车上乘客向车站疏散。如果列车在区间停车，则利用列车广播安抚乘客，要求乘客不擅自操作车上设备，并立即报告行车调度，按行车调度指令操作。

3. 火灾的应急处理

（1）车站发生火灾时的处理措施。

① 车站立即向乘客广播发生火灾情况，暂停列车服务，并指引车站乘客有序地进行疏散，撤离车站。同时，向控制中心报告，视火灾情况报119和120。

② 组织人员进行灭火和关闭车站的各类电梯，救助受伤的乘客。

③ 列车司机接到车站火灾通知后，听从行车调度指挥，并通过列车做好乘客广播。

④ 控制中心接报后，立即执行列车火灾应急程序，扣住列车不能进入火灾车站，保持与司机和车站的联系，并视情况报119和120。

（2）列车在站台发生火灾时的处理措施。

① 司机开启客室门（屏蔽门），并通过列车广播安抚乘客，引导乘客疏散和使用列车的灭火器进行灭火自救，并确认火灾位置向车站和控制中心报告。

② 车站接报后，立即广播通知乘客列车发生火灾情况，暂停列车服务。同时，组织人员进行灭火和引导乘客有序进行疏散，并视火灾情况报119和120。

③ 控制中心接报后，立即执行列车火灾应急程序，控制好列车间的距离，保持与司机和车站的联系，并视情况报119和120。

（3）列车在区间（隧道）发生火灾时的处理措施。

① 司机保持列车运行至前方车站后，开门疏散乘客。在运行途中通过列车广播安抚乘客，引导乘客使用车厢内的灭火器进行灭火自救，并确认火灾位置向车站和控制中心报告。

② 如列车在区间（隧道）不能运行，则应打开列车的逃生装置，引导乘客有序地往就近车站方向疏散。

③ 车站接报后，立即广播通知乘客，引导乘客进行紧急疏散，并安排人员前往事故列车接应司机，组织乘客进行疏散。

④ 控制中心接报后，立即执行列车火灾应急程序，控制好列车间的距离，保持与司机和车站的联系，并视情况报 119 和 120。

4. 特殊气象的应急处理

（1）特殊气象应急预案分类。根据特殊气象对城市轨道交通运营的影响，特殊气象应急预案包含以下六个类别。

① 台风、雷雨大风（含龙卷风）应急预案。

② 暴雨应急预案。

③ 高温应急预案。

④ 大雾、灰霾应急预案。

⑤ 冰雹、道路结冰应急预案。

⑥ 寒冷应急预案。

（2）特殊气象应急预案启动原则。以当地气象台发布的气象预警信号为准。当地某区域气象台发布相应的台风和雷雨大风、暴雨、高温、大雾、灰霾、冰雹和道路结冰及寒冷气象预警信号后，由责任控制中心在受影响的线路范围内启动相应的特殊气象应急预案。

（3）相应的特殊气象应急预案的解除原则。满足以下两个条件，责任控制中心可解除相应的特殊气象灾害应急预案，并向下令启动预案的领导汇报。

① 当地某区域气象台解除相应的台风和雷雨大风、暴雨、高温、大雾、灰霾、冰雹和道路结冰及寒冷气象预警信号后。

② 控制中心确认受相应的特殊气象影响的设备已全部恢复正常。

（4）停止某线路段运营的启动及解除程序。

① 启动程序。当需要停止某线路段运营时，控制中心 OCC 向运营总部总经理汇报，总经理下令启动。因特殊情况联系不上时，分别依次由分管运营安全、行车组织的副总经理下令启动。

② 解除程序。当达到恢复某线路段运营条件时，控制中心 OCC 向运营总部总经理汇报，总经理下令恢复。因特殊情况联系不上时，分别依次由运营分管安全、行车组织的副总经理下令解除。

③ 恢复因台风、雷雨大风（含龙卷风）造成高架或地面路段停运的行车条件：接获气象台取消橙色信号及在过去 1 h 监测到的最高风速低于 74 km/h（8 级）。

恢复高架段行车的程序：首先，组织客车或工程车限速 25 km/h 进行线路检查；然后，安排专业维修人员跟车检查相关设备设施；确认具备条件后，恢复正常运营服务。

（5）特殊气象发生险情的应急处理原则。

① 抓住主要矛盾，先全面、后局部，先救人、后救物，先抢救通信、供电等要害部位，后抢救一般设施。

② 根据需要，各部门积极合理地调动人力、物力投入抢险，在确保安全的情况下，尽快开通线路，恢复运营（含局部线路）。

③ 发生灾害时，应迅速准确地报告事故情况，确保信息渠道畅通。

④ 各部门、员工均应采取有效措施控制事态、减少损失，防止次生灾害的发生。

⑤ 贯彻抢险与运营并重、地铁运输与公交运输系统统筹兼顾的工作方针，在积极稳妥地处理事故的同时，按照总部相关规定最大限度地维持地铁运营或尽快恢复地铁运营。

5. 正线车辆脱轨的应急处理

（1）确定脱轨后，控制中心立即扣停开往受影响区域的列车，对已进入该区间的列车，组织其退回始发车站。

（2）控制中心通知供电调度做好停止脱轨区段的牵引供电和挂接地线的准备。

（3）通知相关线路的车辆控制中心派出救援队起复车辆，启动应急轨道交通与公交接驳预案。

（4）控制中心、司机和车站组织乘客疏散。确认具备停电条件后，控制中心组织停电。

（5）如在隧道内脱轨，控制中心组织隧道送风。

（6）组织好抢修期间的客车降级运营工作（小交路运营）。

（7）维修调度在接到车辆脱轨事故的明确报告后，应立即组织车辆抢险队前往事故现场，车辆抢险队员接到车厂控制中心 DCC 维修调度命令时须在 10 min 内出发前往事故现场。

（8）第一个赶往事故现场的车辆员工，自动成为车辆事故现场抢险指挥负责人，负责现场抢险工作并将所观察到的情况反馈回事发分部车厂控制中心 DCC，使 DCC 能够及时获得现场情况，做出有利于抢险工作的人员和设备安排；当车辆抢险指挥小组成员赶到后，现场抢险指挥向车辆抢险指挥小组成员汇报现场情况，并将指挥权移交。

（9）起复后，必须执行以下工作：

① 确认接地线拆除和线路出清后，通知供电调度送电，做好恢复正常运营的准备工作。

② 组织一列客车清客或工程车前往救援，连挂脱轨列车限速运行进入就近的存车线，待运营结束后再安排事故列车回厂检修。

（10）组织备用客车上线服务。

6. 大客流应急处理

（1）启动条件。因地铁周边环境影响或因设备故障导致设备能力不足等不可预见的情况造成突发性进、出站客流增大，超过车站设备承受能力。

（2）现场应急处理。车站发生突发性大客流时，由站长或值班站长负责现场客运组织，安排、监督各岗位的职责实施情况。

① 根据“三级客流控制”的原则，站长或值班站长在车站出入口、入闸机组、站厅与站台的楼梯、扶梯处进行客流控制。

② 站长或值班站长及时了解产生突发客流的原因、规模及可能持续的时间，合理安排岗位。

③ 车站行车值班员及时播放相应的广播疏导乘客。

④ 值班站长及时组织人员维持购票秩序，增设兑零点，对乘客做好疏导、服务工作；票亭减缓兑零速度。

⑤ 行车值班员监控 15 min 进站客流变化。如车站现有人员无法应付突发性大客流时，值班站长组织驻站人员参与客流控制，同时安排行车值班员通知公安部门协助，报告行车调度请求支援。

⑥ 出现特大客流时，车务部门应立即请示控制中心，要求调派列车直达特大客流车站进行增援。

⑦ 站台拥挤时，值班站长立即安排其他岗位员工或支援人员到站台维持候车秩序，对站厅与站台的楼梯、扶梯处进行第一级客流控制，先让下车乘客出站，再放坐车的乘客进入站台，控制进站的乘客人数。行车值班员及站台员工利用广播提醒乘客注意安全，同时加强对站台乘客候车动态及站台屏蔽门工作状态的监控。

⑧ 若因设备故障，造成列车晚点，车站乘客拥挤时，车站值班站长安排行车值班员及时通知公安部门协助，安排巡视岗、客运值班员在出入口、票亭及进闸机前摆放立柱告示，告知购票进闸的乘客客车延误信息。同时做好退票和公交接驳的准备工作。

⑨ 由于特殊气象（如暴雨）导致突发性大客流时，车站值班站长及时安排员工做好滞留乘客的疏散。

⑩ 需调整本站员工工作岗位或工作内容时，由站长、值班站长根据现场情况组织安排；需抽调其他车站临时支援人员时，由站长、值班站长报车务部门生产管理人员，由车务部门生产管理人员协调人员配置。

（3）结束条件。车站客流有效缓解，恢复正常，站长或值班站长报告地铁控制中心，经地铁控制中心同意后宣布结束预案的实施，各岗位员工恢复正常工作，临时支援人员在现场指挥的安排下回原车站、原岗位。

7. 隧道疏散的应急处理

（1）司机的应急处理。

① 列车停车后，应立即播放广播安抚乘客，提醒乘客保持镇定，切勿打开车门跳下轨道，并将列车位置（区间、百米标、上下行正线）及现场情况报告控制中心，或设法联系就近车站。

② 接到行车调度通知疏散后，确认疏散方向，并做好疏散准备。

③ 待车站工作人员到达后，打开每列车疏散平台侧疏散方向的第一、二个车门，组织乘客从该车门下车，通过疏散平台疏散到就近车站。

④ 广播引导乘客疏散，并协助车站工作人员维持疏散的秩序。

（2）控制中心的应急处理。

① 控制中心接报信息，确认需进行乘客疏散后，按向就近车站疏散的原则组织乘客疏散。

② 通知就近车站安排人员进入区间组织乘客疏散。

③ 通知邻线列车在疏散的区间限速运行，并注意瞭望和鸣笛。

④ 按规定开启区间照明和隧道通风系统。

（3）车站的应急处理。

① 接到行车调度要组织列车区间疏散的命令后，确认疏散方向。

② 按规定穿戴好防护用品，得到行车调度同意后，值班站长带领人员进入区间。

③ 车站工作人员到达现场后，安排人员在列车头部及尾部引导，在正线与入段线连接处、联络通道、疏散平台断开处等关键地点安排人员引导乘客。

④ 通知司机在疏散平台侧，打开每列车疏散方向的第一、二个车门，组织乘客从该车门下车，通过疏散平台疏散到就近车站。

8. 列车故障救援

（1）出现列车故障时，及时组织备用车上线调整运行。

（2）若故障车在车站内，故障车在清客后再与救援列车连挂；若故障车在区间，故障车与救援列车连挂后运行到前方车站清客。担任救援任务的客车，按《行车组织规则》执行。

（3）列车发生故障时，行车调度视情况及时扣停后续第二列或第三列客车在就近设有辅助线的车站内，并做好小交路运营的准备。

（4）发生客车故障救援时，运营遵循有限度列车服务的原则，列车的运行间隔由行车调度组织调整，在中间站折返至上行线或下行线时，如客车采用站前折返，需在折返站的前一站清客；如采用站后折返，则在折返站本站清客，行车调度必须按要求及时通知本线和另一线车站相关的运营信息。必要时，另一线路行车调度应采取有效措施配合、协助故障线路的行车调度进行救援。

（5）在故障明确可以进行准确判断后，调度应严格遵循行车组织方案进行组织。若在各项前提条件不满足，或故障不明显、判断不准确时，应采取机动灵活的措施进行行车组织。

（6）列车救援时，按规定速度推进运行（司机须按车辆故障处理指南操作相应的开关）。

（7）列车在区间出现故障，如无人引导时，原则上不要求司机到后端司机室尝试动车，达到时限后立即组织救援。

第三节 供电设备故障应急管理

一、供电设备故障抢修管理

（一）抢修原则

（1）城市轨道交通供电设备负责向电动车组、各车站及各区间所有动力与照明设备提供电能，是重要的行车设备，一旦故障停电，将直接影响行车秩序，严重时可导致城市轨道交通陷入瘫痪，因此，供电设备故障抢修要遵循“先通后复”和“先通一线”的基本原则，以最快的速度设法先行供电、疏通线路并及早恢复设备正常的技术状态。

（2）各级管理部门应按照各自的职责和分工，组织、参与供电设备故障抢修工作。供电运行各级主管部门，必须牢固树立为运输服务的思想，做到常备不懈，一旦发生故障，迅速出动，快速抢修，尽快恢复供电和行车。

（3）供电设备抢修管理应纳入城市轨道交通应急救援总体体系规划，应配备先进装备、机具和材料，不断提高供电设备抢修速度和质量。积极推广和应用集设备运行、技术资料、信息传递、抢修预案等功能于一体的供电抢修辅助决策系统，不断提高供电设备应急抢修的工作效率与管理水平。

（4）所有员工发现供电设备故障和异状，应立即报告邻近车站或供电调度，并尽可能详细地说清故障范围和损坏情况，必要时应在故障地点采取防护措施。

（二）抢修安全管理

（1）在整个抢修工作中，要坚持安全作业，严格遵守高压供用电安全工作规则和有关规定，防止扩大故障影响范围和发生意外事故。

（2）抢修作业可以不开具工作票，但必须办理停电作业命令，采取安全措施。抢修指挥在抢修作业前要向作业人员宣布停电范围，划清设备带电界限。对可能来电的关键部位和抢修作业地段，要按规定设置可靠足够的接地线。

（3）抢修过程中要坚持设置安全防护，防护人员要思想集中，坚守岗位，履行职责，及时、准确地传递信号。

（4）在拆除接触网作业时，要防止支柱倾斜及线索断线、脱落等，在抢修恢复作业中，对安装的零部件特别是受力件要紧固牢靠，防止松脱、断线引起故障扩大。接触线、载流承力索（含大电流区段非载流承力索）、供电线（正馈线）、加强线等主导电回路线索断线采取临时紧起送电方案抢修时，须加装短接线，短接线截面不得小于被连接导电线索截面。

（三）抢修机具材料管理

（1）新建和改造线路，应结合线路运行要求和供电设备特点，将抢修机构设置及人员、交通机具、通信工具、材料配置纳入工程设计。开通前，人员、机具、材料应配置到位。

（2）车辆段应配备故障抢修指挥汽车与接触网抢修车列，并配置必要通信工具。

（3）供电车间、接触网工班均应配置夜间故障及隧道内故障抢修用照明灯具，应满足 4 h 内连续使用的要求，个人照明工具应满足夜间作业需要。

（4）交通机具是保证迅速出动抢修的先决条件，应有专人管理，做好日常维修保养，时刻处于良好状态，保证有足够的燃料，随时能出动抢修。接触网抢修用轨道车辆、汽车，必须停放在能够保证迅速出动的指定地点。如必须变更停放地点，值班员要及时报告供电调度员。冬季取暖的地区，车库应有采暖设施，保证及时出动。

（5）应按标准配齐抢修材料、工具、备品、通信和防护用具等。抢修用料应尽量组装成套，并与日常维修用料分别造册登记，分架存放。对较小的零部件（如线夹等）应集中装箱存放在固定地点。

（6）工区值班员应有材料库的钥匙，交接班时交接并清点抢修用料具，以便随时取出抢修用料具。用后抢修人员应负责将料、具及时放回原处。消耗的材料、零部件列出清单，交给值班员和材料员各一份，并共同确认、及时补充。对抢修用料具，工长每旬检查一次，车间主任每月检查一次，上级部门应组织抽查，确保抢修工具材料齐全完好。

（四）抢修演练与培训

（1）维修中心要加强抢修队伍的定期培训，积极开展故障预想和日常演练，务必使每个人都能掌握各类故障的抢修方法。每半年组织各级抢修领导小组成员、工区抢修指挥人员进行一次轮训，讲解故障抢修知识，学习有关规章命令，分析典型案例，总结经验教训，制定改进措施，不断提高指挥抢修能力。

（2）各工区应充分利用工余时间，发挥技术骨干传、帮、带的作用，经常进行各类故障抢修方法的训练，每季组织一次故障抢修出动演习（包括按时集合、整装出动和携带工具、材料等）。供电车间应定期组织管内各工区进行故障抢修演习。

（3）为做好故障抢修的日常演练，应设有供训练用的场地和必要的实物。

（五）事故调查与分析

1. 原始资料的收集保存

在事故抢修过程中，工作领导人（或事故抢修总指挥）除了组织抢修尽快恢复运行外，还要指定专人实时收集事故及其修复的情况，包括必要的照片，有条件时可进行录像。收集并妥善保管事故破坏的物证，以便进行事故分析。特别是对于因事故拉断或烧断的线头、损坏的零部件等，应尽量保持原样，不得任意改动。对典型事故的照片、报告、损坏的线头和零部件，应作为档案长期保存。

2. 事故的调查分析

事故调查坚持以事实为依据、以规章为准绳的基本原则，调查分析的主要目的是要查清事故原因与事故责任，以利于总结事故教训、提出整改措施、拿出处理意见，提高事故应急管理水平，防止类似事故的再次发生。

事故发生后要及时分析，对每一件供电事故都要按照“四不放过”（事故原因未查清不放过，责任人员未处理不放过，整改措施未落实不放过，有关人员未受到教育不放过）、“四查”（即“查思想、查纪律、查制度、查领导”）的要求，认真组织调查，弄清原因，确定责任者，制定出有效的防范措施，逐级上报，同时还要分析抢修工作中的经验教训。对好人好事要及时表彰和奖励；对贻误时机、工作不得力者要严肃批评；对玩忽职守、不服从指挥者要给予处分。抢修中采用的先进方法、机具等应及时推广，存在的问题要认真研究制定改进措施，不断完善抢修组织、方法与抢修预案，提高工作效率。

（六）事故责任判定

（1）事故分为责任事故和非责任事故。事故责任分为全部责任、主要责任、重要责任、次要责任和同等责任。

（2）因设备管理不善造成的事故，定设备管理单位责任。

（3）因产品质量不良造成的事故，属设计、制造、采购、检修等单位责任的，定相关单位责任；应采用经行政许可或强制认证的产品而采用其他产品的，追究采用单位责任；采购不合格或不达标产品的，追究采购单位责任。

（4）自然灾害原因导致的事故，因防范措施不到位，定责任事故。确属不可抗力原因导致的事故，定非责任事故。

（5）营业线施工中发生责任事故，属工程建设、设计、监理、施工等原因造成的，定上述相关单位责任，同时追究设备管理单位责任；已经竣工验收的设备，因质量问题发生责任事故，确属工程建设、设计、施工、监理等单位责任的，定上述相关单位责任；属设备管理不善的，定设备管理单位责任。

（6）涉嫌人为破坏造成的事故，在公安机关确认前，定发生单位责任事故；经公安机关确认属人为破坏原因造成的，定发生单位非责任事故。

（7）因临时租（借）用其他单位的设备设施、人员，发生事故，定使用单位责任。

（8）产权单位委托其他单位维修设备设施，因维修质量不良造成事故，定维修单位责任；产权单位管理不善的，追究其同等责任。

（9）以有关部门批准并报备后的技术革新项目、科研项目在运营线上试验时，在限定的试验期限内确因试验项目本身原因发生事故，不定责任事故；但由于违反操作规程以及其他人为因素造成的事故，定责任事故。

（10）事故发生后，因发生单位未如实提供情况，导致不能查明事故原因和判定责任的，定发生单位责任。

（11）作业人员在从事与行车相关的作业过程中，不论作业人员是否在其本职岗位，由于违反操作规程、作业纪律，或运输生产设备设施、劳动条件、作业环境不良，或安全管理不善等造成伤亡，定责任事故。具体情形按以下规定办理。

① 乘务人员及其他作业人员在企业内候班室等处候班、间休期间，因违章违纪、设备设施不良等造成伤亡，定有关单位责任。

② 作业人员在疏导道口、引导或帮助旅客上下车、维持站车秩序过程中被列车撞轧而伤亡的，定作业人员所在单位责任。

③ 事故发生过程中，作业人员在避险或进行事故抢险时因违章作业再次发生伤亡，应按同一件事故定责；事故过程已终止，在事故救援、抢修、复旧及处理中又发生事故导致伤亡的，按另一件事故定责。

④ 作业人员在工作或间歇时间擅自动用运输设备设施、工具等导致伤亡的，定该作业人员所在单位责任事故，同时追究设备设施配属（或管理）单位的责任。

⑤ 作业人员因患有职业禁忌证而导致行为失控，造成伤亡的，定该作业人员所在单位责任。

⑥ 两个及以上单位在交叉作业中发生伤亡，定主要责任单位事故；若各方责任均等，定伤亡人员所在单位责任，同时追究其他相关单位责任。若各方责任均等且均有人员伤亡，分别定责任事故。

注：本项内容参照《铁路交通事故调查处理规则》（原铁道部令第 30 号）中的相关条款。

二、接触网事故抢修

（一）抢修组织

（1）牵引供电运行各级主管部门要加强接触网故障抢修工作的领导，成立接触网应急抢修领导小组，建立健全各级责任制与应急抢修机制，加强人员培训、装备配置、物资储备、预案演练等基础管理工作。维修中心与供电车间要成立接触网故障应急抢修组织。

（2）每个接触网工班应以比较熟练的工人为骨干组成抢修组，抢修组现场负责人由工长或安全技术等级不低于四级的人员担当，组内应明确分工，有准备材料工具的人员、防护人员、驻站联络员、网上作业人员和地面作业人员等。抢修时现场负责人、驻站联络员和防护人员应佩戴明显的标志，各司其职。平时作业应尽量按抢修组的分工组成作业组，以加强协调配合，一旦故障停电，可以配套出动抢修，当人员变动时，要及时调整和补充。

（3）每个接触网工班必须经常保持一个作业组的人员在工区值班。

（4）对于较大的接触网故障，公司抢修领导小组成员、维修中心负责人、车间主任及故障抢修领导小组成员要及时赶赴 OCC 或现场组织指挥抢修，及时协调解决存在的问题。

（二）抢修处置

1. 故障判断与查找

（1）供电调度员得知接触网发生故障后，首先要根据故障的显示情况、保护动作类型及各方面信息，迅速判明故障地点和情况（当故障点标定装置失灵时，可采取分段试送电、派人巡视等方法查找），必要时通知列车调度员，请相关列车司机加强瞭望，帮助确定故障地点和状态，尽可能详细地掌握设备损坏程度和波及范围，及时与列车调度员办理接触网停电及行车限制有关事宜，迅速通知供电车间与就近的接触网工班，组织调动抢修队伍，并报告公司供电调度等。常见接触网故障判断查找方法如下：

① 永久接地：变电所断路器跳闸，重合闸和强送均不成功，可能是由于接触网或供电线断线接地、绝缘子击穿、隔离开关处于接地状态下的分段绝缘器击穿、隔离开关引线脱落或断线、较严重的弓网故障、机车故障等。

② 断续接地：变电所断路器跳闸重合成功，过一段时间又跳闸，可能是接触网或电力机车绝缘部件闪络，列车超限，树木与接触网放电、接触网与接地部分距离不够，接触网断线但未落地，弓网故障等。

③ 短时接地：变电所跳闸后重合成功，一般是绝缘部件瞬时闪络、电击人或动物等。

④ 查找故障应根据季节、设备所处的环境有针对性地进行，例如大雾、阴雨及雨雪交加时易发生绝缘闪络故障，应重点查找隧道及污秽严重处所。当发现火花间隙击穿时对该支柱或与该支柱接地母线连接的相关绝缘部件要仔细检查。

（2）复线区段，为防止故障扩大，当某一单行线路发生跳闸且重合失败时，供电调度员要立即根据故障点标定装置指示，将可能发生故障的地段通知列车调度员，列车调度员应迅速通知在线运行的邻线机车乘务员加强瞭望，必要时采取限速等安全措施。

（3）变电所馈线断路器跳闸重合失败后，为避免扩大故障范围，在未确认符合供电和行车条件，作业人员未撤至安全地带时，不准盲目强送电。

2. 抢修出动

（1）接触网工班接到抢修通知后，应按抢修组内部的分工，带好材料、工具等，白天 10 min、夜间 15 min 内出动。值班人员及时将出动时间及相关情况报告公司供电调度、维修中心和供电车间。

（2）接触网抢修车辆应按救援列车办理。抢修车辆出动前，供电调度员应将车号及到达的地点通知列车调度员，列车调度员应优先放行，使之迅速到达故障现场。

（3）复线区段，当故障线路有列车停留时，接触网抢修车辆可通过邻线运行到达故障现场。当故障现场有车辆占用时，接触网抢修人员应视情况登车顶处理，或请求列车调度员尽快安排腾空线路，为接触网抢修作业创造条件。

3. 抢修方案

（1）应本着“先通后复、先通一线”的原则制定抢修方案，集中力量以最快的速度设法先行供电，先通一线，尽快疏通列车，必要时可采取迂回供电、越区供电、降弓通过或限制列车速度通过等措施，缩短停电、中断行车时间，并及时安排时间处理遗留工作，使接触网及早恢复正常技术状态。

（2）为保证快速抢通，允许接触网满足最低技术条件开通运行。在开通线路、疏通列车后再申请天窗停电，尽快处理使设备达到运行技术标准。

（3）降弓距离应满足列车惰行运行要求。故障地段降弓时间一般不宜超过 24 h。

4. 抢修指挥

（1）接触网故障抢修工作必须服从供电调度员的统一指挥。抢修组设现场指挥一人，负责抢修方案的现场实施。所有参加现场抢修的人员都必须服从抢修指挥人员的统一指挥。当有两个及以上班组同时参加抢修时，应由供电段故障抢修领导小组指定一名人员任现场指挥。

（2）故障查找人员找到故障点后，应立即报告现场指挥，说明故障的位置、性质、损坏范围等情况。现场指挥应立即对现场损坏范围等情况核查清楚，组织制定抢修建议方案报供电调度员。

（3）供电调度员要根据故障破坏范围等情况及抢修组提报的建议方案、故障区段行车状况和运输要求，尽快确定抢修实施方案。抢修方案一经确定，一般不应变动，确属必须变动时，要经过供电调度员同意，并通知有关部门和单位。

（4）在配合城市轨道交通事故救援时，接触网抢修指挥人员应服从事故现场负责人的调动，对接触网进行停电拆除或修复工作，并将工作情况及时报告事故现场负责人。事故救援结束，根据事故现场负责人的命令向供电调度员申请办理接触网送电事宜。

（5）在接触网抢修过程中，抢修组要指定专人与供电调度经常保持通信联络，随时报告抢修进度等情况，同时供电调度员要将运输要求及时传达给接触网抢修现场指挥。

5. 开通线路

（1）接触网修复过程中，对接触网主导电回路及受电弓动态包络线等关键部位要严格把关，确认符合供电行车条件后方准申请送电。

（2）需封锁线路、降弓通过或限速运行时，抢修人员应向供电调度员报告起止位置（或范围）和列车运行注意事项，并按规定在相邻车站登记，现场设置标志或显示手信号。接触网限速值应由现场指挥人员根据抢修后接触网技术状态确定。

（三）常见故障应急处置

1. 柔性接触网断线故障

当柔性接触网发生断线时，首先应查明断线发生的确切位置、断口两侧的损坏情况、断线波及的范围等情况。

（1）接触导线断线损坏范围较小，断口两侧无较大损伤、变形，可以直接紧线对接。导线严重损伤在一个跨距以内，必须加换一段导线，这时可在地面上先做好一个接头，再将新旧接触线紧起后做另一个接头。

（2）导线断线损坏范围较大时，可视具体情况确定方案，如果列车惰行可以通过故障区段时，可将接触网脱离接地采取降弓通过的方法，先行送电通车。利用紧线器、葫芦等临时连接方式送电时，必须加装分流短接线，严禁利用受力工具导通电流回路。

（3）承力索断线可用紧线工具将承力索紧起后即送电通车，必要时降弓通过，同时安装分流短接线。

（4）接触网断线处理后，必须将该锚段全部巡视一遍，特别是中心锚结、线岔、补偿装置、锚段关节等设备是否达到要求，要考虑季节、气温变化对设备的影响，确定是否可以送电通车。

2. 接触轨绝缘支架故障

（1）当发生小范围的绝缘支架断裂时，经过确认不会侵入行车限界且不是端部弯头第一个支架，可保证基本通车条件的，可暂不处理，采用限速通过的模式，否则应立即处理。在办理相关手续后，直接拆除该处故障支架侵限部分，如为端部第一个支架，应立即恢复，其他部分视具体情况而定，必要时直线段可隔 1 个支架补装 1 个支架，曲线段可每 3 个支架连续补装 2 个支架，保证接触轨达到基本通车条件后，立即开通运行，可采取限速通过的模式，待收车后再完全恢复。

（2）当发生大范围绝缘支架断裂，且接触轨出现弯曲、扭面等变形现象，该区段接触轨设备已经无法满足基本通车条件，预计无法在短时间内修复的情况下，在办理相关手续以后，由故障段两侧向中间恢复，恢复标准可按满足基本通车要求进行，当中间未恢复部分的长度小于列车惰性通过长度时，可设置临时断口，并在接轨断口两端分别安装端部弯头，同时拆除中间部分侵限的绝缘支架部件及接触轨，使其满足基本行车条件后，立即开通运行。

3. 隧道内埋入杆件损坏

（1）个别悬挂点或定位点损坏时，若不侵入限界，且不影响送电的，可暂不处理。否则，降弓通过或停电处理。

（2）若必须修复悬挂、定位装置、杆件等，可用铁线将绝缘子固定在原杆件上，恢复悬挂和定位；若埋入杆件整体脱出或已松脱，可用高标号的快干水泥灌注。

（3）对短时间难以修复的故障，可设置无电区或无网区。

4. 隔离开关故障

（1）常开开关故障时，可将引线甩掉送电。

（2）常闭开关故障时，拆除引线将其短接后送电。

（3）使用权不属供电部门的开关处理后要及时通知相关单位并在相关记录上签认。

5. 分段绝缘器故障

分段绝缘器故障可视情况降弓通过或停电更换。

6. 绝缘子故障

（1）绝缘子表面因脏污引起闪络，擦拭后送电。

（2）绝缘子内部击穿和严重破损的，必须更换。

三、变电设备事故应急处理

（一）基本原则

（1）变电设备发生事故时，现场抢修人员必须服从当值供电调度员的统一指挥，根据供电调度命令执行抢修任务。

（2）变电所发生故障中断供电，首先应设法通过改变供电运行方式或投用备用设备，迅速恢复对接触网和车站Ⅰ、Ⅱ级负荷的供电。

（3）应急抢修时做好现场安全防护措施，抢修人员按规定穿戴好防护用品，防止忙中出错，严格按停电作业的程序和规章制度办事。

（二）变电设备特殊运行方式

1. 牵引降压混合所的特殊运行方式

（1）当牵引降压混合所或降压所的一回 35 kV 进线电源解列时，切除该所供电范围内的三级负荷；合上该所的 35 kV 母线联络开关，由另一回 35 kV 电源承担该所供电范围内的牵引负荷和动力照明一、二级负荷。

（2）当牵引降压混合所或降压所的两回 35 kV 进线电源均解列时，该所退出运行，其供电范围内的牵引负荷由相邻混合所越区支援供电，其供电范围内的动力全部切除，应急照明负荷由 EPS 供电、弱电系统负荷由 UPS 供电。

2. 单台整流机组向 1 500 V 供电的特殊运行方式

当 1 台整流机组确定为整流变压器或整流器的内部故障而退出，但 1 500 V 直流母排无故障的情况下，先解除两台整流机组的 35 kV 开关联跳回路，由另 1 台整流机组维持 1 500 V 直流母排供电的运行方式，称为单台整流机组向 1 500 V 直流母排供电的特殊运行方式。该运行方式使用时应注意下列事项：

（1）故障整流机组与 1 500 V 直流母排连接的正极隔离开关（或正极直流进线断路器）断开，紧急抢修情况下负极隔离开关必须断开。

（2）单台整流机组工作时，产生的谐波含量较高，并且负荷率较高，当值调度和值班员应加强值班监控，在整流变压器、整流器出现温度报警，整流器单个二极管击穿的情况下，应及时调整运行方式。

（3）故障整流机组须抢修处理，整流机组与 1 500 V 直流母排连接的正极隔离开关（或正极直流进线断路器必须断开并摇至试验位）必须断开，对应的 35 kV 开关在维护接地状态，并且制定严格全面的安全措施，解除两台整流机组的 35 kV 开关联跳回路，避免非故障整流机组在抢修时出现联跳而动作。

3. 降压所的异常运行方式

（1）降压所或牵引降压混合所一条 35 kV 进线电缆出现差动保护故障时，应切除该故障电缆，合上该降压所或牵引降压混合所的 35 kV 母联开关，恢复供电。

（2）降压所或牵引降压混合所内一台 35 kV/400 V 的变压器出现故障时，切除该变压器及该变电所供电区域内的三级负荷（三级负荷自动切除），400 V 母联分段开关自投，由该变电所内另一台 35 kV/400 V 变压器承担该变电所供电区域内的一、二级负荷供电。

（三）常见事故应急处理

1. 主变电所供电事故

（1）所内的一台主变压器或一回进线电源解列。

① 切除该主所供电范围内的所有三级负荷。

② 退出该段母线的进线开关与馈出开关，合相邻两主变电所间的中压环网联络开关，改由相邻主变电所替代该所故障主变压器或失压的进线电源供电。

③ 紧急或特殊情况下，可采用合上该主所的中压母联断路器，由另一台正常运行的主变压器承担该所供电范围的牵引负荷和动力照明一、二级负荷。

④ 退出该故障段接地变压器。

（2）全所解列。

① 退出该所所有进线开关与馈出开关。

② 退出相邻主变电所供电范围内的三级负荷。

③ 合相邻两主变电所间的中压环网联络开关，由相邻主变电所供该故障主变电所供电范围的牵引负荷和动力照明一、二级负荷。

④ 退出该故障所接地变压器。

2. 中压组合开关柜 SF_6 气体压力下降报警

（1）通知值班人员或巡检人员做好预防措施，并不得进入 GIS 设备房，同时通知环调加强设备房的通风，设备房的通风至少不低于 20 min，抢修人员方可进入。若故障发生在主所或车厂变电所设备房，通知维调安排人员做好房间通风。

（2）根据组合开关柜 SF_6 气体泄漏情况，抢修人员还应采取相应的安全防护措施，如佩戴防毒面具或氧气呼吸器等。

（3）SF_6 气体压力下降到临界值，分闸不能正常操作的，停电倒闸操作允许分断上一级电源开关。

3. 整流机组故障

（1）检查故障跳闸情况，确认保护动作类型，查看整流机组动作及联跳情况，查看直流开关动作情况，通知主任调度员、行调、维修调度接触轨受影响范围。

（2）确认一台整流机组故障跳闸或直流进线开关跳闸，若未影响另一台整流机组正常运行的情况下，维持单台整流机组运行。抢修过程中注意断开故障整流机组内联跳小开关或连接片，避免引起另一台整流机组跳闸。

（3）确认两台整流机组故障跳闸或因两路进线电源失压导致相邻两个牵引所整流机组停电，在判断直流母排无故障的情况下，可维持直流母排自然越区供电。

4. 直流馈线开关故障跳闸重合不成功

（1）检查直流开关跳闸情况，确认保护动作类型，查看本所和相邻牵引所直流开关重合闸、线路测试封锁、双边联跳动作情况，通知主任调度员、行调接触轨受影响范围。

（2）如果确认是直流开关本体故障，则将该开关退出运行，改由该所相应的开关或相邻所相应的开关替代运行。

（3）如果确认是馈出电缆或接触网故障，则变电专业及接触轨专业应按照相关的应急程序对所辖相关设备进行检查与抢修。

第四节　伤害急救常识

在任何生产活动过程中，都可能会发生一些人身伤害事故，城市轨道交通系统也不例外，而发生事故后的现场急救对抢救伤者非常关键，如果现场急救正确及时，不仅可以减轻伤者的痛苦，降低事故的严重程度，而且可以争取抢救时间，挽救人的生命。本节内容将重点介绍机械伤害与触电伤害的现场急救技术和应该注意的事项。

一、紧急救护通则

（1）紧急救护的基本原则是在现场采取积极措施保护伤员生命，减轻伤情，减少痛苦，并根据伤情需要，迅速联系医疗单位救治。急救的成功条件是动作快、操作正确。任何拖延、操作错误都会导致伤员伤情加重或死亡。

（2）要认真观察伤员全身情况，防止伤情恶化。发现呼吸、心跳停止时，应立即在现场就地抢救，用心肺复苏法支持呼吸和循环，给脑、心等重要器官供氧。应当记住，在心脏停止跳动后，只有分秒必争地迅速抢救，救活的可能性才较大。

（3）现场工作人员都应定期进行培训，学会紧急救护法，会正确解脱电源、会心肺复苏法、会止血、会包扎、会转移搬运伤员、会处理急救外伤或中毒等。

（4）生产现场和经常有人工作的场所应配备急救箱，存放急救用品，并应指定专人经常检查、补充或更换。

二、触电伤害急救

1. 脱离电源

（1）触电发生后，必须迅速使触电者脱离电源，越快越好。因为电流作用的时间越长，伤害越重。如果触电者触及高压带电设备，救护人员应迅速切断电源，或用适合该电压等级的绝缘工具及戴绝缘手套（穿绝缘靴并用绝缘棒）解脱触电者。救护人员在抢救过程中应注意保持自身与周围带电部分必要的安全距离；如果触电者触及低压带电设备，应立即切断电源，拉开电源开关或刀闸，使用绝缘工具、绝缘手套和干燥的木棒、竹竿等不导电物体使触电者脱离电源。

（2）触电者未脱离电源前，救护人员不准直接用手触及伤员或用无绝缘的东西接触触电者，但救护人员可以站在绝缘垫或干木板上进行抢救。

（3）如果触电者触及断落在地上的带电高压导线时，在尚未确定线路是否带电、救护人员尚未做好安全措施（如穿救援靴等）前，不得接近断线点 8 ~ 10 m 范围内，以防止跨步电压伤人。触电者脱离带电导线后亦应迅速到断线点 8 ~ 10 m 以外处进行急救。如已确定线路无电，可在触电者脱离触电导线后，立即就地进行抢救。

（4）如果触电发生在架空线杆塔上，则对于低压带电线路，能立即切断线路电源的，应迅速切断电源，或者由救护人员迅速登杆，束好自己的安全皮带后，用带绝缘胶柄的钢丝钳、干燥的不导电物体或绝缘物体将触电者拉离电源；如系高压带电线路，又不可能迅速切断电源开关的，可采用抛挂足够截面的适当长度的金属短路线方法，使电源开关跳闸。抛挂前，将短路线一端固定在铁塔或接地引下线上，另一端系重物，但抛掷短路线时，应注意防止电弧伤人或断线危及人员安全。不论是在何级电压线路上触电，救护人员在使触电者脱离电源时要注意防止发生高处坠落的可能和再次触及其他有电线路的可能。

2. 伤员脱离电源后的处理

（1）触电伤员如神志清醒者，应使其就地平躺，严密观察，暂时不要使伤员站立或走动。

（2）触电伤员如神志不清者，应就地仰面躺平，且确保气道通畅，并用 5 s 时间，呼叫伤员或轻拍其肩部，以判定伤员是否丧失意识。禁止摇动伤员头部呼叫伤员。

（3）需要抢救的伤员，应立即就地坚持正确抢救，同时应请其他人协助拨打 120 急救电话并通知附近的医疗单位尽快赶赴现场接替救治。

3. 呼吸、心跳情况的判定

（1）触电伤员如意识丧失，应在 10 s 内用看、听、试的方法（见图 6-6），判定伤员呼吸心跳情况。

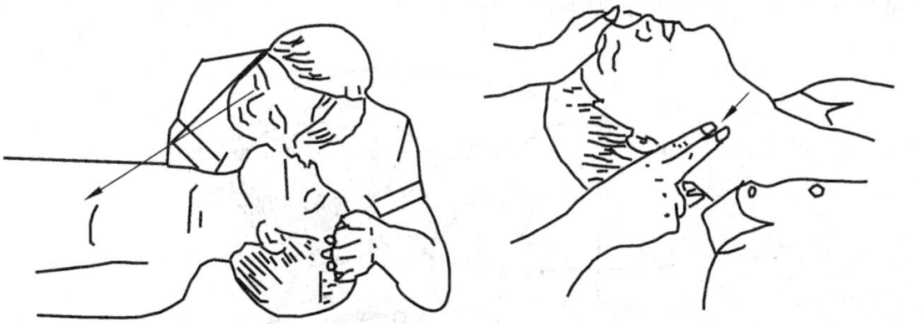

图 6-6　看、听、视

① 看——看伤员的胸部、腹部有无起伏动作；

② 听——用耳贴近伤员的口鼻处，听有无呼气声音；

③ 试——试测口鼻有无呼气的气流。再用两手轻试一侧（左或右）喉结旁凹陷处的颈动脉有无搏动。

（2）若看、听、试结果，既无呼吸又无颈动脉搏动，可判定呼吸心跳停止。

4. 心肺复苏法

（1）触电伤员呼吸和心跳均停止时，应立即按心肺复苏法支持生命的三项基本措施，正确进行就地抢救。

① 通畅气道；

② 口对口（鼻）人工呼吸；

③ 胸外按压（人工循环）。

（2）通畅气道。

① 触电伤员呼吸停止，重要的是始终确保气道通畅。如发现伤员口内有异物，可将其身体及头部同时侧转，迅速用一个手指或用两手指交叉从口角处插入，取出异物；操作中要注意防止将异物推到咽喉深部。

② 通畅气道可采用仰头抬颏法（见图 6-7）。用一只手放在触电者前额，另一只手的手指将其下颌骨向上抬起，两手协同将头部推向后仰，舌根随之抬起，气道即可通畅（判断气道是否通畅可参见图 6-8）。严禁用枕头或其他物品垫在伤员头下头部抬高前倾，这样会加重气道阻塞，且使胸外按压时流向脑部的血流减少，甚至消失。

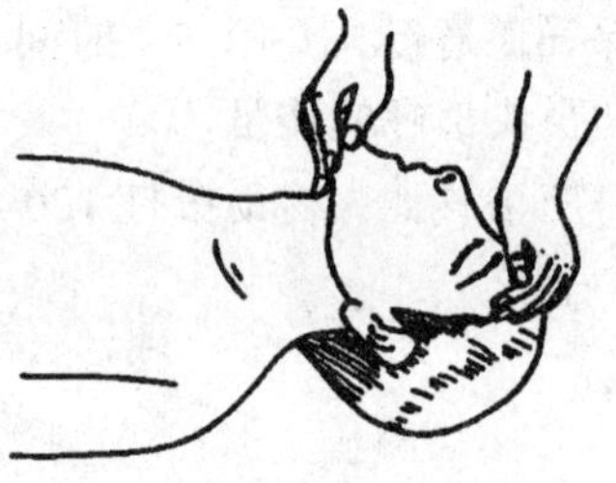

图 6-7 仰头抬颏法

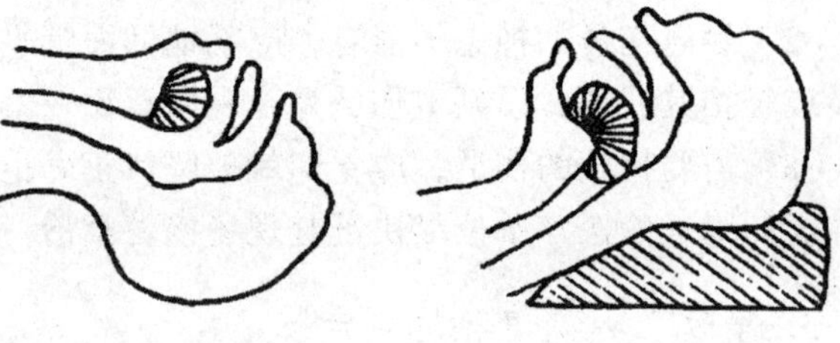

（a）气道通畅 （b）气道阻塞

图 6-8 气道状况

（3）口对口（鼻）人工呼吸，如图 6-9 所示。

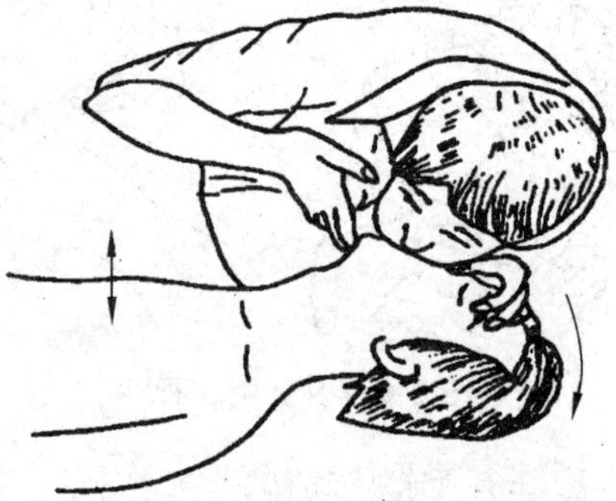

图 6-9 口对口人工呼吸

① 在保持伤员气道通畅的同时，救护人员用放在伤员额上的手的手指捏住伤员鼻翼，救护人员深吸气后，与伤员口对口紧合，在不漏气的情况下，先连续大口吹气两次，每次 1 ~ 1.5 s。如两次吹气后试测颈动脉仍无搏动，可判断心跳已经停止，要立即同时进行胸外按压。

② 除开始时大口吹气两次外，正常口对口（鼻）呼吸的吹气量不需过大，以免引起胃膨胀。吹气和放松时，要注意伤员胸部应有起伏的呼吸动作。吹气时如有较大阻力，可能是头部后仰不够，应及时纠正。

③ 触电伤员如牙关紧闭，可口对鼻人工呼吸。口对鼻人工呼吸吹气时，要将伤员嘴唇紧闭，防止漏气。

（4）胸外按压。

① 胸外心脏按压应与人工呼吸配合进行。

② 按压时，用力要均匀，力量大小看伤员的身体及胸部情况而定；按压时，手臂不要弯曲，用力不要过猛，以免使伤员肋骨骨折。

③ 正确的按压位置是保证胸外按压效果的重要前提。确定正确按压位置的步骤：

a. 右手的食指和中指沿触电伤员的右侧肋弓下缘向上，找到肋骨和胸骨接合处的中点；

b. 两手指并齐，中指放在切迹中心（剑突底部），食指平放在胸骨下部；

c. 另一只手的掌根紧挨食指上缘，置于胸骨上，即为正确按压位置（见图 6-10）。

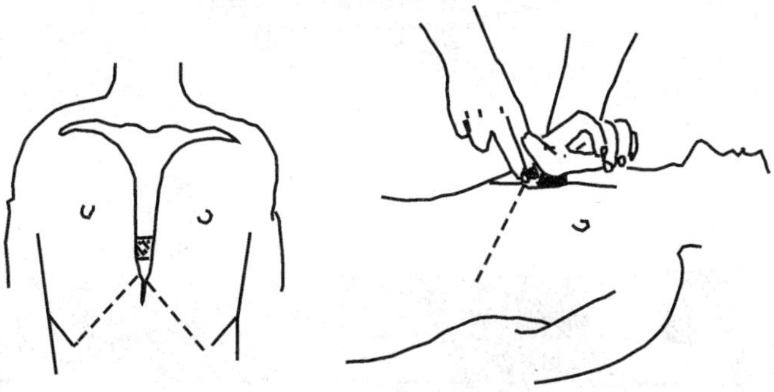

图 6-10　正确的按压位置

④ 正确的按压姿势是达到胸外按压效果的基本保证。正确的按压姿势：

a. 使触电伤员仰面躺在平硬的地方，救护人员立或跪在伤员一侧肩旁，救护人员的两肩位于伤员胸骨正上方，两臂伸直，肘关节固定不屈，两手掌根相叠，手指翘起，不接触伤员胸壁；

b. 以髋关节为支点，利用上身的重力，垂直将正常成人胸骨压陷 3 ~ 5 cm（儿童和瘦弱者酌减）；

c. 压至要求程度后，立即全部放松，使放松时救护人员的掌根不得离开胸壁（见图 6-11）。按压必须有效，有效的标志是按压过程中可以触及颈动脉搏动。

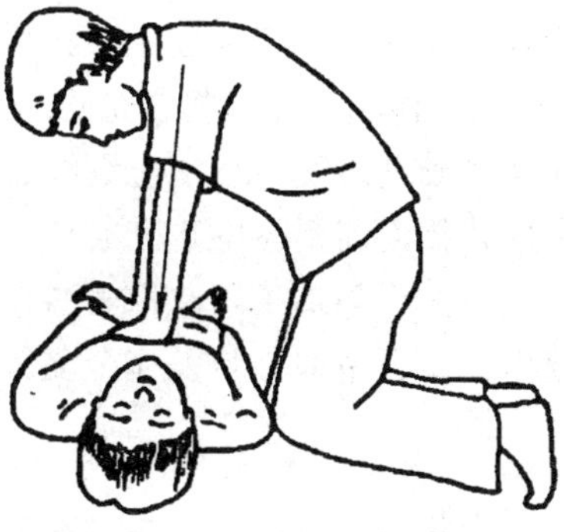

图 6-11　按压姿势与用力方法

⑤ 操作频率。

a. 胸外按压要以均匀速度进行，每分钟 80 次左右，每次按压和放松的时间相等；

b. 胸外按压与口对口（鼻）人工呼吸同时进行，其节奏为：单人抢救时，每按压 15 次后吹气两次（15∶2），反复进行；双人抢救时，每按压 5 次后由另一人吹气 1 次（5∶1），反复进行。

5. 抢救过程中的再判定

（1）按压吹气 1 min 后（相当于单人抢救时做了 4 个 15∶2 压吹循环），应用看、听、试方法在 5 ~ 7 s 时间内完成对伤员呼吸和心跳是否恢复的再判定。

（2）若判定颈动脉已有搏动但无呼吸，则暂停胸外按压，而再进行两次口对口人工呼吸，接着每 5 s 吹气一次（即每分钟 12 次）。如脉搏和呼吸均未恢复，则继续坚持心肺复苏法抢救。

（3）在抢救过程中，要每隔数分钟再判定一次，每次判定时间均不得超过 5 ~ 7 s。在医务人员未接替抢救前，现场抢救人员不得放弃现场抢救。

6. 抢救过程中伤员的移动与转院

抢救过程中搬动伤员如图 6-12 所示。

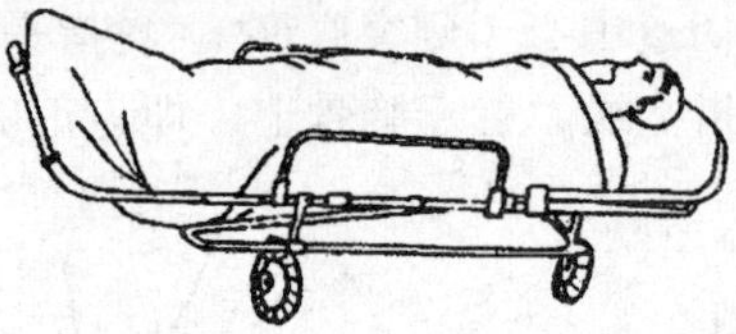

（a）正常担架

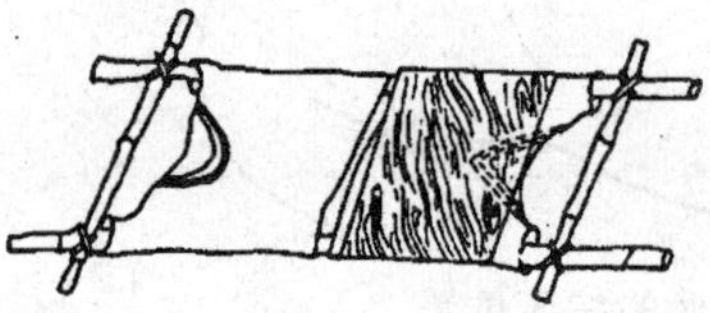

（b）临时担架及木板

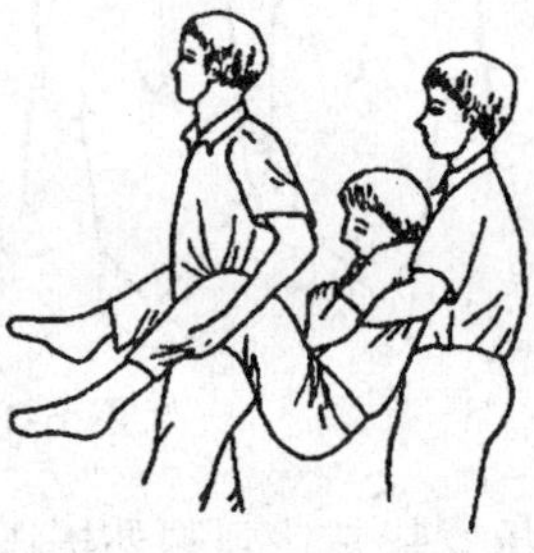

（c）错误搬运

图 6-12　搬动伤员

（1）心肺复苏应在现场就地坚持进行，不要为方便而随意移动伤员，如确有需要移动时，抢救中断时间不应超过 30 s。

（2）移动伤员或将伤员送医院时，除应使伤员平躺在担架上并在其背部垫以平硬阔木板。在移动或送医院过程中应继续抢救，心跳呼吸停止者要继续用心肺复苏法抢救，在医务人员未接替救治前不能中止。

（3）应创造条件，用塑料袋装入砸碎冰屑做成帽状包绕在伤员头部，露出眼睛，使脑部温度降低，争取心肺及完全复苏。

7. 伤员好转后的处理

如伤员的心跳和呼吸经抢救后均已恢复，可暂停心肺复苏法操作。但心跳呼吸恢复的早期有可能再次骤停，应严密监护，不能麻痹，要随时准备再次抢救。

伤员初期恢复后，神志不清或精神恍惚、躁动，应设法使伤员安静。

三、机械伤害急救

（一）基本要点

（1）发生机械伤害事故后，现场人员不要害怕和慌乱，要保持冷静，迅速对受伤人员进行检查。急救检查应先看神志、呼吸，接着摸脉搏、听心跳，再查瞳孔，有条件者测血压。检查局部有无创伤、出血、骨折、畸形等变化，根据伤者的情况，有针对性地采取人工呼吸、心脏按压、止血、包扎、固定等临时应急措施。

（2）迅速拨打急救电话，向医疗救护单位求援。记住报警电话很重要，我国通用的医疗急救电话为 120，但除了 120 以外，各地还有一些其他的急救电话，也要留意。在发生伤害事故后，要迅速及时拨打急救电话。拨打急救电话时，要注意以下问题：

① 在电话中应向医生讲清伤员的确切地点、联系方法（如电话号码）、行驶路线。

② 简要说明伤员的受伤情况、症状等，并询问清楚在救护车到来之前，应该做些什么。

③ 派人到路口迎候救护人员。

（3）遵循“先救命、后救肢”的原则，优先处理颅脑伤、胸伤、肝或脾破裂等危及生命的内脏伤，然后处理肢体出血、骨折等伤。

（4）检查伤者呼吸道是否被舌头、分泌物或其他异物堵塞。

（5）如果呼吸已经停止，立即实施人工呼吸。

（6）如果脉搏不存在，心脏停止跳动，立即进行心肺复苏。

（7）如果伤者出血，要进行必要的止血及包扎。

（8）大多数伤员可以毫无顾忌地被抬送到医院，但对于颈部、背部严重受损者要慎重，以防止其进一步受伤。

（9）让患者平卧并保持安静，如有呕吐，同时无颈部骨折时，应将其头部侧向一边以防止噎塞。

（10）动作轻缓地检查患者，必要时剪开其衣服，避免突然挪动增加患者痛苦。

（11）救护人员既要安慰患者，自己也应尽量保持镇静，以消除患者的恐惧。

（12）不要给昏迷或半昏迷者喝水，以防液体进入呼吸道而导致窒息，也不要用拍击或摇动的方式试图唤醒昏迷者。

（二）现场急救技术

1. 人工呼吸

口对口（鼻）吹气法是现场急救中采用最多的一种人工呼吸方法，其具体操作方法同触电急救。

2. 心肺复苏

胸外心脏按摩是心肺复苏的主要方法，它是通过压迫胸骨，对心脏进行间接按摩，使心脏排出血液，参与血液循环，以恢复心脏的自主跳动。具体操作方法同触电急救。对于机械伤害者来说，采用胸外心脏按摩时需注意，如果伤者胸部严重损伤、肋骨骨折、气胸或心包填塞的，不应采用此法。

3. 止 血

当伤员身体有外伤出血现象时，应及时采取止血措施。常用的止血方法有以下几种：

（1）伤口加压法。这种方法主要适用于出血量不太大的一般伤口，通过对伤口的加压和包扎，减少出血，让血液凝固。其具体做法是如果伤口处没有异物，用干净的纱布、布块、手绢、绷带等物或直接用手紧压伤口止血；如果出血较多时，可以用纱布、毛巾等柔软物垫在伤口上，再用绷带包扎以增加压力，达到止血的目的。

（2）手压止血法。临时用手指或手掌压迫伤口靠近心端的动脉，将动脉压向深部的骨头上，阻断血液的流通，从而达到临时止血的目的。这种方法通常是在急救中与其他止血方法配合使用，其关键是要掌握身体各部位血管止血的压迫点。

手压法仅限于无法止住伤口出血或准备敷料包扎伤口的时候。施压时间切勿超过 15 min。如施压过久，肢体组织可能因缺氧而损坏，以致不能康复，继而还可能需要截肢。

（3）止血带法。这种方法适合于四肢伤口大量出血时使用。止血带法主要有布止血带绞紧止血、布止血带加垫止血、橡皮止血带止血三种。使用止血带法止血时，绑扎松紧要适宜，以出血停止、远端不能摸到脉搏为好。使用止血带的时间越短越好，最长不宜超过 3 h，并在此期间内每隔 0.5 h（冷天）或 1 h 慢慢解开、放松一次。每次放松 1 ~ 2 min，放松时可用指压法暂时止血。不到万不得已不要轻易使用止血带，因为上好的止血带能把远端肢体的全部血流阻断，造成组织缺血，时间过长会引起肢体坏死。

4. 搬运转送

转送是危重伤病员经过现场急救后由救护人员安全送往医院的过程，是现场急救过程中的重要环节。因此，必须寻找合适的担架，准备必要的途中急救力量和器材，尽可能调度速度快、振动小的运输工具。同时，应注意掌握各种伤病员不同的搬运方式。

（1）上肢骨折的伤员托住固定伤肢后，可让其自行行走。

（2）下肢骨折用担架抬送。

（3）脊柱骨折伤员，用硬板或其他宽布带将伤员绑在担架上。

（4）昏迷病人，头部可稍垫高并转向一侧，以免呕吐物吸入气管。

四、其他伤害急救

1. 中 暑

中暑是指在高温的作用下，机体发生体温调节功能障碍，水电解质平衡失调，以心血管和中枢神经系统功能紊乱等为主要症状的一组综合征。

根据我国《职业性中暑诊断标准》，中暑可分为先兆中暑、轻症中暑和重症中暑三级。

中暑的急救方法如下：

（1）对于先兆中暑、轻症中暑的患者，应迅速脱离高温环境，转移至阴凉通风处休息或平卧，给予口服凉盐水、糖盐水、各种含盐的清凉饮料、仁丹、藿香正气水，涂擦清凉油、万金油，掐捏合谷穴、风池穴、太阳穴等穴位。

（2）对于重症中暑的患者，除积极采取以上措施外，还应采取以下急救措施：

① 将患者移至空调室内，没有空调设备时，可在室内放置冰块、电风扇，尽快使室温降至 25 °C 以下。

② 用凉水淋浴，用冰水或酒精擦浴，亦可在头部、腋窝、腹沟等处放置冰袋。

③ 保持呼吸道畅通，改善缺氧情况。

④ 在采取以上各种措施的同时，请其他人协助拨打 120 急救电话，尽快将患者送往就近医院治疗。

2. 高空坠落

高空坠落伤是指人们日常工作或生活中，从高处坠落，受到高速的冲击力，使人体组织和器官遭到一定程度破坏而引起的损伤。高空坠落伤除有直接或间接受伤器官表现外，尚可有昏迷、呼吸窘迫、面色苍白和表情淡漠等症状，可导致胸、腹腔内脏组织器官发生广泛的损伤。

高空坠落时，足或臀部先着地，外力可沿脊柱传导到颅脑而致伤；由高处仰面跌下时，背或腰部受冲击可引起腰椎前纵韧带撕裂，椎体裂开或椎弓根骨折易引起脊髓损伤。脑干损伤时常有较重的意识障碍、光反射消失等症状，也可有严重并发症的出现。

高空坠落的急救方法如下：

（1）去除伤员身上的用具和口袋中的硬物。

（2）在搬运和转送过程中，颈部和躯干不能前屈或扭转，而应使脊柱伸直，绝对禁止一个抬肩一个抬腿的搬法，以免发生或加重截瘫。

（3）创伤局部妥善包扎，但对疑颅底骨折和脑脊液漏患者切忌作填塞，以免导致颅内感染。

（4）对于颌面部受伤伤员，首先应保持呼吸道畅通，撤除假牙，清除移位的组织碎片、血凝块、口腔分泌物等，同时松解伤员的颈、胸部纽扣。

（5）复合伤要求平仰卧位，保持呼吸道畅通，解开衣领扣。

（6）对于周围血管伤，压迫伤部以上动脉干至骨骼。直接在伤口上放置厚敷料，绷带加压包扎，以不出血和不影响肢体血循环为宜。当上述方法无效时，可用止血带，原则上尽量缩短使用时间，一般以不超过 1 h 为宜，做好标记，注明上止血带时间。

（7）快速平稳地将伤员送医院救治。

3. 烧　伤

（1）电灼伤、火焰烧伤或高温气、水烫伤均应保持伤口清洁。伤员的衣服鞋袜用剪刀剪开后除去。伤口全部用清洁布片覆盖，防止污染。四肢烧伤时，先用清洁冷水冲洗，然后用清洁布片或消毒纱布覆盖送至医院。

（2）强酸或碱灼伤者立即用大量清水彻底冲洗，迅速将被侵蚀的衣物剪去。为防止酸、碱残留在伤口内，冲洗时间一般不少于 10 min。

（3）未经医务人员同意，灼伤部位不宜敷擦任何东西和药物。

（4）送医院途中，可给伤员多次少量口服糖盐水。

4. 冻　伤

（1）冻伤使肌肉僵直，严重者深及骨骼，在救护搬运过程中动作要轻柔，不要强使其肢体弯曲活动，以免加重损伤，应使用担架，将伤员平卧并抬至温暖室内救治。

（2）将伤员身上潮湿的衣服剪去后，用干燥柔软的衣物覆盖，不得烤火或搓雪。

（3）全身冻伤者呼吸和心跳有时十分微弱，不应误认为死亡，应努力抢救。

5. 动物咬伤

（1）毒蛇咬伤后，不要惊慌、奔跑、饮酒，以免加速蛇毒在人体内扩散。

① 咬伤大多在四肢，应迅速从伤口上端向下方反复挤出毒液，然后在伤口上方（近心端）用布带扎紧，将伤肢固定，避免活动，以减少毒液的吸收。

② 有蛇药时可先服用，再送往医院救治。

（2）犬咬伤。

① 犬咬伤后应立即用浓肥皂水冲洗伤口，同时用挤压法自上而下将残留伤口内唾液挤出，然后再用碘酒涂擦伤口。

② 少量出血时，不要急于止血，也不要包扎或缝合伤口。

③ 尽量设法查明该犬是否为“疯狗”，这对医院制订治疗计划有较大帮助。

6. 溺　水

（1）发现有人溺水，应设法迅速将其从水中救出，对呼吸心跳停止者用心肺复苏法坚持抢救。曾受水中抢救训练者在水中即可抢救。

（2）口对口人工呼吸因异物阻塞发生困难，而又无法用手指除去时，可用两手相叠，置于脐部稍上正中线上（远离剑突）迅速向上猛压数次，使异物退出，但也不可用力太大。

（3）溺水死亡的主要原因是窒息缺氧。由于淡水在人体内能很快经循环系统吸收，而气管能容纳的水量很少，因此在抢救溺水者时不应“倒水”而延误抢救时间，更不应仅“倒水”而不用心肺复苏法进行抢救。

综合练习

一、单项选择题

1. （　　）是应急救援活动的最基本原则。

A. 统一指挥　　B. 分级响应　　C. 属地为主　　D. 公众动员

2. 地铁列车的每节车厢至少要安装（　　）紧急报警按钮或紧急对讲器。

A. 1 个　　B. 2 个　　C. 3 个　　D. 4 个

3. 每节车厢一般配（　　）6 kg 的灭火器，放置于车厢两端的座位下。

A. 1 个　　B. 2 个　　C. 3 个　　D. 4 个

4. 我国通用的医疗急救电话为（　　）。

A. 110　　B. 112　　C. 119　　D. 120

5. 如果受伤人员停止呼吸，应立即实施（　　）。

A. 人工呼吸　　B. 心肺复苏

6. 如果受伤人员脉搏不存在，心脏停止跳动，应立即进行（　　）。

A. 人工呼吸　　B. 心肺复苏

二、填空题

1. 生产安全事故具有________、________的特点，必须事先做好充分的应急准备。

2. 县级以上地方各级人民政府应当制定本行政区域内生产安全事故______________，建立应急救援体系。

3. 生产经营单位应当制定本单位生产安全事故______________，并定期组织演练。

4. 应急救援系统从功能上讲，可由______________、______________、______________、媒体中心和信息管理中心五个运作中心组成。

5. 城市地铁事故灾难应急处置组织机构的三个层次是：________应急机构、__________应急机构和__________________应急机构。

6. 地铁运营企业应急救援管理机构通常内设信息管理、________________、重大危险源管理三个职能部门。

7. 城市轨道交通事故灾害大致可分为_________、___________、_________三类。

8. 城市轨道交通系统采取疏散平台方式进行疏散时，列车的逃生装置则为_______。

9. 各类突发事故信息的报告应坚持_____、_____、_____和逐级报告的原则。

10. 供电设备故障抢修要遵循__________ 和__________的基本原则。

11. 事故责任分为__________、__________、__________、次要责任和同等责任。

12. 常用止血方法有_________、_________、___________等几种。

三、判断题

1. 《安全生产法》明确要求生产经营单位应当制定本单位生产安全事故应急救援预案，并定期组织演练。（　　）

2. 应急救援活动中，级别低的单位统一听从级别高的单位指挥。（　　）

3. 城市轨道交通事故灾害大致可分为安全事故、自然灾害、人为突发事件三类。（　　）

4. 一个完整应急预案的文件体系应包括预案、程序、指导书和记录。（　　）

5. 地铁列车上的紧急报警按钮只能在紧急情况下才能按压。（　　）

6. 紧急开门装置只有当列车在故障或紧急情况下需要人工开门时才使用。（　　）

7. 车站的应急设备必须在发生危及列车行车安全或人身安全的紧急情况下方可使用。（　　）

8. 抢修用料应尽量组装成套，并与日常维修用料同册登记，同架存放。（　　）

9. 消耗的抢修材料应及时补充，并确保抢修材料齐全完好。（　　）

10. 自然灾害原因导致的事故，因防范措施不到位，也应定责任事故。（　　）

11. 因临时租（借）用其他单位的设备设施、人员，发生事故，也应定使用单位责任。（　　）

12. 要给昏迷或半昏迷者喝水，或者用拍击或摇动的方式试图唤醒昏迷者。（　　）

四、简答题

1. 简述降低和控制风险的两种策略。
2. 应急救援体系建设的主要内容有哪些?
3. 事故恢复活动主要包括哪些内容?
4. 简述应急预案的主要作用。
5. 城市轨道交通运营一般需制订哪些专项应急预案与现场应急预案?
6. 为什么要定期组织应急预案的演练?
7. 简述列车在区间(隧道)发生火灾时的处理措施。
8. 发生人身伤害事故拨打急救电话时,要注意哪些问题?
9. 简述人工呼吸的具体操作方法。
10. 简述心肺复苏的具体操作方法。
11. 不同的伤病员有哪些不同的搬运方式?
12. 如何使触电者迅速脱离电源?
13. 如何对触电者进行现场急救?
14. 高空坠落的急救方法有哪些?
15. 简述烧伤的应急处理方法。
16. 简述动物咬伤的应急处理方法。

第七章　质量、环境与职业健康安全管理体系

【教学目标】

知识目标

1. 了解质量、环境与职业健康安全管理三个标准及其异同；
2. 熟悉管理手册、程序文件与作业文件的内容及相互关系；
3. 了解质量管理体系主要术语，掌握质量管理主要原则与方法；
4. 了解环境管理体系主要术语，熟悉环境管理体系运行方式；
5. 熟悉职业健康安全管理主要术语与体系运行方式。

素质与能力目标

1. 具备质量、环境与职业健康安全的系统管理理念；
2. 掌握质量、环境与职业健康安全管理基本方法；
3. 增强职业责任感。

本章介绍的质量、环境与职业健康安全管理体系分别指《质量管理体系要求》（GB/T 19001—2016 idt ISO9001：2015）、《环境管理体系要求及使用指南》（GB/T 24001—2016 idt ISO14001：2015）与《职业健康安全管理体系要求》（GB/T 28001—2011 idt OHSA 18001：2007），是我国根据国际标准化组织（International Organization for Standardization，ISO）所制定的质量、环境与职业健康安全管理体系标准，结合我国国情转化而成的国家推荐性标准（注：idt 就是“等同于”之意）。

企业要保证自己的产品满足顾客的质量要求，同时也要保证产品在生产过程中对环境的影响符合相关的要求，确保产品生产过程中员工及相关人员的健康与安全，需要制定企业生产管理相应的系列标准。企业在制定各自标准时，既要充分考虑企业的生产流程、具体的生产资源与各自的运行管理规律，又需考虑将相关的法律法规与行业规章等规定要求贯彻到企业相应标准中，《质量管理体系要求》《环境管理体系要求及使用指南》与《职业健康安全管理体系要求》这三个推荐性的国家标准对制定企业管理标准体系具有普遍指导意义。企业通过运用这三个标准体系所提供的思想与方法，策划建立与企业产品生产要求相适应的质量、环境与职业健康安全管理体系，实施与持续改进这三大体系，使之持续满足质量、环境与职业健康安全管理要求。企业通过质量、环境与职业健康安全管理体系认证，是企业树立品牌形象与产品获得国际通行证的重要标志，这三个推荐性的国家标准已成为我国企业制定企业管理标准体系的重要指南。

学习这三个标准体系，有助于全面了解企业管理的总体流程与相关要求，理解现代企业的管理思想与基本方法，培养系统管理理念，强化质量、环境与职业健康安全意识，增强职业责任感。本章涉及概念多，内容丰富，但篇幅有限，故在保证三个标准体系内容完整性与系统性的基础上，做了相应精简，教学实践中宜结合具体的专业活动（如供电设备检修生产流程等），学习理解三个标准体系的重要管理思想与方法，如全过程控制、全员参与、PDCA循环管理与持续改进等，并学习将这些思想与方法运用于专业生产与管理实践中。

第一节 质量、环境与职业健康安全管理体系运用

一、三个标准体系在企业管理中的运用形式

要建立和推行质量、环境与职业健康安全管理体系，必须使每一位员工认识到管理体系与组织的生存发展以及个人的切身利益密切相关，使之自觉地成为体系的参与者和实践者。全员参与是标准体系成功运用的重要保证。

（一）总 则

企业根据《质量管理体系要求》（GB/T 19001—2016 idt ISO9001：2015）、《环境管理体系要求及使用指南》（GB/T 24001—2016 idt ISO14001：2015）与《职业健康安全管理体系要求》（GB/T 28001—2011 idt OHSA 18001：2007）三个标准体系要求，结合企业生产实际，通过确定管理方针与管理目标，制定管理方案与运行机制，形成《管理手册》《程序文件》和《作业文件》及有关记录的系列管理文件，构成一个层次分明、相互联系的文件系统，理顺管理关系。同时，对这些文件的控制提出要求，从而使文件结构更加科学化。

企业管理体系需建立符合管理体系要求的详细法律、法规及其他要求的清单和获取途径，对活动进行合理规定与管理，并周期性地进行法律、法规及其他要求的审查工作，使各项工作符合法律、法规及其他要求。

（二）管理体系文件

1.《管理手册》

企业的《管理手册》重点规定要求与原则，描述质量管理、环境管理与职业健康安全管理体系，是企业管理的纲领性文件，应描述本企业如何贯彻三个标准体系各条款的要求和体系的适用范围等，应包括质量、环境与职业健康安全方针；组织结构及质量、环境与职业健康安全管理职责和权限；标准中全部体系要素的实施要点描述；《管理手册》的审批、管理和修改的规定等内容。

《管理手册》是企业内部和外部提供管理体系一致信息的文件，是管理体系总体状况和要求的概括描述，对外提供企业一体化管理体系符合三大标准，满足体系认证与审核要求的证实；对内是综合总说明书或管理工作行为的指南和准则。

2.《程序文件》

《程序文件》主要描述体系要素所涉及的活动、职责和权限，控制原则，控制方法和证实方法。重点规定职责，阐述接口关系。《程序文件》一般应用过程方法明确工作流程，每个流程规定职权、工作标准、验收准则及产生的记录，同时确定作业文件的编制要求。《程序文件》通常用来描述跨部门的活动。企业制定的各种管理办法是《程序文件》的重要组成。

《程序文件》一般应包括以下内容：

① 目的和适用范围：程序管理活动的目的和适用范围；

② 引用的标准及文件：包括国家、行业、地方和企业内部与本程序实施相关联的标准和文件；

③ 定义：本《程序文件》中涉及的行业及企业常用的术语定义；

④ 职责：实施该《程序文件》的主管部门及相关部门的职责、权限及相互关系；

⑤ 工作程序：实施管理活动的步骤，明确各项活动的衔接关系、职责权限、协调措施，明确过程中完成各项活动的人员、时间、场所、控制方法、达到要求，形成记录和报告的内容；

⑥ 记录和报告格式：确定该程序使用的记录和报告格式、保存方式和期限；

⑦ 相关文件：与该《程序文件》相关的作业文件等支持性文件清单。

3.《作业文件》

《作业文件》则重点规定实施过程或活动的具体步骤和标准，阐述做什么事（What），谁来做（Who），何时做（When），何地做（Where），为什么做（Why），如何做（How）等，即 5W1H。内容更加具体。作业文件是规定具体作业活动的方法和要求的文件，是《程序文件》的支持性文件。具体形式主要有工艺标准、作业制度、操作流程、作业指导书、质量记录等，是各个岗位的操作标准。

（三）三个体系文件的区别与联系

《管理手册》《程序文件》与《作业文件》三者既相互区别，又相互联系，相互支撑，构成企业管理标准的有机整体。《管理手册》的基本要求是：该做的要写到，方便客户通过《管理手册》能够准确全面了解组织所能提供的产品、组织的方针与目标等，《管理手册》需由组织的决策层来确定；《程序文件》的基本要求是：写到的要做到，要落实《管理手册》中写到的各项要求，明确组织应开展的各项活动与各职能部门的职责与权限，规定各项活动应采取的流程、方法及有效措施，确保组织的每项活动过程质量可控。因此，《程序文件》也是相关职能部门工作标准的重要内容，具有管理层工作标准的属性；《作业文件》的基本要求是：做了的要有记录，它是《程序文件》的具体细化与支撑，是指导操作者使用的更详细的作业指导性文件，具有操作层工作标准的属性。三者关系如图 7-1 所示。

三个标准体系体现出一个共同的也是非常重要的管理理念就是持续改进。一个企业的管理标准也要随着企业的发展、技术的更新而不断持续改进。作为企业员工，也需要不断学习与提高才能更好地适应企业发展与管理改进的需要。

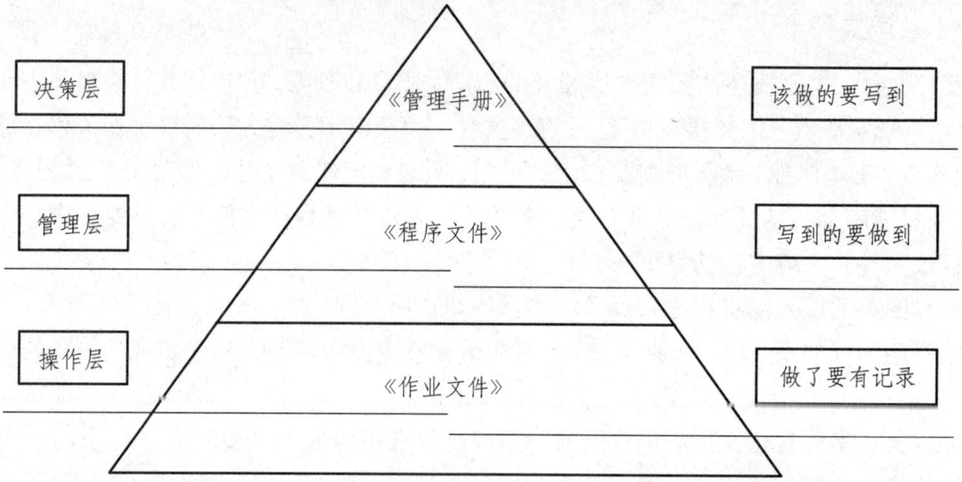

图 7-1 管理手册、程序文件与作业文件三者关系图

二、三个标准体系的比较

1. 主要共同点

企业生产管理的重点是对“人、机、料、法、环、成本、进度”的控制。这三个标准体系均有一个相同的特点：

（1）通过管理体系建立，规定了企业的方针，明确了要实现的目标。

（2）都强调了过程方法。

（3）都遵循相同的系统管理原理，通过实施一套完整的标准体系，在组织内建立起一个完整、有效的文件化的管理体系。

（4）运行模式和方法十分接近，均遵循戴明的 PDCA 循环管理模式：策划阶段（Plan）、实施阶段（Do）、检查阶段（Check）、处置阶段（Action），实现管理体系的持续改进。

（5）提出了管理活动的科学化和规范化要求。

企业依据这三个标准建立的管理体系，可将各个业务系统有机地联系在一起，使企业管理走上科学化、系统化、规范化和法制化轨道，摒弃管理活动中的随意性、经验性和无序性，形成一个“方针目标明确，运行过程可控，纵向职责权限分明，横向相互联系沟通，纠正预防措施得力，不断持续改进”的新的有机管理运行模式，从而规范企业管理行为，改善企业管理，提高企业绩效。

2. 主要不同点

三个标准体系既相互紧密联系，又有完全不同的侧重。主要体现如下：

（1）关注焦点不同。质量管理体系以顾客（业主）满意度为关注焦点，关注的是产品或服务的质量，目的是提高组织对产品质量管理的能力，通过对体系持续改进及预防不合格来满足顾客要求；环境管理体系以污染预防为关注焦点，目的是通过体系的运行和持续改进，规范组织的环境管理，改善环境绩效，满足社会要求；职业健康安全管理体系以事故预防为关注焦点，目的是通过危险源辨识、风险评价、风险控制实现事故控制。

（2）涉及过程与范围不同。质量管理体系只涉及与产品有关的过程和场所；环境管理体系涉及组织的所有部门和活动；职业安全管理体系不仅涉及组织的所有部门和活动，更强调所有的生产岗位。

（3）体系设置的基础不同。质量管理体系是以过程管理为基础设置的，从确定客户需求开始，通过管理职责，资源管理，产品实现，测量分析和改进等过程，达到客户满意的目标；环境管理体系与职业健康安全管理体系则是按管理要素设置的。

质量管理体系适用的对象是产品的质量，关心产品质量的组织是组织本身和顾客；环境管理体系针对产品生产、活动和服务的环境影响，是对产品生产、活动和服务产品的副产品进行管理，涉及的对象有：社会、员工、社区的居民、顾客、保险机构、股东、国际社会、相关团体等；职业健康安全管理体系针对的是职业健康安全，是指影响工作场所内员工、临时工作人员、合作方人员、访问者和其他人员健康和安全的条件及因素，而非产品和服务安全。它的对象是组织内的员工、临时工作人员、合同方人员和其他人员。

第二节　质量管理体系要求

一个企业表面上经营的是产品，实际上经营的是管理。产品质量很大程度上取决于管理质量。建立质量管理体系，就是为了对产品质量形成的全过程进行有效控制，使影响质量和成本的各项因素都处于受控状态，以保证产品形成过程的安全与质量稳定可靠。

《质量管理体系要求》通过规定用于建立质量管理体系的基本概念和原则，提供了一种对组织更加广泛地进行思考的方式，可帮助组织获得应对环境变化所提出的挑战的能力。本标准所有的概念、原则及其相互关系应被看成一个整体，而不是彼此孤立的。没有哪一个概念或原则比另一个更重要。无论何时，在应用中找到适当的平衡是至关重要的。

一、主要术语及定义

1. 组织 organization

为实现其目标，通过职责、权限和相互关系而拥有其自身职能的一个人或一组人。

注：组织成立的基础是拥有共同的目标，而构建组织的基本方式是赋予组织内每个人相应的职能。成为组织中的一员时，就意味着要承担相应的责任，而且要具备担起相应责任的能力。比如地铁公司就是一个组织，其共同的目标就是通过城市轨道交通系统的建设、运营与维护，为广大市民提供安全、快速、舒适与便捷的交通服务。作为地铁公司的每一位员工，既有各自的岗位与职责，也要求具有胜任各自岗位职责的能力。

2. 相关方 interested party

能够影响决策或活动、受决策或活动影响，或感觉自身受到决策或活动影响的个人或组织。

注：组织的成功依赖于获取、赢得和保持相关方的支持。相关方是指若其需求和期望未能满足，将对组织持续性产生重大风险的各方。因此，相关方的概念既包括了顾客，又超越了顾客的范围，主要包括直接顾客，最终使用者，供应链中的供方、分销商、零售商及其他，立法机构等。

3. 顾客 customer

将会或实际接受为其提供的、或应其要求提供的产品或服务的个人或组织。

4. 供方 provider（supplier）

提供产品或服务的组织。

5. 改进 improvement

提高绩效的活动。活动可以是循环的或一次性的。

6. 持续改进 continual improvement

提高绩效的循环活动。制定改进目标和寻求改进机会是一个持续的过程。

注：持续改进是企业管理的灵魂，是企业发展的动力源泉，也是员工不断进步的法宝。因此，持续改进是一个不断循环的过程。

7. 管理 management

指挥和控制组织协调的活动。管理可包括制定方针和目标以及实现这些目标的过程。

8. 质量管理 quality management

关于质量的管理。质量管理可包括制定质量方针和质量目标，以及通过质量策划、质量保证、质量控制和质量改进实现这些质量目标的过程。

9. 质量策划 quality planning

质量管理的一部分，致力于制定质量目标并规定必要的运行过程和相关资源以实现质量目标。编制质量计划可以是质量策划的一部分。

10. 质量保证 quality assurance

质量管理的一部分，致力于提供质量要求会得到满足的信任。

11. 质量控制 quality control

质量管理的一部分，致力于满足质量要求。

12. 质量改进 quality improvement

质量管理的一部分，致力于增强满足质量要求的能力。

注：质量要求可以是有关任何方面的，如有效性、效率或可追溯性。

13. 项目 project

由一组有起止日期的、相互协调的受控活动组成的独特过程，该过程要达到符合包括时间、成本和资源的约束条件在内的规定要求的目标。

注：单个项目可作为一个较大项目结构中的组成部分，且通常规定开始和结束日期；在一些项目中，随着项目的进展，目标和范围被更新，产品或服务特性被逐步确定；项目的输出可以是一个或几个产品或服务单元；项目组织通常是临时的，是根据项目的生命期而建立的。

14. 项目管理 project management

对项目各方面的策划、组织、监视、控制和报告，并激励所有参与者实现项目目标。

15. 过程 process

利用输入产生预期结果的相互关联或相互作用的一组活动。

注：过程的"预期结果"称为输出，是称为产品或服务，需随相关语境而定；一个过程的输入通常是其他过程的输出，而一个过程的输出又通常是其他过程的输入；两个或两个以上相互关联和相互作用的连续过程也可作为一个过程。

16. 质量 quality

客体的一组固有特性满足要求的程度。

17. 要求 requirement

明示的、通常隐含的或必须履行的需求或期望。

注："通常隐含"是指组织和相关方的惯例或一般做法，所考虑的需求或期望是不言而喻的；规定要求是经明示的要求，如在形成文件的信息中阐明。

18. 管理体系 management system

组织建立方针和目标以及实现这些目标的过程的相互关联或相互作用的一组要素。

注：一个管理体系可以针对单一的领域或几个领域，如质量管理、财务管理或环境管理；管理体系要素确定了组织的结构、岗位和职责、策划、运行、方针、惯例、规则、理念、目标以及实现这些目标的过程；管理体系的范围可能包括整个组织，组织中特定的和已识别的职能，组织中特定的和已识别的部门，或者组织中一个或多个跨团队的职能。

19. 质量管理体系实现 quality management system realization

质量管理体系的建立、形成文件、实施、保持和持续改进的过程。

注：质量管理体系包括组织识别其目标以及确定实现预期结果所需过程和资源的活动。质量管理体系为有关的相关方提供价值并实现结果所需的相互作用的过程和资源。质量管理体系能够使最高管理者通过考虑其决策的长期和短期后果而充分利用资源。质量管理体系给出了识别在提供产品和服务方面处理预期和非预期后果所采取措施的方法。

20. 程序 procedure

为进行某项活动或过程所规定的途径。程序可以形成文件，也可以不形成文件。

21. 体系（系统）system

相互关联或相互作用的一组要素。

22. 愿景 vision

由最高管理者发布的组织想成为什么的志愿和前景。

23. 使命 mission

由最高管理者发布的组织存在的目的。

24. 战略 strategy

实现长期或总目标的计划。

25. 不合格（不符合）nonconformity

未满足要求。

26. 缺陷 defect

与预期或规定用途有关的不合格。

顾客希望的预期用途可能受供方信息内容的影响，如所提供的操作或维护说明，这里的“预期”是指合理的、正常的。

注：区分缺陷与不合格的概念是重要的，这是因为其中有法律内涵，特别是在与产品和服务责任问题有关的方面。因为缺陷是指产品存在危及人身、他人财产安全的不合理的危险，一旦判定某产品存在缺陷，产品的提供者应承担的法律责任与产品不合格所要承担的法律责任是不一样的。按照通常的法律规定，产品质量出现问题属于没有按照合同约定交付合格的货物，是违约行为；所交付的产品有缺陷则属于产品责任，收货方可以选择诉讼。而一旦出现伤害的情形，产品提供者将要承担全部法律责任，判决也将是十分严厉的。

27. 合格（符合）conformity

满足要求。

28. 能力 capability

客体实现输出使其满足输出要求的本领。

29. 可追溯性 traceability

追溯客体的历史、应用情况或所处位置的能力。当考虑产品或服务时，可追溯性可涉及原材料和零部件的来源；加工的历史；产品或服务交付后的分布和所处位置。

30. 目标 objective

要实现的结果。目标可能是战略性的、战术性的或运行层面的；目标可能涉及不同的领域（如财务、健康与安全以及环境的目标），并可应用于不同层次（如战略、组织整体、项目、产品和过程）。

31. 绩效 performance

可测量的结果。绩效可能与定量的或定性的结果有关；绩效可能与活动、过程、产品、服务、体系或组织的管理有关。

32. 文件 document

信息及其载体。示例：记录、规范、程序文件、图样、报告、标准等。

33. 规范 specification

阐明要求的文件。示例：质量手册、质量计划、技术图纸、程序文件、作业文件。

34. 质量手册 quality manual

组织的质量管理体系的规范。

35. 质量计划 quality plan

对特定的客体，规定由谁及何时应用程序和相关资源的规范。这些程序通常包括所涉及的那些质量管理过程以及产品和服务实现过程；质量计划通常是质量策划的结果之一。

36. 记录 record

阐明所取得的结果或提供所完成活动的证据的文件。记录可用于正规化可追溯性活动，并为验证、预防措施和纠正措施提供证据。

37. 验证 verification

通过提供客观证据对规定要求已得到满足的认定。验证所需的客观证据可以是检验结果或其他形式的确定结果，如变换方法进行计算或文件评审。

38. 监视 monitoring

确定体系、过程、产品、服务或活动的状态。确定状态可能需要检查、监督或密切观察；监视通常是在不同的阶段或不同的时间，对客体状态的确定。

39. 测量 measurement

确定数值的过程。

40. 检验 inspection

对符合规定要求的确定。

41. 预防措施 preventive action

为消除潜在不合格或其他潜在不期望情况的原因所采取的措施。

注：一个潜在不合格可以有若干个原因；采取预防措施是为了防止发生。预防措施主要包括识别潜在的不合格及其原因；评价防止不合格发生的措施的需求；确定并实施所需的预防措施；记录所采取措施的结果；评审所采取的预防措施。

42. 纠正措施 corrective action

为消除不合格的原因并防止再发生所采取的措施。

注：采取纠正措施是为了防止再发生。纠正措施主要包括评审不合格（包括顾客投诉），确定不合格的原因；评价确保不合格不再发生所需采取的措施；确定和实施必须采取的纠正措施；记录所采取的纠正措施结果；评审所采取的纠正措施。

43. 纠正 correction

为消除已发现的不合格所采取的措施。

注：纠正可与纠正措施一起实施，或在其之前或之后实施；返工或降级可作为纠正的示例。

44. 降级 degrade

为使不合格产品或服务符合不同于原有的要求而对其等级的变更。

45. 让步 concession

对使用或放行不符合规定要求的产品或服务的许可。

46. 返工 rework

为使不合格产品或服务符合要求而对其采取的措施。

注：返工可影响或改变不合格的产品或服务的某些部分。

47. 返修 repair

为使不合格产品或服务满足预期用途而对其采取的措施。

注：不合格的产品或服务的成功返修未必能使产品符合要求，返修可能需要连同让步；返修包括对以前是合格的产品或服务，为重新使用所采取的修复措施，如作为维修的一部分；返修可影响或改变不合格的产品或服务的某些部分。

48. 报废 scrap

为避免不合格产品或服务原有的预期使用而对其所采取的措施。示例：回收、销毁。对不合格服务的情况，通过终止服务来避免其使用。

二、质量管理体系建立

1. 总　则

采用质量管理体系是组织的一项战略决策，能够帮助其提高整体绩效，为推动可持续发展奠定良好基础。

组织根据本标准实施质量管理体系的潜在益处是：

（1）稳定提供满足顾客要求以及适用的法律法规要求的产品和服务的能力；

（2）促成增强顾客满意的机会；

（3）应对与组织环境和目标相关的风险和机遇；

（4）证实符合规定的质量管理体系要求的能力。

在日益复杂的动态环境中持续满足要求，并针对未来需求和期望采取适当行动，这无疑是组织面临的一项挑战。为了实现这一目标，组织可能会发现，除了纠正和持续改进，还有必要采取各种形式的改进，如破变性变革、创新和重组。

2. 体　系

组织寻求理解内部和外部环境，以识别有关的相关方的需求和期望。这些信息被用于质量管理体系的建立，以实现组织的可持续性。一个过程的输出可成为其他过程的输入，并相互连接成整个网络。虽然每个组织及其质量管理体系通常看起来由相似的过程所组成，但它们都是唯一的。

3. 过　程

组织具有可被规定、测量和改进的过程。这些过程相互作用从而产生与组织的目标相一致的结果，并跨越职能界限。某些过程可能是关键的，而另外一些则不是。过程具有相互关联的活动和输入，以提供输出。

4. 活　动

组织的人员在过程中协调配合，开展他们的日常活动。某些活动可被规定并取决于对组织目标的理解。而另外一些活动则不是，他们通过对外界刺激的反应来确定其性质和实施。

5. 质量管理体系的建立

（1）质量管理体系建立的基本要求。

组织应按本标准的要求建立质量管理体系，将其形成文件，加以实施和保持，并持续改进其有效性。组织应按本标准的要求管理这些过程。

① 确定质量管理体系所需的过程及其在整个组织中的应用；

② 确定这些过程的顺序和相互作用；

③ 确定所需的准则和方法，以确保这些过程的运行和控制有效；

④ 确保可以获得必要的资源和信息，以支持这些过程的运作和监视；

⑤ 监视、测量（适用时）和分析这些过程；

⑥ 实施必要的措施，以实现所策划的结果和对这些过程的持续改进。

（2）质量管理体系文件。

质量管理体系文件应包括：

① 形成文件的质量方针和质量目标；

② 质量手册；

③ 本标准所要求的形成文件的程序和记录；

④ 组织确定的为确保其过程有效策划、运作和控制所需的文件，包括记录。

注 1：本标准出现“形成文件的程序”之处，即要求建立该程序，形成文件，并加以实施和保持。一个文件可包括对一个或多个程序的要求。一个形成文件的程序的要求可以被包含在多个文件中。

注 2：不同组织的质量管理体系文件的多少与详略程度可以不同，取决于组织的规模，活动的类型、过程和相互作用的复杂程度以及人员的能力。

质量管理体系是通过周期性改进，随着时间的推移而逐步发展的动态系统。无论其是否经过正式策划，每个组织都有质量管理活动。本标准为如何建立正式的体系提供了指南，以管理这些活动。有必要确定组织中现有的活动和这些活动对组织环境的适宜性。

质量管理体系策划不是单一的活动，而是一个持续的过程。这些计划随着组织的学习和环境的变化而逐渐完善。计划要考虑组织的所有质量活动，并确保覆盖本标准的全部指南的要求。该计划应经批准后实施。

三、质量管理体系运行

一个组织，通过质量管理体系的有效运行，输出满足顾客需求的产品，其运行模式如图 7-2 所示。主要包括以下几个环节：

1. 管理承诺与策划

（1）管理承诺。最高管理者应通过以下方面，证实其对质量管理体系的领导作用和承诺：

① 对质量管理体系的有效性负责；

② 确保制定质量管理体系的质量方针和质量目标，并与组织环境相适应，与战略方向相一致；

③ 确保质量管理体系要求融入组织的业务过程；

④ 促进使用过程方法和基于风险的思维；

⑤ 确保质量管理体系所需的资源是可获得的；

⑥ 沟通有效的质量管理和符合质量管理体系要求的重要性；

⑦ 确保质量管理体系实现预期结果；

⑧ 促使人员积极参与、指导和支持他们为质量管理体系的有效性做出贡献；

⑨ 推动改进，始终致力于增强顾客满意；

⑩ 支持其他相关管理者在其职责范围内发挥领导作用。

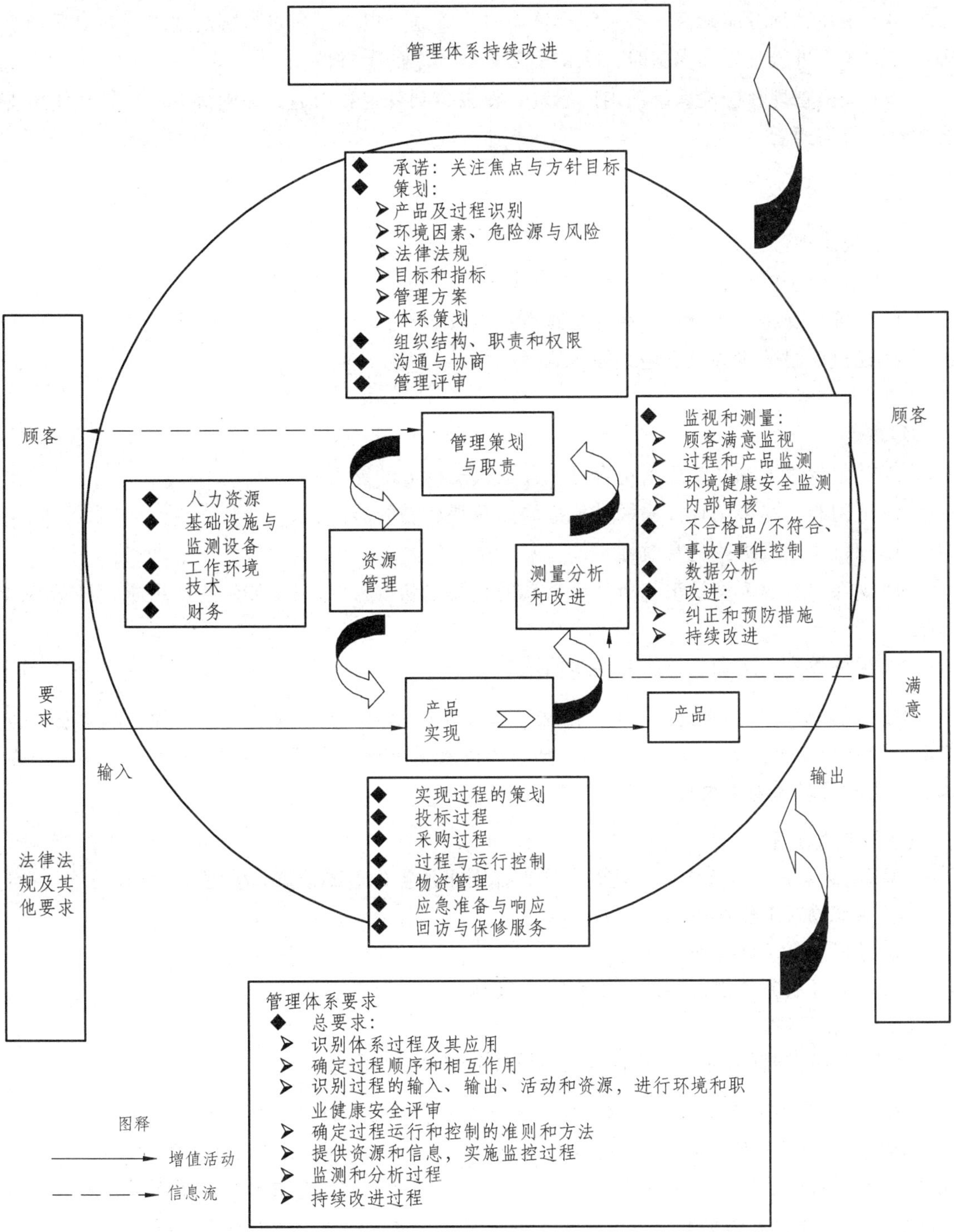

图 7-2 质量管理体系运行模式图

（2）最高管理者应以增强顾客满意为目的，确定、理解并持续地满足顾客要求以及适用的法律法规要求。

（3）最高管理者应确保在组织的相关职能和层次上建立质量目标，质量目标包括满足产品要求所需的内容。质量目标应是可测量的，并与质量方针保持一致。

（4）最高管理者应确保对质量管理体系进行策划，以满足质量目标的要求；在对质量管理体系的变更进行策划和实施时，保持质量管理体系的完整性。

（5）最高管理者应确保组织内的职责、权限得到规定和沟通，并确保对质量管理体系的有效性进行沟通。

2. 资源管理

（1）资源提供。

组织应确定并提供以下方面所需的资源：

① 实施、保持质量管理体系并持续改进其有效性；

② 通过满足顾客要求，增强顾客满意。

（2）人力资源。

组织应：

① 确定从事影响产品要求符合性工作的人员所需的能力；

② 适用时，提供培训或采取其他措施以获得所需的能力；

③ 评价所采取措施的有效性；

④ 确保组织的人员认识到所从事活动的相关性和重要性，以及如何为实现质量目标做出贡献；

⑤ 保持教育、培训、技能和经验的适当记录。

注：人力资源是一个组织的核心资源，是实现组织目标的关键因素。因此，确定员工应具备什么样的能力、如何使其获得相应的能力以及如何评价是否具备相应的能力等是一个组织人力资源管理的重要内容。

（3）基础设施。

组织应确定、提供并维护为达到符合产品要求所需的基础设施。适用时，基础设施包括：

① 建筑物、工作场所和相关的设施；

② 过程设备（硬件和软件）；

③ 支持性服务（如运输、通信或信息系统）。

（4）工作环境。

组织应确定和管理为达到产品符合要求所需的工作环境。

注：以城轨供电系统为例，接触网、主变电所、牵引变电所、降压所、环网电缆等就属于“建筑物、工作场所和相关的设施”；接触网、变电所的各种检修用设备与材料等则属于“过程设备”；工艺标准、作业指导书等则属于“支持性服务”；“工作环境”则是指工作时所处的条件，包括物理的、环境的和其他因素，如噪声、温度、湿度、照明或天气等。

3. 产品实现

（1）产品实现的策划。

组织应策划和开发产品实现所需的过程。产品实现的策划应与质量管理体系其他过程的要求相一致。在对产品实现进行策划时，组织应确定以下方面的适当内容：

① 确定应对风险和机遇的措施，以及如何在质量管理体系过程中整合并实施这些措施与评价这些措施的有效性。

② 确定产品的质量目标和要求，以及策划如何实现质量目标：

a. 要做什么；

b. 需要什么资源；

c. 由谁负责；

d. 何时完成。

③ 策划如何评价结果：

a. 确定产品所要求的验证、确认、监视、测量、检验和试验活动，以及产品接收准则；

b. 确定为实现过程及其产品满足要求提供证据所需的记录。

注：对城市轨道交通供电系统而言，其产品就是提供满足需求的电能，通常指输出直流 1 500 V 与三相交流 400 V 电源，分别为城轨列车和城市轨道交通各车站、各区间的动力与照明等提供满足其需求的电能。在明确了产品及产品特性要求的前提下，就需要策划具体如何实现的问题，比如需要什么资源、怎么做（方法）等。

（2）与顾客有关的过程。

① 与产品有关的要求的确定。

组织应确定：

a. 顾客规定的要求，包括对交付及交付后活动的要求；

b. 顾客虽然没有明示，但规定用途或已知的预期用途所必需的要求；

c. 适用于产品的法律法规要求；

d. 组织认为必要的任何附加要求。

② 与产品有关的要求的评审。

组织应评审与产品有关的要求。评审应在组织向顾客做出提供产品的承诺（如提交标书、接受合同或订单及接受合同或订单的更改）之前进行，并应确保：

a. 产品要求已得到规定；

b. 与以前表述不一致的合同或订单的要求已得到解决；

c. 组织有能力满足规定的要求。

评审结果及评审所引起的措施的记录应予保持。若顾客没有提供形成文件的要求，组织在接受顾客要求前应对顾客要求进行确认。

若产品要求发生变更，组织应确保相关文件得到修改，并确保相关人员知道已变更的要求。

③ 顾客沟通。

组织应对以下有关方面确定并实施与顾客沟通的有效安排：

a. 产品信息；

b. 问询、合同或订单的处理，包括对其的修改；

c. 顾客反馈，包括顾客抱怨。

注：交付后活动包括诸如保证条款规定的措施、合同义务（如维护服务）、附加服务（如回收或最终处置）等；在某些情况中，如网上销售，对每一个订单进行正式的评审可能是不实际的；作为替代方法，可对有关的产品信息，如产品目录、产品广告内容等进行评审。

（3）设计和开发。

① 设计和开发策划。

组织应对产品的设计和开发进行策划和控制。在进行设计和开发策划时，组织应确定：

a. 设计和开发的阶段；

b. 适合于每个设计和开发阶段的评审、验证和确认活动；

c. 设计和开发的职责和权限。

组织应对参与设计和开发的不同小组之间的接口实施管理，以确保有效的沟通，并明确职责分工。随着设计和开发的进展，在适当时，策划的输出应予以更新。

② 设计和开发输入。

应确定与产品要求有关的输入，并保持记录。这些输入应包括：

a. 功能要求和性能要求；

b. 适用的法律法规要求；

c. 适用时，来源于以前类似设计的信息；

d. 设计和开发所必需的其他要求。

应对这些输入的充分性和适宜性进行评审。要求应完整、清楚，并且不能自相矛盾。

③ 设计和开发输出。

设计和开发输出的方式应适合于对照设计和开发的输入进行验证，并应在放行前得到批准。设计和开发输出应：

a. 满足设计和开发输入的要求；

b. 给出采购、生产和服务提供的适当信息；

c. 包含或引用产品接收准则；

d. 规定对产品的安全和正常使用所必需的产品特性。

④ 设计和开发评审。

应依据所策划的安排，在适宜的阶段对设计和开发进行系统地评审，以便：

a. 评价设计和开发的结果满足要求的能力；

b. 识别任何问题并提出必要的措施。

评审的参加者应包括与所评审的设计和开发阶段有关的职能的代表。评审结果及任何必要措施的记录应予保持。

⑤ 设计和开发验证。

为确保设计和开发输出满足输入的要求，应依据所策划的安排对设计和开发进行验证。验证结果及任何必要措施的记录应予以保持。

⑥ 设计和开发确认。

为确保产品能够满足规定的使用要求或已知的预期用途的要求，应依据所策划的安排对设计和开发进行确认。只要可行，确认应在产品交付或实施之前完成。确认结果及任何必要措施的记录应予保持。

⑦ 设计和开发更改的控制。

应识别设计和开发的更改，并保持记录。应对设计和开发的更改进行评审、验证和确认，并在实施前得到批准。设计和开发更改的评审应包括评价更改对产品组成部分和已交付产品的影响。更改的评审结果及任何必要措施的记录应予以保持。

注：设计和开发的评审、验证和确认具有不同的目的。根据产品和组织的具体情况，可单独或以任意组合的方式进行并记录。

（4）采购。

① 采购过程。

组织应确保采购的产品符合规定的采购要求。对供方及采购产品的控制类型和程度应取决于采购产品对随后的产品实现或最终产品的影响。

组织应根据供方按组织的要求提供产品的能力评价和选择供方。应制定选择、评价和重新评价的准则。

评价结果及评价所引起的任何必要措施的记录应予保持。

② 采购信息。

采购信息应表述拟采购的产品，适当时包括：

a. 产品、程序、过程和设备的批准要求；

b. 人员资格的要求；

c. 质量管理体系的要求。

在与供方沟通前，组织应确保规定的采购要求是充分与适宜的。

③ 采购产品的验证。

组织应确定并实施检验或其他必要的活动，以确保采购的产品满足规定的采购要求。

当组织或其顾客拟在供方的现场实施验证时，组织应在采购信息中对拟采用的验证安排和产品放行的方法做出规定。

注：采购是组织获得产品生产所需资源的重要途径，如何保证采购的产品符合规定的要求，组织需要建立相应的采购控制程序，明确采购各个环节的标准与要求，各相关人员均应遵照执行。

（5）生产和服务提供。

① 生产和服务提供的控制。

组织应策划并在受控条件下进行生产和服务提供。适用时，受控条件应包括：

a. 获得表述产品特性的信息；

b. 必要时，获得作业指导书；

c. 使用适宜的设备；

d. 获得和使用监视和测量设备；

e. 实施监视和测量；

f. 实施产品放行、交付和交付后的活动。

② 生产和服务提供过程的确认。

当生产和服务提供的过程输出不能由后续的监视或测量加以验证，使问题在产品使用后或服务交付后才显现时，组织应对任何这样的过程实施确认。

确认应证实这些过程实现所策划的结果的能力。组织应对这些过程做出安排，适用时包括：

a. 为过程的评审和批准所规定的准则；

b. 设备的认可和人员资格的鉴定；

c. 特定的方法和程序的使用；

d. 记录的要求；

e. 再确认。

③ 标识和可追溯性。

适当时，组织应使用适宜的方法识别过程输出，组织应在产品实现的全过程中，针对监视和测量要求识别过程输出的状态；在有可追溯性要求的场合，组织应控制产品的唯一性标识，并保持形成文件的信息。

过程输出是任何活动的结果，它将交付给顾客（外部的或内部的）或作为下一个过程的输入。过程输出包括产品、服务、中间件、部件等。

④ 顾客财产。

组织应爱护在组织控制下或组织使用的顾客财产。组织应识别、验证、保护和维护供其使用或构成产品一部分的顾客财产。如果顾客财产发生丢失、损坏或发现不适用的情况，组织应向顾客报告，并保持记录。

⑤ 产品防护。

组织应在产品内部处理和交付到预定的地点，其间对其提供防护，以保持符合要求。适用时，这种防护应包括标识、搬运、包装、储存和保护。防护也应适用于产品的组成部分。

注：比如电气设备的铭牌编号就是其唯一性标识；对各种接触网零件进行二维码标识（内含名称、规格型号、出厂日期、入库日期、安装日期、安装地点等信息）就属于可追溯性标识；顾客财产可包括知识产权和个人信息。

（6）监视和测量设备的控制。

组织应确定需实施的监视和测量以及所需的监视和测量设备，为产品符合确定的要求提供证据。

组织应建立过程，以确保监视和测量活动可行并以与监视和测量的要求相一致的方式实施。为确保结果有效，必要时，测量设备应：

① 对照能溯源到国际或国家标准的测量标准，按照规定的时间间隔或在使用前进行校准和（或）验证检定（验证）。当不存在上述标准时，应记录校准或检证（验定）的依据；

② 必要时进行调整或再调整；

③ 具有标识，以确定其校准状态；

④ 防止可能使测量结果失效的调整；

⑤ 在搬运、维护和储存期间防止损坏或失效。

此外，当发现设备不符合要求时，组织应对以往测量结果的有效性进行评价和记录。组织应对该设备和任何受影响的产品采取适当的措施。

校准和检定（验证）结果的记录应予以保持。

当计算机软件用于规定要求的监视和测量时，应确认其满足预期用途的能力。确认应在初次使用前进行，并在必要时予以重新确认。

注：及时准确地发现体系运行过程中出现的偏差并及时加以纠正，是实现产品满足顾客要求的重要保证，也是证明“产品符合确定的要求”的重要依据来源。配备必要的且能满足要求的监视与测量设备是实现这一功能的重要前提，因而做好监视与测量设备的控制也是质量管理体系运行中的重要环节。

4. 测量、分析和改进

（1）总则。

组织应策划并实施以下方面所需的监视、测量、分析和改进过程：

① 证实产品要求的符合性；

② 确保质量管理体系的符合性；

③ 持续改进质量管理体系的有效性。

这应包括对统计技术在内的适用方法及其应用程度的确定。

（2）监视和测量。

① 顾客满意。

作为对质量管理体系绩效的一种测量，组织应监视顾客关于组织是否满足其要求的感受的相关信息，并确定获取和利用这种信息的方法。

注：监视顾客感受可以包括从诸如顾客满意度调查、来自顾客的关于交付产品质量方面数据、用户意见调查、流失业务分析、顾客赞扬、索赔和经销商报告之类的来源获得输入。

② 内部审核。

组织应按策划的时间间隔进行内部审核，以确定质量管理体系是否：

a. 符合策划的安排、本标准的要求以及组织所确定的质量管理体系的要求；

b. 得到有效实施与保持。

组织应策划审核方案，策划时应考虑拟审核的过程、区域的状况和重要性以及以往审核的结果。应规定审核的准则、范围、频次和方法。审核员的选择和审核的实施应确保审核过程的客观性和公正性。审核员不应审核自己的工作。

应编制形成文件的程序，以规定审核的策划、实施、形成记录以及报告结果的职责和要求。

应保持审核及其结果的记录。

负责受审核区域的管理者应确保及时采取必要的纠正和纠正措施，以消除所发现的不合格及其原因。后续活动应包括对所采取措施的验证和验证结果的报告。

③ 过程的监视和测量。

组织应采用适宜的方法对质量管理体系过程进行监视，并在适用时进行测量。这些方法应证实过程实现所策划的结果的能力。当未能达到所策划的结果时，应采取适当的纠正和纠正措施。

注：当确定适宜的方法时，建议组织根据每个过程对产品要求的符合性和质量管理体系有效性的影响，考虑监视和测量的类型与程度。

④ 产品的监视和测量。

组织应对产品的特性进行监视和测量，以验证产品要求已得到满足。这种监视和测量应依据所策划的安排在产品实现过程的适当阶段进行，应保持符合接收准则的证据。

记录应指明有权放行产品以交付给顾客的人员。

除非得到有关授权人员的批准，适用时得到顾客的批准，否则在策划的安排已圆满完成之前，不应向顾客放行产品和交付服务。

（3）不合格品控制。

组织应确保不符合产品要求的产品得到识别和控制，以防止其非预期的使用或交付。应编制形成文件的程序，以规定不合格品控制以及不合格品处置的有关职责和权限。

适用时，组织应通过下列一种或几种途径处置不合格品：

① 采取措施，消除发现的不合格；

② 经有关授权人员批准，适用时经顾客批准，让步使用、放行或接收不合格品；

③ 采取措施，防止其原预期的使用或应用；

④ 当在交付或开始使用后发现产品不合格时，组织应采取与不合格的影响或潜在影响的程度相适应的措施。

在不合格品得到纠正之后应对其再次进行验证，以证实符合要求。

应保持不合格的性质的记录以及随后所采取的任何措施的记录，包括所批准的让步的记录。

注：当发生电气设备损坏、中断供电，造成城轨列车停车，运输秩序混乱甚至引发乘客伤害等事故时，对城轨供电系统来说，这就是不合格品。

（4）数据分析。

组织应确定、收集和分析适当的数据，以证实质量管理体系的适宜性和有效性，并评价在何处可以持续改进质量管理体系的有效性。这应包括来自监视和测量的结果以及其他有关来源的数据。

数据分析应提供有关以下方面的信息：

① 顾客满意；

② 与产品要求的符合性；

③ 过程和产品的特性及趋势，包括采取预防措施的机会；

④ 供方。

（5）改进。

① 持续改进。

组织应利用质量方针、质量目标、审核结果、数据分析、纠正措施和预防措施以及管理评审，持续改进质量管理体系的有效性。

② 纠正措施。

组织应采取措施，以消除不合格的原因，防止不合格的再发生。纠正措施应与所遇到不合格的影响程度相适应。

应编制形成文件的程序，以规定以下方面的要求：

a. 评审不合格（包括顾客抱怨）；

b. 确定不合格的原因；

c. 评价确保不合格不再发生的措施的需求；

d. 确定和实施所需的措施；

e. 记录所采取措施的结果；

f. 评审所采取的纠正措施的有效性。

③ 预防措施。

组织应确定措施，以消除潜在不合格的原因，防止不合格的发生。预防措施应与潜在问题的影响程度相适应。

应编制形成文件的程序，以规定以下方面的要求：

a. 确定潜在不合格及其原因；

b. 评价防止不合格发生的措施的需求；

c. 确定并实施所需的措施；

d. 记录所采取措施的结果；

e. 评审所采取的预防措施的有效性。

注：发生不合格品，对任何一个组织来说都是不可接受的。因此，除了要及时对不合格品进行处置外，还需要分析不合格品产生的原因（员工过失、管理缺陷、方法错误、设备隐患等），找准原因后制定相应的措施，并及时实施，以防止不合格的再次发生，这种措施就是纠正措施。

暂时尚未发生但有可能发生的不合格，称为潜在不合格。当组织能够认识到这种潜在不合格时，就应分析其产生的原因，且应制定并实施相应的措施以防止潜在不合格的产生，这种措施就是预防措施。

制定并实施纠正措施与预防措施，是组织减少不合格品产生的有效方法，也是质量管理体系运行的一项重要内容。

5. 管理评审

（1）总则。

最高管理者应按策划的时间间隔评审质量管理体系，以确保其持续的适宜性、充分性和有效性。评审应包括评价改进的机会和质量管理体系变更的需求，包括质量方针和质量目标变更的需求。

应保持管理评审的记录。

（2）评审输入。

管理评审的输入应包括以下方面的信息：

① 审核结果；

② 顾客反馈；

③ 过程的绩效和产品的符合性；

④ 预防措施和纠正措施的状况；

⑤ 以往管理评审的跟踪措施；

⑥ 可能影响质量管理体系的变更；

⑦ 改进的建议。

（3）评审输出。

管理评审的输出应包括与以下方面有关的任何决定和措施：

① 质量管理体系有效性及其过程有效性的改进；

② 与顾客要求有关的产品的改进；

③ 资源需求。

注：组织定期监视和评价质量管理体系计划的实施及其绩效是重要的。周密考虑的指标有助于这些监视和评价活动。

审核是一种评价质量管理体系有效性的方法，目的是识别风险和确定是否满足要求。为了有效地进行审核，需要收集有形和无形的证据。基于对所收集的证据的分析，采取纠正和改进措施。

6. 文件控制

质量管理体系所要求的文件应予以控制。记录是一种特殊类型的文件，应依据记录控制的要求进行控制。应编制形成文件的程序，以规定以下方面所需的控制：

（1）文件发布前得到批准，以确保文件是充分与适宜的；

（2）必要时对文件进行评审与更新，并再次批准；

（3）确保文件的更改和现行修订状态得到识别；

（4）确保在使用处可获得适用文件的有关版本；

（5）确保文件保持清晰、易于识别；

（6）确保组织所确定的策划和运行质量管理体系所需的外来文件得到识别，并控制其分发；

（7）防止作废文件的非预期使用，若因任何原因而保留作废文件时，对这些文件加以适当的标识。

注："文件控制"的重点是规定文件发布与更新的相关要求，以确保所实施的文件是充分的、适宜的，同时还要对文件的使用范围进行限定，对有效性进行标识，以防止作废文件的非预期使用。

7. 记录控制

应形成并保持质量管理体系所要求的记录，以提供质量管理体系符合要求和有效运行的证据。质量记录应保持清晰、易于识别和检索。形成文件的程序应确保质量记录的标识、储存、保护、检索、保存期限和处置。

注：记录是一个组织的质量管理体系是否符合要求与是否有效运行的重要证据，是一个组织质量管理体系运行非常重要的原始资料，需要对记录的内容、方式、标识以及保存等做出详细的规定。

四、质量管理原则

1. 以顾客为关注焦点

质量管理的主要关注焦点是满足顾客要求并且努力超越顾客期望。

组织只有赢得、保持顾客和其他相关方的信任才能获得持续成功。与顾客互动的每个方面都提供了为顾客创造更多价值的机会。理解顾客和其他相关方当前和未来的需求有助于组织的持续成功。

（1）辨识从组织获得价值的直接和间接的顾客；

（2）理解顾客当前和未来的需求和期望；

（3）将组织的目标与顾客的需求和期望联系起来；

（4）在整个组织内沟通顾客的需求和期望；

（5）对产品和服务进行策划、设计、开发、生产、交付和支持，以满足顾客的需求和期望；

（6）测量和监视顾客满意并采取适当的措施；

（7）针对有可能影响到顾客满意的相关方的需求和适当的期望，确定并采取措施；

（8）积极管理与顾客的关系，以实现持续成功。

2. 领导作用

各级领导建立统一的宗旨和方向，并且创造全员积极参与的环境，以实现组织的质量目标。统一的宗旨和方向的建立以及全员的积极参与，能够使组织将战略、方针、过程和资源保持一致，以实现其目标。

领导的具体作用：

（1）确保质量方针和质量目标得到建立，并与组织的战略方向保持一致；

（2）确保质量方针在组织内得到理解和实施；

（3）确保质量管理体系要求纳入组织的业务运作；

（4）提高过程方法的意识；

（5）确保质量管理体系所需资源的获得；

（6）传达有效的质量管理以及满足质量管理体系、产品和服务要求的重要性；

（7）确保质量管理体系实现预期的输出；

（8）吸纳、指导和支持员工参与对质量管理体系的有效性做出贡献；

（9）增强持续改进和创新；

（10）支持其他的管理者在其负责的领域证实其领导作用。

3. 全员参与

在整个组织内各级人员的胜任、被授权和积极参与是提高组织创造和提供价值能力的必要条件。

为了有效和高效地管理组织，尊重并使各级人员参与是重要的。认可、授权和能力提升会促进人员积极参与实现组织的质量目标。

（1）与员工沟通，以提升他们对个人贡献的重要性的理解；

（2）推动整个组织内部的协作；
（3）促进公开讨论，分享知识和经验；
（4）授权人员确定绩效制约因素并大胆地采取积极主动的措施；
（5）认可和奖赏员工的贡献、学识和改进；
（6）能够对照个人目标进行绩效的自我评价。
（7）进行调查以评估人员的满意度，沟通结果并采取适当的措施。

4. 过程方法

任何接收输入并将其转化为输出的活动都可作为过程。为使组织的功能有效，组织必须识别和管理繁多并彼此相关的过程。通常从一个过程的输出直接形成下一个过程的输入。对组织内各过程系统的辨识和管理，以及这些过程之间的相互影响，可看作为“过程方法”。

只有将活动作为相互关联的连贯系统进行运行的过程来理解和管理时，才能更加有效和高效地得到一致的、可预知的结果。质量管理体系是由相互关联的过程所组成的。理解体系是如何产生结果的，能够使组织优化其体系和绩效。

组织应将过程方法应用于质量管理体系。组织应：
（1）确定质量管理体系所需的过程及其在整个组织中的应用；
（2）确定每个过程所需的输入和期望的输出；
（3）确定这些过程的顺序和相互作用；
（4）确定产生非预期的输出或过程失效对产品、服务和顾客满意带来的风险；
（5）确定所需的准则、方法、测量及相关的绩效指标，以确保这些过程的有效运行和控制；
（6）确定和提供资源；
（7）规定职责和权限；
（8）实施所需的措施以实现策划的结果；
（9）监测、分析这些过程，必要时变更，以确保过程持续产生期望的结果；
（10）确保持续改进这些过程。

5. 改　进

成功的组织将持续关注改进。持续地改进是组织的一个永恒的目标。改进对于组织保持当前的绩效水平，对其内、外部条件的变化做出反应并创造新的机会都是极其重要的。
（1）促进在组织的所有层级建立改进目标；
（2）对各层级员工在如何应用基本工具和方法方面进行培训，以实现改进目标；
（3）确保员工有能力成功筹划和完成改进项目；
（4）开发和展开过程，以在整个组织内实施改进项目；
（5）跟踪、评审和审核改进项目的计划、实施、完成和结果；
（6）将改进考虑因素融入新的或变更的产品、服务和过程开发之中；
（7）认可和奖赏改进。

6. 循证决策

基于数据和信息的分析和评价的决定，更有可能产生期望的结果。

决策是一个复杂的过程，并且总是包含一些不确定性。它经常涉及多种类型和来源的输入及其解释，而这些解释可能是主观的。重要的是理解因果关系和可能的非预期后果。对事实、证据和数据的分析可导致决策更加客观和可信。

（1）确定、测量和监视证实组织绩效的关键指标；

（2）使相关人员获得所需的所有数据；

（3）确保数据和信息足够准确、可靠和安全；

（4）使用适宜的方法分析和评价数据和信息；

（5）确保人员有能力分析和评价所需的数据；

（6）依据证据，权衡经验和直觉进行决策并采取措施。

7. 关系管理

为了持续成功，组织管理其与相关方（如供方）的关系。

相关方影响组织的绩效。当组织管理其与所有相关方的关系以使相关方对组织的绩效影响最佳时，才更有可能实现持续成功。对供方及合作伙伴的关系网的管理是尤为重要的。

（1）确定相关方（如供方、合作伙伴、顾客、投资者、雇员或整个社会）及其与组织的关系；

（2）确定并对优先考虑需要管理的相关方的关系；

（3）建立权衡短期利益和考虑长远因素的关系；

（4）收集并与相关方共享信息、专业知识和资源；

（5）适当时，测量绩效并向相关方提供绩效反馈，以增强改进的主动性；

（6）与供方、合作伙伴及其他相关方确定合作开发和改进活动；

（7）鼓励和认可供方与合作伙伴的改进和成绩。

第三节　环境管理体系要求

当前，全球环境污染日益加剧、资源利用效率降低、废弃物管理、气候变化和生态系统进一步恶化、生物多样性退化，一系列环境问题已严重影响社会经济的可持续发展。实现全球系统内环境的、社会的和经济的子系统之间的平衡，这对于满足我们现今的需求，又不损害后代人满足其需要是必不可少的。为此，有关环境保护的立法日趋严格，促进环境保护的经济政策和其他措施都在相继制定，相关方对环境问题和可持续发展的关注也在普遍增长，各种类型的组织都越来越重视通过依照环境方针和目标来控制其活动、产品和服务对环境的影响，以实现并证实良好的环境绩效。

本标准规定了对环境管理体系的要求，为组织寻求建立、实施、保持和持续改进的框架，使组织能根据法律法规要求和重要环境因素信息来制定和实施方针与目标，目的是以一种有利于可持续发展的方式管理其环境责任。

本标准拟适用于任何类型与规模的组织，并适用于各种地理、文化和社会条件。体系的成功实施有赖于组织中各个层次与职能的承诺，特别是最高管理者的承诺。这样一个体系可供组织制定其环境方针，建立实现所承诺的方针目标和过程，采取必要的措施来改进环境绩效，并证实体系符合本标准的要求。本标准的总体目的是支持环境保护和污染预防，协调它们与社会和经济需求的关系。

一、主要术语和定义

1. 管理体系

组织建立方针和目标并实现这些目标的一套相互关联或相互作用的要素。

注：一个管理体系可以表述一个单独的学科或若干个学科（如质量、环境、职业健康和安全）；体系的要素包括组织的架构、角色和职责、策划和运行、绩效评价和改进；一个管理体系的范围可以包括整个组织、组织特定和识别的职能、组织特定和识别的部门，或跨越一组组织的一个或多个部门。

2. 环境管理体系

管理体系应用于管理环境因素、合规性义务的符合性，以及应对威胁和机遇所带的风险的那部分。

3. 相关方

可以影响，受到影响，或认为自身受到决定或活动影响的个人或组织。

注：相关方可以包括与组织的环境绩效有关或受影响的个人和团体；“认为自身受到影响”是指知觉已经使组织知晓；相关方可以包括顾客、社会组织、供应商、监管机构、非政府组织、投资者、员工。

4. 环　境

组织运行周围的事物，包括空气、水、土地、自然资源、植物、动物、人类和它们的相互关系。

注：在此背景下，环境可以从组织内延伸到所在地、区域或全球系统；环境可以用生物多样性、生态系统、气候术语或其他特征来描述。

5. 环境因素

组织进行交互或能与环境发生交互作用的活动、产品或服务的要素。

注：环境因素可引起环境影响，一个重要环境因素是一个具有或能够具有重要环境影响；重要环境因素由组织应用一个或多个准则确定。环境的改变，无论是不良的还是有益的，是全部或部分，由环境因素引起的被称为环境影响。环境影响可能发生在所在地、区域和全球范围，同时它们也可能是直接的、间接的或自然累积的。环境因素和环境影响之间的关系是因果关系之一。

6. 环境影响

对环境变化，造成有害的或有益的，全部或部分组织的环境因素。

注：环境因素可导致对环境的影响，因此它可产生威胁或机遇，为了确保组织能够实现环境管理体系的预期成果，需解决威胁或机会。环境因素具有潜在产生对环境不良影响，可被认为是一种“威胁”，而环境因素具有潜在产生有益的环境影响，可以被认为是一个“机会”。

7. 污染预防

为了降低有害的环境影响而采用（单独或综合）过程、实践、技术、材料、产品、服务和能源以避免、减少或控制任何类型的污染物、废物的产生、排放及废弃。

注：污染预防可包括根源消减或消除，过程、产品或服务的更改，资源的有效利用，材料和能源替代、再利用、回收、再循环、再生和处理。污染预防可分 3 个层次，一是源头控制是根本；二是过程控制减少影响；三是末端治理。

8. 生命周期

从原材料的采集或从自然资源的生成到报废处理的一个产品系统连续的和相互联系的阶段。

注：生命周期包括活动、产品和服务，并可能包括采购的货物和服务，以及产品的报废处理和服务的交付，例如，设计、制造、运输、包装和最终使用或处置。

9. 风　险

不确定性对目标的影响。

注：影响是指与预期的偏差——下面的或负面的；不确定性是指理解或认识一个事件及其结果或可能性的相关信息的缺乏，甚至是部分的状态；风险通常被表述为潜在的“事件”和后果，或两者结合；风险通常是用一事件的一组后果（包括环境的变化）和相应的发生的“可能性”来表示。

10. 合规性义务

组织必须或选择遵守的要求。

注：合规性义务包括组织必须遵守的法律法规和其他强制性义务，以及那些组织有决定权是否采用的义务。强制性的要求，如适用的法律法规或自愿的承诺，又如组织或企业的标准、合同关系、良好管治原则和社会及道德标准。

法律法规义务是政府实体或其他相关权力部门发布的强制性要求。这些可包括：

（1）法律法规；

（2）许可证、执照或其他形式的授权；

（3）监管机构发布的命令、规则或指引；

（4）法院或行政法庭的判决；

（5）条约、公约和议定书。

合规性义务也包括组织可选择采用的其他相关方关于其环境因素的要求，适用时，这些要求可包括：

（1）社会团体或非政府组织的协议；

（2）公共机关和顾客的协议；

（3）组织的要求；

（4）自愿原则或实践守则；

（5）自愿标志或环境承诺；

（6）在组织的合同安排下所产生的义务；

（7）相关组织和企业标准。

法律法规要求与自愿性义务之间最主要的区别是组织选择坚持其自愿性义务。然而，一旦做出选择，坚持成为强制性的要求，则必须遵守，尤其是在做出具有法律约束力的协议地方。

二、环境管理体系建立

1. 理解相关方的需求和期望

组织应确定：

（1）与环境管理体系相关的相关方；

（2）与这些相关方有关的需求和期望（如要求）；

（3）这些需求和期望中哪些成为合规性义务。

2. 确定环境管理体系的范围

组织应确定环境管理体系的边界和适用性，以确定其范围。

在确定这个范围时，组织应考虑：

（1）所提及的外部和内部问题；

（2）所提及的合规性义务；

（3）其组织单位、功能和物理边界；

（4）其活动、产品和服务；

（5）其运动控制和影响的权限及能力。

范围一旦被确定，有重要环境因素的活动、产品和服务应纳入环境管理体系的范围之内。这范围应作为文件信息保持并可被相关方获得。

3. 建立环境管理体系

组织应按本标准的要求建立、实施、保持和持续改进环境管理体系，包括所需的过程及其相互作用，以增强其环境绩效。

建立和保持环境管理体系时，组织应考虑其背景的知识。

三、环境管理体系运行

用户不应孤立标准的其他条款阅读本标准的一个特定句子或条款。某些条款和其他条款之间存在着一种相互关系。

环境管理体系的基础运行模式仍然是广为流行的 PDCA 管理思想，即策划（Plan）、实施（Do）、检查（Check）和处置（Act）。PDCA 模式演示了组织通过使用反复的过程从而实现持续改进。它可应用于一个管理体系及其每一个单独的要素。关于 PDCA 的含义可简要说明如下：

（1）策划：建立所需的目标和过程，以实现组织的环境方针所期望的结果。

（2）实施：对所策划的过程予以实施。

（3）检查：依据环境方针，包括其承诺、目标和运行控制对过程进行监视和测量，并报告其结果。

（4）处置：采取措施持续改进。

本标准将 PDCA 思想纳入环境管理体系的运行模式，如图 7-3 所示。

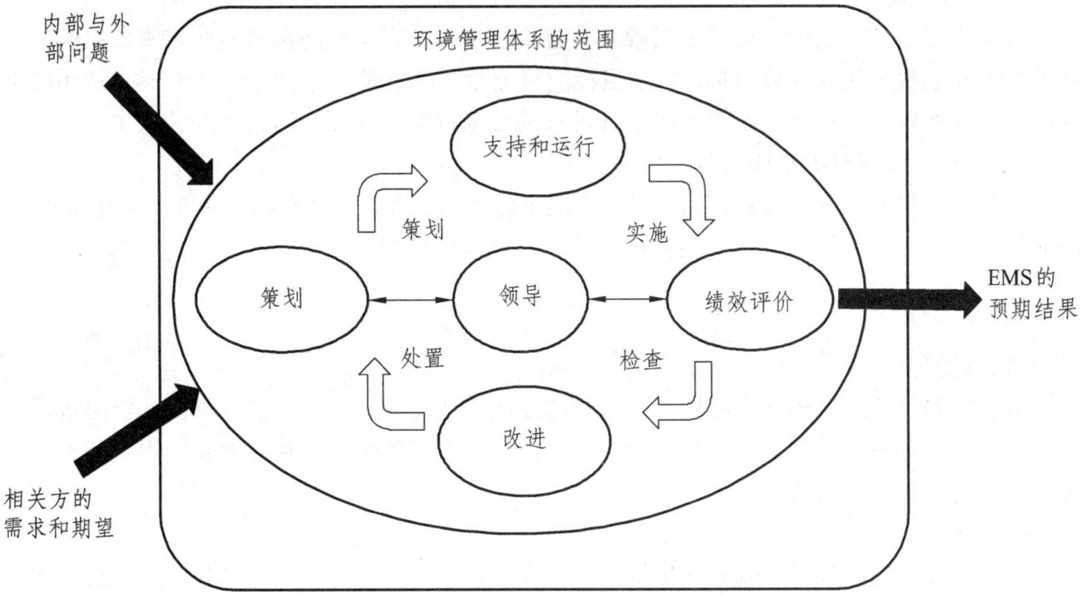

图 7-3　环境管理体系运行模式图

1. 策　划

（1）应对威胁和机遇所带来的风险的措施。

① 重要环境因素。

组织应策划和实施一个过程以满足要求。

在界定的环境管理体系范围内，组织应识别环境因素和从生命周期的角度考虑相关的活动、产品和服务中它可控制或可施加影响的环境影响；考虑到变更，包括已纳入计划的、新开发的和新的或修改的活动、产品和服务；识别异常的或潜在的紧急情况。

组织应确定那些对环境具有或可具有重大影响的因素，即重要环境因素；组织应在组织内的各层次和职能间传达其重要环境因素；组织应保持其以下方面的文件信息，用于确定其重要环境因素的准则、环境因素和相关的环境影响以及重要环境因素。

② 合规性义务。

组织应识别并建立渠道获得与其环境因素有关的合规性义务；确定这些合规性义务如何应用于组织；组织应保持其合规性义务的文件信息。

③ 威胁和机遇所带来的风险。

组织应确定与需要应对的威胁和机遇所带来的风险，给予环境管理体系能够获得其预期结果的保证；防止或减少负面效果，包括潜在的外部环境条件影响组织；实现持续改进。

威胁和机遇所带来的风险与组织的重要环境因素、合规性义务或其他问题的一个或多个相关，例如哪些是由外部环境条件或任何内部环境产生的。组织确定可影响其实现环境管理体系预期结果的能力的威胁或机遇所带来的风险，防止或减少不想要的影响，或实现持续改进，因此，需要解决这些风险。

组织应保持与所需应对的威胁和机遇所带来的风险的文件信息。

（2）环境目标及其实现策划。

① 环境目标。

组织应考虑到组织的重要环境因素及其合规性义务，考虑威胁和机遇所带来的风险，在有关职能和层次上建立环境目标。环境目标应可测量（适用时）、可监视、可传达、适用时可更新。在开展这些目标时，组织应考虑其可选的技术方案和财务、运行及经营需求。

② 实现环境目标的措施策划。

在策划如何实现其环境目标时，组织应确定做什么；需要什么资源；谁负责；何时完成；如何评估结果，包括指向实现可测量环境目标的过程监视指标。

2. 支　持

（1）资源。

组织应确定并提供建立、实施、保持和持续改进环境管理体系所需的资源。资源包括人力资源、自然资源、基础设施、技术和财务资源。人力资源包括特种技能和知识，基础设施包括组织的建筑、容量系统等。

（2）能力。

组织应确定其控制下影响其环境绩效的工作人员所需的能力；确保这些人员在适当的教育、培训或经验的基础上能够胜任；适用时，采取措施以获得所需的能力，并评价所采取措施的有效性。注：适用的措施可包括为当前聘用人员或胜任的雇用或合同人员提供培训、师傅或重新分配。

（3）意识。

在组织控制下工作的人员应认识到环境方针；重要环境因素和与他们工作有关的实际或潜在的影响；他们对环境管理体系的有效性所做的贡献，包括提高环境绩效的好处；不符合环境管理体系要求包括不履行合规性义务的含义。

（4）沟通。

① 总则。

组织应为有关环境管理体系的内部和外部沟通策划和实施一个过程，包括沟通什么；何时沟通；与谁沟通；如何沟通；由谁沟通等。

在策划其沟通过程时，组织应考虑到其合规性义务；确保传达的环境信息与环境管理体系内生成的信息相一致，并且是可靠的；组织应对其环境管理体系相关的沟通做出回应；适用时，组织应保留作为其沟通证据的文件信息。

沟通应该是：

a. 透明的，所以组织是以开放的方式推导出它所报道的信息。

b. 适当的，这样的信息符合利益相关方的需求，使他们能够参与。

c. 真实的，并且不会误导那些依靠这些信息报告的人。

d. 事实的、准确的和可靠的，通过强大的体系和程序获得保证。

e. 在其自身的立场下完成，并且不排除相关的信息。

f. 清晰的，易于被相关方所理解的。

② 内部沟通。

对于其环境管理体系，组织应组织的各层次和职能间的沟通，适用时，包括环境管理体系的变更；确保其沟通过程能够使任何在组织控制下工作的人员都对持续改进做出贡献。

③ 外部沟通。

组织应对外沟通的相关环境管理体系的信息，由其沟通过程所确定，并依据其合规性义务的需求。

（5）文件信息。

① 总则。

组织的环境管理体系应包括本标准所需的文件信息；组织确定作为环境管理体系时效性所需的文件信息。

注：不同组织的环境管理体系文件信息的多少与详略程度可以不同，取决于组织的规模和活动、过程、产品和服务的类型；过程及其相互作用的复杂程度；人员的能力。

② 创建和更新。

在创建和更新文件信息时，组织应确保适当的识别和描述，如标题、日期、编制人或参考号码；格式（如语言、软件版本、图像）和介质（如纸、电子）；评审和批准的适宜性和充分性。

③ 文件信息控制。

环境管理体系和本标准所要求的文件信息应予以控制，以确保在需要的地点和时间，它是可获得的和适宜使用的；它是充分受保护的（如免受丧失保密性、使用不当，或失去完整性）。

旨在确保组织对文件信息的建立并保持能够充分适应实施环境管理体系的需要。但组织应该把主要注意力放在对环境管理体系的有效实施和其环境绩效上，而不是放在建立一个烦琐的文件信息控制系统上。

3. 运　作

（1）运作的策划和控制。

组织应策划、实施和控制满足环境管理体系要求所需的过程，并通过以下方式实施应对威胁和机遇所带来的风险及实现环境所确定的措施，即为过程建立准则；按照准则实施过程的控制，以防止偏离环境方针、环境目标和合规性义务。

注：控制可包括工程控制、程序、文件化程序等。它们可实施以下的层次（如消除、替代、管理），也可单独或组合使用。

组织应控制策划的变更并评审意外变化的后果，适用时，采取措施减少任何不良影响；组织应确保外包过程受控或可施加影响。应用于这些过程的控制或影响的类型和程度应在环境管理体系中加以规定。

（2）应急准备和响应。

组织应建立和实施一个程序规定潜在的环境紧急情况和潜在的事故响应措施。组织应：

① 对实际发生的紧急情况和事故做出响应；

② 采取与紧急情况或事故和潜在环境影响的严重程度相适应的措施，以减少环境紧急情况的后果；

③ 采取措施，防止环境紧急情况和事故的发生；

④ 可行时，定期演练此程序；

⑤ 定期评审此程序，必要时对此程序进行修订，特别是当事故、紧急情况或演练发生后。

4. 绩效评价

（1）监视、测量、分析和评价。

① 总则。

组织应确定什么需要监视和测量，相关的：

a. 其可有一个重要环境因素的运行；

b. 其合规性义务；

c. 运行控制；

d. 组织的环境目标的进展，采用指标。

——监视、测量、分析和评价的方法，适用时，以确保有效的结果；

——采用适当的指标评价其环境绩效的准则；

——何时应进行监视和测量；

——何时应分析与评价监视和测量的结果。

适用时，组织应确保所使用的监视和测量设备经过校准或验证，并予以妥善维护；组织应评价其环境绩效，并为环境管理体系有效性的评价提供管理评审的输入；组织应保留适当的文件信息，作为监视、测量、分析和评价结果的证据。

② 合规性评价。

组织应策划和实施一个过程，以评价其合规性义务的符合性。

组织应确定其合规性评价的频率；评价合规性，必要时采取措施；保持与其符合合规性义务状况的认识和理解。

组织应保留文件信息作为合规性评价结果的证据。

（2）内部审核。

组织应按策划的时间间隔进行内部审核，以提供关于环境管理体系的信息是否符合组织自身对其环境管理体系的要求；是否得到有效实施和保持。

（3）管理评审。

最高管理者应按策划的时间间隔对组织的环境管理体系进行评审，以确保其持续的适宜性、充分性和有效性。

管理评审应考虑包括：

① 以往管理评审措施的状况。

② 在以下方面的变化：

a. 与环境管理体系相关的外部和内部问题的变化；

b. 合规性义务；

c. 其重要环境因素及威胁和机遇所带来的风险。

③ 目标的实现程度。

④ 关于组织的环境绩效的信息，包括以下方面的趋势：

a. 不合格和纠正措施；

b. 监视和测量结果；

c. 合规性义务的符合性；

d. 审核结果。

⑤ 来自外部相关方的沟通信息。

⑥ 持续改进的机会。

⑦ 保持一个有效的环境管理体系所需资源的充足性。

管理评审的输出应包括：

a. 关于环境管理体系的持续的适宜性、充分性和有效性的结论；

b. 有关持续改进机会的决议；

c. 环境管理体系变更的任何需求，包括资源需求；

d. 当目标不能实现时，必要的措施；

e. 任何对组织的战略方向的影响。

组织应保留作为管理评审结果的证据的文件信息。

5. 改　进

（1）不符合和纠正措施。

当不符合发生时，组织应：

① 应对不符合，并适用时：

a. 采取紧急措施控制和纠正不符合；

b. 减少不良环境影响；

c. 处理后果。

② 评价消除不符合原因所需的措施，以便不合格不再发生或发生在其他地方，通过：

a. 评审不符合；

b. 确定不符合的原因；

c. 确定是否存在类似的不符合或有可能发生。

③ 确定和实施任何所需的措施。

④ 评审所采取的任何纠正措施的有效性。

⑤ 如有必要，对环境管理体系进行变更。

纠正措施应与所遇到不符合的影响重要性相适应，包括环境影响。

组织应保留以下文件信息作为证据：

a. 不符合的性质和任何后续采取的措施；

b. 任何纠正措施的结果。

（2）持续改进。

组织应持续改进环境管理体系的适宜性、充分性和有效性，以提高环境绩效。

第四节　职业健康安全管理体系要求

目前，由于有关法律更趋严格，促进良好职业健康安全实践的经济政策和其他措施更多地出台，相关方越来越关注职业健康安全问题，各类组织越来越重视依照其职业健康安全方针和目标来控制职业健康安全风险，以实现并证实其良好的职业健康安全绩效。

虽然许多组织为评价其职业健康安全绩效而推行职业健康安全“评审”或“审核”，但仅靠“评审”或“审核”本身可能仍不足以为组织提供保证，使之确信其职业健康安全绩效不仅现在满足，并将持续满足法律法规和方针要求。要使“评审”或“审核”行之有效，则须在整合于组织中的结构化管理体系内予以实施。

本标准旨在针对职业健康安全，而非诸如员工健身或健康计划、产品安全、财产损失或环境影响等其他方面的健康和安全。本标准中的所有要求旨在被纳入任何职业健康安全管理体系中，旨在使一个组织能够控制职业健康安全风险并改进其绩效。它并未提出具体的职业健康安全绩效准则，也未做出设计管理体系的具体规定。其应用程度取决于组织的职业健康安全方针、活动性质、运行的风险与复杂性等因素。

一、主要术语及定义

1. 可接受的风险 acceptable risk

根据组织法律义务和职业健康安全方针已降至组织可容许程度的风险。

2. 持续改进 continual improvement

为了实现对整体职业健康安全绩效的改进，根据组织的职业健康安全方针，不断对职业健康安全管理体系进行强化的过程。

3. 危险源 hazard

可能导致人身伤害和（或）健康损害的根源、状态或行为，或其组合。

4. 危险源辨识 hazard identification

识别危险源的存在并确定其特性的过程。

5. 健康损害 ill health

可确认的、由工作活动和（或）工作相关状况引起或加重身体或精神的不良状态。

6. 事件 incident

发生或可能发生与工作相关的健康损害或人身伤害（无论严重程度），或者死亡的情况。

注：事故是一种发生人身伤害、健康损害或死亡的事件；未发生人身伤害、健康损害或死亡的事件通常称为“未遂事件”，紧急情况是一种特殊类型的事件。

7. 职业健康安全（OH & S）occupational health and safety

影响或可能影响工作场所内的员工或其他工作人员（包括临时工和承包方员工）、访问者或其他人员的健康安全的条件和因素。

8. 职业健康安全管理体系 OH & S management system

组织管理体系的一部分，用于制定和实施组织的职业健康安全方针并管理其职业健康安全风险。

9. 职业健康安全目标 OH & S objective

组织自我设定的在职业健康安全绩效方面要达到的职业健康安全目的。只要可行，目标就宜量化；职业健康安全目标应符合职业健康安全方针。

10. 职业健康安全绩效 OH & S performance

组织对其职业健康安全风险进行管理所取得的可测量的结果。

11. 职业健康安全方针 OH & S policy

最高管理者就组织的职业健康安全绩效正式表述的总体意图和方向。

12. 风险 risk

发生危险事件或有害暴露的可能性，与随之引发的人身伤害或健康损害的严重性的组合。

13. 风险评价 risk assessment

对危险源导致的风险进行评估、对现有控制措施的充分性加以考虑以及对风险是否可接受予以确定的过程。

二、职业健康安全管理体系建立

（一）主要要素

1. 范　围

本标准适用于任何有下列愿望的组织：

（1）建立职业健康安全管理体系，以消除或尽可能降低可能暴露于与组织活动相关的职业健康安全危险源中的员工和其他相关方所面临的风险。

（2）实施、保持和持续改进职业健康安全管理体系。

（3）确保组织自身符合其所阐明的职业健康安全方针。

（4）通过下列方式来证实符合本标准：

① 做出自我评价和自我声明；

② 寻求与组织有利益关系的一方（如顾客等）对其符合性的确认；

③ 寻求组织外部一方对其自我声明的确认；

④ 寻求外部组织对其职业健康安全管理体系的认证。

2. 总要求

组织应建立并保持职业健康安全管理体系。组织应根据本标准的要求建立、实施、保持和持续改进职业健康安全管理体系，确定如何满足这些要求，界定其职业健康安全管理体系的范围，并形成文件。

3. 职业健康安全方针

最高管理者应确定和批准本组织的职业健康安全方针，并确保职业健康安全方针在界定的职业健康安全管理体系范围内：

（1）适合于组织职业健康安全风险的性质和规模；

（2）包括防止人身伤害与健康损害和持续改进职业健康安全管理与职业健康安全绩效的承诺；

（3）包括至少遵守与其职业健康安全危险源有关的适用法律法规要求及组织应遵守的其他要求的承诺；

（4）为制定和评审职业健康安全目标提供框架；

（5）形成文件，付诸实施，并予以保持；

（6）传达到所有在组织控制下工作的人员，旨在使其认识到各自的职业健康安全义务；

（7）可为相关方所获取；

（8）定期评审，以确保其与组织保持相关和适宜。

4. 策　划

策划是组织应建立、实施并保持程序，以便持续进行危险源辨识、风险评价和必要控制措施的确定。该阶段包括四个要素：对危险源辨识、风险评价和风险控制的策划，法规和其他要求，目标，职业健康安全管理方案。

5. 实施与运行

实施与运行的目的是开发实现组织的方针、目标和指标所需要的能力和支持机制，以确保体系的有效运行和计划内容的有效实施。这一大要素包括：机构和职责，能力、培训和意识，沟通、参与和协商，文件，文件控制，运行控制，应急准备和响应七个要素。

6. 检 查

组织应通过检查与纠正措施这一基本过程来经常和定期地监督、测量和评价管理体系的运行情况，对发生偏离职业健康安全方针、目标和指标的情况及时加以纠正，并防止事故、事件和不符合事项的再次发生。这一大要素包括：绩效测量和监视，合规性评价，事件调查、不符合、纠正措施和预防措施，记录控制，内部审核五个要素。

7. 管理评审

组织的最高管理者应按规定的时间间隔对职业健康安全管理体系进行评审，以确保体系的持续适宜性、充分性和有效性。管理评审过程应确保收集到的信息以供管理者进行评价。管理评审应形成文件。

管理评审应根据职业健康安全管理体系审核的结果、环境的变化和对持续改进的承诺，指出可能需要修改的职业健康安全管理体系方针、目标和其他要素。

（二）建立职业健康安全管理体系的主要步骤

组织应根据本标准的要求建立、实施、保持和持续改进职业健康安全管理体系，确定如何满足这些要求，并形成文件。不同的组织在建立、完善职业健康安全管理体系时，可根据自己的特点和具体情况，采取不同的步骤和方法。但总体来说，建立职业健康安全管理体系一般要经过下列基本步骤：

1. 前期准备

包括最高管理者在内的全员培训，是建立和保持职业健康安全管理体系的基本保证。组织要针对不同的人员组织不同形式的培训。为保证职业健康安全管理体系的顺利实施，组织应明确管理者代表、确定体系、建立负责机构，以及与体系有关的各单位的工作任务。

2. 初始状态评审

初始状态评审是建立职业健康安全管理体系的基础和关键环节。其主要目的是了解组织的职业健康安全管理现状，为建立体系收集信息，确定职业健康安全绩效持续改进的依据。

3. 体系策划

包括制定职业健康安全方针、目标和管理方案；进行职能分析和机构确定；进行职能分配；确定职业健康安全管理体系文件的结构和各层次文件清单等。

4. 文件编写

文件是职业健康安全管理体系的主要特点之一。对体系策划的结构形成适用的权威性的文件，是对各类组织风险有效控制和管理的保证。

5. 体系试运行

通过体系试运行，检验体系策划与设计及文件的充分性、有效性和适宜性，充分发现体系存在的问题，利用体系自我发现、自我纠正和自我完善的机制，使体系不断得到完善。

6. 监督和评审

及时发现职业健康安全管理体系运行过程中出现的问题，是体系不断完善和改进的重要手段，通过体系自身的各种监督机制，检查体系是否按计划运行，判定体系的有效性、适宜性和充分性。

7. 纠正和预防

为保证体系能够有效发挥作用，对检查中发现的问题必须采取纠正措施，以保证体系按计划实施。为防止类似的问题重复出现，还应制定相应的预防措施，并保证实施。

8. 持续改进和保持

“建立和保持”是职业健康安全管理体系的重要要求，体系能否持续有效和适用，保持是关键。体系保持是根据组织情况和外部环境的变化而动态适应的过程。

职业健康安全管理体系标准的要素可与其他管理体系要素进行协调或整合，因此，企业在建立体系文件时，通常将其要求与质量、环境管理体系要求融为一体，纳入企业相应的管理体系中。

三、职业健康安全管理体系运行

职业健康安全管理体系运行模式仍然是基于“策划-实施-检查-改进（PDCA）”的方法论，即通过由过程组成的体系以及过程之间的相互作用对其运行进行管理，这种方式称为“过程方法”，如图 7-4 所示。该方法与质量管理体系运行模式及方法是兼容的。具体是将一个组织的活动分为策划（Plan）、实施（Do）、检查（Check）、改进（Act）四个相互联系的环节来实现，通过此类方式可有效改善组织的职业健康安全管理绩效。

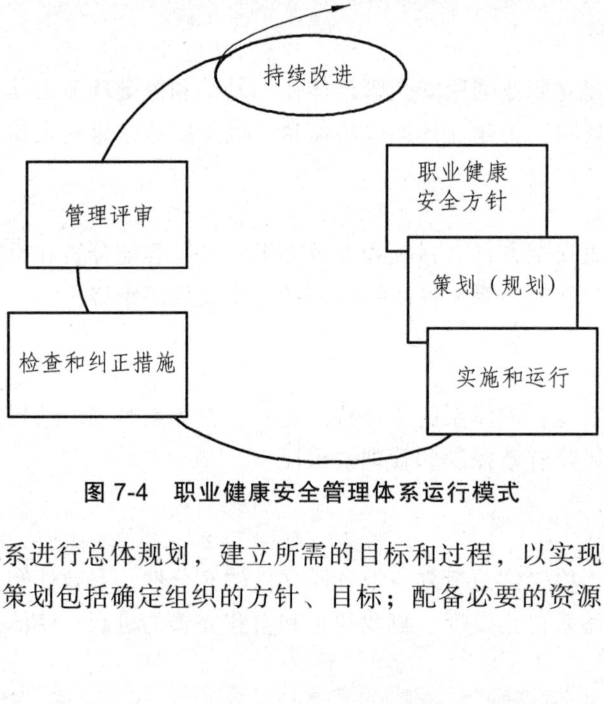

图 7-4 职业健康安全管理体系运行模式

策划：对管理体系进行总体规划，建立所需的目标和过程，以实现组织的职业健康安全方针所期望的结果。策划包括确定组织的方针、目标；配备必要的资源，包括人力、物力资源等；建立组织机构，规定相应的职责、权限及其相互关系；识别管理体系运行的相关活动或过程，并规定活动或过程的实施程序和作业方法等。

实施：按照所规定的程序（如组织机构、程序和作业方法等）实施。实施过程与计划的符合性及实施的结果决定了能否达到预期目标，所以，保证所有活动在受控状态下进行是实施的关键。

检查：依据职业健康安全方针、目标、法律法规和其他要求，对过程进行监视和测量，报告结果并采取措施修正可能产生的行为偏差，确保计划行动的有效实施。

改进：针对管理活动中发现的缺陷或根据变化的内外部条件，不断进行管理活动的调整与完善，以持续改进职业健康安全绩效。

主要包括以下内容：

1. 策　划

（1）危险源辨识、风险评价和控制措施的确定。

组织应建立、实施并保持程序，以便持续进行危险源辨识、风险评价和必要控制措施的确定。危险源辨识和风险评价的程序应考虑：

① 常规和非常规活动；

② 所有进入工作场所的人员（包括承包方人员和访问者）的活动；

③ 人的行为、能力和其他人为因素；

④ 已识别的源于工作场所外，能够对工作场所内组织控制下的人员的健康安全产生不利影响的危险源；

⑤ 在工作场所附近，由组织控制下的工作相关活动所产生的危险源；

⑥ 工作区域、过程、装置、机器和（或）设备、操作程序和工作组织的设计，包括其对人的能力的适应性。

组织应确保在确定控制措施时考虑这些评价的结果。在确定控制措施或考虑变更现有控制措施时，应按如下顺序考虑降低风险：

① 消除；

② 替代；

③ 工程控制措施；

④ 标志、警告和（或）管理控制措施；

⑤ 个体防护装备。

组织应将危险源辨识、风险评价和控制措施的确定结果形成文件并及时更新。

注 1：管理要有适当的管理对象，职业健康安全管理的对象就是危险源，就是通过对危险源施加适当的管理达到职业健康安全管理的目的。具体到实际工作中，危险源就是每个工作岗位或每个员工的活动和服务中可能导致人身伤害和健康损害的根源、状态或行为。

注 2：常规活动也称为正常状态，非常规活动又称为异常状态或紧急状态。

通常“正常状态”是指日常中按一定的规律发生的、主观安排的、不违背人们意愿或不会带来不良后果的、可预见或可控制的事件的发展过程。如日常对设备的检查维护就属于正常状态；对员工的岗位技能和适应能力的定期考评也是明文规定的常规活动。

"异常状态"是指不同于正常状态的、不按任何规律发生的、非人为计划和安排的、可预见或不可预见的、有可能存在发生事故隐患或逐渐朝着事故发生的方向发展的过程。如设备抢修（相对于正常状态下的设备保养）就属于异常状态；停电后又突然来电造成设备再启动也属于异常状态。

"紧急状态"是指不按任何规律发生的、非人为计划和安排的、违背人们意愿和能带来不良后果的、不可预见的事故等突然发生的过程。如运行中的变压器安全阀爆破导致变压器油喷出就属于紧急状态。

注3：工作场所附近包括组织能够控制的范围和组织无权控制的范围。在组织能够控制的范围内的危险源的危害影响可能波及附近组织无权控制的范围，如化工企业如果发生储罐火灾，其产生的有害气体和烟尘会造成周边污染和健康损害，万一发生爆炸，会造成更大的人身伤害；同样在组织无权控制的周边范围的其他危险源的危害影响也可能波及组织内部；又如组织机构如果临近马路，那么组织的车辆出入时可能撞到路人或社会车辆，而马路上的社会车辆也可能撞到组织内上下班的员工等。

（2）法律法规和其他要求。

组织应建立、实施并保持程序，以识别和获取适用于本组织的法律法规和其他职业健康安全要求。

在建立、实施和保持职业健康安全管理体系时，组织应确保对适用法律法规要求和组织应遵守的其他要求得到考虑。

组织应使这方面的信息处于最新状态。

组织应向在其控制下工作的人员和其他相关方传达相关法律法规和其他要求的信息。

注：职业健康安全相关法律法规和其他要求就是与职业健康安全管理相关的或职业健康安全管理需要的法律法规和其他要求，就是那些与危险源和危险源管理相关的法律法规和其他要求。

其他要求是指企业应该遵守的、各个相关方的、合理合法的、与危险源/风险及其管理有关的规章制度、行业规范、合同条款、协定协约、非法规性指南和口头要求等。

（3）目标和方案。

组织应在其内部相关职能和层次建立、实施和保持形成文件的职业健康安全目标。

可行时，目标应可测量。目标应符合职业健康安全方针，包括对防止人身伤害与健康损害，符合适用法律法规要求与组织应遵守的其他要求，以及持续改进的承诺。

在建立和评审目标时，组织应考虑法律法规要求和应遵守的其他要求及其职业健康安全风险。组织还应考虑其可选技术方案，财务、运行和经营要求，以及相关方的观点。

组织应建立、实施和保持实现其目标的方案。方案至少应包括：

① 为实现目标而对组织相关职能、层次的职责和权限的指定；

② 实现目标的方法和时间表。

应定期和按计划的时间间隔对方案进行评审，必要时进行调整，以确保目标得以实现。

2. 资源、作用、职责、责任和权限

（1）确保为建立、实施、保持和改进职业健康安全管理体系提供必要的资源。资源包括人力资源和专项技能、组织基础设施、技术和财力资源。

（2）明确作用、分配职责和责任、授予权力以提供有效的职业健康安全管理，作用、职责、责任和权限应形成文件和予以沟通。

（3）所有承担管理职责的人员，都应证实其对职业健康安全绩效持续改进的承诺。

（4）组织应确保工作场所的人员在其能控制的领域承担职业健康安全方面的责任，包括遵守组织适用的职业健康安全要求。

注：对于任何一种管理系统，最基本的要素之一就是管理者，正是管理者在执行具体的管理职责。没有管理职责，就没有管理系统或管理体系，也就无法提供适当的人力、物力和财力资源，可能造成人力、物力或财力资源配置或使用的不合理。管理职责来源于管理对象，对职业健康安全管理而言，职业健康安全管理职责是危险源管理职责。

职业健康安全不只是某些职能或某些部门的事情，应是全员（均承担危险源/风险管理的职责）参与，所有承担管理职责的人员均还应通过适当的方式证实其对职业健康安全绩效持续改进的承诺，证实其履行职业健康安全职责的效果，证实其对职责范围内危险源/风险管理的绩效。

3. 能力、培训和意识

（1）组织应确保在其控制下完成对职业健康安全有影响的任务的人员都具有相应的能力，该能力应依据适当的教育、培训或经历来确定。组织应保存相关的记录。

（2）组织应确定与职业健康安全风险及职业健康安全管理体系相关的培训需求。应提供培训或采取其他措施来满足这些需求，评价培训或所采取的措施的有效性，并保存相关记录。

（3）组织应当建立、实施并保持程序，使在本组织控制下工作的人员意识到：

① 他们的工作活动和行为的实际或潜在的职业健康安全后果，以及改进个人表现的职业健康安全益处；

② 他们在实现符合职业健康安全方针、程序和职业健康安全管理体系要求，包括应急准备和响应要求方面的作用、职责和重要性；

③ 偏离规定程序的潜在后果。

注：岗位职责是对岗位工作的内容和承担的任务的描述，而岗位能力要求则是对能够胜任岗位职责所要求的能力，二者是完全不同的两个概念。比如岗位职责是负责“市场销售”和“客户接待”，其岗位能力要求则是“具备收集行业市场信息的能力”“具备分析市场需求和判断目标客户的能力”“具备熟悉需要推销的产品性能的能力”“具备敬业、自立、自强、交流、协调、敏感、应变的能力”“具备吃苦耐劳的精神和体能”“掌握和注重举止礼仪和礼貌用语”等，具备了这些能力才能成为优秀的销售人员。

对于现代人力资源管理而言，具备岗位能力是目的，培训只是达到具备岗位能力的一种手段。岗位能力评价或考核的目的是了解岗位人员是否能够满足该岗位职责的要求、判断其是否能胜任该岗位工作、评价其实际能力与岗位要求的差距。针对存在的差距可以采取培训、再培训、调岗、辞退再另行招聘等措施保证该岗位职责的有效落实，保证人力资源的充分、适宜和合理性。

培训做记录有以下四方面的目的和作用：（1）为了培训的实施；（2）为了培训效果的检查；（3）为了分析培训效果；（4）为了各级人员能够正确地履行各自的职责。因为通过培训可以使各级人员明确自己的职责和工作内容，所以培训记录可以表明有关人员是否得到了相应的培训。培训记录可以帮助分析在各级和各种监测测量和日常检查中发现的问题或不符合的原因等，因此，做好培训记录是非常必要的。

4. 沟通、参与和协商

（1）沟通。

针对其职业健康安全危险源和职业健康安全管理体系，组织应建立、实施和保持程序，用于：在组织内不同层次和职能进行内部沟通，与进入工作场所的承包方和其他访问者进行沟通；接收、记录和回应来自外部相关方的相关沟通。

（2）参与和协商。

组织应建立、实施并保持程序，用于：

① 工作人员：适当参与危险源辨识、风险评价和控制措施的确定；适当参与事件调查；参与职业健康安全方针和目标的制定及评审；对影响他们职业健康安全的任何变更进行协商；对职业健康安全事务发表意见。

② 与承包方就影响他们的职业健康安全的变更进行协商。

适当时，组织应确保与相关的外部相关方就有关的职业健康安全事务进行协商。

注：信息作为一种生产要素，其作用和重要性已经越来越被人们所认识、理解和利用。在信息管理过程中不但有信息交流，而且还有信息收集和加工、信息储存和检索、信息处理和利用等内容。现代管理人员必须具备以下四个方面的基本素质，即获取信息的能力、分析信息的能力、处理信息的能力和相应的表达能力。

5. 文　件

职业健康安全管理体系文件应包括：

（1）职业健康安全方针和目标；

（2）对职业健康安全管理体系覆盖范围的描述；

（3）对职业健康安全管理体系的主要要素及其相互作用的描述，以及相关文件的查询途径；

（4）本标准所要求的文件，包括记录；

（5）组织为确保对涉及其职业健康安全风险管理过程进行有效策划、运行和控制所需的文件，包括记录；文件要与组织的复杂程度、相关的危险源和风险相匹配，按有效性和效率的要求使文件数量尽可能少。

建立体系文件的主要作用有：

（1）通过文件化确定工作职责，明确工作内容，增加工作责任心，避免职责不清而扯皮和内耗，出现问题时可以追查责任。

（2）通过文件化规范工作流程和内容，将经验教训固化下来，保持工作的持续一致性和规范性。

（3）可以将管理体系策划的内容以文件化可视的形式显示出来，既向相关方展示了体系的全貌，又为认证审核而证明体系做好了准备（可以作为客观证据提供）。

（4）明确了管理的对象、管理的内容、相应的管理职责和相互协调关系，可对管理对象进行有效的管理。

（5）对体系的有效性进行评价，将以往的管理经验和成果以“法”的形式确定下来，也确保了可追溯性。

（6）通过职业健康安全管理体系文件的制定和实施，带动整体管理水平的提高和文件化的推广。

（7）按照一定的管理标准、原则或要求，规范了管理对象的行为和管理过程，确定了管理的目的和结果，也确保管理实施的重复性，对任何不符合这种管理的行为起到约束作用，对任何可能的不符合采取相应的适当的预防措施。

（8）可作为管理的培训教材使用。

6. 文件控制

应对本标准和职业健康安全管理体系所要求的文件进行控制。记录是一种特殊类型的文件。组织应建立、实施并保持程序，以规定：

（1）在文件发布前进行审批，确保其充分性和适宜性；

（2）必要时对文件进行评审和更新，并重新审批；

（3）确保对文件的更改和现行修订状态做出标识；

（4）确保在使用处能得到适用文件的有关版本；

（5）确保文件字迹清楚，易于识别；

（6）确保对策划和运行职业健康安全管理体系所需的外来文件做出标识，并对其发放予以控制；

（7）防止对过期文件的非预期使用；若须保留，则应做出适当的标识。

注：对各种管理文件应该进行控制，控制的方法可以分为受控和非受控。受控文件要得到全程管理或控制，首先要合理地选择适当的受控文件发放对象，受控文件的发放要登记，使用和保管要确保文件的完好无损，要定期和不定期评审，受控文件的修改要按照相应的管理方法进行，受控文件的作废或换版要保证无效文件得到妥善处理。选择适当的受控文件发放对象，要使各个岗位得到与其危险源管理相应的文件，要按照文件编制时确定的岗位管理的内容发放相关的文件。通常，对管理层需要的是偏重于管理性内容的文件（如管理手册和程序文件），而对操作层需要的是偏重于操作性内容的文件（程序文件和作业文件）。

7. 运行控制

组织应确定那些与已辨识的、需实施必要控制措施的危险源相关的运行和活动，以管理职业健康安全风险。这应包括变更管理。

对于这些运行和活动，组织应实施并保持：

（1）适合组织及其活动的运行控制措施；组织应把这些运行控制措施纳入其总体的职业健康安全管理系之中；

（2）与采购的货物、设备和服务相关的控制措施；

（3）与进入工作场所的承包方和访问者相关的控制措施；

（4）形成文件的程序，以避免因其缺乏而可能偏离职业健康安全方针和目标；

（5）规定的运行准则，以避免因其缺乏而可能偏离职业健康安全方针和目标。

注：运行控制的方法实际上是对与优先考虑的风险有关的一系列运行和活动进行管理，是为了保证相关的优先考虑的风险得到有效的控制，包括了对直接和间接相关的各种一般风险相关的运行和活动的管理。

对于生产经营型企业而言，与优先考虑的风险有关的运行和活动一般包括产生机械伤害、物体打击、粉尘伤害、化学品伤害、放射性伤害、噪声伤害、高处坠落伤害、火灾伤害、交通伤害、坍塌、窒息、淹溺、高温灼烫、触电、急性伤害或急病、精神伤害或心理伤害的活动或服务等。

8. 应急准备和响应

组织应建立、实施并保持程序，用于识别潜在的紧急情况，并对此紧急情况做出响应，防止和减少相关的职业健康安全不良后果。

组织应定期评审其应急准备和响应程序，必要时对其进行修订，特别是在定期测试和紧急情况发生后。

注：在大多数情况下，正常活动时的情况都比较清楚，都详细制定了相应的规章制度，而异常情况和紧急情况的对策由于缺乏相关的知识、缺乏相关的经验、缺乏相应的警惕性，甚至缺乏对其的认知，使得异常情况和紧急情况下的综合风险要远远大于正常情况下的综合风险，而对于紧急情况下的许多风险往往是致命的或毁灭性的，所以应明确企业各项活动的风险所在，尽可能根据风险的实际情况和影响程度采取适宜的应急准备和响应方法，消除风险隐患，将风险带来的负面影响降至最低。

9. 检　查

（1）绩效测量和监视。

组织应建立、实施并保持程序，对职业健康安全绩效进行例行监视和测量。程序应规定：

① 适合组织需要的定性和定量测量；

② 对组织职业健康安全目标满足程度的监视；

③ 对控制措施有效性（即针对健康也针对安全）的监视；

④ 主动性绩效测量，即监视是否符合职业健康安全方案、控制措施和运行准则；

⑤ 被动性绩效测量，即监视健康损害、事件（包括事故、未遂事故等）和其他不良职业健康安全绩效的历史证据；

⑥ 对监视和测量的数据和结果的记录，以便于其后续的纠正措施和预防措施的分析。

如果测量或监视绩效需要设备，适当时，组织应建立并保持程序，对此类设备进行校准和维护。应保存校准和维护活动及其结果的记录。

注：测量和监视的作用有两个方面。一方面是督促和促进管理的内容得以顺利实行，起到监督检查作用；另一方面是通过检查了解管理的实行情况、了解员工对管理内容和实施效

果的反馈意见，以此改进和完善管理的内容，使管理得以持续改进。管理的测量和监视包括管理性的内容和技术性的内容。测量和监视的范围是整个管理过程，包括危险源管理的整个过程，即危险源管理的策划、实施、验证和改进过程。但是不可能也没有必要对整个管理过程进行连续和不间断的测量和监视，只需要确定那些过程中的关键点并加以关注，就可以确保抓住主要矛盾。

（2）合规性评价。

为了履行遵守法律法规要求的承诺，组织应建立、实施并保持程序，以定期评价对适用法律法规的遵守情况。

组织应保存定期评价结果的记录。

注：要定期收集各个岗位的职业健康安全行为（或职业健康安全绩效）是否符合法律法规和其他要求的信息，是否以法律法规和其他要求严格规范自身的行为；另外还要注意的是，要对法律法规和其他要求的收集与确定情况做检查和评审，以确保企业能够充分地了解法律法规和其他要求，不至于因不知法而违法，为使各级员工在日常工作的遵纪守法提供保障。

（3）事件调查、不符合、纠正措施和预防措施。

① 事件调查。

组织应建立、实施并保持程序，记录、调查和分析事件，以便：

a. 确定内在的、可能导致或有助于事件发生的职业健康安全缺陷和其他因素；

b. 识别对采取纠正措施的需求；

c. 识别采取预防措施的可能性；

d. 识别持续改进的可能性；

e. 沟通调查结果。

② 不符合、纠正措施和预防措施。

组织应建立、实施并保持程序，以处理实际和潜在的不符合，并采取纠正措施和预防措施。程序应明确下述要求：

a. 识别和纠正不符合，采取措施以减轻其职业健康安全后果；

b. 调查不符合，确定其原因，并采取措施以避免其再度发生；

c. 评价预防不符合的措施需求，并采取适当措施，以避免不符合的发生；

d. 记录和沟通所采取的纠正措施和预防措施的结果；

e. 评审所采取的纠正措施和预防措施的有效性。

如果在纠正措施或预防措施中识别出新的或变化的危险源，或者对新的或变化的控制措施的需求，则程序应要求对拟定的措施在其实施前先进行风险评价。

为消除实际和潜在不符合的原因而采取的任何纠正或预防措施，应与问题的严重性相适应，并与面临的职业健康安全风险相匹配。

对因纠正措施和预防措施而引起的任何必要变化，组织应确保其体现在职业健康安全管理体系文件中。

注：从广义和宏观的角度讲，不符合职业健康安全管理各种规章制度的原则和要求的都属于不符合的范畴。从测量和监视及审核的角度也可以认为不符合审核准则要求的思想、方

法、行为和结果都是不符合。不符合的判断就是判断这种不符合是属于什么类型的不符合。不符合的判断要与不符合的原因分析联系起来，透过现象看本质，只有找出产生不符合现象的条件、背景和根源，才可能从根本上对此类不符合进行有效的和彻底的纠正与预防。

（4）记录控制。

组织应建立并保持必要的记录，用于证实符合职业健康安全管理体系要求和本标准要求，以及所实现的结果。

组织应建立、实施并保持程序，用于记录的标识、储存、保护、检索、保留和处置。

记录应保持字迹清楚，标识明确，并可追溯。

注：记录具有辅助性、参与性、信息性、真实性（可追溯性）和见证性的作用。因此，组织应保存相关的记录，使组织（在日常检查和内审时）或相关方（顾客、第二方、第三方）审核时用以判断或鉴定组织和职业健康安全管理体系的运行与GB/T 28001—2011的符合情况。

记录表格本身属于管理文件，因为它是可以修改的；但是填写的记录结果不属于文件，因为它是不能修改的。

为了有效、充分地发挥记录的作用，应对记录进行分类编号加以标识，同时还应规定不同记录的保存期限，做好登记与保存。

10. 内部审核

（1）组织应确保按照计划的时间间隔对职业健康安全管理体系进行内部审核。目的是：

① 确定职业健康安全管理体系是否：

a. 符合组织对职业健康安全管理的策划安排，包括本标准的要求；

b. 得到了正确的实施和保持；

c. 有效满足组织的方针和目标。

② 向管理者报告审核结果的信息。

（2）组织应基于组织活动的风险评价结果和以前的审核结果，策划、制定、实施和保持审核方案。

（3）应建立、实施和保持审核程序，以明确：

① 关于策划和实施审核、报告审核结果和保存相关记录的职责、能力和要求；

② 审核准则、范围、频次和方法的确定。

（4）审核员的选择和审核的实施均应确保审核过程的客观性和公正性。

注：内审的目的是要检查企业建立的职业健康安全管理体系的符合性、充分性、系统性、适用性和有效性，逐步完善和持续改进所建立的职业健康安全管理体系，使之成为企业日常生产经营和管理的一部分。

11. 管理评审

（1）最高管理者应按计划的时间间隔，对组织的职业健康安全管理体系进行评审，以确保其持续适宜性、充分性和有效性。评审应包括评价改进的可能性和对职业健康安全管理体系进行修改的需求，包括对职业健康安全方针和职业健康安全目标的修改需求。应保存管理评审记录。

（2）管理评审的输入应包括：

① 内部审核和合规性评价的结果；

② 参与和协商的结果；

③ 来自外部相关方的相关沟通信息，包括投诉；

④ 组织的职业健康安全绩效；

⑤ 目标的实现程度；

⑥ 事件调查、纠正措施和预防措施的状况；

⑦ 以前管理评审的后续措施；

⑧ 客观环境的变化，包括与职业健康安全有关的法律法规和其他要求的发展；

⑨ 改进建议。

（3）管理评审的输出应符合组织持续改进的承诺，并应包括与如下方面可能的更改有关的任何决策和措施：

① 职业健康安全绩效；

② 职业健康安全方针和目标；

③ 资源；

④ 其他职业健康安全管理体系要素。

注：管理评审的目的是提高企业的生产经营和管理水平，因此，不但要做好管理评审工作，更要做好其后续工作，要将管理评审的精神、指示、决策和内容逐项落实到各种相关的工作中去，将管理评审的内容举一反三落实到各级人员的岗位工作中去。管理评审的形式是不限的，可以是最高管理层会议、最高管理层及中层管理层扩大会议、最高管理层及中层管理层之间的商谈等。

综合练习

一、单项选择题

1. 企业制定的各种管理办法是（　　）的重要组成。

A.《管理手册》　B.《程序文件》　C.《作业文件》

2.（　　）具有管理层工作标准的属性。

A.《管理手册》　B.《程序文件》　C.《作业文件》

3.（　　）具有操作层工作标准的属性。

A.《管理手册》　B.《程序文件》　C.《作业文件》

4. 质量管理体系以（　　）为关注焦点。

A. 顾客（业主）满意度　B. 污染预防　C. 事故预防

5. 环境管理体系以（　　）为关注焦点。

A. 顾客（业主）满意度　B. 污染预防　C. 事故预防

6. 职业健康安全管理体系以（　　）为关注焦点

A. 顾客（业主）满意度　B. 污染预防　C. 事故预防

二、填空题

1. 城市轨道交通供电系统的产品通常均指输出____________与____________。

2. 企业管理文件中，通常以___________、____________、____________体现三个标准体系的相关要求。

3. 三个标准体系非常重要的也是共同的管理理念就是____________。

4. 组织成立的基础是拥有___________的目标，构建组织的基本方式是赋予组织内每个人相应的__________。

5. 理解顾客和其他相关方当前和未来的________有助于组织的持续成功。

6. 危险源是指可能导致人身伤害和（或）健康损害的_______、_______或______，或其组合。

7. 风险是指发生危险事件或有害暴露的______与随之引发的人身伤害或健康损害的_____的组合。

8. 资源包括_________和_________、组织基础设施、技术和财力资源。

三、判断题

1.《程序文件》中的相关文件是指与该相关的支持性文件清单。(　　)

2. 建立质量管理体系，就是为了对产品质量形成的主要过程进行有效控制，使影响质量和成本的各项因素都处于受控状态。(　　)

3. 质量管理体系中组织的相关方是指直接顾客和产品的最终使用者。(　　)

4. 持续改进是一个不断循环的过程。(　　)

5. 环境管理体系中的相关方包括顾客、社会组织、供应商、监管机构和非政府组织，但不包括投资者和员工。(　　)

6. 环境是指组织运行周围的事物，包括空气、水、土地、自然资源、植物、动物、人类和它们的相互关系。(　　)

7. 记录是一种特殊类型的文件。(　　)

四、简答题

1.《程序文件》一般应包括哪些内容？

2. 简述《作业文件》中的5W1H的含义。

3. 简述三个标准体系的主要异同点。

4. 简述缺陷与不合格的不同。

5. 简述预防措施、纠正措施与纠正三者的异同。

6.《质量管理体系》中有哪些纠正措施？分述之。

7. 组织应采取哪些措施实现质量管理的全员参与？

8. 组织应将过程方法应用于质量管理体系，主要有哪些措施？

9. 组织要实现质量持续改进的目标，应采取哪些措施？

10. 简述环境因素与环境影响。

11. 什么是污染预防？它分为哪3个层次？

12. 简述职业健康安全管理体系的 PDCA 运行要点。
13. 降低风险的主要措施有哪些?
14. 职业健康安全管理体系文件主要包括哪些内容?
15. 文件控制有哪些规定?
16. 职业健康安全管理体系规定了哪些绩效测量和监视措施?
17. 职业健康安全管理体系对不符合采取纠正措施和预防措施，有哪些规定?

参考文献

[1] 劳动和社会保障部教材办公室，广州市地下铁道总公司. 城市轨道交通运营安全[M]. 北京：中国劳动社会保障出版社，2008.

[2] 董锡明. 轨道交通事故分析与预防[M]. 北京：中国铁道出版社，2016.

[3] 张振波. 接触网与电力安全警示案例分析[M]. 北京：中国铁道出版社，2011.

[4] 北京城建设计研究总院有限责任公司，中国地铁工程咨询有限责任公司. 地铁设计规范（GB 50157—2013）[S]. 北京：中国建筑工业出版社，2013.

[5] 铁道第二勘察设计院. 城市轨道交通直流牵引供电系统（GB/T 10411—2005）[S]. 北京：中国标准出版社，2005.

[6] 国家质量监督检验检疫总局，中国国家标准化管理委员会. 质量管理体系要求（GB/T 19001—2016）[S]. 北京：中国标准出版社，2016.

[7] 国家质量监督检验检疫总局，中国国家标准化管理委员会. 职业健康安全管理体系要求（GB/T 28001—2011）[S]. 北京：中国标准出版社，2012.

[8] 国家质量监督检验检疫总局，中国国家标准化管理委员会. 环境管理体系要求及使用指南（GB/T 24001—2016）[S]. 北京：中国标准出版社，2016.

[9] 华夏认证中心有限公司. GB/T 28001《职业健康安全管理体系要求》理解与应用[M]. 北京：中国质检出版社，中国标准出版社，2013.

[10] 刘让雄，戴慧吾. 城市轨道交通供电系统运行与管理[M]. 成都：西南交通大学出版社，2015.

[11] 徐富春. 电力铁道供电规程与规则[M]. 成都：西南交通大学出版社，2015.

[12] 马玲. 牵引供电规程与规则[M]. 北京：中国铁道出版社，2008.

[13] 邬燕云. 企业安全生产法律法规执行解答[M]. 北京：煤炭工业出版社，2017.

[14] 王丽君. 试论企业标准体系与质量、环境、职业健康安全管理体系的关系[J]. 核标准计量与质量，2009（3）：127.

[15] 何霖，李毅雄，叶庆辉. 城轨运营职业健康安全管理体系的实践与探讨[J]. 都市快轨交通，2006，19（6）：4-7.

[16] 蒋宏毅，李冬. 浅谈职业健康安全管理体系与企业安全文化建设[J]. 中国质量与标准导报，2013（5）：46-48.

[17] 陈宁娜. 试析质量、环境、职业健康安全管理体系的整合[J]. 电力标准化与技术经济，2006，15（3）：25-27.